PETIT
VOCABULAIRE
FRANÇAIS

DES ÉCOLES PRIMAIRES,

Contenant tous les mots les plus usités,

EXTRAIT DU GRAND DICTIONNAIRE

DE

NAPOLÉON LANDAIS.

DIDIER,
LIBRAIRE-ÉDITEUR.

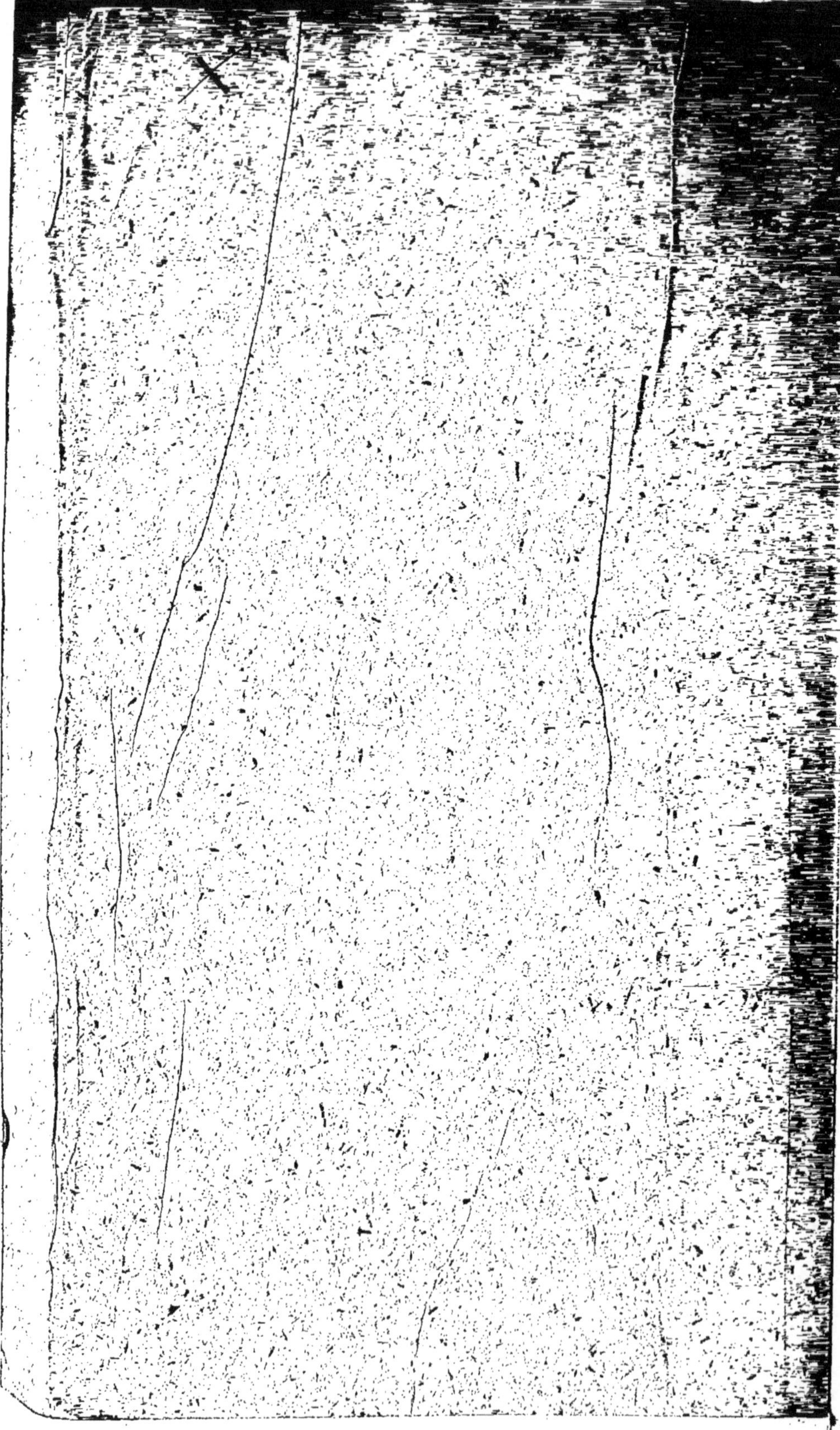

PETIT

VOCABULAIRE

FRANÇAIS.

Autres Ouvrages

DE

M. NAPOLÉON LANDAIS.

———

DICTIONNAIRE GÉNÉRAL ET GRAMMATICAL des Dictionnaires français, extrait et complément de tous les Dictionnaires anciens et modernes les plus célèbres, par *Napoléon Landais; 4e* édition, 2 forts volumes in-4°, imprimés sur 3 colonnes, 1859. Prix : 30 fr.

GRAMMAIRE GÉNÉRALE, OU RÉSUMÉ DE TOUTES LES GRAMMAIRES FRANÇAISES, présentant la solution analytique, raisonnée et logique de toutes les questions grammaticales anciennes et modernes, par *Napoléon Landais; 2e* édition, 1 vol. in-4° de 650 pages, imprimé sur deux colonnes. Paris, 1859. Prix : 12 francs.

DICTIONNAIRE FRANÇAIS, contenant tous les mots du Dictionnaire de l'Académie et plus de 5,000 qui ne s'y trouvent pas, avec l'étymologie et la prononciation figurée, extrait du grand *Dictionnaire général des Dictionnaires;* 1 volume petit in-8°. Prix : 4 francs.

PETIT DICTIONNAIRE FRANÇAIS PORTATIF, contenant tous les mots du Dictionnaire de l'Académie et plus de 5,000 qui ne s'y trouvent pas, avec la prononciation lorsqu'elle est irrégulière, extrait du grand *Dictionnaire général des Dictionnaires;* 1 joli volume grand in-32 de 600 pages, avec vignettes; 1859. Prix : 2 fr.

Sous presse.

GRAMMAIRE ÉLÉMENTAIRE; 1 volume in-12.

———

Imp. A. ÉVERAT et Ce, rue du Cadran, 14 et 16.

PETIT VOCABULAIRE

FRANÇAIS

DES ÉCOLES PRIMAIRES,

Contenant tous les mots les plus usités,

EXTRAIT DU GRAND DICTIONNAIRE

DE

NAPOLÉON LANDAIS.

PARIS,

DIDIER, LIBRAIRE-ÉDITEUR,
47, quai des Augustins.

1859.

AVERTISSEMENT.

Un dictionnaire manquait à l'instruction primaire. Convaincu que nous rendrions un grand service à l'enseignement élémentaire si nous comblions cette lacune, nous avons publié ce livre, destiné à faciliter l'étude de notre langue, et qui, grâce à l'extrême modicité de son prix, sera à la portée de toutes les bourses.

Au moyen du choix que nous avons fait d'un caractère petit, mais très-lisible, nous avons pu classer dans ce vocabulaire tous les mots généralement usités de notre langue.

Nous nous sommes borné à réunir tous les mots consacrés par nos bons écrivains, ceux du langage usuel et les termes de sciences et d'arts le plus en usage.

Nous avons eu soin de figurer la prononciation pour les mots où elle présente de l'incertitude.

L'obligation où nous étions d'employer beaucoup d'abréviations nous a imposé le devoir d'apporter la plus grande attention à ce qu'aucune erreur ou confusion ne fût possible : nous espérons y avoir réussi.

Nous croyons donc avoir publié un ouvrage utile, aussi complet que possible, et que recommandent le soin qui a présidé à son exécution typographique et à la correction de son texte.

Table des Abréviations.

a .... actif.
act ...... action.
av ...... avec.
adj ..... adjectif ou adjectivement
adv ..... adverbe ou adverbial.
archit ... architecture.
astr ..... astronomie.
bot ..... botanique.
chir ..... chirurgie.
cond .... conditionnel.
conj .... conjonction ou conjonctif.
démonst. démonstratif.
distrib .. distributif.
excl .... exclamation.
f .... féminin.
fam ..... familier ou familièrement.
fig ..... figurément.
gram .... grammaire.
imp ..... imprimerie.
indéf ... indéfini.
indic .... indicatif.
interj ... interjection.
loc ..... locution.
m .... masculin.
mar ..... marine.

méd .... médecine.
mus ..... musique.
n .... neutre.
nég ..... négative.
num .... numéral.
pal ..... palais.
partic ... particule.
pers .... personne.
pl ...... pluriel.
pop ..... populaire.
poss .... possessif.
p .... pronominal.
prat .... pratique.
prép .... préposition.
prés .... présent.
pr ...... pronom.
relat .... relatif.
s .... substantif.
sing ..... singulier.
théol .... théologie.
v .... verbe.
vén ..... vénerie.
voy ..... voyez.
vx ...... vieux.

[illegible handwritten inscription]

ABB	ABJ	ABO
A, *sm.* voyelle, 1re lettre.	Abbaye, *sf.* (obéi) monastère.	Abjurer, *v.* renoncer à...
A, (à) avec l'acc. grave, *prép.*	Abbé, *sm.* chef d'abbaye.	Ablatif, *sm.* 6e cas des noms.
A, 3e pers. sing. indic. prés.	Abbesse, *sf.* supér. de couvent.	Ablette, *sf.* petit poisson.
Abaisse, *sf.* pâte. [du v. Avoir.	A b c, *sm.* (abécé) livret.	Abluer, *v.* raviver l'écriture.
Abaissement, *sm.* diminution;	Abcéder, *v.* se résoudre en	Ablution, *sf.* cérémonie relig.
humiliation. [avilir.	Abcès, *sm.* apostème ouvert.	Abnégation, *sf.* renoncement.
Abaisser, *v.* mettre plus bas ;	Abdication, *sf.* act. d'	Aboiement, *sm.* cri du chien
Abalourdir, *v.* rendre lourd.	Abdiquer, *v.* renoncer à...	Abois, *sm. pl.* dern. extrémité
Abandon, *sm.* délaissement.	Abdomen, *sm.* (mène) le ventre.	Abolir, *v.* annuler, casser.
Abandonnement, *sm.* act. d'	Abécédaire, *a.* selon l'alphabet.	Abolition, *sf.* act. d'abolir.
Abandonner, *v.* quitter, délaiss.	Abecquer, *v.* donner la becquée.	Abominable, *a.* détestab., exé-
Abasourdir, *v.* étourdir, accabl.	Abeille, *sf.* mouche à miel.	Abominablement, *ad.* [crable.
Abâtardir, *v.* faire dégénérer.	Aberration, *sf.* (rr) mouvem.	Abomination, *sf.* horreur.
Abâtardissement, *sm.* altéra-	apparent des astres; erréur.	Abominer, *v.* détester.
Abat-jour, *sm.* volet. [tion.]	Abêtir, *v.* rendre bête.	Abondamment, *ad.* avec
Abattage, *sm.* act. d'abattre.	Ab hac et ab hac, *l. ad.* sans or-	Abondance, *sf.* grande quantité.
Abattant, *sm.* table mobile.	Abhorrer, *v.* détester. [dre.	Abondant, e, *a.* qui abonde
Abattement, *sm.* accablement.	Abîme. *Voy.* Abyme. [testam.	Abonder, *v.* être en abondance
Abattis, *sm.* choses abattues.	Ab intestat, *l. ad.* (tate) sans	Abonnement, *sm.* marché.
Abattoir, *sm.* tuerie de bestiaux	Ab irato, *l. ad.* en colère.	Abonner, *v.* faire un abonnem
Abattre, *v.* renverser, démolir.	Abject, e, *a.* méprisable, vil	Abonnir, *v.* rendre meilleur.
Abat-vent, *sm.* petit auvent.	Abjection, *sf.* avilissement.	Abord, *sm.* accès, approche
Abbatial, e, *pl.* aux, *a.* d'abbé.	Abjuration, *sf.* act. d'abjurer.	Abordable, *a.* accessible.

Abordage, sm. action d' [quer.]
Aborder, v. accoster ; débar-]
Aborner, v. mettre des bornes.
Abouchement, sm. entrevue.
Aboucher, v. réunir p. parler.
Abouter, v. mettre bout à bout.
Aboutir, v. tendre a; suppurer.
Aboutissement, sm. act. d'a-]
Aboyer, v. japper. [boutir.]
Abracadabra, sm. parole magiq.
Abrégé, sm. raccourci.
Abrègement, sm. act. d'
Abréger, v. accourcir, resserrer.
Abreuver, v. faire boire.
Abreuvoir, sm. où l'on abreuve.
Abréviateur, sm. qui abrège.
Abréviation, sf. retranche-
    ment de lettres. [traite.]
Abri, sm. lieu à couvert, re-]
Abricot, sm. fruit à noyau.
Abricotier, sm. arbre fruitier.
Abriter, v. mettre à l'abri.
Abriver, v. aborder.
Abrogation, sf. annulation.
Abroger, v. détruire, annuler.
Abrouti, e, a. brouté.
Abrupt, e, a. rude, escarpé.
Abrutir, v. rendre brute.
Abrutissement, sm. stupidité.
Absence, sf. éloignement.
Absent, e, s. a. éloigné.
Absenter (s'), v. s'éloigner.
Abside, sf. voûte; niche.
Absinthe, sf. plante amère.
Absolu, e, a. impérieux, arbitr.
Absolument, ad. entièrement.
Absolution, sf. rémission.
Absolutisme, sm. système d'un
    gouvernement absolu.
Absorbant, a. sm. qui absorbe.
Absorber, v. engloutir.
Absorption, sf. act. d'absorber
Absoudre, v. déclarer inno-]
Absoute, sf. absolution. [cent.]
Abstenir (s'), v. se priver.
Abstergent, a. qui dissout.
Absterger, v. nettoyer : méd.
Abstinence, sf. privation volont.
Abstinent, a. sobre, tempérant.
Abstraction, sf. act. d'abstraire.
Abstractivement, ad. vaguem.
Abstraire, v. séparer, abréger.
Abstrait, a. distrait; vague
Absurde, a. qui choque la rai-]
Absurdement, ad. avec [son.]
Absurdité, sf. défaut de ce
    qui est absurde. [désordre.]
Abus, sm. mauvais usage ;]
Abuser, v. tromper; user mal.
Abusif, ive, a. contraire aux]
Abusivement, ad. [règles.]
Acabit, sm. qualité d'une chose.
Acacia, sm. arbre.
Académicien, sm. membre d'

Académie, sf. compagnie sav.
Académique, a. d'académie.
Acagnarder, v. rendre fainéant.
Acajou, sm. arbre.
Acanthe, sf. plante. [criarde.]
Acariâtre, a. d'humeur aigre,]
Accablant, e, a. qui accable.
Accablement, sm. abattement.
Accabler, v. surcharger, abattre.
Accaparement, sm. act. d'
Accaparer, v. amasser. [pare.]
Accapareur, euse, s. qui acca-]
Accéder, v. consentir à...
Accélération, sf. act. d'
Accélérer, va. hâter, presser.
Accense, sf. ferme.
Accensement, sm. act. d'
Accenser, v. donner à ferme.
Accent, sm. modulation; signe.
Accentuation, sf. man. d'
Accentuer, v. mett. des accents.
Acceptable, a. qu'on peut ac-]
Acceptation, sf. act. d' [cepter.]
Accepter, v. recevoir, agréer.
Acception, sf. préférence.
Accès, sm. abord; entrée. [der.]
Accessible, a. qu'on peut abor-]
Accession, sf. consentement.
Accessit, sm. (ite) récompense.
Accessoire, a. moins important.
Accessoirement, ad. par acces-]
Accident, sm. cas fortuit. [soir.]
Accidentel, le, a. fortuit. [sard.]
Accidentellement, ad. par ha-]
Acclamation, sf. cri de joie.
Acclimater, v. accoutumer.
Accointance, sf. liaison.
Accolade, sf. embrassem.; trait.
Accoler, v. embrasser, réunir.
Accommodable, a. facile.
Accommodage, sm. apprêt.
Accommodement, sm. accord.
Accommoder, v. arranger.
Accompagnement, sm. art. d'
Accompagner, v. aller avec.
Accomplir, v. achever, effect.
Accomplissement, sm. exécut.
Accord, sm. union, harmonie.
Accordéon, sm. instrument.
Accorder, v. concilier; céder.
Accort, e, a. aimable.
Accostable, a. facile à aborder.
Accoster, v. aborder; hanter.
Accoter, v. appuyer de côté.
Accouchement, sm. enfantem.
Accoucher, v. enfanter.
Accouder (s'), v. s'appuyer du]
Accoudoir, sm. appui. [coude]
Accoupler, v. joindre 2 choses.
Accourcie, sf. passage pl. court.
Accourcir, v. rendre plus court
Accourcissement, sm. diminut.
Accourir, v. venir en hâte.
Accoutrement, sm. habit ridic.

Accoutrer, v. parer ridiculem.
Accoutumer, v. habituer.
Accréditer, v. mettre en crédit.
Accroc, sm. déchirure; obstacle.
Accrochement, sm. act. d'
Accrocher, v. attacher à.
Accroire, v. croire. [tation.]
Accroissement, sm. augmen-]
Accroître, v. augmenter.
Accroupissement, sm. act. de s'
Accroupir (s'), v. s'asseoir.
Accrue, sf. augmentation.
Accueil, sm. (akeuie) réception.
Accueillir, v. recevoir.
Accul, sm. lieu sans issue.
Acculer, v. pousser dans un
    coin. [accumule.]
Accumulateur, trice, s. qui]
Accumulation, sf. entassem.
Accumuler, v. amasser.
Accusateur, trice, s. qui accuse.
Accusatif, sm. 4e cas des noms.
Accusation, sf. act. d'
Accuser, v. reprocher; avouer.
Acerbe, a. âpre, sur.
Acéré, e, a. tranchant, aigu.
Acérer, v. aiguiser.
Acétate, sm. sel chimique.
Achalander, v. faire avoir des
    chalands. [niâtre.]
Acharnement, sm. fureur opi-]
Acharner, v. exciter; s'attacher.
Achat, sm. emplette, acquisit.
Acheminement, sm. préparat.
Acheminer, v. mettre en train.
Acheter, v. acquérir à prix]
Achèvement, sm. fin. [d'arg.]
Achever, v. finir, terminer.
Achromatique, a. (verre) qui
    rend les images plus nettes.
Acide, sm. a. aigre.
Acidité, sf. qualité acide.
Aciduler, v. rendre acide.
Acier, sm. fer raffiné très-pur.
Acolyte, sm. clerc; compagn.
Acoquiner, v. rendre fainéant.
Acoustique, sf. théor. de l'ouïe.
Acquéreur, euse, s. qui acquiert.
Acquérir, v. se procurer, achet.
Acquiescement, sm. adhésion.
Acquiescer, v. consentir, adhér.
Acquis, sm. savoir, talent.
Acquisition, sf. act. d'acquérir.
Acquit, sm. quittance, décharge
Acquittement, sm. act. d'
Acquitter, v. absoudre; payer.
Acre, sf. mesure de terre.
Acre, (à) a. piquant, mordicant.
Acreté, (à) sf. qualité âcre.
Acrimonieux, euse, a. qui a de l'
Acrimonie, sf. âcreté.
Acte, sm. action; écrit; thèse.
Acteur, trice, s. qui joue un]
Actif, ive, a. qui agit. [rôle.]

Action, *sf.* ce qu'on fait; somme
Actionnaire, *s.* qui a des act.
Actionner, *v.* agir en justice.
Activement, *ad.* avec activité.
Activer, *v.* hâter, presser.
Activité, *sf.* faculté active.
Actualité, *sf.* état présent.
Actuel, le, *a.* présent, effectif.
Actuellement, *ad.* présentem.
Acutangle, *a.* à angles aigus.
Adage, *sm.* proverbe, maxime.
Adapter, *v.* appliquer.
Addition, *sf.* (dd) ce qui est ajouté; règle. [ajouté.]
Additionnel, le, *a.* qui est]
Additionner, *v.* ajouter; réunir.
Adent, *sm.* entaille.
Adepte, *sm.* initié à un mystère.
Adhérence, *sf.* union.
Adhérent, e, *s. a.* attaché à...; partisan. [acquiescer.]
Adhérer, *v.* être attaché à...;]
Adhésion, *sf.* act. d'adhérer.
Ad hoc, *l. ad.* spécial.
Ad hominem, *l. ad.* personnel.
Ad honores, *l. ad.* honorifique.
Adieu, *sm.* salut en se quittant.
Adjacent, e, *a.* proche, contigu.
Adjectivement, *ad.* en man. d'
Adjectif, *a. sm.* mot qui qualifie.
Adjoindre, *v.* joindre avec.
Adjoint, *sm.* qui aide; suppléant. [cier.]
Adjudant, *sm.* qui aide; offi-]
Adjudicataire, *s.* à qui on adjug.
Adjudicatif, ive, *a.* qui adjuge.
Adjudication, *sf.* act. d'
Adjuger, *v.* décerner, donner.
Adjurer, *v.* sommer.
Admettre, *v.* recevoir. [réglt.]
Administrateur, trice, *s.* qui]
Administratif, ive, *a.* d'admin.
Administration, *sf.* direction.
Administrativement, *ad.* par des moyens administratifs.
Administrer, *v.* gouverner.
Admirable, *a.* digne d'admirat.
Admirateur, trice, *s.* qui ad-]
Admiration, *sf.* act. d'[mire.]
Admirer, *v.* considérer avec plaisir. [admettre.]
Admissible, *a.* qu'on peut]
Admission, *sf.* réception.
Admonéter, *v.* réprimander.
Admoniteur, trice, *s.* qui réprimande.
Admonition, *sf.* réprimande.
Adolescence, *sf.* jeunesse.
Adolescent, e, *s.* jeune.
Adonis, *sm.* jeune homme beau.
Adonner (s'), *v.* se plaire à...
Adopter, *v.* prendre pour fils.
Adoptif, ive, *a.* qui est adopté.
Adoption, *sf.* act. d'adopter.

Adorable, *a.* digne d'être adoré.
Adorateur, trice, *s.* qui adore.
Adoration, *sf.* hommage.
Adorer, *v.* rend. un culte; aimer.
Adosser, *v.* appuyer contre.
Adoucir, *v.* rendre doux. [cit.]
Adoucissant, e, *sm. a.* qui adou-]
Adoucissement, *sm.* act. d'a-]
Adragant, *sm.* gomme. [douc.]
Adresse, *sf.* indication; ruse.
Adresser, *v.* envoyer; toucher.
Adroit, e, *a.* qui a de l'adresse.
Adroitement, *ad.* avec adresse.
Adulateur, trice, *s. a.* flatteur.
Adulation, *sf.* flatterie basse.
Aduler, *v.* flatter bassement.
Adulte, *s. a.* adolescent.
Adultère, *a. sm.* qui viole la foi conjugale. [verbe.]
Adverbe, *sm.* mot joint au]
Adverbial, e, *a.* de l'adverbe.
Adverbialement, *ad.* en adv.
Adversaire, *s.* opposé; ennemi.
Adversatif, ive, *a.* qui oppose.
Adverse, *a.* contraire. [heur.]
Adversité, *sf.* infortune; mal-]
Aérer, *v.* donner de l'air.
Aérien, ne, *a.* de l'air. [du ciel.]
Aérolithe, *sf.* pierre tombée]
Aéronaute, *s.* qui parcourt les airs dans un aérostat.
Aérostat, *sm.* ballon. [lance.]
Affabilité, *sf.* bonté, bienveil-]
Affable, *a.* qui a de l'affabilité.
Affadir, *v.* rendre fade.
Affadissement, *sm.* fadeur.
Affaiblir, *v.* rendre faible.
Affaiblissement, *sm.* faiblesse.
Affaire, *sf.* occupat.; querelle.
Affairé, e, *a.* accablé d'affaires.
Affaissement, *sm.* accable-]
Affaisser, *v.* accabler. [ment.]
Affaler, *v.* abaisser.
Affamer, *v.* causer la faim.
Affectation, *sf.* act. d'
Affecter, *v.* faire ostentation.
Affectif, ive, *a.* qui excite.
Affection, *sf.* bienveillance.
Affectionner, *v.* aimer, chérir.
Affectueusement, *ad.* d'une man. affectueuse. [fection.]
Affectueux, euse, *a.* plein d'af-]
Affermer, *v.* donner à ferme.
Affermissement, *sm.* act. d'
Affermir, *v.* rendre ferme.
Affèterie, *sf.* man. affectées.
Affiche, *sf.* placard public.
Afficher, *v.* mettre des affiches.
Afficheur, euse, *s.* qui affiche
Affidé, e, *s. a.* à qui l'on se fie.
Affiler, *v.* aiguiser; donn. le fil.
Affileur, euse, *s.* qui affile.
Affiliation, *sf.* esp. d'adoption.
Affilier, *v.* adopter; associer.

Affinage, *sm.* act. d' [plus pur.]
Affiner, *v.* rendre plus fin,]
Affinité, *sf.* alliance, conform.
Affirmatif, ive, *a.* qui affirme.
Affirmation, *sf.* act. d'affirmer.
Affirmer, *v.* assurer. [porelle.]
Afflictif, ive, *a.* (peine), cor-]
Affliction, *sf.* douleur.
Affliger, *v.* causer du chagrin.
Affluence, *sf.* abondance, foule.
Affluent, *sm.* union de rivières.
Affluer, *v.* couler vers; abonder.
Affoler, *v.* rendre passionné.
Affranchissement, *sm.* act. d'
Affranchir, *v.* mettre en liberté.
Affréter, *v.* louer un vaisseau.
Affreusement, *ad.* d'une man.
Affreux, euse, *a.* qui cause de la frayeur.
Affriander, *v.* rendre friand.
Affront, *sm.* injure, outrage.
Affronter, *v.* braver; tromper.
Affubler, *v.* habiller, vêtir.
Affût, *sm.* support de canon; lieu où l'on se cache.
Affûtage, *sm.* act. d' [aiguiser.]
Affûter, *v.* mettre sur l'affût;]
Affûtiau, *sm.* bagatelle.
Afin, *conj.* qui dénote le but.
Agacement, *sm.* irritation.
Agacer, *v.* provoquer, exciter.
Agape, *sf.* repas en commun.
Agaric, *sm.* champignon.
Agate, *sf.* pierre précieuse.
Age, (à) *sm.* durée de la vie.
Agé, (à) *a.* qui a un certain âge.
Agence, *sf.* charge d'agent.
Agencer, *v.* ajuster, ranger.
Agenda, *sm.* (jein) livret.
Agenouiller, *v.* mettre à genoux
Agenouilloir, *sm.* pet. escabeau.
Agent, *sm.* qui agit; employé.
Agglomération, *sf.* réunion.
Agglomérer, *v.* assembler.
Agglutinatif, ive, *a.* qui colle.
Agglutination, *sf.* act. d'
Agglutiner, *v.* réunir les chairs.
Aggraver, *v.* rendre plus grief.
Agile, *a.* qui a de l'agilité.
Agilement, *ad.* avec agilité.
Agilité, *sf.* légèreté; souplesse.
Agio, *sm.* intérêt d'argent.
Agiotage, *sm.* comm. usuraire.
Agioter, *v.* faire l'agiotage.
Agioteur, euse, *s.* qui agiote.
Agir, *v.* être en action. (s') *v.* être question de.
Agitateur, trice, *s.* qui agite.
Agitation, *sf.* ébranlement.
Agiter, *v.* ébranler, secouer.
Agneau, *sm.* petit d'une brebis
Agnelet, *sm.* petit agneau.
Agnus Dei, *sm.* cire bénite.
Agonie, *sf.* lutte contre la mort.

Agonir, v. injurier.
Agoniser, v. être à l'agonie.
Agrafe, sf. petit crochet.
Agrafer, v. attacher. [terres.
Agraire, a. qui a rapport aux
Agrandir, v. faire plus grand.
Agrandissement, sm.augment.
Agréable, a.qui plaît.[agréab.
Agréablement,ad.d'une man.
Agréer, v.accueillir; plaire.
Agrégation, sf. réception.
Agrégé, sm. suppléant.
Agréger, v. admettre, associer.
Agrément, sm. approbation.
Agrès,sm.pl. équipem. de nav.
Agresseur, sm. qui attaque.
Agression, sf. attaque.
Agreste, a. rustique; grossier.
Agricole, a. des champs.
Agriculteur, sm. qui cultive
la terre. [tiver.
Agriculture, sf. art de cul-
Agriffer(s'),v. s'attacher.fam.
Agripper, v. saisir avidement.
Agrouper,v.dispos. en groupe.
Aguerrir, v. accoutumer à.
Aguet, sm. poste pour guetter.
Ah!interj.qui expr. la joie,etc.
Aheurter (s'), v. s'opiniâtrer.
Ahi! interj. de douleur.
Aide, sf. secours; s. qui aide.
Aider, v. secourir, assister.
Aïe, interj. de douleur.
Aïeul, pl. Aïeuls, sm. gr.-père.
Aïeule, sf. grand'mère.
Aïeux, sm. pl. ancêtres.
Aigle, sm. oiseau; f. enseigne.
Aigre, sm. a. acide; rude.
Aigrelet, te, a. un peu aigre.
Aigrement, ad. avec aigreur.
Aigrette, sf. oiseau; panache.
Aigreur, sf. qualité aigre.
Aigrir, v. rendre aigre.
Aigu, ë, a. tranchant, perçant.
Aiguière, sf. vase à eau.
Aiguille,sf.(ui)broche d'acier.
Aiguillée, sf. longueur de fil.
Aiguillon, sm. dard, bâton.
Aiguillonner,v.piquer,exciter.
Aiguisement, sm. act. d'
Aiguiser, v. (ui) rendre aigu
Ail, (a-ie)pl.Aulx,sm. oignon.
Aile, sf. ce qui sert à voler.
Ailé, e, a. qui a des ailes.
Aileron, sm. extrém. de l'aile.
Ailleurs, ad. en un autre lieu.
Aimable, a. digne d'être aimé.
Aimant, sm. qui attire le fer.
Aimanter, v. frotter d'aimant.
Aimantin, e, a. magnétique.
Aimer, v. avoir de l'affection.
Aine, sf. joint de la cuisse.
Aîné, e, s. a. premier né.
Aînesse, sf. priorité d'âge.

Ainsi, ad. de cette manière.
Air,sm.substance fluide; vent;
apparence; chant.
Airain, sm. cuivre mélangé.
Aire,sf.où l'on bat le blé; nid.
Airelle, sf. arbrisseau.
Ais, sm. planche, établi.
Aisance,sf.facilité; pl.latrines
Aise, sf. commodité. [che.
Aisé,e,a. facile,commode; ri-
Aisément, ad. facilement.
Aisselle, sf. joint du bras.
Ajournement, sm. act. d'
Ajourner,v. assigner, différer.
Ajouter, v. joindre à.
Ajustement, sm. parure.
Ajuster, v. rendre juste; parer.
Alambic, sm. vase à distiller.
Alambiquer, v. subtiliser.
Alarme, sf. appel aux armes.
Alarmer,v. donner l'alarme.
Alarmiste, s. qui alarme.
Albâtre, sm. sorte de marbre.
Albigeois, sm.pl. sectaires.
Album, sm. (ome) tablettes.
Alcali, sm. sel tiré de la soude.
Alchimie,sf.science hermétiq.
Alcohol,sm. esprit de vin pur.
Alcoran, sm. loi de Mahomet.
Alcôve, sf. enfoncement.
Aldébaran, sm. étoile fixe.
Alène, sf. outil de cordonnier.
Alentour, ad. aux environs.
Alerte, sf. alarme; a. vigilant.
Alevin, sm. menu poisson.
Alezan, e, s.a.(cheval) fauve.
Alèze,sf.drap;planche étroite.
Algèbre, sf. calcul par lettres.
Algébrique, a. de l'algèbre.
Algébriste,s.qui sait l'algèbre.
Alidade,sf.règle mobile.[ner.
Aliénable, a.qu'on peut alié-
Aliénation, sf. vente; folie.
Aliéner,v.vendre; rendre fou.
Alignement, sm. act. d'[gne.
Aligner, v. ranger sur une li-
Aliment, sm. nourriture.
Alimentaire,a.destiné à [nir.
Alimenter,v.nourrir,entrete-
Alinéa, sm. à la ligne.
Aliter, v. garder le lit.
Allaiter, v. nourrir de son lait.
Allécher,v.attir. par un appât.
Allée, sf.passage, promenade.
Allées et venues, sf. pl. dé-
marches [sertion.
Allégation, sf. citation; as-
Alléger, v rendre plus léger.
Allégorie, sf. fiction; allusion
Allégorique, a. de l'allégorie.
Allégoriser,v.rendre allégoriq.
Allègre, a. dispos, agile, gai.
Allégresse, sf. joie vive.
Alléguer, v. rapporter, citer.

Alleluia, sm. chant d'église.
Aller, v. marcher; se diriger.
Alliage, sm. union de métaux.
Alliance, sf. union; bague.
Allié, e, s. confédéré. [unir.
Allier, v. mêler; combiner;
Allocation, sf. act. d'allouer.
Allocution, sf. harangue.
Allonge, sf. pièce rapportée.
Allongement, sm. augmenta-
tion de longueur.
Allonger, v. rendre plus long.
Allouable,a.qu'on peut allouer
Allouer, v. accorder; approuv.
Allumer,v.mettre le feu; excit.
Allumette,sf. bois soufré.
Allumeur, euse, s. qui allume.
Allure, sf. démarche.
Allusion,sf.allégorie; rapport.
Almanach,sm.(na)calendrier.
Aloès, sm.(èce) arbre, plante.
Aloi, sm. titre des métaux.
Alors, ad. en ce temps-là.
Alouette,sf.oiseau. [pesantir.
Alourdir, v. rendre lourd; ap-
Aloyau, sm. pièce de bœuf.
Alpha (l') et l'oméga, sm. le
commencement et la fin.
Alphabet,sm. recueil des lettr.
Alphabétique, a.de l'alphabet.
Altérant, e, sm. a. qui altère.
Altération, sf. act. d'altérer.
Altercation, sf. contestation.
Altérer,v.changer; causer soif.
Alternat, sf. act. d'alterner.
Alternatif, ive, a. qui se suc-
cède. [tour.
Alternativement, ad. tour-à-
Alterner, v. faire tour à tour.
Altesse, sf. titre d'honneur.
Altier, ière, a. fier, hautain.
Alumine, sf. argile pure.
Alun, sm. sulfate d'alumine.
Amabilité,sf.douceur,aménité.
Amadis, sm.manche collante.
Amadou, sm. mèche d'agaric.
Amadouer, v.caresser; flatter.
Amaigrir, v. rendre maigre.
Amalgame, sm. mélange.
Amalgamer, v. mélanger, unir.
Amande,sf.fruit de l'amandier
Amandier, sm. arbre.
Amant, e, s. qui aime.
Amarre,sf. cordage.[amarre.
Amarrer, v attacher avec une
Amas, sm. assemblage.
Amasser, v. faire amas.
Amateur, s. qui a du goût.
Amaurose, sf. goutte sereine.
Amazone,sf.femme guerrièr;
Ambassade,sf.mission.[robe.
Ambassadeur, drice,s. envoyé.
Ambigu, ë, a. à double sens.
Ambiguïté,sf.sens équivoque

Ambitieusement, *ad.*
Ambitieux, se, *a.* qui a de l'
Ambition, *sf.* désir immodéré.
Ambitionner, *v.* rechercher.
Amble, *sm.* allure du cheval
Amblygone, *sm.* angle obtus.
Ambulance, *sf.* hôpital milit.
Ambulant, e, *a.* qui n'est p. fixe.
Ame, (à) *sf.* principe de la vie.
Amélioration, *sf.* act. d'
Améliorer, *v.* rendre meilleur.
Amen, *ad.* (ène) qu'il en soit
   ainsi; fin.
Amende, *sf.* peine pécuniaire.
Amendement, *sm.* act. d'
Amender, *v.* corriger. [nir.]
Amener, *v.* conduire, faire ve-
Aménité, *sf.* agrément.
Amenuiser, *v.* rendre menu.
Amer, ère, *a.* rude; douloureux.
Amèrement, *ad.* avec amertu-
Amertume, *sf.* aigreur. [me.]
Ameublement, *sm.* assorti-
   ment de meubles.
Ameuter, *v.* attrouper.
Ami, e, *s.* qui aime; *a.* propice.
Amiable, *a.* doux, gracieux.
Amiable (à l'), *l. ad.* de gré à gré
Amiablement, *ad.* à l'amiable.
Amiante, *sm.* lin incombustibl.
Amical, e, *a.* sans *pl. m.*, d'ami.
Amicalement, *ad.* en ami.
Amict, *sm.* (mi) linge bénit.
Amincir, *v.* rendre plus mince.
Amiral, *sm.* officier de marine.
Amirauté, *sf.* office d'amiral.
Amissible, *a.* qu'on peut perdre
Ammoniac, que, *a.* sel, gomme.
Ammoniaque, *sf.* alcali volatil.
Amnistie, *sf.* pardon général.
Amnistier, *v.* gracier.
Amoindrir, *v.* diminuer.
Amoindrissement, *sm.* dimi-
   nution.   [cir.]
Amollir, *v.* rendre mou; adou-
Amonceler, *v.* entasser. [tire]
Amorce, *sf.* appât, ce qui at-
Amorcer, *v.* garnir d'amorce.
Amortir, *v.* affaiblir.
Amour, *sm.* sentiment pas-
   sionné.   [amour.]
Amoureusement, *ad.* avec
Amoureux, euse, *s. a.* qui aime.
Amovible, *a.* sujet à changem.
Amphibie, *sm. a.* qui vit égale-
   ment sur la terre et dans
   l'eau.   [sens.]
Amphibologie, *sf.* double
Amphibologique, *a.* obscur.
Amphibologiquement, *ad.*
Amphigouri, *sm.* discours sans
   ordre et vide de sens.
Amphigourique, *a.* obscur.
Amphithéâtre, *sm.* lieu en degr.

Ample, *a.* long, large, copieux.
Amplement, *ad.* largement.
Ampleur, *sf.* étendue.
Ampliatif, ive, *a.* qui augmente.
Ampliation, *sf.* copie d'un acte.
Amplification, *sf.* exagération.
Amplifier, *va.* exagérer.
Amplitude, *sf.* arc de l'horizon.
Ampoule, *sf.* enflure; fiole.
Ampoulé, e, *a.* emphatique.
Amputation, *sf.* act. d'
Amputer, *v.* retrancher : *chir.*
Amulette, *sm.* talisman.
Amusement, *sm.* ce qui amuse.
Amuser, *v.* divertir; tromper.
Amusette, *sf.* petit amusement.
Amydon, *sm.* pâte de farine.
Amydonnier, *sm.* fabricant
   d'amydon.   [la gorge.]
Amygdales, *sf. pl.* glandes à
An, *sm.* durée de douze mois.
Ana, *sm.* recueil de bons mots.
Anachorète, *sm.* (ko) ermite.
Anachronisme, *sm.* date fausse.
Anagramme, *sf.* transposition
   des lettres.
Analogie, *sf.* rapport. logie.
Analogique, *a.* qui a de l'ana-
Analogiquement, *ad.* par ana-
   logie.   [port.]
Analogue, *a.* qui a du rap-
Analyse, *sf.* décomposition.
Analyser, *va.* faire analyse.
Analytique, *a.* de l'analyse.
Analytiquement, *ad.* par ana-
   lyse.   [fusion.]
Anarchie, *sf.* désordre; con-
Anarchique, *a.* de l'anarchie.
Anarchiste, *sm.* perturbateur.
Anathématiser, *v.* frapper d'
Anathème, *sm.* excommunicat.
Anatomie, *sf.* dissection.
Anatomique, *a.* de l'anatomie.
Anatomiser, *v.* faire l'anato-
   mie.   [natomie.]
Anatomiste, *sm.* qui sait l'a-
Ancêtres, *sm. pl.* aïeux.
Anche, *sf.* tuyau.
Anchois, *sm.* poisson de mer.
Ancien, ne, *a.* antérieur, vieux.
Anciennement, *ad.* jadis.
Ancienneté, *sf.* antiquité.
Ancre, *sf.* instr. de fer : *mar.*
Ancrer, *v.* jeter l'ancre.
Andain, *sm.* foin fauché.
Andouille, *sf.* boyau de co-
   chon rempli de chair.
Ane (à), *sm.* bête de somme.
Anéantir, *v.* détruire entièrem.
Anéantissement, *sm.* destruct.
Anecdote, *sf.* historiette.
Anecdotique, *a.* de l'anecdote.
Anée, (à) *sf.* charge d'un âne.
Ancrie, (à) *sf.* ignorance.

Anesse, (à) *sf.* femelle de l'âne
Anévrysme, *sm.* tumeur interne
Angar, *sm.* appentis; remise.
Ange, *sm.* esprit céleste.
Angélique, *a.* d'ange; excellent
Angéliquement, *adv.* en ange
Angelus, *sm.* prière catholique.
Angle, *sm.* rencontre de 2 lignes.
Anglican, e, *s. a.* protestant
   d'Angleterre.
Angoisse, *sf.* anxiété. [poils]
Angora, *s. a.* (chat) à longs
Anguillade, *sf.* coup de peau d'
Anguille, *sf.* poisson.
Angulaire, *a.* à angles.
Anguleux, euse, *a.* à angles.
Anicroche, *sf.* obstacle. [ânes.]
Anier, (à) *sm.* qui conduit des
Animadversion, *sf.* blâme.
Animal, *sm.* être animé.
Animalcule, *sm.* petit animal.
Animalité, *sf.* caractère con-
   stitutif de l'animal. [ter.]
Animer, *v.* donner la vie; exci-
Animosité, *sf.* emportement.
Anis, *sm.* plante; dragée.
Anisette, *sf.* liqueur d'anis.
Annal, e, *a.* qui dure un an.
Annales, *sf. pl.* hist. par années.
Anneau, *sm.* cercle; bague.
Année, *sf.* durée de 12 mois.
Anneler, *v.* boucler les cheveux
Annelet, *sm.* petit anneau.
Annexe, *sf.* succursale.
Annexer, *v.* joindre, attacher.
Annihiler, *v.* anéantir.
Anniversaire, *sm.* fête annuelle.
Annonce, *sf.* publication.
Annoncer, *v.* faire savoir.
Annonciation, *sf.* fête catholiq.
Annuaire, *sm.* almanach; *a.*
Annuel, le, *a.* d'un an. [annuel]
Annuellement, *ad.* par an.
Annuité, *sf.* rente annuelle.
Annulaire, *a.* en forme d'an-
Annulation, *sf.* act. d' [neau.
Annuler, *v.* abolir, rendre nul
Anoblir, *v.* rendre noble.
Anoblissement, *sm.* act. d'anob
Anodin, e, *a.* adoucissant.
Anomal, e, *a.* irrégulier.
Anomalie, *sf.* irrégularité.
Anon, (à) *sm.* petit de l'âne.
Anonnement, (à) *sm.* act. d'â-
   nonner.   [tant.]
Anonner, (à) *v.* lire en hési-
Anonyme, *sm. a.* sans nom.
Anormal, e, *a.* irrégulier.
Anse, *sf.* arc d'un vase; golfe.
Anspessade, *sm.* sous-officier.
Antagoniste, *sm.* adversaire.
Antarctique, *a.* méridional.
Antécédent, e, *a.* précédent.
Antechrist, *sm.* (kri) ennemi

du Christ. [cédé le déluge.]
Antédiluvien, ne, a. qui a pré-.
Antérieur, e, a. qui précède.
Antérieurement, ad. avant.
Antériorité, sf. priorité.
Anthropophage, s. a. mangeur
d'hommes. [ou antériorité.]
Anti, prép. marque opposit.
Antichambre, sf. 1re chambre.
Anticipation, sf. act. d' [ter.]
Anticiper, v. devancer; empié-.
Antidate, sf. date antérieure.
Antidater, v. faire une antidate.
Antidote, sm. contre-poison.
Antienne, sf. (ti) verset.
Antilope, sf. gazelle. [blanc.]
Antimoine, sm. demi-métal.
Antipape, sm. faux pape.
Antipathie, sf. (ti) aversion.
Antipathique, a. contraire.
Antiphonaire, Antiphonier,
sm. livre d'antiennes.
Antiphrase, sf. contre-vérité.
Antipodes, sm. pl. opposés.
Antiquaille, sf. chose antique.
Antiquaire, sm. qui connait
les antiquités.
Antique, a. s. fort ancien.
Antiquité, sf. gr. ancienneté.
Antiscorbutique, sm. a. contre
le scorbut.
Antithèse, sf. opposition.
Antre, sm. caverne. [la nuit.]
Anuiter (s'), v. être surpris par.
Anus, sm. orifice du rectum.
Anxiété, sf. tourment, in
quiétude. [son.]
Août, sm (ou) 8e mois; mois-.
Apaiser, v. calmer, modérer.
Apanage, sm. ce qu'un roi
donne à ses fils.
Apathie, sf. (ti) indolence.
Apathique, a. indolent.
Apercevoir, v. découvrir.
Aperçu, sm. première vue.
Apéritif, ive, a. qui fait uriner.
Apetissement, sm. diminution.
Apetisser, v. rendre plus petit.
Aphonie, sf. extinction de voix.
Aphorisme, sm. maxime concise.
Aphthe, sm. ulcère à la bouche.
Api, sm. petite pomme rouge.
Apitoyer, v. toucher de pitié.
Aplanir, v. rendre uni. [planir.]
Aplanissement, sm. act. d'a-.
Aplatir, v. rendre plat. [tir.]
Aplatissement, sm. act. d'apla-.
Aplomb, sm. perpendiculaire à
l'horizon; assurance.
Apocalypse, sf. révélation.
Apocryphe, a. inconnu, caché.
Apogée, sm. la plus grande dis-
tance d'un astre à la terre.
Apologie, sf. justification; éloge

Apologiste, s. qui fait l'a-
pologie.
Apologue, sm. fable morale.
Apophthegme, sm. maxime.
Apoplexie, sf. privation de
mouvement.
Apostasie, sf. act. d' [gion.]
Apostasier, v. quitter sa reli-.
Apostat, e, s. a. qui a apostasié.
Apostème, Apostume, sm.
abcès. [poste.]
Aposter, v. mettre dans un.
Apostille, sf. recommandation.
Apostiller, v. mettre une apos-
tille. [pôtre.]
Apostolat, sm. ministère d'a-.
Apostolique, a. de l'apôtre.
Apostoliquement, ad en apôtre
Apostrophe, sf. interpellation
vive; marque d'élision (').
Apostropher, v. interpeller.
Apostume. Voy. Apostème.
Apothéose, sf. déification.
Apothicaire, sm. pharmacien.
Apôtre, sm. disciple du Christ.
Apparaître, v. devenir visible.
Apparat, sm. éclat, pompe.
Appareil, sm. préparatif.
Appareiller, v. assortir.
Appareilleur, sm. qui trace la
coupe des pierres : archit.
Apparemment, ad. vraisembla-
Apparence, sf. extérieur; vrai-
blement. [semblance.]
Apparent, e, a. visible.
Apparenter, v. allier. [pler.]
Apparier, v. assortir; accou-.
Apparition, sf. manifestation.
Appartement, sm. logement.
Appartenance, sf. dépendance.
Appartenant, e, a. qui appar-
tient. [priété de.]
Appartenir, v. être la pro-.
Appas, sm. pl. charmes.
Appât, sm. pâture; ce qui attire.
Appâter, v. attirer avec l'appât.
Appauvrir, v. rendre pauvre.
Appauvrissement, sm. indi-
gence.
Appel, sm. recours; défi.
Appeler, v. nommer; crier.
Appellation, sf. act. d'appeler.
Appendice, sf. (in) supplément
Appendre, v. suspendre.
Appentis, sm. toit contr. un mur
Appesantir, v. rendre pesant.
Appesantissement, sm. pesan-.
Appétit, sm. désir; faim. [teur.]
Applaudir, v. approuver.
Applaudissement, sm. appro-
bation. [pliquer.]
Applicable, a. qu'on doit ap-.
Application, sf. act. d'appliq-.
Appliquer, v. adapter; citer.

Appoint, sm. complément.
Appointement, sm. salaire.
Appointer, v. régler en justice.
Apporter, v. porter; employer
Apposer, v. mettre; appliquer.
Apposition, sf. act. d'apposer.
Appréciable, a. qu'on apprécie.
Appréciateur, sm. qui appré-
cie. [que l']
Appréciatif, ive, a. qui mar-.
Appréciation, sf. estimation.
Apprécier, v. estimer; évaluer.
Appréhender, v. craindre.
Appréhensif, ive, a. timide.
Appréhension, sf. crainte; idée.
Apprendre, v. s'instruire.
Apprenti, e, s. qui apprend.
Apprentissage, sm. état d'ap-
prenti.
Apprêt, sm. préparation.
Apprêter, v. préparer.
Apprêteur, sm. qui apprête.
Apprivoisement, sm. act. d'
Apprivoiser, v. rendre traitable.
Approbateur, trice, s. a. qui
approuve.
Approbation, sf. assentiment.
Approchant, e, a. qui a rapport
avec; prép. environ.
Approche, sf. abord, accès.
Approcher, v. avancer; venir
Approfondir, v. creuser; exa-
miner.
Appropriation, sf. act. de s'
Approprier, v. conformer;
(s') usurper.
Approuver, v. consentir.
Approvisionnement, sm. act. d'
Approvisionner, v. fournir.
Approximatif, ive, a. fait par
Approximation, sf. estimation.
Approximer, v. être voisin.
Appui, sm. support, soutien.
Appuyer, v. soutenir, aider.
Apre, (à) a. rude, âcre; avide.
Aprement, (à) ad. avec âpreté
Après, ad. et prép. ensuite.
Apreté, (à) sf. qualité âpre.
Apte, a. propre à. [bileté.]
Aptitude, sf. disposition; ha-.
Apurement, sm. vérification.
Apurer, v. vérifier; purifier.
Aquatique, a. (oua) maréca-.
Aqueduc, sm. canal. [geux.]
Aqueux, euse, a. de l'eau.
Aquilin, a. m. en bec d'aigle.
Aquilon, sm. vent du nord.
Ara, sm. gros perroquet.
Arabesques, sf. pl. ornements.
Arabique, a. d'Arabie.
Arable, a. labourable.
Araignée, sf. insecte; sa toile.
Araires, a. sm. pl. instr. d'a-
griculture.

Arasement, *sm.* act. d'araser.
Araser, *v.* mettre de niveau.
Aratoire, *a.* du labourage.
Arbalète, *sf.* arme de trait.
Arbitrage, *sm.* jugement d'ar-
bitres.   [que.]
Arbitraire, *a.* absolu; despoti-
Arbitrairement, *ad.* d'une
manière arbitraire.
Arbitral, e, *a.* d'arbitres.
Arbitre, *sm.* juge choisi; mai-
tre absolu.
Arbitrer, *v.* juger, décider.
Arborer, *v.* planter, déployer.
Arbre, *sm.* végétal ligneux.
Arbrisseau, *sm.* petit arbre.
Arbuste, *sm.* petit arbrisseau.
Arc, *sm.* arme; cintre; courbe.
Arcade, *sf.* ouverture en arc.
Arc-boutant, *sm.* pilier de voûte
Arc-bouter, *v.* appuyer, sou-
tenir.   [nument en arc.]
Arc-de-triomphe, *sm.* mo-
Arceau, *sm.* arc d'une voûte.
Arcenal et non Arsenal, *sm.*
magasin d'armes.   [arc.]
Arc-en-ciel, *sm.* météore en
Archange, *sm.* (kan) ange su-
périeur.
Arche, *sf.* voûte de pont.
Archéologie, *sf.* (ké) science
de l'antiquité.   [arc.]
Archer, *sm.* soldat armé d'un
Archet, *sm.* baguette garnie
de crin; petite scie.
Archevêché, *sm.* juridiction d'
Archevêque, *sm.* évêque supér.
Archidiacre, *sm.* 1er diacre.
Archiduc, chesse, *s.* titre.
Archiépiscopal, e, *a.* (kié)
d'archevêque.
Archiépiscopat, *sm.* (kié) di-
gnité d'archevêque.
Archipel, *sm.* mer semée d'îles.
Archiprêtre, *sm.* 1er prêtre.
Architecte, *sm.* qui bâtit.
Architecture, *sf.* art de bâtir.
Architrave, *sf.* memb. d'archit.
Architriclin, *sm.* cuisinier.
Archives, *sf. pl.* anciens titres.
Archiviste, *sm.* garde des ar-
chives.   [trée.]
Archivolte, *sf.* architrave cin-
Archonte, *sm.* magistrat grec.
Arçon, *sm.* bois de selle.
Arctique, *a.* septentrional.
Ardemment, *ad.* avec ardeur.
Ardent, e, *a.* en feu; actif.
Ardeur, *sf.* chaleur; véhémence
Ardillon, *sm.* pointe de boucle.
Ardoise, *sf.* pierre feuilletée
Ardu, e, *a.* escarpé; malaisé.
Are, *sm.* mesure de surface.
Arène, *sf.* sable; amphithéâtre.

Aréole, *sf.* petite aire; cercle.
Aréomètre, *sm.* pèse-liqueur.
Aréopage, *sm.* tribunal.
Arête, *sf.* os de poisson; angle.
Argent, *sm.* métal; monnaie.
Argenter, *v.* couvrir d'argent.
Argenterie, *sf.* vaisselle d'arg.
Argentin, e, *a.* qui tient de l'arg.
Argentine, *sf.* plante vivace.
Argenture, *sf.* argent appliqué.
Argile, *sf.* glaise, terre molle.
Argileux, euse, *a.* de l'argile.
Argot, *sm.* jargon des voleurs;
bout d'une branche morte.
Argoter, *v.* couper les argots.
Argousin, *sm.* garde des bagnes
Arguer, *v.* accuser; reprendre.
Argument, *sm.* raisonnement.
Argumenter, *v.* prouver par
Argus, *sm.* espion.   [argum.]
Argutie, *sf.* subtilité.   [rius.]
Arianisme, *sm.* doctrine d'A-
Aride, *a.* sec; stérile.   [sibilité.]
Aridité, *sf.* sécheresse; insen-
Arien, ne, *s.* sectaire d'Arius.
Ariette, *sf.* air léger et détaché.
Aristarque, *sm.* critique sévère.
Aristocrate, *s.* partisan de l'
Aristocratie, *sf.* (ci) souverai-
neté des nobles; la classe nob.
Aristocratique, *a.* d'aristocrate.
Arithméticien, ne, *s.* qui sait l'
Arithmétique, *sf.* art du calcul.
Arithmétiquement, *ad.* selon
les règles de l'arithmétique.
Arlequin, *sm.* bateleur.
Arlequinade, *sf.* bouffonnerie.
Arme, *sf.* ce qui sert à atta-
quer ou à se défendre.
Armée, *sf.* troupes sous un gé-
néral.   [guerre.]
Armement, *sm.* appareil de
Armer, *v.* pourvoir d'armes;
lever des troupes.
Armillaire, *a. f.* sphère.
Armilles, *sf. pl.* moulures de
chapiteau.   [d'armes.]
Armistice, *sm.* suspension
Armoire, *sf.* meuble.
Armoiries, *sf. pl.* attributs
d'une famille noble.
Armure, *sf.* armes défensives.
Armurier, *sm.* fabricant d'arm.
Aromate, *sm.* parfum.
Aromatique, *a.* de l'aromate.
Aromatiser, *v.* mêler des arôm.
Arpent, *sm.* mesure de terre.
Arpentage, *sm.* act. d'
Arpenter, *v.* mesurer les terres.
Arpenteur, *sm.* qui arpente.
Arquebuse, *sf.* anc. arme à feu.
Arquebusier, *sm.* armurier.
Arquer, *va.* courber en arc.
Arracher, *v.* tirer par force.

Arrangement, *sm.* ordre.
Arranger, *v.* mettre en ordre.
Arrérages, *sm. pl.* revenu échu.
Arrestation, *sf.* act. d'arrêter.
Arrêt, *sm.* jugement; saisie.
Arrêté, *sm.* décision, réglem.
Arrête-bœuf, *sm.* plante.
Arrêter, *v.* saisir; fixer; régler.
Arrhes, *sf. pl.* gages d'un mar-
ché.   [loin d'ici.]
Arrière, *sm.* poupe; *interj.*
Arriéré, *sm.* paiement retardé.
Arrière-boutique, *sf.* 2e boutiq.
Arrière-cour, *sf.* 2e cour.
Arrière-garde, *sf.* suite d'armée
Arrière-pensée, *sf.* vue secrète.
Arriérer, *v.* différer, retarder.
Arrivage, *sm.* arrivée au port.
Arrivée, *sf.* act. d'arriver.
Arriver, *v.* parvenir; survenir.
Arrogamment, *ad.* avec
Arrogance, *sf.* fierté, orgueil.
Arrogant, e, *s. a.* fier.
Arroger (s'), *v.* s'attribuer.
Arrondir, *v.* rendre rond.
Arrondissement, *sm.* partie
d'un pays.   [act. d']
Arrosage, Arrosement, *sm.*
Arroser, *v.* humecter.
Arrosoir, *sm.* vase pour arroser.
Arsenal. *Voy.* Arcenal.
Arsenic, *sm.* métal, poison.
Art, *sm.* science; méthode.
Artère, *sf.* vaisseau du cœur.
Artichaut, mieux Artichaud,
sm. plante potagère.
Article, *sm.* sujet, matière;
particule, jointure.
Articulaire, *a.* des jointures.
Articulation, *sf.* jointure; act. d'
Articuler, *v.* prononcer nettem.
Artifice, *sm.* art; industrie.
Artificiel, le, *a.* fait par art.
Artificiellement, *ad.* par art.
Artificier, *sm.* qui fait des feux
d'artifice.   [ruse.]
Artificieux, euse, *a.* plein de
Artillerie, *sf.* canons, mortiers.
Artilleur, *sm.* soldat d'artillerie
Artimon, *sm.* mât d'arrière.
Artisan, ne, *s.* ouvrier.   [bois.]
Artison, *sm.* ver qui perce le
Artiste, *s.* qui cultive les arts.
Artistement, *ad.* avec art.
As, *sm.* (ace) carte, dé.
Ascendant, e, *a.* qui monte;
Ascension, *sf.* élévation.
Ascétique, *a.* de la vie spiri-
Asile. *Voy.* Asyle.   [tuelle.]
Aspect, *sm.* vue d'un objet.
Asperge, *sf.* plante potagère.
Asperger, *v.* arroser.
Aspergès, *sm.* (èce) goupillon.
Aspérité, *sf.* rudesse, âpreté.

Aspersion, *sf.* act. d'asperger.
Aspersoir, *sm.* goupillon.
Asphyxie, *sf.* étouffement.
Asphyxié, e, *s. a.* frappé d'asphyxie.
Aspic, *sm.* serpent; mets.
Aspirant, e, *s.* qui aspire à.
Aspiration, *sf.* act. d'aspirer.
Aspirer, *v.* attirer; désirer.
Assaillant, e, *s.* agresseur.
Assaillir, *v.* attaquer.
Assainir, *v.* rendre sain.
Assaisonnement, *sm.* act. d'
Assaisonner, *v.* accommoder.
Assaki, *sf.* sultane favorite.
Assassin, e, *s. a.* meurtrier.
Assassinat, *sm.* meurtre.
Assassiner, *v.* tuer de guet-apens.
Assaut, *sm.* attaque, lutte.
Assemblage, *sm.* réunion de choses. [personnes.]
Assemblée, *sf.* réunion de]
Assembler, *v.* joindre; réunir.
Assembleur, euse, *s.* qui assemble. [violent.]
Asséner, *v.* porter un coup]
Assentiment, *sm.* consentem.
Assentir, *v.* approuver.
Asseoir, *v.* mettre sur un siége; fonder.
Assermenter, *v.* obliger quelqu'un sous la foi du serment.
Assertion, *sf.* affirmation.
Asservir, *v.* assujétir, rendre esclave.
Asservissement, *sm.* esclavage.
Assesseur, *sm.* adjoint à un juge
Assez, *ad.* autant qu'il en faut.
Assidu, e, *a*, exact; continu.
Assiduité, *sf.* exactitude.
Assidûment, *ad.* avec assiduité.
Assiégeant, e, *s. a.* qui assiége.
Assiéger, *v.* faire un siége.
Assiette, *sf.* situation; vaisselle.
Assiettée, *sf.* plein une assiette.
Assignable, *a.* qu'on peut assigner. [naie.]
Assignat, *sm.* papier-mon-]
Assignation, *sf.* act. d'
Assigner, *v.* indiquer; appeler.
Assimilation, *sf.* act. d'
Assimiler, *v.* rendre semblable.
Assise, *sf.* rang de pierres; *pl.* juridiction criminelle.
Assistance, *sf.* présence; aide.
Assistant, e, *s.* présent; qui aide.
Assister, *v.* secourir; être présent à. [sonnes.]
Association, *sf.* union de per-]
Associé, e, *s. a.* en société.
Associer, *v.* unir, adjoindre.
Assolement, *sm.* act. d'assoler
Assoler, *v.* alterner les cultures.

Assombrir, *v.* rendre sombre.
Assommer, *v.* tuer; battre.
Assommoir, *sm.* bâton pour assommer.
Assomption, *sf.* enlèvement.
Assortiment, *sm.* assemblage.
Assortir, *v.* réunir; convenir.
Assortissant, e, *a.* qui assortit.
Assoupir, *v.* endormir à demi.
Assoupissement, *sm.* sommeil.
Assouplir, *v.* rendre souple.
Assourdir, *v.* rendre sourd.
Assouvir, *v.* rassasier. [souvir.]
Assouvissement, *sm.* act. d'as-]
Assujétir, *v.* soumettre.
Assujétissant, e, *a.* gênant.
Assujétissement, *sm.* contrainte
Assumer, *v.* prendre sur soi.
Assurance, *sf.* certitude; gage.
Assurément, *ad.* certainement.
Assurer, *v.* affirmer; rendre stable; garantir.
Assureur, euse, *s.* qui garantit.
Astérisque, *sm.* petite étoile (*), qui indique un renvoi.
Asthmatique, *s. a.* travaillé d'un
Asthme, *sm.* (*asme*), courte haleine.
Asticot, *sm.* ver pour amorcer.
Astragale, *sm.* moulure; os.
Astral, e, *a.* des astres.
Astre, *sm.* corps céleste; œillet.
Astreindre, *v.* assujétir.
Astringent, e, *sm. a.* qui resserre
Astrologie, *sf.* art de lire l'avenir dans les astres.
Astrologique, *a.* de l'astrologie.
Astrologue, *s.* versé dans l'astrologie. [tronomie.]
Astronome, *s.* versé dans l'as-]
Astronomie, *sf.* science du mouvement des astres.
Astronomique, *a.* d'astronomie.
Astuce, *sf.* finesse, ruse.
Astucieusement, *ad.* avec ruse.
Astucieux, euse, *a.* fin; rusé.
Asyle, *sm.* refuge; protection.
Atelier, *sm.* lieu de travail.
Athée, *s. a.* qui nie Dieu.
Athéisme, *sm.* système d'athée.
Athénée, *sm.* collége; académie.
Athlète, *sm.* lutteur.
Atlas, *sm.* cartes géographiques
Atmosphère, *sf.* air qui enveloppe la terre.
Atome, *sm.* corpuscule.
Atonie, *sf.* faiblesse.
Atour, *sm.* parure, ornement.
Atout. *sm.* carte qui gagne.
Atrabilaire, *s. a.* triste, sombre.
Atre, (à) *sm.* foyer. [cruel.]
Atroce, *a.* excessif; énorme;]
Atrocité, *sf.* cruauté; act. atroce.
Atrophie, *sf.* consomption.

Attabler, *v.* mettre à table.
Attache, *sf.* lien, courroie.
Attachement, *sm.* affection.
Attacher, *v.* joindre; lier; intéresser vivement.
Attaque, *sf.* act. d'
Attaquer, *v.* assaillir. [nir à.]
Atteindre, *v.* joindre; parve-]
Atteinte, *sf.* coup; attaque.
Attelage, *sm.* bêtes attelées.
Atteler, *v.* attacher à une voi-]
Attenant, e, *a.* contigu. [ture.]
Attendre, *v.* être dans l'attente.
Attendrir, *v.* rendre tendre.
Attendrissement, *sm.* com-]
Attendu, *prép.* vu. [passion.]
Attentat, *sm.* forfait.
Attente, *sf.* act. d'attendre.
Attenter, *v.* commett. un attent.
Attentif, ive, *a.* qui a de l'
Attention, *sf.* application; égard
Attentivement. *ad.* avec attent.
Atténuation, *sf.* affaiblisse-]
Atténuer, *v.* affaiblir. [ment.]
Atterrer, *v.* abattre, accabler
Attestation, *sf.* certificat.
Attester, *v.* certifier.
Attiédir, *v.* rendre tiède
Attiédissement, *sm.* tiédeur.
Attirail, *sm.* bagage.
Attirer, *v.* tirer à soi; obtenir.
Attiser, *v.* allumer; exciter.
Attiseur, euse, *s.* qui attise.
Attitrer, *v.* charger d'un emploi
Attitude, *sf.* posture. [cher.]
Attouchement, *sm.* act. de tou-]
Attractif, ive, *a.* qui attire.
Attraction, *sf.* act. d'attirer.
Attrait, *sm.* ce qui attire.
Attrape, *sf.* tromperie.
Attraper, *v.* tromper; saisir.
Attrapette, *sf.* petite malice.
Attrayant, e, *a.* qui a de l'attrait.
Attribuer, *v.* attacher, imputer.
Attribut, *sm.* propriété; symbol.
Attributif, ive, *a.* qui attribue.
Attribution, *sf.* concession;]
Attrister, *v.* affliger. [pouvoir.]
Attrition, *sf.* repentir. [ment.]
Attroupement, *sm.* rassemble-]
Attrouper, *v.* rassembler.
Au, Aux, *partic.* pour à le, à les.
Aubade, *sf.* concert. [tage.]
Aubaine, *sf.* succession; avan-]
Aube, *sf.* la pointe du jour.
Aubépine. *sf.* arbrisseau.
Auberge, *sf.* lieu où on loge.
Aubergiste, *s.* qui tient auberg.
Aubier, *sm.* bois tendre.
Aubifoin, *sm.* bluet.
Aucun, e, *a.* pas un, nul.
Aucunement, *ad.* nullement.
Audace, *sf.* hardiesse extrême.
Audacieusement, *ad.* avec aud.

Audacieux, euse, a. hardi.
Audience, sf. réception.
Auditeur, trice, s. qui écoute.
Audition, sf. act. d'entendre.
Auditoire, sm. assemblée.
Auge, sf. pierre creusée.
Augée, sf. contenu d'une auge.
Augment, sm. supplément.
Augmentatif, ive, a. qui augmente. [accroissement.]
Augmentation, sf. addition,
Augmenter, v. accroître.
Augural, e, a. de l'augure.
Augure, sm. présage, indice.
Augurer, v. présager. [table.]
Auguste, a. imposant, respec-
Aujourd'hui, ad. ce jour.
Aumône, sf. ce qu'on donne aux pauvres. [nier.]
Aumônerie, sf. charge d'aumô-
Aumônier, sm. prêtre.
Aumusse, sf. fourrure.
Aunage, sm. mesurage à l'aune.
Aune, sm. arbre.
Aune, sf. mesure de longueur.
Aunée, sf. plante vivace.
Auner, v. mesurer à l'aune.
Auparavant, ad. avant tout.
Auprès, ad. tout contre.
Auréole, sf. cercle de lumière.
Auriculaire, a. de l'oreille.
Aurifère, a. qui fournit l'or.
Aurore, sf. lumière avant le soleil [tion.]
Auspice, sm. présage; protec-
Aussi, conj. et ad. de même.
Aussitôt, ad. dans le moment.
Auster, sm. vent du midi.
Austère, a. rigoureux; sévère.
Austèrement, ad. avec
Austérité, sf. sévérité [midi.]
Austral, e, a. (sans pl. m.) du
Autan, sm. vent du midi.
Autant, ad. marque l'égalité.
Autel, sm. table sacrée.
Auteur, s. a. inventeur.
Authenticité, sf. preuves.
Authentique, a. qui fait preuve.
Authentiquement, ad. d'une manière authentique.
Autocrate, sm. souverain en Russie.
Autographe, s. a. écrit de la main de l'auteur.
Automate, sm. machine.
Automatique, a. d'automate.
Automne, sm. et f. saison.
Autopsie, sf. examen.
Autorisation, sf. permission.
Autoriser, v. permettre.
Autorité, sf. puissance; crédit.

Autour, ad. auprès; aux envir.
Autour, sm. oiseau de proie.
Autre, pr. a. distinct.
Autrefois, ad. jadis. [manière.]
Autrement, ad. d'une autre
Autre part, l. ad. ailleurs.
Autruche, sf. grand oiseau
Autrui, sm. (sans pl.) les autres
Auvent, sm. toit en appentis.
Auxiliaire, a. qui aide.
Avachir (s'), v. devenir mou.
Aval, ad. par en bas.
Avalanche, sf. masse de neige.
Avaler, v. faire descendre dans l'estomac.
Avaleur, euse, s. qui avale.
Avaloire, sf. grand gosier.
Avance, sf. ce qui est déjà fait.
Avancement, sm. progrès.
Avancer, v. aller en avant.
Avanie, sf. insulte; affront.
Avant, prép. et ad. marque priorité.
Avantage, sm. profit.
Avantager, v. favoriser.
Avantageusement, ad.
Avantageux, euse, a. profitable.
Avant-bec, sm. angle des piles d'un pont.
Avant-bras, sm. partie du bras depuis le coude jusqu'au poignet.
Avant-corps, sm. saillie.
Avant-cour, sf. première cour.
Avant-coureur, sm. qui précède
Avant-dernier, ière, a. s. pénultième. [d'une armée.]
Avant-garde, sf. 1re division
Avant-hier, ad. avant la veille du jour où l'on est. [avant.]
Avant-poste, sm. poste en
Avant-propos, sm. préface.
Avant-quart, sm. coup avant l'heure. [théâtre.]
Avant-scène, sf. partie du
Avant-toit, sm. toit en saillie
Avant-train, sm. roues de dev.
Avant-veille, sf. surveille.
Avare, s. a. qui aime l'argent.
Avarice, sf. passion de l'argent.
Avaricieux, euse, s. a. avare.
Avarie, sf. dommage.
Avarié, e, a. gâté.
Ave-Maria, sm. prière.
Avec, prép. ensemble.
Aveline, sf. grosse noisette.
Avènement, sm. venue, arrivée.
Avenir, sm. le temps futur.
Avenir, v. arriver.
Avent, sm. temps avant Noël.
Aventure, sf. événem.; hasard.

Aventurer, v. hasarder. [deux.]
Aventureux, euse, a. hasar-
Aventurier, ière, s. intrigant
Aventurine, sf. pierre précieuse.
Avenue, sf. allée d'arbres.
Avérer, v. vérifier, constater.
Averse, sf. pluie abondante.
Aversion, sf. répugnance.
Avertin, sm. maladie.
Avertir, v. donner avis. [face.]
Avertissement, sm. avis, pré-
Aveu, sm. act. d'avouer.
Aveugle, s. a. privé de la vue.
Aveuglement, sm. cécité.
Aveuglément, ad. en aveugle.
Aveugler, va. rendre aveugle.
Aveuglette (à l'), l. ad. à tâtons. [ment.]
Avide, a. qui désire ardem-
Avidement, adv. avec avidité.
Avidité, sf. désir immodéré.
Avilir, v. rendre vil; déprécier.
Avilissant, e, a. qui avilit.
Avilissement, sm. act. d'avilir.
Aviné, e, a. qui boit beaucoup.
Aviron, sm. rame.
Avis, sm. opinion, conseil.
Avisé, e, a. circonspect.
Aviser, v. trouver moyen.
Avitailler, v. fournir de vivres.
Aviver, v. donner de l'éclat.
Avocat, sm. défenseur en justice
Avoine, sf. grain pour les che- [vaux.]
Avoir, v. posséder.
Avoir, sm. biens.
Avoisiner, v. être proche.
Avortement, sm. accouchement avant terme.
Avorter, v. accoucher avant terme.
Avorton, sm. né avant terme.
Avoué, sm. homme de loi.
Avouer, v. confesser; approuver
Avril, sm. 4e mois de l'année.
Axe, sm. ligne droite qui passe par le centre d'un globe.
Axiome, sm. maxime; vérité prouvée.
Axonge, sf. graisse molle.
Ayant-droit, sm. qui a droit
Aynet, sm. instr. de pêche.
Azerole, sf. sorte de fruit.
Azimut, sm. cercle vertical.
Azote, sm. gaz
Azoth, sm. mercure. [bleue.]
Azur, sm. minéral; couleur
Azuré, e, a. couleur d'azur.
Azyme, a. sm. pain sans levain.
Azymite, s. m. qui se sert de pain azyme.

BAD   BAI   BAL

B , sm. (be) consonne.

Baba, sm. pâtisserie.

Babel (tour de), sf. confusion.

Babil, sm. causerie, caquet.

Babillard, e, s. a. qui babille.

Babiller, v. parler beaucoup.

Babine, sf. lèvre d'animaux.

Babiole, sf. jouet : bagatelle

Babouche, sf. pantoufle.

Bac, sm. bateau long et plat.

Baccalauréat, sm. le 1er degré
pour le doctorat.

Bacchanale, sf. débauche.

Bâche, sf. pièce de grosse toile.

Bachot, sm. petit bateau.

Bâcler, v. fermer; expédier.

Badaud, e, s. a. niais, nigaud.

Badauder, v. faire le badaud.

Badigeon, sm. couleur jaunâtre

Badigeonner, v. peindre.

Badigeonneur , sm. celui qui
badigeonne.

Badin, e, s. a. folâtre, enjoué.

Badinage, sm. act. de badiner.

Badine, sf. baguette.

Badiner, v. folâtrer, plaisanter.

Badinerie, sf. bagatelle.

Bafouer, v. se moquer.

Bâfrer, v. manger goulûment.

Bagage, sm. équipage

Bagarre, sf. tumulte.

Bagatelle , sf. chose frivole.

Bagne, sm. prison des forçats.

Bague, sf. anneau de métal.

Baguenauder, v. niaiser.

Baguette, sf. verge; moulure.

Bah! interj. marque le dédain.

Baie, sf. petit golfe.

Baigner, v. mettre dans l'eau.

Baignoire, sf. cuve pour le bain.

Bail, sm., au pl. Baux, contrat
de louage.

Bâillement, sm. act. de

Bâiller, v. ouvrir la bouche.

Bâillon, sm. ce qu'on met dans
la bouche pour empêcher de
crier.   [lon.]

Bâillonner, v. mettre un bâil-]

Bain, sm. lieu où l'on se baigne.

Baïonnette , sf. arme.

Baiser, v. embrasser ; sm.

Baisse, sf. diminut. de valeur.

Baisser, v. mettre bas; s'affaibl.

Baisure, sf. croûte de pain.

Bal, sm., au pl. Bals, danses.

Baladin, e, s. farceur, [sage.]

Balafre , sf. cicatrice au vi-]

Balafrer, v. faire une balafre.

Balai, sm. instr. pour nettoyer.

Balance, sf. machine pour peser

Balancement, sm. act. de

Balancer, v. tenir en équilibre.

Balancier, sm. pièce d'horloge;
bâton.

Balayage, sm. act. de

Balayer, v. nettoyer.

Balayeur, euse, s. qui balaie.

Balayures, sf. pl. ordures.

Balbutiement, sm. (ci) act. de

Balbutier, v. (cié) prononcer
mal.   [nêtre.]

Balcon sm. saillie d'une fe-]

Baldaquin, *sm.* dais.
Baleine, *sf.* cétacé; ses fanons.
Balise, *sf.* pieu, fascine.
Baliser, *v.* mettre des balises.
Baliveau, *sm.* arbre réservé.
Baliverne, *sf.* sornette. [nes.]
Baliverner, *v.* dire des baliver-]
Ballade, *sf.* anc. poésie.
Balle, *sf.* petite boule; ballot.
Ballet, *sm.* danse théâtrale
Ballon, *sm.* vessie enflée d'air.
Ballonnier, *sm.* faiseur de bal-
lons. [chandises.]
Ballot, *sm.* paquet de mar-]
Ballotage, *sm.* act. de balloter.
Balloter, *v.* agiter; discuter.
Balourd, e, *s.* grossier, stupide.
Balourdise, *sf.* sottise.
Balsamine, *sf.* plante.
Balustrade, *sf.* assemblage de
balustres.
Balustre, *sm.* pilier façonné.
Balustrer, *v.* entourer de ba-
lustrades.
Bambin, e, *s.* petit enfant.
Bamboche, *sf.* marionnette.
Bambou, *sm.* roseau des Indes.
Ban, *sm.* publication; exil.
Banal, e, *a.* commun à tous;
trivial.
Banalité, *sf.* trivialité.
Banc, *sm.* long siège; écueil
Bancal, e, *a.* boiteux.
Bandage, *sm.* lien. [dages.]
Bandagiste, *s.* faiseur de ban-]
Bande, *sf.* lien plat et large;
troupe. [front.]
Bandeau, *sm.* bande sur le]
Bandelette, *sf.* petite bande.
Bander, *v.* serrer, lier.
Banderolle, *sf.* étendard.
Bandit, *sm.* malfaiteur, vaga
bond.
Bandoulière, *sf.* bande de cuir
Banlieue, *sf.* alentours d'une
ville.
Banne, *sf.* toile. [peau.]
Bannière, *sf.* étendard, dra-]
Bannir, *v.* exiler; chasser.
Bannissement, *sm.* exil.
Banque, *sf.* trafic sur l'argent.
Banqueroute, *sf.* faillite.
Banqueroutier, ière, *s.* qui fait
banqueroute.
Banquet, *sm.* festin.
Banquette, *sf.* banc sans dossier
Banquier, *sm.* qui fait la banque
Baptême, *sm.* sacrement.
Baptiser, *v.* conférer le baptême
Baptismal, e, *a.* du baptême.
Baptistère, *sm.* acte de baptême.
Baquet, *sm.* cuvier de bois.
Baragouin, *sm.* langage cor-
rompu.

Baraque, *sf.* hutte. [beurre.]
Baratte, *sf.* baril à battre le]
Baratter, *v.* agiter du lait.
Barbare, *s. a.* cruel; sauvage.
Barbarie, *sf.* cruauté; rudesse.
Barbarisme, *sm.* faute de lan-
gage.
Barbe, *sf.* poil du visage.
Barbeau, *sm.* poisson; bluet.
Barbet, *sm.* chien a poil frisé.
Barbier, *sm.* qui fait la barbe.
Barbifier, *v.* raser la barbe.
Barbillon, *sm.* poisson.
Barboter, *v.* fouiller dans l'eau.
Barbouillage, *sm.* mauvaise
peinture. [dre mal.]
Barbouiller, *v.* souiller; pein-]
Barbouilleur, *sm.* qui bar-
bouille; mauvais peintre.
Barbu, e, *a.* qui a de la barbe.
Bard, *sm.* civière.
Bardane, *sf.* plante.
Barde, *sf.* tranche de lard.
Barguignage, *sm.* irrésolution.
Barguigner, *v.* hésiter : *fam.*
Baril, *sm.* petit tonneau.
Bariolage, *sm.* act. de [ment.]
Barioler, *v.* peindre bizarre-]
Baromètre, *sm.* instr. à peser
l'air. [blesse.]
Baron, onne, *s.* titre de no-]
Baronie, *sf.* terre d'un baron
Baroque, *a.* irrégulier, bizarre.
Barque, *sf.* petit bateau.
Barre, *sf.* pièce de bois.
Barreau, *sm.* petite barre.
Barrer, *v.* fermer, raturer.
Barrette, *sf.* bonnet de cardinal.
Barricade, *sf.* retranchement.
Barricader, *v.* faire des barric.
Barrière, *sf.* clôture.
Barrique, *sf.* gros tonneau.
Bas, Basse, *a.* peu élevé; vil.
Bas, *sm.* vêtement des jambes.
Basane, *sf.* peau de mouton.
Basané, e, *a.* hâlé, noirâtre.
Bascule, *sf.* contrepoids.
Base, *sf.* soutien, principe,]
Baser, *v.* fonder. [appui.]
Basilic, *sm.* serpent; plante.
Basilique, *sf.* grande église.
Basin, *sm.* toile de fil et coton.
Basque, *sf.* pan d'un vêtement.
Bas-relief, *sm.* sculpture.
Basse, *sf.* les tons bas : *mus.*
Basse-contre, *sf.* le plus grave
de tous les tons. [taille.]
Basse-cour, *sf.* cour de la vo-]
Basse-lice, *sf.* esp. de tapisserie.
Bassement, *ad.* avec bassesse.
Bassesse, *sf.* action basse.
Basset, *sm.* chien.
Bassin, *sm.* plat; pièce d'eau.
Bassine, *sf.* grand bassin.

Bassiner, *v.* chauffer. [feu.]
Bassinet, *sm.* partie d'arme à]
Bassinoire, *sf.* instr. p. bassiner.
Basson, *sm.* instr. à vent.
Bastille, *sf.* prison d'état.
Bastion, *sm.* fortification.
Bastonnade, *sf.* coups de bâton.
Bastringue, *sm.* bal de guin-
guette. [du ventre.]
Bas-ventre, *sm.* partie infér.]
Bât, *sm.* selle des bêtes de
somme.
Bataille, *sf.* combat général.
Batailler, *v.* donner bataille.
Bataillon, *sm.* troupe.
Bâtard, e, *s. a.* né hors mariage.
Bateau, *sm.* barque de rivière.
Batelée, *sf.* charge d'un bateau.
Batelet, *sm.* petit bateau.
Bateleur, *sm.* faiseur de tours.
Batelier, ière, *s.* qui conduit un
bateau.
Bâter, *v.* mettre un bât.
Bâti, *sm.* couture à grands
points.
Bâtiment, *sm.* édifice; navire.
Bâtir, *v.* construire; établir.
Bâtisse, *sf.* maçonnerie.
Bâtisseur, euse, *s.* qui bâtit.
Batiste, *sf.* fine toile de lin.
Bâton, *sm.* long morceau de
bois.
Bâtonner, *v.* frapper à coups
de bâton; biffer; rayer.
Bâtonnet, *sm.* petit bâton.
Battant, *sm.* marteau de cloche.
Batte, *sf.* espèce de maillet.
Battement, *sm.* act. de battre.
Batterie, *sf.* querelle avec coups
Battoir, *sm.* palette p. frapper.
Battre, *v.* frapper; vaincre.
Battu, e, *a.* (chemin) frayé.
Baudet, *sm.* âne; ignorant.
Baudrier, *sm.* écharpe.
Baume, *sm.* plante; liqueur.
Bavard, e, *s.* qui parle trop.
Bavardage, *sm.* act. de
Bavarder, *v.* parler.
Bavaroise, *sf.* infusion de thé.
Bave, *sf.* salive; écume.
Baver, *vn.* jeter de la bave.
Bavette, *sf.* linge d'enfant.
Baveux, euse, *a.* qui bave.
Bavure, *sf.* trace des joints.
Bazar, *sm.* marché public.
Béant, e, *a.* ouvert.
Béat, e, *s. a.* dévot.
Béatification, *sf.* act. de
Béatifier, *v.* mettre au rang
des bienheureux.
Béatitude, *sf.* félicité céleste.
Beau, Bel, *f.* Belle, *a.* qui plait.
Beaucoup, *ad.* grande quantité;
extrêmement.

Beau-fils, *sm.* gendre. [liance.]
Beau-frère, *sm.* frère par al.
Beau-père, *sm.* père p. alliance.
Beaupré, *sm.* mât à la proue.
Beauté, *sf.* qualité de ce qui est beau.
Bec, *sm.* bouche d'oiseau.
Bécarre, *sm* caractère de mus.
Bécasse, *sf.* oiseau. [casse.]
Bécasseau, *sm.* petit de la bé-
Bécassine, *sf.* oiseau.
Bec-de-corbin, *sm.* pinces.
Bec-de-lièvre, *sm.* lèvre fendue.
Bêcher, *v.* remuer la terre.
Becquée, *sf.* ce que contient le bec. [coups de bec.]
Becqueter, *v.* donner des
Bedaine, *sf.* gros ventre.
Bedeau, *sm.* officier d'église.
Bédouin, e, *s.* Arabe du désert.
Beffroi, *sm.* tour, cloche.
Bégaiement, *sm.* act. de
Bégayer, *v.* prononcer mal.
Bègue, *a.* qui bégaie.
Béguin, *sm.* coiffe de toile.
Béguine, *sf.* religieuse.
Beignet, *sm.* pâte frite a la poêle
Bêlement, *sm.* cri des moutons.
Bêler, *v.* faire un bêlement.
Bel-esprit, *sm. a* qui se pique d'esprit.
Belette, *sf.* petit animal.
Bélier, *sm.* mâle de la brebis; machine de guerre.
Bellement, *ad.* doucement.
Belligérant, e, *a.* en guerre.
Belliqueux, euse, *a.* guerrier.
Belvédère, *sm.* pavillon élevé.
Bémol, *sm.* caractère de mus.
Bénédicite, *sm.* (té) prière.
Bénédiction, *sf.* act. de bénir.
Bénéfice, *sm.* profit, privilège.
Bénéficiaire, *a.* par bénéfice.
Bénéficial, e, *a.* des bénéfices
Bénéficier, *sm.* qui a un bénéfice.
Bénéficier, *v.* tirer du bénéfice.
Benêt, *a. sm.* niais, stupide.
Bénévole, *a.* bienveillant.
Bénignement, *ad.* avec
Bénignité, *sf.* douceur.
Bénin, igne, *a.* doux, humain.
Bénir, *v.* consacrer, remercier.
Bénitier, *sm.* vase à eau bénite.
Benjamin, *sm.* enfant préféré.
Béquille, *sf.* bâton pour les infirmes.
Bercail, *sm.* bergerie.
Berce, *sm.* petit oiseau; plante.
Berceau, *sm.* lit d'enfant; voûte.
Bercer, *v.* endormir; leurrer.
Berger, ère, *s.* qui garde un troupeau.
Bergère, *sf.* espèce de fauteuil.

Bergerie, *sf.* étable à moutons.
Berline, *sf.* voiture de voyage.
Berne, *sf.* saut sur une couverture; raillerie.
Bernement, *sm.* act. de
Berner, *v.* faire sauter, railler.
Besace, *sf.* sac à deux poches.
Besaiguë. *Voy.* Bisaiguë.
Besicles, *sf. pl.* lunettes.
Besogne, *sf.* travail, ouvrage.
Besogner, *v.* travailler.
Besoin, *sm.* manque, nécessité.
Bestial, *a.* qui tient de la bête.
Bestialement, *ad.* en vraie bête.
Bestiaux, *sm. pl.* bétail.
Bestiole, *sf.* petite bête.
Bêta, *sm.* personne bête.
Bétail, *sm.* troupeau.
Bête, *sf.* animal; *a.* sot.
Bêtement, *ad.* stupidement.
Bêtise, *sf.* ignorance.
Bette, *sf.* plante potagère.
Betterave, *sf* plante potagère.
Beuglement, *sm.* cri du taureau.
Beugler, *v.* mugir.
Beurre, *sm.* crème épaissie.
Bévue, *sf.* méprise, erreur.
Biais, *sm.* obliquité.
Biaisement, *sm.* act. de
Biaiser, *v.* être de biais.
Biberon, *sm.* qui aime le vin.
Bible, *sf.* livre qui contient la Sainte-Écriture.
Bibliographe, *s.* qui connaît la
Bibliographie, *sf.* science des livres. [livres.]
Bibliomane, *s.* qui aime les
Bibliomanie, *sf.* passion des livres. [livres.]
Bibliophile, *s.* qui aime les
Bibliothécaire, *s.* garde de bibliothèque. [livres.]
Bibliothèque, *sf.* collect. de
Biche, *sf.* femelle du cerf.
Bichet, *sm.* mesure de grains.
Bicoque, *sf.* maison chétive.
Bidet, *sm.* petit cheval.
Bidon, *sm.* broc de bois.
Bien, *sm.* ce qui est bon; possession.
Bien-être, *sm.* existence aisée.
Bienfaisance, *sf.* humanité.
Bienfaisant, e, *a.* qui fait du bien.
Bienfait, *sm.* bien qu'on fait
Bienfaiteur, trice, *s.* bienfaisant
Bienheureux, euse, *a. s.* saint.
Bienséance, *sf.* convenance.
Bienséant, e, *a.* qui convient.
Bientôt, *ad.* dans peu.
Bienveillance, *sf.* affection.
Bienveillant, e, *a.* qui veut du bien.
Bienvenu, e, *s. a.* bien reçu.

Bienvenue, *sf.* heureuse venue.
Bière, *sf.* boisson; cercueil.
Biez, *sm.* canal.
Biffer, *va.* effacer l'écriture.
Bifteck, *sm.* tranche de bœuf.
Bifurcation, *sf.* division en 2.
Bifurquer (se), *v. se* divis en 2.
Bigame, *s.* marié deux fois.
Bigarreau, *sm.* grosse cerise.
Bigarrer, *v.* varier les couleurs.
Bigarrure, *sf.* mélange de cou-
Bigle, *s. a* louche. [leurs.]
Bigler, *vn.* loucher. [cornes.]
Bigorne, *sf.* enclume à deux
Bigot, otte, *s. a.* dévot outré.
Bigotterie, *sf.* dévotion outrée.
Bijou, *sm.* chose précieuse.
Bijouterie, *sf.* comm. de bijoux
Bijoutier, *sm.* fabr. de bijoux.
Bilan, *sm.* état de l'actif et du passif d'un commerçant.
Bilboquet, *sm.* jouet.
Bile, *sf.* humeur, colère.
Biliaire, *a.* de la bile. [bile.]
Bilieux, euse, *a.* qui a de la
Bille, *sf.* boule d'ivoire, etc.
Billet, *sm.* petite lettre; promesse; avis.
Billeter, *v.* étiqueter.
Billevesée, *sf.* discours frivole.
Billion, *sm.* mille millions
Billon, *sm.* monnaie de cuivre.
Billot, *sm.* tronçon de bois.
Bimbelot, *sm.* jouet d'enfant.
Binage, *sm.* act de biner.
Biner, *v.* labourer légèrement.
Binet, *sm.* petit chandelier.
Binette, *sf.* instr. pour biner.
Binocle, *sm.* lorgnette.
Biographe, *s.* auteur d'une
Biographie, *sf.* vie particulière.
Bipède, *sm. a.* qui a deux pieds.
Bique, *sf.* chèvre.
Bis, e, *a.* brun. [fois.]
Bis, *interj.* (bice) une seconde
Bisaïeul, e, *s.* père, mère de
Bisaiguë, *sf.* hache. [l'aïeul.]
Bishille, *sf.* dissension légère.
Biscaïen, *sm.* petit boulet en fer
Biscornu, e, *a.* baroque.
Biscuit, *sm.* pâtisserie.
Bise, *sf.* vent du nord
Bissac, *sm.* sorte de besace.
Bissexte, *sm.* jour ajouté tous les 4 ans à février.
Bissextil, e, *a.* (année) dans laquelle est le bissexte.
Bistouri, *sm.* instr. de chirurg.
Bistre, *sm.* suie cuite. [mable.]
Bitume, *sm.* fossile inflam-
Bitumineux, euse, *a.* du bitume.
Bivouac, *sm.* station de nuit.
Bivouaquer, *v.* camper à l'air.

Bizarre, a. extraordinaire.
Bizarrement, ad. avec [prix.]
Bizarrerie, sf. singularité; en-]
Blaireau, sm. bête puante.
Blâmable, a. digne de blâme.
Blâme, sm. désapprobation.
Blâmer, v. désapprouver.
Blanc, Blanche, a. s. couleur de neige; propre.
Blanc-bec, sm. jeune homme.
Blanchâtre, a. tirant sur blanc.
Blanchement, ad. proprement.
Blancheur, sf couleur blanche.
Blanchiment, sm. act. de
Blanchir, v. rendre blanc.
Blanchissage, sm. act. de blanc.
Blanchisserie, sf. lieu où l'on blanchit. [blanchit.]
Blanchisseur, euse, s. qui]
Blaser, v. émousser les sens.
Blason, sm art héraldique.
Blasphémateur, trice, s. qui blasphème. [phème.]
Blasphématoire, a. de blas-]
Blasphème, sm. parole impie.
Blasphémer, v. jurer. [ment.]
Blé, sm. plante graminée; fro-]
Blême, a. très-pâle.
Blesser, v. faire une blessure.
Blessure, sf. plaie.
Blette, sf. plante.
Bleu, e, a. de la couleur du ciel.
Bleuâtre, a. tirant sur le bleu.
Bloc, sm. amas, gros morceau.
Blocus, sm. siège d'une place.
Blond, e, a. s. châtain clair.
Blonde, sf. dentelle de soie.
Blondin, e, s. a. un peu blond.
Bloquer, v. faire un blocus.
Blottir (se), vp. s'accroupir.
Blouse, sf. sarrau; vêtement.
Blouser, v. tromper.
Bluet ou Bleuet, sm. plante.
Bluette, sf. petite étincelle.
Bluteau ou Blutoir, sm. instr. pour passer la farine.
Bluter, v. passer par le bluteau.
Bluterie, sf. lieu où l'on blute.
Boa, sm. serpent. [chandelier.]
Bobèche, sf. cylindre du]
Bobine, sf. fuseau pour dévider.
Bobiner, v. dévider du fil, etc.
Bobo, sm. petit mal : fam.
Bocage, sm. sorte de petit bois.
Bocal, sm. vase à col court.
Bœuf, sm. taureau châtré.
Boire, v. avaler quelque liquide.
Boire, sm. ce qu'on boit.
Bois, sm. substance des arbres.
Boiser, v. garnir de menuiserie.
Boiserie, sf. menuiserie.
Boisseau, sm. mesure.
Boisson, sf. liqueur à boire.
Boite, sf. petit coffret.

Boiter, v. clocher; ne pas marcher droit.
Boiteux, euse, s. a. qui boite.
Bol, sm. grande tasse; terre.
Bombance, sf. bonne chère.
Bombarder, v. lancer des bomb.
Bombardier, sm. artilleur.
Bombe, sf. boulet creux.
Bombement, sm. convexité.
Bomber, v. rendre convexe.
Bon, Bonne, a. parfait; humain.
Bonace, sf calme de la mer.
Bonasse, a. sans malice.
Bonbon, sm. friandise.
Bonbonière, sf. boîte à bonbons
Bond, sm. saut.
Bonde, sf. trou d'un tonneau.
Bondir, v. faire des bonds.
Bondon, sm. tampon de bois.
Bonheur, sm. prospérité.
Bonhomie, sf. simplicité.
Bonhomme, sm. vieillard.
Boni, sm. gain, excédant.
Bonification. sf. amélioration.
Bonifier, v. améliorer.
Bonjour, sm. terme pour saluer.
Bonne-aventure, sf prédiction.
Bonnement, ad. de bonne foi.
Bonnet, sm. coiffure. [nets.]
Bonnetier, sm. fabr. de bon-]
Bonsoir, sm. salut du soir.
Bonté, sf. qualité de ce qui est bon.
Bord, sm. rive; navire.
Bordage, sm. act. de border.
Bordée, sf. décharge de canons.
Border, v. garnir le bord.
Bordereau, sm. mémoire.
Bordure, sf. ce qui borde.
Boréal, e, a. septentrional.
Borgne, s. a. qui n'a qu'un œil.
Borne, sf. limite.
Borner, v. mettre des bornes.
Bosphore, sm. détroit.
Bosquet, sm. petit bois.
Bosse, sf. grosseur; relief.
Bosseler, v. travailler en bosse.
Bossu, e, s. a. qui a une bosse.
Bosser, v. faire une bosse.
Botanique, sf. science des plantes. [nique.]
Botaniste, s. qui sait la bota-]
Botte, sf. faisceau; chaussure.
Botteler, v. mettre en bottes.
Botter, v. mettre des bottes.
Bottier, sm. qui fait des bottes.
Bottine, sf. petite botte.
Bouc, sm. mâle de la chèvre.
Boucaner, v. fumer la viande.
Bouche, sf. ouverture; entrée.
Bouchée, sf. ce que contient la bouche. [verture.]
Boucher, v. fermer une ou-]
Boucher, ère, s. qui tient une

Boucherie, sf. débit de viande.
Bouche-trou, sm. remplaçant
Bouchon, sm. ce qui bouche.
Bouchonner, v. frotter.
Boucle, sf. anneau.
Boucler, v. mettre en boucle.
Bouclier, sm. arme défensive.
Bouder, v. faire la mine.
Bouderie, sf. fâcherie, humeur.
Boudeur, euse, s. qui boude
Boudin, sm. boyau rempli de sang et assaisonné.
Boudoir, sm. cabinet de femme.
Boue, sf. fange; pus.
Boueur, sm. qui enlève la boue.
Boueux, euse, a. rempli de [boue.]
Bouffée, sf. haleinée.
Bouffer, v. souffler, enfler.
Bouffette, sf. houppe.
Bouffi, e, a. enflé, orgueil.
Bouffir, v. rendre enflé. [leux.]
Bouffir, v. enfler.
Bouffissure, sf. enflure.
Bouffon, onne, s. a. plaisant.
Bouffonner, v. faire le bouffon.
Bouffonnerie, sf. farce.
Bouge, sm. réduit obscur.
Bougeoir, sm. chandelier à manche
Bouger, v. se mouvoir.
Bougette, sf. sac en cuir.
Bougie, sf. chandelle de cire.
Bougonner, v. gronder.
Bougran, sm. toile gommée.
Bouille, sf. perche; mesure.
Bouiller, v. troubler l'eau.
Bouilli, sm. viande cuite. [lis.]
Bouillie, sf. lait et farine bouil-]
Bouillir, v. cuire dans l'eau.
Bouilloire, sf. vase à bouillir.
Bouillon, sm. bulle d'un liquide; pl. flots.
Bouillon-blanc, sm. plante.
Bouillonnement, sm. act. de
Bouillonner, v. jeter des bouil-]
Bouillotte, sf. jeu. [lons.]
Boulanger, sm. qui fait le pain
Boulangerie, sf. art de faire le pain; lieu où on le fait.
Boule, sf. corps sphérique; jeu.
Boulet, sm. boule de métal.
Boulette, sf. petite boule.
Boulevard, sm. rempart, promenade. [sement.]
Bouleversement, sm. renver-]
Bouleverser, v. renverser.
Boulingrin, sm. pièce de gazon.
Boulon, sm. cheville de fer.
Boulonner, v. mettre un boulon.
Bouquet, sm. botte de fleurs.
Bouquin, sm. vieux livre.
Bouquiner, v. chercher de vieux livres. [vieux livres.]
Bouquiniste, sm. qui vend de]

Bourbe, *sf.* fange. [bourbe.]
Bourbeux, euse, *a.* plein de
Bourbier, *sm.* trou plein de bourbe; mauvaise affaire.
Bourdon, *sm.* mouche; cloche.
Bourdonnement, *sm.* bruit.
Bourdonner, *v.* bruire sourdement.
Bourg, *sm.* gros village.
Bourgade, *sf.* petit bourg.
Bourgeois, e, *s.* citoyen.
Bourgeoisement, *adv.*
Bourgeoisie, *sf.* les bourgeois.
Bourgeon, *sm.* bouton d'arbre.
Bourgeonner, *vn.* pousser.
Bourlet, *sm.* coussinet.
Bourrache, *sf.* plante potagère.
Bourrade, *sf.* atteinte, coup.
Bourrasque, *sf.* tourbillon.
Bourre, *sf.* amas de poils ras.
Bourreau, *sm.* exécuteur de la haute-justice; *fig.* cruel.
Bourrée, *sf.* fagot; danse.
Bourreler, *v.* tourmenter.
Bourrelet. *Voy.* Bourlet.
Bourrelier, *sm.* sellier.
Bourrer, *v.* mettre de la bourre.
Bourriche, *sf.* panier ovale.
Bourrique, *sf.* ânesse; rosse.
Bourriquet, *s.* ânon; civière.
Bourru, e, *a.* brusque.
Bourse, *sf.* petit sac; dotation.
Boursier, *sm.* qui a une bourse.
Boursouffler, *v.* enfler. [ser.]
Bousculer, *v.* renverser; pous-
Bouse, *sf.* fiente de bœuf.
Bousillage, *sm.* act. de
Bousiller, *v.* maçonner; *fig.* travailler mal.
Bousilleur, euse, *s.* qui bousille.
Bousin, *sm.* surface tendre de la pierre.
Boussole, *sf.* aiguille aimantée.
Bout, *sm.* extrémité; reste.
Boutade, *sf.* caprice; saillie.
Bout-d'aile, *sm.* plume.
Boute-en-train, *s.* qui anime.
Boute-feu, *sm.* incendiaire.
Bouteille, *sf.* vase à goulot.
Boutique, *sf.* lieu pour vendre.
Boutiquier, ière, *s.* marchand.
Bouton, *sm.* bourgeon, tumeur; petit rond aux habits.
Boutonner, *v.* mett. des boutons
Boutonnière, *sf.* fente à bouton.
Bouts-rimés, *sm.* rimes données
Bouture, *sf.* branche replantée.
Bouvet, *sm.* rabot à rainure.
Bouvier, *s.* qui garde les bœufs.
Bouvreuil, *sm.* oiseau.
Boxer, *v.* donner des coups de poing.
Boxeur, *sm.* qui boxe.
Boyau, *sm.* intestin.

Bracelet, *sm.* ornement du
Brachial, e, *a.* du bras. [bras.]
Bracmane, *sm.* prêtre indien.
Braconnage, *sm.* act. de
Braconner, *v.* chasser furtivement.
Braconnier, *sm.* qui braconne.
Braillard, e, *s. a.* qui parle haut.
Brailler, *v.* crier fort.
Brailleur, euse, *s. a.* qui braille.
Braire, *v.* crier.
Braise, *sf.* bois demi-consumé.
Braiser, *v.* cuire à la braise.
Braisier, *sm.* huche à braise.
Brancard, *sm.* civière à bras.
Branchage, *sm.* branches.
Branche, *sf.* bois du tronc.
Branchu, e, *a.* qui a des branch.
Brandebourg, *sm.* galon.
Brandevin, *sm.* eau-de-vie.
Brandiller, *v.* se balancer.
Brandir, *v.* agiter. [paille.]
Brandon, *sm.* flambeau de
Brandonner, *vi.* planter un brandon.
Branle, *sm.* impulsion; hamac.
Branle-bas, *sm.* préparatifs de combat: *mar.*
Branlement, *sm.* mouvement.
Branler, *v.* remuer.
Braque, *s.* chien; étourdi.
Braquement, *sm.* act. de
Braquer, *v.* tourner d'un côté
Bras, *sm.* membre; canal.
Braser, *v.* souder.
Brasier, *sm.* charbons ardents.
Brasiller, *v.* griller sur la braise
Brassard, *sm.* armure du bras.
Brasse, *sf.* mesure. [bras.]
Brassée, *sf.* contenu des deux
Brasser, *v.* remuer; machiner.
Brasserie, *sf.* où on brasse la bière. [la bière.]
Brasseur, euse, *s.* qui brasse
Brasure, *sf.* soudure.
Bravache, *sm.* fanfaron.
Bravade, *sf.* act. de braver.
Brave, *a.* courageux; honnête.
Bravement, *ad.* avec bravoure.
Braver, *v.* affronter, mépriser
Bravo, *interj.* pour applaudir.
Bravoure, *sf.* vaillance.
Brebis, *sf.* femelle du bélier.
Brèche, *sf.* ouverture.
Brèche-dents, *s.* qui a perdu des dents.
Bréchet, *sm.* creux de l'estomac.
Bredi-Breda, *ad.* trop à la hâte.
Bredouille, *sf.* jeton au trictrac.
Bredouillement, *sm.* action de
Bredouiller, *v.* parler mal.
Bredouilleur, euse, *s.* qui bre-
Bref, Brève, *a.* court. [douille.]
Bref, *sm.* lettre du pape.

Brelan, *sm.* jeu de cartes.
Brelander, *v.* jouer continuellement.
Breloque, *sf.* objet sans valeur.
Brésil, *sm.* bois de teinture.
Bretelle, *sf.* courroie; bande.
Brette, *sf.* longue épée.
Breuvage, *sm.* boisson.
Brevet, *sm.* titre; privilège.
Breveter, *v.* donner un brevet.
Bréviaire, *sm.* livre d'office.
Bribes, *sf. pl.* reste d'un repas.
Brick, *sm.* petit navire armé.
Bricole, *sf.* harnais; ricochet.
Bricoler, *v.* jouer de bricole.
Bride, *sf.* rênes; frein.
Brider, *v.* mettre la bride.
Brief, ième, *a.* court.
Brièvement, *ad.* vite.
Brièveté, *sf.* courte durée.
Brifer, *v.* manger avidement.
Brigade, *sf.* troupe de soldats.
Brigadier, *sm.* chef de brigade.
Brigand, *sm.* qui exerce le
Brigandage, *sm.* volerie, pillage
Brigander, *v.* vivre en brigand.
Brigantin, *sm.* navire.
Brigantine, *sf.* navire; voile.
Brigue, *sf.* intrigue, cabale.
Briguer, *v.* rechercher.
Brigueur, euse, *s.* qui brigue.
Brillamment, *ad.* d'une manière brillante. [diamant.]
Brillant, e, *a.* qui brille; *sm.*
Brillanter, *v.* tailler à facettes.
Briller, *v.* reluire.
Brimborion, *sm.* colifichet.
Brin, *sm.* jet de plante.
Brindille, *sf.* petite branche.
Brioche, *sf.* gâteau; bévue.
Brique, *sf.* terre cuite au four.
Briquet, *sm.* pièce d'acier.
Briqueter, *v.* imiter la brique.
Briquetier, *sm.* qui fait la briq.
Brisants, *sm. pl.* rochers.
Brise, *sf.* vent frais.
Brise-cou, *sm.* escalier raide.
Brisées, *sf. pl.* branches rom-
Brisement, *sm.* choc. [pues.]
Briser, *v.* rompre, harasser.
Briseur, euse, *s.* qui brise.
Brisoir, *sm.* instr. à briser.
Brisque, *sf.* jeu de cartes.
Brisure, *sf.* partie brisée.
Broc, *sm.* grand vase.
Brocanter, *v.* vendre, troquer.
Brocanteur, euse, *s.* qui bro-
Brocard, *sm.* raillerie. [cante.]
Brocarder, *v.* railler.
Brocart, *sm.* étoffe brochée.
Brochage, *sm.* act. de brocher.
Broche, *sf.* verge de fer.
Brocher, *v.* coudre; broder.
Brochet, *sm.* poisson.

Brocheur, euse, *s.* qui broche.
Brochure, *sf.* livre non relié.
Brocoli, *sm.* chou d'Italie.
Brodequin, *sm.* bottine.
Broder, *v.* orner; amplifier.
Broderie, *sf.* chose brodée.
Brodeur, euse, *s.* qui brode.
Broiement, *sm.* act. de broyer.
Bronchade, *sf.* act. de broncher.
Bronche, *sf.* vaisseau des poumons qui conduit l'air.
Broncher, *v.* faire un faux pas.
Bronze, *sm.* cuivre et étain.
Bronzer, *v.* peindre en bronze.
Broquart, *sm.* bête fauve.
Broquette, *sf.* très-petit clou.
Brosse, *sf.* vergette; pinceau.
Brosser, *v.* frotter avec une brosse.
Brosserie, *sf.* commerce de brosses. [brosses.]
Brossier, *sm.* qui fait des
Brossure, *sf.* teinture des peaux à la brosse. [fruits.]
Brou, *sm.* écale verte des
Brouée, *sf.* bruine.
Brouet, *sm.* bouillon.
Brouette, *sf.* petit tombereau.
Brouetter, *v.* traîner en brouette
Brouetteur, *sm.* qui brouette.
Brouhaha, *sm.* bruit confus.
Brouillamini, *sm.* désordre.
Brouillard, *sm.* vapeur dans
Brouille, *sf.* fâcherie. [l'air.]
Brouillement, *sm.* mélange.
Brouiller, *v.* mêler; désunir.
Brouillerie, *sf.* désunion.
Brouillon, onne, *s. a.* qui brouille.
Broussailles, *sf. pl.* ronces.
Brout, *sm.* pousse des taillis.
Brouter, *v.* paître.
Broutilles, *sf. pl.* menues branches. [poudre.]
Broyer, *v.* piler, réduire en
Broyeur, *sm.* celui qui broie.
Bru, *sf.* belle-fille.
Bruine, *sf.* petite pluie froide.
Bruiner, *v.* se dit de la bruine.

Bruire, *v.* rend un bruit confus.
Bruissement, *sm.* bruit confus.
Bruit, *sm.* son; nouvelle.
Brûlant, e, *a.* qui brûle; ardent.
Brûlement, *sm.* act. de brûler.
Brûler, *v.* consum. par le feu.
Brûlot, *sm.* navire pour incendier; boute-feu. [marque.]
Brûlure, *sf.* act. du feu; sa
Brume, *sf.* brouillard épais.
Brumeux, euse, *a.* couvert de brume.
Brun, e, *s. a.* tirant sur le noir.
Brunâtre, *a.* tirant sur brun.
Brune, *sf.* chute du jour.
Bruni, *sm.* poli.
Brunir, *v.* rendre brun.
Brunissage, *sm.* act. de brunir.
Brunisseur, euse, *s.* qui brunit.
Brunissoir, *sm.* outil à brunir.
Brunissure, *sf.* façon aux étoff.
Brusque, *a.* incivil; inopiné.
Brusquement, *ad.* avec brusquerie. [ment.]
Brusquer, *v.* agir brusque-
Brusquerie, *sf.* man. brusque.
Brut, e, *a.* non poli.
Brutal, e, *s. a.* grossier.
Brutalement, *ad.* en brutal.
Brutaliser, *v.* traiter brutalement.
Brutalité, *sf.* vice du brutal.
Brute, *sf.* animal sans raison.
Bruyamment, *ad.* avec bruit.
Bruyant, e, *a.* qui fait du bruit.
Bruyère, *sf.* arbuste.
Bryon, *sm.* mousse des arbres.
Buanderie, *sf.* où on blanchit.
Buandier, ière, *s.* qui blanchit.
Bube, *sf.* pustule sur la peau.
Bubon, *sm.* tumeur.
Bûche, *sf.* pièce de gros bois.
Bûcher, *sm.* où l'on met le bois.
Bûcher, *v.* dégrossir le bois.
Bûcheron, *sm.* qui abat le bois.
Bûchette, *sf.* petite bûche.
Bucolique, *a.* du g. pastoral.
Budget, *sm.* état de dépenses
Buée, *sf.* lessive. [et recettes.]

Buffet, *sm.* armoire; table.
Buffle, *sm.* bœuf sauvage.
Buffleterie, *sf.* bandes de cuir.
Buffletin, *sm.* jeune buffle.
Buire, *sf.* vase à liqueurs.
Buis, *sm.* arbrisseau
Buissaie, *sf.* lieu planté de buis.
Buisse, *sf.* outil.
Buisserie, *sf.* merrain. [seaux.]
Buisson, *sm.* touffe d'arbris-
Buissonnier, ière, *a.* de buisson.
Buissonneux, euse, *a.* couvert de buissons.
Bulbe, *sf.* ognon de plante.
Bulbeux, euse, *a.* formé, pourvu d'une bulbe.
Bulle, *sf.* globule; lettre du pape
Bulletin, *sm.* suffrage écrit.
Bulteau, *sm.* arbre en boule.
Burail, *sm.* serge.
Buraliste, *s.* qui tient un bureau
Burat, *sm.* bure grossière.
Bure, *sf.* étoffe de laine. [vail]
Bureau, *sm.* table; lieu de tra-
Bureaucrate, *s.* homme de bureau. [gens de bureau.]
Bureaucratie, *sf.* influence des
Burette, *sf.* petit vase à goulot.
Burin, *sm.* instr. pour graver.
Buriner, *v.* graver.
Burlesque, *a.* bouffon.
Burlesquement, *adv.* d'une man. burlesque.
Bursal, e, *a.* des impôts.
Busc, *sm.* lame dans un corset.
Buse, *sf.* oiseau; tuyau.
Buste, *sm.* tête et poitrine
But, *sm.* point où l'on vise.
Buter, *v.* viser, s'opiniâtrer.
Butin, *sm.* capture; profit.
Butiner, *v.* faire du butin.
Butor, *sm.* oiseau; *fig.* sot.
Butte, *sf.* tertre; outil.
Butter, *v.* soutenir.
Buvable, *a.* potable.
Buvette, *sf.* cabaret.
Buveur, euse, *s.* qui boit
Buvotter, *v.* boire à pet. coup
Bysse, *sm.* tissu précieux.

CAB   **CAD**   **CAF**

C, sm. (ke ou ce) 2ᵉ consonne.

Çà, ad. ici; interj. pour exhorter. [d'autre.]

Ça et là, l. ad. de côté et

Cabale, sf. magie; intrigue.

Cabaler, v. faire une cabale.

Cabaleur, euse, s. qui cabale.

Cabaliste, s. magicien.

Cabane, sf. maisonnette.

Cabanon, sm. cachot.

Cabaret, sm. taverne. [cabaret.]

Cabaretier, ière, s. qui tient

Cabas, sm. panier.

Cabestan, sm. tourniquet.

Cabinet, sm. lieu de travail.

Câble, sm. grosse corde.

Câbler, v. faire des câbles

Caboche, sf. tête; vieux clou.

Cabotage, sm. act de

Caboter, v. naviguer le long des côtes.

Cabotin, e, s. comédien. [ser.]

Cabrer, v. effaroucher; se dres-

Cabriole, sf. saut.

Cabrioler, v. faire la cabriole.

Cabriolet, sm. voiture légère.

Cabus, a. m. (chou) pommé.

Cacade, sf. entreprise folle.

Cacao, sm. fruit du cacaoyer.

Cacaoyer, sm. arbre d'Amériq.

Cache, sf. lieu pour cacher.

Cachemire, sm. étoffe, châle.

Cacher, v. couvrir; celer; taire.

Cachet, sm. petit sceau.

Cacheter, v. mettre un cachet.

Cachette, sf. petite cache.

Cachot, sm. prison obscure.

Cachou, sm. arbre des Indes.

Cacis, sm. Voy. Cassis.

Cacochyme, a. malsain.

Cacographie, sf. orthographe vicieuse. [de sons.]

Cacophonie, sf. discordance

Cadastre, sm. état des biens-fonds. [davre.]

Cadavéreux, euse, a. de ca-

Cadavre, sm. corps mort.

Cadeau, sm. présent, don.

Cadenas, sm. serrure mobile.

Cadence, sf. harmonie, mesure.

Cadencer, v. mettre en cadence.

Cadenette, sf. tresse de cheveux

Cadet, ette, s. puiné.

Cadette, sf. pierre de taille.

Cadi, sm. juge chez les Turcs.

Cadis, sm. serge de laine.

Cadogan, sm. Voy. Catogan.

Cadran, sm. surface divisée par heures. [loge.]

Cadrature, sf. pièces d'hor-

Cadre, sm. bordure; plan.

Cadrer, v. avoir du rapport.

Caduc, uque, a. vieux, cassé.

Caducité, sf. état caduc.

Cafard, e, s. a. bigot, hypocrite.

Cafarderie, sf. hypocrisie.

Café, sm. fève du cafier.

Cafetier, ière, s. qui tient café.

Cafetière, sf. vase à café.

Cafier, *sm.* arbre des Indes.
Cage, *sf.* loge pour les oiseaux.
Cagnard, e, *s. a.* fainéant.
Cagnarder, *v.* fainéanter.
Cagnardise, *sf.* paresse, fai-
néantise : *fam.*
Cagneux, euse, *a.* qui a les
jambes et les genoux tour-
nés en dedans.
Cagot, otte, *s. a.* faux dévot.
Cagotterie, *sf.* act. de cagot.
Cahier, *sm.* feuilles de papier
réunies.
Cahot, *sm.* saut d'une voiture.
Cahotage, *sm.* secousse.
Cahoter, *v.* causer des cahots;
éprouver des cahots.
Cahutte, *sf.* petite loge.
Caille, *sf.* oiseau de passage.
Caillé, *sm.* lait coagulé.
Cailler, *v.* coaguler, figer.
Caillou, *sm.* pierre très-dure.
Cailloutage, *sm.* amas de cail-
loux; ouvrage en cailloux.
Caisse, *sf.* coffre; tambour.
Caissier, *sm.* qui tient la caisse.
Caisson, *sm.* caisse à munitions.
Cajoler, *v.* tâcher de séduire.
Cajolerie, *sf.* flatterie.
Cajoleur, euse, *s.* qui cajole.
Cal, *sm.* durillon.
Calamité, *sf.* malheur public.
Calamiteux, euse, *a.* malheu-
Calcaire, *a.* de chaux. [reux.]
Calcination, *sf.* act. de
Calciner, *v.* réduire en chaux.
Calcul, *sm.* supputation.
Calculateur, trice, *s.* qui calcule.
Calculer, *v.* compter.
Cale, *sf.* fond de navire; étai.
Calebasse, *sf.* courge.
Calèche, *sf.* voiture à 4 roues.
Caleçon, *sm.* sorte de culotte.
Calembourg, *sm.* jeu de mots.
Calendrier, *sm.* table des jours
de l'année.
Caler, *v.* mettre une cale.
Calfater, *v.* boucher. [fentes.]
Calfeutrer, *v.* boucher des
Calibre, *sm.* diamètre.
Calibrer, *v.* donner le calibre.
Calice, *sm.* vase sacré; enve-
loppe des fleurs.
Calicot, *sm.* toile de coton.
Calife, *sm.* souverain turc.
Califourchon (à), *l. ad.* jambe
de çà, jambe de là.
Câlin, e, *s. a.* indolent.
Câliner (se), *v.* se tenir dans
l'inaction. [tranquille.]
Calme, *sm.* tranquillité; *a.*
Calmer, *v.* apaiser [calomnie.]
Calomniateur, trice, *s. a.* qui
Calomnie, *sf.* fausse imputation

Calomnier, *v.* dire des calom-
nies. [calomnie.]
Calomnieusement, *ad.* avec
Calomnieux, euse, *a.* qui ca-
lomnie. [chaleur.]
Calorique, *sm.* principe de la
Calotte, *sf.* petit bonnet; coup.
Calque, *sm.* copie.
Calquer, *v.* copier, imiter.
Calquier, *sm.* satin des Indes.
Calumet, *sm.* pipe de sauvage.
Calus, *sm.* dureté sur la peau.
Calvaire, *sm.* mont avec une
Calvinisme, *sm.* secte. [croix.]
Calviniste, *s. a.* hérétique.
Camail, *sm.* manteau d'abbé.
Camarade, *s.* compagnon.
Camard, e, *s. a.* à nez plat.
Cambouis, *sm.* vieux oing.
Cambrer, *v.* courber en arc.
Camée, *sm.* pierre sculptée.
Caméléon, *sm.* petit lézard.
Camelot, *sm.* sorte d'étoffe.
Camion, *sm.* charrette; épin-
gle. [un camion.]
Camionneur, *sm.* qui conduit
Camisole, *sf.* chemisette.
Camomille, *sf.* plante.
Camouflet, *sm.* fumée.
Camp, *sm.* où est une armée.
Campagnard, e, *s. a.* paysan.
Campagne, *sf.* les champs;
voyage.
Campêche, *sm.* bois; teinture.
Campement, *sm.* act. de
Camper, *v.* dresser un camp.
Camphre, *sm.* principe végétal.
Camus, e, *s. a.* à nez court.
Canaille, *sf.* vile populace.
Canal, *sm.* conduit de l'eau.
Canapé, *sm.* long siège à dossier.
Canard, *sm.* oiseau aquatique.
Canarder, *v.* tirer à couvert.
Canari, *sm.* serin des Canaries.
Cancer, *sm.* tumeur maligne.
Cancéreux, euse, *a.* du cancer.
Cancre, *sm.* écrevisse de mer.
Candélabre, *sm.* chandelier.
Candeur, *sf.* pureté d'âme.
Candi, e, *a.* (sucre) cristallisé.
Candidat, *sm.* aspirant.
Candide, *a.* qui a de la candeur.
Candidement, *ad.* avec candeur
Cane, *sf.* femelle du canard.
Caneton, *sm.* petit d'une cane.
Canette, *sf.* petite cane.
Canevas, *sm.* toile claire.
Caniche, *s. a.* race de chiens.
Caniculaire, *a.* de la canicule.
Canicule, *sf.* constellation.
Canif, *sm.* instr. à tailler les
Canin, e, *a.* de chien. [plumes.]
Canne, *sf.* bâton; jonc; mesure.
Canneler, *v.* mouler.

Cannelle, *sf.* écorce du
Cannellier, *sm.* arbre.
Cannelure, *sf.* creux, moulure.
Cannibale, *sm.* anthropophage
Canon, *sm.* pièce d'artillerie;
tuyau; droit ecclésiastique,
décret; règle.
Canonial, e, *a.* de chanoine.
Canonicat, *sm.* bénéfice.
Canonique, *a.* selon les canons.
Canonisation, *sf.* béatification.
Canoniser, *v.* mettre au rang
des saints.
Canoniste, *s.* savant en canon.
Canonnade, *sf.* décharge de
canons.
Canonner, *v.* tirer le canon.
Canonnier, *sm.* qui sert le canon.
Canot, *sm.* petite chaloupe.
Cantaloup, *sm.* melon à côtes.
Cantate, *sf.* petit poème.
Cantatrice, *sf.* chanteuse.
Cantharide, *a. sf.* insecte.
Cantine, *sf.* cabaret militaire.
Cantinier, ière, *s.* cabaretier
Cantique, *sm.* chant religieux.
Canton, *sm.* étendue de pays.
Cantonnement, *sm.* act. de
Cantonner, *v.* loger des troupes.
Canule, *sf.* tuyau d'une serin-
Cap, *sm.* promontoire. [gue.]
Capable, *a.* habile; propre à...
Capacité, *sf.* contenance, ha-
bileté. [cheval.]
Caparaçon, *sm.* couverture de
Caparaçonner, *v.* mettre un
caparaçon.
Cape, *sf.* grande voile.
Capillaire, *a.* délié.
Capitaine, *sm.* chef militaire.
Capital, *sm.* fonds en argent.
Capitale, *sf.* ville principale.
Capitaliser, *v.* faire un capital.
Capitaliste, *s.* qui a des capit.
Capitation, *sf.* taxe par tête.
Capiteux, euse, *a.* qui porte
à la tête.
Capitulaire, *a.* de chapitre.
Capitulairement, *ad.* en chapi-
Capitulation, *sf.* convention.
Capituler, *v.* parlementer.
Capon, onne, *s.* hypocrite.
Caporal, *sm.* chef d'escouade
Capote, *sf.* manteau.
Câpre, *sf.* fruit que l'on confit.
Caprice, *sm.* fantaisie. [prix
Capricieusement, *ad.* par ca-
Capricieux, euse, *a.* fantasque.
Capricorne, *sm.* signe du zo-
Câprier, *sm.* arbre. [diaque
Capse, *sf.* boîte de scrutin.
Capsule, *sf.* amorce de fusil.
Captation, *sf.* action de
Capter, *v.* gagner adroitement.

Captieux, euse, *a.* trompeur.
Captif, ive, *s. a.* prisonnier.
Captiver, *v.* rendre captif.
Captivité, *sf.* esclavage.
Capture, *sf.* butin; saisie.
Capturer, *v.* faire capture.
Capuchon, *sm.* vêtem. de tête.
Capucin, e, *s.* religieux.
Capucine, *sf.* fleur; pièce d'un ⌐
Caque, *sf.* baril.　　[fusil.⌐
Caquet, *sm.* babil; *pl.* propos malins.
Caquetage, *sm.* act. de
Caqueter, *v.* babiller.
Car, *conj.* par la raison que.
Carabin, *sm.* étudiant en méd.
Carabine, *sf.* fusil court.
Carabinier, *sm.* soldat. [rond.⌐
Caracole, *sf.* mouvement en ⌐
Caracoler, *v.* faire des caracoles.
Caractère, *sm.* marque, empreinte; naturel; lettres.
Caractériser, *v.* marquer le caractère.　　[ractérise.⌐
Caractéristique, *a.* qui ca- ⌐
Carafe, *sf.* bouteille de verre.
Caramel, *sm.* sucre brûlé.
Carat, *sm.* titre de l'or; poids.
Caravane, *sf.* troupe.
Carbonade, *sf.* viande grillée.
Carbone, *sm.* charbon pur.
Carbonique, *a.* du carbone.
Carboniser, *v.* réduire en char- ⌐
Carcan, *sm.* collier de fer. [bon⌐
Carcasse, *sf.* ossements.
Carde, *sf.* côte de plante.
Carder, *v.* peigner.
Cardeur, euse, *s.* qui carde.
Cardinal, *sm.* prélat; oiseau.
Cardinalat, *sm.* dignité de cardinal.　　[ques.⌐
Carême, *sm.* jeûne avant Pâ- ⌐
Caréner, *v.* radouber. [tion.⌐
Caresse, *sf.* témoig. d'affec- ⌐
Caresser, *v.* faire des caresses.
Cargaison, *sf.* charge de navire.
Cargue, *sf.* cordage des voiles.
Carguer, *v.* plier les voiles.
Caricature, *sf.* fig. grotesque.
Carie, *sf.* pourriture.
Carillon, *sm.* grand bruit.
Carillonner, *v.* sonn. le carillon
Carillonneur, *sm.* qui carillonne
Caristade, *sf.* aumône : *fam.*
Carmin, *sm.* couleur rouge.
Carnage, *sm.* massacre.
Carnassier, *a.* qui vit de chair.
Carnassière, *sf.* sac à gibier.
Carnation, *sf.* coul. de la chair.
Carnaval, *sm.* temps de divert.
Carne, *sf.* angle extérieur.
Carnet, *sm.* petit liv. de compte.
Carnivore, *s. a.* qui vit de chair.
Carotte, *sf.* plante potagère.

Carpe, *sf.* poisson.
Carquois, *sm.* étui à flèches.
Carré, e, *s. a.* à 4 angles droits.
Carreau, *sm.* pavé; vitre.
Carrefour, *sm.* lieu où aboutissent plusieurs rues, etc.
Carrelage, *sm.* act. de
Carreler, *v.* poser des carreaux.
Carreleur, *sm.* qui pose le carr.
Carrelure, *sf.* semelle neuve.
Carrément, *ad.* en carré.
Carrer, *v.* rendre carré.
Carrière, *sf.* lieu d'où l'on tire la pierre; lice; cours de la vie
Carriole, *sf.* petite voiture.
Carrosse, *sm.* voiture. [rosses.⌐
Carrossier, *sm.* faiseur de car- ⌐
Carrousel, *sm.* tournoi.
Carrure, *sf.* largeur du dos.
Carte, *sf.* carton; liste.
Cartel, *sm.* défi; pendule.
Cartilage, *sm.* extrémité des os.
Cartilagineux, se, *a.* du cartilag.
Carton, *sm.* papiers collés.
Cartonner, *v.* mettre un carton.
Cartonnier, *s.* qui fait le carton.
Cartouche, *sf.* charge d'arme
Carybde, *sm.* gouffre. [à feu.⌐
Cas, *sm.* accident; fait.
Casaque, *sf.* vêtement de dessus
Cascade, *sf.* chute d'eau.
Case, *sf.* cabane.　　[blir.⌐
Caser, *v.* mettre en ordre; éta- ⌐
Caserne, *sf.* logem. de soldats.
Casernement, *sm.* action de
Caserner, *v.* loger en caserne.
Casque, *sm.* armure de tête.
Casquette, *sf.* coiffure à visière.
Cassade, *sf.* mensonge : *fam.*
Cassation, *sf.* acte qui casse.
Casse, *sf.* plante; caisse: *impr.*
Casse-cou, *sm.* lieu glissant.
Casse-noix, *sm.* instr. pour casser les noix. [affaiblir.⌐
Casser, *v.* briser; annuler; ⌐
Casserolle, *sf.* ustens. de cuisine
Casse-tête, *sm.* massue; bruit.
Cassetin, *sm.* cellule de casse.
Cassette, *sf.* petit coffre.
Cassine, *sf.* bicoque.
Cassis, *sm.* fruit.
Cassonade, *sf.* sucre raffiné.
Cassure, *sf.* fracture.
Caste, *sf.* tribu, classe.
Castor, *sm.* animal amphibie.
Casuel, le, *a.* fortuit; *sm.* gain.
Casuellement, *ad.* fortuitem.
Casuiste, *sm.* théologien.
Catacombes, *sf. pl.* souterreins.
Catafalque, *sm.* décor funèbre.
Catalogue, *sm.* liste.
Cataplasme, *sm.* emplâtre.
Cataracte, *sf.* chute d'eau; tache sur l'œil.

Catarrhe, *sm.* fluxion
Catastrophe, *sf.* malheur.
Catéchiser, *v.* instruire.
Catéchisme, *sm.* instr. religieuse
Catéchiste, *a. sm.* qui catéchise.
Catéchumène, *s. a.* (ku) qu'on catéchise.
Catégorie, *sf.* classe, ordre.
Catégorique, *a.* précis.
Catégoriquement, *ad.* à propos.
Cathédrale, *a. sf.* église princip.
Catholicisme, *sm.* relig. cathol.
Catholicité, *sf.* pays catholiq.
Catholique, *a.* universel; *s.* papiste.　　[tholique.⌐
Catholiquement, *ad.* en ca- ⌐
Cati, *sm.* apprêt des étoffes.
Catogan, *sm.* nœud de cheveux.
Caton, *sm.* homme sage.
Cauchemar, *sm.* oppression.
Cause, *sf.* principe; motif.
Causer, *v.* être cause; parler.
Causerie, *sf.* babil.
Causeur, euse, *s.* qui cause.
Causticité, *sf.* malignité.
Caustique, *sm. a.* corrosif.
Cautère, *sm.* ulcère artificiel.
Cautérétique, *a.* qui consume.
Cautérisation, *sf.* act. de
Cautériser, *v.* brûler les chairs.
Caution, *sf.* répondant.
Cautionnement, *sm.* act. de
Cautionner, *v.* se rendr. caution
Cavalcade, *sf.* marche à cheval.
Cavale, *sf.* jument.
Cavalerie, *sf.* troupe à cheval.
Cavalier, *sm.* homme à cheval.
Cavalièrement, *ad.* brusquem.
Cave, *sf.* lieu souterrein.
Caveau, *sm.* petite cave.
Caver, *v.* creuser, miner.
Caverne, *sf.* antre, grotte.
Caverneux, se, *a.* de caverne.
Cavet, *sm.* moulure : *archit.*
Cavité, *sf.* creux, vide.
Ce, Cet, *m.*; Cette, *f.*; au *pl. m.* et *f.* Ces; *a. démonstr.*
Ceci, Cela, *pron. démonstr.*
Cécité, *sf.* privation de la vue.
Céder, *v.* laisser; se soumettre.
Cédille, *sf.* signe sous le c.
Cèdre, *sm.* arbre toujours vert.
Cédule, *sf.* billet; citation.
Ceindre, *v.* entourer; serrer.
Ceinture, *sf.* ruban. [l'épée ⌐
Ceinturon, *sm.* ceinture pour ⌐
Cela. *Voy.* Ceci.
Célébration, *sf.* act. de célébrer.
Célèbre, *a.* fameux, renommé.
Célébrer, *v.* exalter; solenniser.
Célébrité, *sf.* réputation.
Celer, *v.* taire; cacher.
Céleri, *sm.* plante potagère.
Célérité, *sf.* promptitude.

Céleste, a. du ciel; parfait.
Célibat, sm. état de célibataire.
Célibataire, s. non marié.
Cellier, sm. où on serre le vin.
Cellule, sf. logement; alvéole.
Celui, m.; Celle, f.; au pl. m.
  Ceux; f. Celles, pr. dém.
Cénacle, sm. salle à manger.
Cendre, sf. résidu des matières
  brûlées.   [dre.]
Cendré, e, a. couleur de cen-]
Cendrée, sf. plomb de chasse.
Cendreux, se, a. couv. de cendre
Cendrier, sm. bassin à cendres.
Cène, sf. dernier souper du
  Christ.
Cens, sm. rente foncière.
Censé, e, a. regardé comme.
Censeur, sm. critique.
Censure, sf. correction.
Censurer, v. critiquer.
Cent, a. num. dix fois dix.
Centaine, sf. nombre de cent.
Centaurée, sf. plante.
Centenaire, s. a. qui a cent ans.
Centenier, sm. centurion.
Centiare, sm. centième d'are.
Centième, a. sm. la 100° partie.
Centigramme, sm. 100° de gram.
Centilitre, sm. 100° de litre.
Centime, sm. 100° de franc.
Centimètre, sm. 100° de mètre.
Central, e, a. du centre.
Centralisation, sf. act. de
Centraliser, v. réun. au centre.
Centre, sm. milieu.
Centrifuge, a. qui s'éloigne du
  centre.   [du centre.]
Centripète, a. qui approche]
Centuple, sm. a. cent fois autant
Centupler, v. répéter cent fois.
Centurion, sm. chef de cent
  hommes.
Cep, sm. pied de vigne.
Cependant, conj. néanmoins.
Cérat, sm. onguent de cire.
Cerceau, sm. cercle de bois.
Cercle, sm. circonférence.
Cercler, v. garnir de cerceaux.
Cercueil, sm. coffre pour un
  corps mort.
Céréal, e, a. (graine) farineuse.
Cérébral, e, a. du cerveau.
Cérémonial, sm. cérémonies.
Cérémonie, sf. solennité.
Cerf, sm. (cère) bête fauve.
Cerfeuil, sm. plante potagère.
Cerf-volant, sm. jouet; insecte.
Cerise, sf. fruit rouge.
Cerisier, sm. arbre.
Cerneau, sm. noix verte.
Cerner, v. entourer.
Certain, e, a. sûr; quelque.
Certainement, ad. sans doute.

Certes, ad. assurément.
Certificat, sm. écrit faisant foi.
Certifier, v. attester, assurer.
Certitude, sf. assurance.
Cérumen, sm. (mène) humeur
  des oreilles.
Céruse, sf. blanc de plomb.
Cerveau, sm. moelle du crâne.
Cervelas, sm. petit saucisson.
Cervelle, sf. cerveau; esprit.
Cessation, sf. intermission.
Cesse, sf. interruption.
Cesser, v. discontinuer.
Cession, sf. transport, abandon
Cessionnaire, s. à qui on cède.
Cétacé, e, sm. a. grand poisson.
Chacun, e, pr. distrib. sans pl.
Chagrin, sm. affliction, dépit.
Chagriner, v. attrister.
Chaîne, sf. anneaux entrelacés.
Chaînette, sf. petite chaine.
Chaînon, sm. anneau de chaine.
Chair, sf. substance qui est
  entre la peau et les os.
Chaire, sf. tribune.
Chaise, sf. siège à dos; voiture.
Chaland, e, s. acheteur.
Châle, sm. grand fichu.
Chaleur, sf. état chaud.
Chaloupe, sf. petit navire.
Chalumeau, sm. tuyau, flûte.
Chamailler, v. disputer.
Chambranle, sm. ornement
  d'architecture.   [son.]
Chambre, sf. pièce d'une mai-]
Chambrette, sf. petite chambre.
Chameau, sm. quadrupède.
Chamois, sm. quadrupède.
Champ, sm. pièce de terre.
Champêtre, a. des champs.
Champignon, sm. plante.
Champion, sm. combattant.
Chance, sf. hasard.
Chanceler, v. vaciller.   [tice.]
Chancelier, sm. chef de la jus-]
Chancelière, sf. meuble fourré
  pour les pieds.
Chancellerie, sf. hôtel du
  chancelier.
Chanceux, euse, a. heureux.
Chancre, sm. ulcère rongeur.
Chandelier, sm. ustensile pour
  la chandelle.   [de suif.]
Chandelle, sf. mèche enduite]
Chanfrein, sm. face du cheval.
Change, sm. troc; banque.
Changement, sm. act. de
Changer, v. troquer; varier.
Changeur, euse, s. qui change.
Chanoine, sm. ecclésiastique.
Chanson, sf. couplets chantés.
Chansonner, v. faire des chan-
  sons.
Chansonnette, sf. pet. chanson.

Chansonnier, ière, s. qui fait
  des chansons.
Chant, sm. man. de chanter.
Chanteau, sm. morceau de]
  pain.   [modulés.]
Chanter, v. former des sons
Chanteur, euse, s. qui chante.
Chantier, sm. magasin de bois.
Chantourner, v. couper d'a-
  près un dessin.   [glise.]
Chantre, sm. qui chante à l'é-]
Chanvre, sm. plante; sa filasse.
Chaos, sm. confusion.
Chape, sf. vêtement d'église.
Chapeau, sm. coiffure.
Chapelain, sm. prêtre.
Chapelet, sm. grains enfilés.
Chapelier, sm. fabr. de chapeaux
Chapelle, sf. petite église.
Chapellerie, sf. commerce de
  chapeaux.   [ment, toit.]
Chaperon, sm. coiffure; orne-]
Chapiteau, sm. corniche.
Chapitre, sm. division.
Chapitrer, v. réprimander.
Chapon, sm. coq châtré.
Chaque, a. distrib. chacun.
Char, sm. voiture à deux roues.
Char-à-bancs, sm. voit. à bancs.
Charbon, sm. bois embrasé.
Charbonner, v. noircir.
Charbonnier, ière, s. qui fait
  ou vend du charbon.
Charcuter, v. hacher la chair.
Charcutier, ière, s. qui vend du
  porc.   [du charcutier.]
Charcutterie, sf. commerce]
Chardon, sm. plante.
Chardonner, v. carder le drap.
Chardonneret, sm. oiseau.
Charge, sf. fardeau; office.
Chargement, sm. cargaison.
Charger, v. mettre une charge.
Chargeur, sm. qui charge.
Chariot, sm. Voy. Charriot.
Charitable, a. qui a de la charité
Charitablement, ad. av. charité.
Charité, sf. amour de Dieu.
Charivari, sm. bruit tumultueux
Charlatan, sm. imposteur.
Charlataner, v. tromper.
Charlatanisme, sm. tromperie.
Charlatannerie, sf. hâblerie.
Charmant, e, a. agréable.
Charme, sm. attrait; sortilège.
Charmer, v. enchanter.
Charmille, sf. haie.
Charnel, elle, a. de la chair.
Charnellement, ad. selon la]
Charnier, sm. cimetière. [chair]
Charnu, e, a. fourni de chair.
Charnure, sf. la chair.
Charogne, sf. bête morte
Charpente, sf. bois équarri.

Charpenter, *v.* équarrir du bois.
Charpentier, *sm.* qui charpente
Charpie, *sf.* filaments de toile.
Charretée, *sf.* plein une char-
   rette. [duit une charrette.]
Charretier, ière, *s.* qui con-]
Charrette, *sf.* voiture à 2 roues.
Charriage, *sm.* act. de
Charrier, *v.* voiturer.
Charriot, *sm.* voiture à 4 roues.
Charroi, *sm.* charriage.
Charron, *sm.* faiseur de charr.
Charronnage, *sm.* art du charr.
Charroyer, *v.* charrier.
Charrue, *sf.* machine à labour.
Charte, *sf.* constitution.
Chas, *sm.* trou d'aiguille.
Châsse, *sf.* coffre à reliques.
Chasse, *sf.* act. de chasser.
Chasselas, *sm.* raisin. [vre.]
Chasser, *v.* renvoyer; poursui-]
Chasseur, euse, *s.* qui chasse.
Chassie, *sf.* humeur des yeux.
Chassieux, euse, *a.* qui a de la]
Châssis, *sm.* cadre. [chassie.]
Chaste, *a.* pur, modeste.
Chasteté, *sf.* état chaste.
Chasuble, *sf.* ornem. de prêtre.
Chat, Chatte, *s.* animal.
Châtaigne, *sf.* fruit.
Châtaignier, *sm.* arbre. [taigne]
Châtain, *a.m.* couleur de châ-]
Château, *sm.* palais.
Chat-huant, *sm.* sorte de hibou.
Châtier, *v.* corriger. [chats.]
Chatière, *sf.* trou pour les]
Châtiment, *sm.* punition.
Chaton, *sm.* petit chat.
Chatouillement, *sm.* action de
Chatouiller, *v.* toucher légèrem.
Chatouilleux, euse, *a.* sensible
   au chatouillement.
Chaud, e, *a.* qui a de la chaleur.
Chaudement, *ad.* avec chaleur.
Chaudière, *sf.* vase de métal
Chaudron, *sm.* pet. chaudière.
Chaudronnerie, *sf.* métier de
Chaudronnier, ière, *s.* qui fait
   des chaudrons.
Chauffage, *sm.* bois pour
Chauffer, *v.* donner la chaleur.
Chaufferette, *sf.* ustens. pour
   chauffer.
Chauffoir, *sm.* où on se chauffe.
Chaume, *sm.* tuyau de blé qui
   reste après la moisson.
Chaumer, *v.* couper le chaume.
Chaumière, *sf.* maisonnette.
Chausse, *sf.* bas; chaperon.
Chaussée, *sf.* chemin. [sure.]
Chausser, *v.* mettre la chaus-]
Chaussette, *sf.* demi-bas.
Chausson, *sm.* bas pour le pied.
Chaussure, *sf.* ce qui chausse.

Chauve, *a.* sans cheveux.
Chauve-souris, *sf.* animal.
Chaux, *sf.* terre alcaline.
Chavirer, *v.* se renverser.
Chef, *sm.* tête; supérieur.
Chef-d'œuvre, *sm.* bel ouvrage.
Chef-lieu, *sm.* lieu principal.
Chemin, *sm.* route; moyen.
Cheminée, *sf.* foyer avec tuyau.
Cheminer, *v.* marcher.
Chemise, *sf.* vêtem. de linge.
Chemisette, *sf.* petite chemise.
Chenal, *sm.* courant d'eau.
Chenapan, *sm.* vaurien.
Chêne, *sm.* arbre.
Cheneau, *sm.* conduit de plomb.
Chenet, *sm.* ust. de cheminée.
Chènevis, *sm.* graine de chanv.
Chènevotte, *sf.* tuyau de chanv.
Chenil, *sm.* où on met les chiens
Chenille, *sf.* insecte rampant.
Cher, *a.* qui est aimé.
Cher, *ad.* à haut prix.
Chercher, *v.* s'efforcer de
   trouver.   [accueil.]
Chère, *sf.* régal, bon repas;]
Chèrement, *ad.* à haut prix.
Chérir, *v.* aimer tendrement.
Chérissable, *a.* qu'on doit]
Cherté, *sf.* haut prix. [chérir.]
Chérubin, *sm.* ange.
Chétif, ive, *a.* vil; mauvais.
Chétivement, *adv.* d'une man.
   chétive.
Cheval, *sm.* quadrupède.
Chevaler, *v.* se servir du che-
   valet; aller et venir; étayer.
Chevalerie, *sf.* dignité.
Chevalet, *sm.* supplice; étai.
Chevalier, *sm.* titre.
Chevaux-légers, *sm.* cavalier.
Chevelu, e, *a.* à longs cheveux.
Chevelure, *sf.* les cheveux.
Chevet, *sm.* traversin.
Cheveu, *sm.* poil de la tête.
Cheville, *sf.* clou de bois.
Cheviller, *v.* mettre des chevill.
Chèvre, *sf.* femelle du bouc.
Chevreau, *sm.* pet. de la chèv.
Chevron, *sm.* bois équarri.
Chevroter, *v.* chanter en trem-
   blotant.
Chez, *prép.* au logis.
Chicane, *sf.* subtilité.
Chicaner, *v.* user de chicane.
Chicaneur, euse, *s.* qui chicane.
Chicannerie, *sf.* tour de chicane
Chiche, *a.* avare; (pois) gris.
Chichement, *ad.* avec avarice.
Chicorée, *sf.* plante potagère.
Chicot, *sm.* reste.
Chicoter, *v.* contester: *pop.*
Chien, Chienne, *s.* animal.
Chiendent, *sm.* plante.

Chiffe, *sf.* étoffe faible.
Chiffon, *sm.* linge usé.
Chiffonner, *v.* froisser; con-
   trarier. [masse des chiff.]
Chiffonnier, ière, *s.* qui ra-]
Chiffre, *sm.* caract. numéral.
Chiffrer, *v.* marquer par chiffr.
Chignon, *sm.* derrière du cou.
Chimère, *sf.* idée fantastique.
Chimérique, *a.* fantastique.
Chimie, *sf.* art de décompo-
   ser et d'analyser. [mie.]
Chimiste, *sm.* qui sait la chi-]
Chipoter, *v.* vétiller.
Chipotier, ière, *s.* vétilleur.
Chique, *sf.* tabac qu'on mâche.
Chiquenaude, *sf.* coup du doigt.
Chiquer, *v.* mâcher du tabac.
Chirurgical, e, *a.* de la chirurg
Chirurgie, *sf.* art d'opérer sur
   l'homme.   [chirurgie.]
Chirurgien, *sm.* qui sait la]
Chlore, *sm.* acide.
Choc, *sm.* heurt de 2 corps.
Chocolat, *sm.* pâte de cacao.
Chœur, *sm.* troupe de musi-
   ciens; partie d'une église.
Choisir, *v.* élire, préférer.
Choix, *sm.* action de choisir.
Choléra-morbus, *sm.* maladie.
Chômable, *a.* qu'on doit chômer
Chômage, *sm.* temps d'inaction.
Chômer, *v.* ne rien faire.
Chopine, *sf.* demi-pinte.
Chopiner, *v.* boire souvent.
Chopper, *v.* faire un faux pas.
Choquer, *v.* heurter; offenser.
Choriste, *s.* (ko) chantre.
Chorus, *sm.* (koruce) chœur.
Chose, *sf.* objet quelconque.
Chou, *sm.* plante potagère.
Chouette, *sf.* oiseau nocturne
Chrême, *sm.* huile sacrée.
Chrétien, ienne, *s. a.* qui
   croit en Jésus-Christ.
Chrétiennement, *ad.* en chrét.
Chrétienté, *sf.* pays chrétiens.
Christ, *sm.* le Messie.
Christianisme, *sm.* religion
   chrétienne.
Chronique, *sf.* histoire.
Chronique, *a.* long.
Chronologie, *sf.* science des
   temps.   [nologie.]
Chronologique, *a.* de la chro-]
Chuchoter, *v.* parler bas.
Chuchoteur, euse, *s.* qui chu-
   chotte.   [choter.]
Chuchotterie, *sf.* act. de chu-]
Chut! *interj.* paix! silence!
Chute, *sf.* action de tomber.
Chyle, *sm.* suc des aliments.
Ciboire, *sm.* vase d'église.
Ciboule, *sf.* petit ognon.

Ciboulette, *sf.* petite ciboule.
Cicatrice, *sf.* marque de plaie.
Cicatriser, *v.* fermer une plaie.
Cid, *sm.* commandant; chef.
Cidre, *sm.* boisson
Ciel, *sm.* le firmament.
Cierge, *sm.* flambeau d'église.
Cigale, *sf.* insecte.
Cigarre, *sm.* rouleau de tabac.
Cigogne, *sf.* oiseau de passage.
Ciguë, *sf.* plante vénéneuse.
Cil, *sm.* poil des paupières.
Cilice, *sm.* tissu de crin.
Ciller, *v.* remuer les paupières.
Cime, *sf.* sommet.   [pilée.]
Ciment, *sm.* mortier; brique]
Cimenter, *v.* joindre.
Cimeterre, *sm.* sabre recourbé.
Cimetière, *sm.* où l'on enterre.
Cimier, *sm.* ornement du casq.
Cinéraire, *a.* des cendres.
Cingler, *v.* naviguer; frapper.
Cinq, *a. num.* nomb. entre 4 et 6.
Cinquantaine, *sf.* nomb. de 50.
Cinquante, *a. num.* 5 fois dix.
Cinquantième, *a. num.* et *s.*
Cinquième, *a. num.* et *s.*
Cinquièmement, *ad.* en 5ᵉ lieu.
Cintre, *sm.* arcade.
Cintrer, *v.* faire un cintre.
Cirage, *sm.* composit. p. cirer.
Circoncire, *v.* retrancher.
Circoncis, e, *s.* qui a reçu la
Circoncision, *sf.* act. de cir-
  concire.   [d'un cercle.]
Circonférence, *sf.* contour]
Circonflexe, *a.* (accent) (^).
Circonlocution, *sf.* périphrase.
Circonscription, *sf.* limite.
Circonscrire, *v.* limiter autour.
Circonspect, e, *a.* prudent.
Circonspection, *sf.* prudence.
Circonstance, *sf.* particularité.
Circonstanciel, le, *a.* de cir-
  constance.
Circonstancier, *v.* détailler.
Circonvallation, *sf.* fossé.
Circonvenir, *v.* tromper.
Circuit, *sm.* tour; enceinte
Circulaire, *a.* rond; *sf.* lettre.
Circulairement, *ad.* en rond.
Circulation, *sf.* act. de.
Circuler, *v.* se mouvoir en rond.
Cire, *sf.* produit des abeilles.
Cirer, *v.* enduire de cire.
Ciron, *sm.* petit insecte.
Cirque, *sm.* lieu des jeux.
Cisailler, *v.* couper avec des
Cisailles, *sf. pl.* gros ciseaux.
Ciseau, *sm.* instr. tranchant.
Ciseler, *v.* travailler au ciselet.
Ciselet, *sm.* petit ciseau.
Ciseleur, *sm.* qui cisèle.
Ciselure, *sf.* art du ciseleur.

Citadelle, *sf.* forteresse.
Citadin, e, *s.* habitant de ville.
Citation, *sf.* allégation.
Cité, *sf.* ville.
Citer, *v.* alléguer, ajourner.
Citerne, *sf.* réservoir d'eau.
Citoyen, enne, *s. a.* de cité.
Citron, *sm.* fruit; sa couleur.
Citronné, e, *a.* qui sent le citron
Citronnelle, *sf.* liqueur; plante.
Citronner, *v.* imbiber de citron.
Citronnier, *sm.* arbre d'Afrique
Citrouille, *sf.* plante potagère.
Civet, *sm.* ragoût de lièvre.
Civette, *sf.* espèce de fouine.
Civière, *sf.* brancard.
Civil, e, *a.* de citoyen; poli.
Civilement, *ad.* avec civilité;
  en matière civile.
Civilisation, *sf.* act. de
Civiliser, *v.* rendre civil, so-]
Civilité, *sf.* courtoisie. [ciable.]
Civique, *a.* de citoyen.
Civisme, *sm.* zèle du citoyen.
Clabaudage, *sm.* criaillerie.
Clabauder, *v.* aboyer, crier.
Clabauderie, *sf.* criaillerie.
Clabaudeur, euse, *s.* qui crie.
Claie, *sf.* tissu d'osier.
Clair, e, *a.* éclatant, évident.
Clairement, *ad.* nettement.
Claire-voie, *sf.* ouverture.
Clairon, *sm.* trompette.
Clair-semé, e, *a.* peu serré.
Clairvoyance, *sf.* sagacité.
Clair-voyant, e, *a.* pénétrant.
Clameur, *sf.* cri confus
Clandestin, e, *a.* secret.
Clandestinement, *ad.* en secret.
Clapet, *sm.* soupape à charnière
Clapir, *v.* se dit du cri du lapin.
Claque, *sf.* coup de la main.
Claquedents, *sm.* misérable.
Claquement, *sm.* bruit.
Claquemurer, *v.* renfermer.
Claquer, *v.* faire un bruit aigu.
Clarification, *sf.* action de
Clarifier, *v.* rendre clair et net.
Clarine, *sf.* clochette.   [que.]
Clarinette, *sf.* instr. de musi-]
Clarté, *sf.* lumière.
Classe, *sf.* ordre; leçon; études.
Classement, *sm.* act. de classer
Classer, *v.* ranger par classes.
Classique, *a.* (livre) de classe.
Claude, *s. a.* sot, stupide: *fam.*
Clause, *sf.* condition.
Claustral, e, *a.* de cloître.
Clavecin, *sm.* instr. de musiq.
Clavette, *sf.* clou plat.
Clavicule, *sf.* os de la poitrine.
Clavier, *sm.* rang de touches.
Clef, *sf.* (*klé*), instr. p ouvrir.
Clémence, *sf.* bonté.

Clément, e, *a.* porté à la clém.
Clerc, *sm.* ecclésiastique.
Clergé, *sm.* ordre ecclésiastique
Clérical, e, *a.* du clerc.
Cléricalement, *ad.* en clerc.
Cléricature, *sf.* état de clerc.
Clichage, *sm.* act. de
Clicher, *v.* prendre empreinte.
Client, e, *s.* qui a un avocat.
Clientelle, *sf.* les clients.
Cligner, *v.* remuer la paupière.
Clignoter, *v.* cligner souvent.
Climat, *sm.* pays; température.
Clin-d'œil, *sm.* mouvement
  prompt de la paupière
Clinquant, *sm.* faux brillant.
Clique, *sf.* gens qui cabalent.
Cliquetis, *sm.* bruit d'armes.
Cloaque, *sm.* égout.
Cloche, *sf.* instr. de métal pour
  sonner; vase; ampoule.
Clochement, *sm.* act. de boiter.
Clocher, *sm.* où on met les clo-]
Clocher, *v.* boiter.   [ches.]
Clochette, *sf.* petite cloche.
Cloison, *sf.* mur de séparation.
Cloître, *sm.* monastère.
Cloîtrer, *v.* enfermer.
Clopin-clopant, *ad.* en boitant.
Clopiner, *v.* marcher av. peine.
Cloporte, *sm.* insecte.
Clore, *v.* fermer; terminer.
Clos, *sm.* terre enclose.
Clôture, *sf.* enceinte.
Clou, *sm.* cheville de fer.
Clouer, *v.* fixer avec des clous.
Clouter, *v.* garnir de clous.
Clouterie, *sf.* comm. de clous.
Cloutier, *sm.* faiseur de clous.
Cloyère, *sf.* panier d'huîtres.
Club, *sm.* société politique.
Clystère, *sm.* lavement.
Coadjuteur, *sm.* adjoint.
Coaguler, *v.* figer, cailler.
Coaliser (se), *v.* se liguer.
Coalition, *sf.* union; ligue.
Cocarde, *sf.* nœud de rubans.
Cocasse, *a.* plaisant: *pop.*
Coche, *sm.* chariot, bateau.
Cochenille, *sf.* insecte; graine
Cocher, *sm.* qui mène un char.
Cochléaria, *sm.* plante.
Cochon, *sm.* porc, homme sale.
Cochonner, *v.* faire salement.
Cochonnerie, *sf.* malpropreté.
Coco, *sm.* fruit du cocotier.
Cocon, *sm.* coque du ver à soie
Cocotier, *sm.* arbre.
Coction, *sf.* cuisson; digestion.
Code, *sm.* recueil des lois.
Codicille, *sm.* changement, ad-
  dition à un testament.
Cœcum, *sm.* (*ome*), intestin.
Coefficient, *sm.* t. d'algèbre.

Co-éternel,elle, a. éternel avec un autre.
Cœur, sm. viscère; courage.
Co-existence, sf. simultanéité.
Co-exister, v. exister ensemble.
Coffre, sm. meuble; caisse.
Coffrer, v. mettre en prison.
Cognassier, sm. arbre.
Cognée, sf. outil tranchant.
Cogner, v. frapper; heurter.
Cohabitation, sf. act. de
Cohabiter, v. vivre ensemble.
Cohérence, sf. liaison; union.
Cohérent, e, a. en cohérence.
Cohéritier,ière, s. héritier avec un autre.
Cohorte, sf. troupe armée.
Cohue, sf. assemblée tumult.
Coi, Coite, a. tranquille.
Coiffe, sf. couverture de tête.
Coiffer, v. couvrir la tête.
Coiffeur, euse, s. qui coiffe.
Coiffure, sf. couverture de tête
Coin, sm. angle; outil.
Coïncident, e, a. qui coïncide.
Coïncider, v. s'ajuster.
Coing, sm. fruit du cognassier.
Col, sm. collet de chemise.
Colère, sf. vive irritation.
Colérique, a.enclin à la colère.
Colibri, sm. petit oiseau.
Colifichet, sm. bagatelle.
Colimaçon, sm. limaçon.
Colin-maillard, sm. jeu.
Colique, sf.douleur intestinale.
Colisée, sm. amphithéâtre.
Collaborateur, trice, s. qui travaille avec un autre.
Collage, sm. action de coller.
Collatéral, e, s. a. parent hors de la ligne directe. [pas.]
Collation,sf.comparaison; re-]
Collationner, v. conférer.
Colle, sf. matière gluante.
Collecte, sf. levée d'impôts.
Collecteur, sm. receveur.
Collectif, ive, a. qui réunit.
Collection, sf. recueil.
Collectivement, ad. ensemble.
Collége, sm. assemblée; école
Collégial, e, a. de collège.
Collègue,sm.confrère. [colle.]
Coller, v. joindre avec de la]
Collerette, sf. collet de linge.
Collet, sm. vêtement du cou.
Colleter, v. saisir au collet.
Colleur, euse, s. qui colle.
Collier, sm. ornement du cou.
Colline, sf. petite montagne.
Colloque, sm. entretien.
Colloquer, v. ranger; placer.
Collusion, sf. intelligence.
Collyre, sm. remède.
Colombe, sf. pigeon; solive.

Colombier, sm. pigeonnier.
Colon, sm. habit. des colonies
Colonel, sm. chef d'un régim.
Colonial, e, a. des colonies.
Colonie, sf.peuplade d'émigrés
Colonnade,sf.rang de colonnes
Colonne, sf. pilier; soutien.
Colorer,v.donner de la couleur
Colorier, v. appliquer des couleurs sur un dessin.
Coloris, sm. mélange de coul.
Coloriste, s. qui colorie.
Colossal, e, a. de colosse.
Colosse, sm. statue gigantesq.
Colporter, v. porter des marchandises pour les vendre.
Colporteur, sm. qui colporte.
Colure, sm. cercle.
Combat, sm. action de
Combattre, v. attaquer ou soutenir une attaque.
Combien, ad. quelle quantité.
Combinable, a. qu'on peut combiner.
Combinaison, sf. disposition.
Combiner,v. arranger; varier.
Comble, sm. faite.
Comblement, sm. act. de
Combler, v. remplir. [brûler.]
Combustible, sm. a. qui peut]
Combustion,sf. act. de brûler.
Comédie, sf. pièce de théâtre.
Comédien, enne, s. acteur.
Comestible, sm. a. qui peut se manger.   [une queue.]
Comète, sf. planète avec]
Comique, a. de la comédie.
Comité, sm. petite assemblée.
Commande,sf.chose ordonnée
Commander, v. ordonner.
Comme, ad.conj.de même que.
Commémoration, sf.mémoire.
Commencement, sm. principe.
Commencer, v. entreprendre.
Commensal, s.qui mange avec
Commensurable,a.en rapport
Comment, ad. de quelle sorte
Commentaire, sm. interprét.
Commentateur, trice, s. qui fait un commentaire.
Commenter, v. interpréter.
Commerce, sm. négoce, trafic.
Commercer, v. trafiquer.
Commercial,e,a.de commerce.
Commère, sf. marraine.
Commettre, v. faire.
Commis, sm. employé.
Commisération,sf.pitié.[mis.]
Commissaire,sm.qui est com-]
Commission, sf. charge.
Commissionnaire, sm. chargé de commissions;crocheteur.
Commode, a. utile; facile.
Commodément,ad.facilement.

Commodité, sf.état commode.
Commotion, sf. secousse.
Commuer, v. échanger.
Commun, e, a. vil, abondant.
Communal,e, a. de commune.
Communauté, sf. société.
Commune,sf. arrondissement.
Communément, ad. ordinairement.[se communiquer.]
Communicable, a. qui peut]
Communicatif, ive, a. qui se communique.
Communication, sf. act. de communiquer; [charistie.]
Communier, v. recevoir l'eu-]
Communion, sf. union.
Communiquer, v. rendre commun; faire part de.
Compacité, sf. état compacte.
Compacte, a. serré; condensé.
Compagne, sf.qui accompagne
Compagnie, sf. société.
Compagnon, sm. camarade.
Comparable, a. qui peut se comparer.   [parer.]
Comparaison,sf.act. de com-]
Comparaitre, v. se présenter.
Comparatif,ive, a.qui compare
Comparer, v. confronter.
Compartiment, sm. symétrie
Comparution,sf. act. de comparaitre.   [surer.]
Compas, sm. instr. pour me-]
Compassement,sm. act. de
Compasser, v. mesurer.
Compassion,sf. pitié. [tible.]
Compatibilité,sf.état compa-]
Compatible, a. qui peut s'accorder.
Compatir, v. avoir pitié.
Compatissant, e, a. humain.
Compatriote,s.du même pays.
Compensation, sf. act. de
Compenser, v. dédommager.
Compère, sm. parrain.
Compétence, sf. droit; ressort.
Compétent, e, a. qui a droit.
Compéter, v. appartenir.
Compétiteur, trice, s. concurrent.   [compile.]
Compilateur, trice, s. qui]
Compilation, sf. recueil.
Compiler, v. prendre çà et là.
Complainte,sf chanson plain-]
Complaire, v. plaire. [tive]
Complaisamment, adv. avec
Complaisance, sf. prévenance
Complaisant, e, a. s. obligeant.
Complément, sm. ce qui com-]
Complet,ète, a.entier. [plète.]
Compléter, v. rendre complet.
Complexe, a. composé.
Complexion, sf. tempérament.
Complication, sf. concours.

Complice, a. s. qui participe.
Complicité, sf.état de complice
Complies, sf. pl. office divin.
Compliment, sm.parole civile.
Complimenter, v. faire com-
Compliquer,v.mêler [pliment]
Complot, sm.mauvais dessein.
Comploter, v.faire un complot.
Componction, sf. douleur.
Comporter(se), v. se conduire.
Composer, v. faire'un tout.
Composite, sm.a. ord. d'archit.
Compositeur, sm. qui compose.
Composition, sf. act. de comp.
Composteur, sm.outil d'impr.
Compote, sf. fruits cuits.
Compotier, sm.vase à compote.
Compréhensible, a.concevable
Compréhension, sf.conception
Comprendre,v.contenir;conce-
voir. [plaie.]
Compresse, sf. linge sur une
Compressible, a. qui peut être
comprimé.
Compression, sf act. de
Comprimer, v. resserrer.
Compris, ad. contenu.
Compromettre, v. exposer.
Compromis, sm. convention.
Comptabilité, sf. état du
Comptable,a.qui rend compte.
Compte, sm. calcul, avantage.
Compter, v. calculer; croire.
Comptoir, sm. table ; bureau.
Compulser, v. feuilleter.
Comte, tesse, s. titre.
Comté, sm. terre d'un comte.
Concasser, v. piler. [dedans.]
Concave, a. creux et rond en
Concavité, sf. état concave.
Concéder, v. accorder.
Concentrer,v.réunir au centre.
Concentrique, a. qui a un
centre commun. [cevoir.]
Conception, sf. act. de con-
Concernant,prép.qui concerne
Concerner, v. avoir rapport à
Concert, sm. harmonie, union.
Concerter, v. projeter.
Concession, sf. don; privilège.
Concevable, a. qui se conçoit.
Concevoir, v.devenir enceinte;
comprendre ; imaginer.
Concierge, sm. garde d'hôtel.
Conciergerie, sf. prison.
Concile,sm.assemb. de prélats.
Conciliable,a. qui peut se con-
cilier. [secrète.]
Conciliabule, sm. assemblée
Conciliation, sf. action de
Concilier, v. mettre d'accord.
Concis, e, a. court ; resserré.
Concision, sf. état concis.
Concitoyen, enne, s. d'une mê-

me ville. [cardinaux.]
Conclave, sm. assemblée de
Conclure, v. achever ; inférer
Conclusion, sf. fin.
Concombre, sm. plante potag.
Concomitance, sf. union.
Concomitant, e, a. qui accom-
pagne.
Concordance, sf. rapport.
Concordat, sm. transaction.
Concorde, sf. union, paix.
Concorder, v. être d'accord.
Concourir, v. coopérer.
Concours, sm. act. de concou-
rir; affluence
Concret, ète,a.défini; coagulé.
Concupiscence,sf.désir déréglé
Concurremment,ad.ensemble.
Concurrence, sf rivalité.
Concurrent,e, s. qui concourt.
Concussion, sf. exaction.
Concussionnaire, s. a. qui fait
des concussions condamné
Condamnable, a. qui doit être
Condamnation, sf. jugement
qui condamne.
Condamner, v. juger contre.
Condensation, sf. act. de
Condenser,v.rendre plus dense
Condescendance, sf. act. de
Condescendre, v. consentir.
Condisciple, s. compagnon.
Condition, sf. qualité; clause.
Conditionnel, elle, a. soumis
à certaines conditions.
Conditionnellement, ad.
Conditionner,v.mettre en état.
Condoléance, sf. regrets.
Conducteur,trice,s.qui conduit
Conduire, v. mener, guider.
Conduit, sm. tuyau, canal.
Conduite, sf. act. de conduire.
Cône, sm. pyramide ronde.
Confection, sf. achèvement.
Confédératif, tive, a. de la
Confédération, sf. ligue.
Confédérer (se), v. se liguer.
Conférence, sf. discussion.
Conférer,v.comparer;discuter.
Confesse, sf. confession.
Confesser, v. avouer.
Confesseur, sm.prêtre; martyr.
Confession, sf. aveu.
Confessionnal, sm. siège du
confesseur
Confiance, sf. espérance.
Confiant, e, a,qui a confiance.
Confidemment, ad. en [tion.]
Confidence, sf. communica-
Confident, s.à qui on se confie.
Confidentiel, le, a. qui se dit
en confidence. [cret.]
Confidentiellement,ad.en se-
Confier,v. commettre au soin.

Configuration, sf. forme exté-
rieure. [semble.]
Configurer, v. figurer l'en-
Confiner, v. reléguer.
Confins, sm. pl. limites.
Confire, v. cuire dans un suc.
Confirmation, sf. ce qui rend
ferme; assurance ; sacre-
Confirmer,v.affermir. [ment.]
Confiscation,sf.act.de confisq.
Confiseur,euse, s. qui confit.
Confisquer, v. adjuger au fisc.
Confiteor, sm. prière.
Confiture, sf. fruits confits.
Confiturier, ière, s. confiseur.
Conflagration, sf. embrasem.
Conflit, sm. choc; débat.
Confluent, sm. endroit où se
joignent deux rivières.
Confondre, v. mêler, troubler.
Conformation, sf. forme.
Conforme, a. semblable.
Conformément, ad. pareillem.
Conformer,v.rendre conforme
Conformité, sf. rapport.
Confort, sm. assistance. [tion.]
Confortation, sf. corrobora-
Conforter, v. fortifier.
Confrère, sm. membre d'une
Confrérie, sf. association.
Confrontation, sf. act. de
Confronter, v. comparer.
Confus, e, a. embrouillé.
Confusément, ad. avec
Confusion, sf. mélange confus.
Congé, sm. permission.
Congédier, v. renvoyer.
Congélation, sf. act. de
Congeler, v. geler ; figer.
Conglutiner, v. rendre gluant.
Congratulation, sf.félicitation.
Congratuler,v. complimenter.
Congréganiste, s. memb. d'une
Congrégation, sf. confrérie.
Congrès, sm. assemblée.
Congru, e, a. convenable.
Congruité, sf. convenance.
Conique, a. en forme de cône.
Conjectural, e,a.fondé sur une
Conjecture, sf.jugem.probable
Conjecturer, v. présumer.
Conjoindre, v. unir.
Conjoint, e, s. a. uni, marié.
Conjointement, ad. ensemble.
Conjonctif, tive, a. qui lie.
Conjonction, sf. union.
Conjoncture, sf. occasion.
Conjouir (se), v. se réjouir.
Conjugaison, sf. manière de
Conjuguer, v. marquer les in-
flexions des verbes.
Conjuration, sf. act. de
Conjurer, v. conspirer; prier.
Connaissance, sf. idée, notion

Connaisseur, euse , s. qui se connait en quelque chose.
Connaître, v. avoir notion de.
Connexion, sf. rapport.
Connivence, sf. complicité.
Conniver, v. participer.
Conquérant, e, s. qui a conquis.
Conquérir, v. acquérir. [rir.]
Conquête, sf. act. de conqué-]
Consacrer, v. dédier. [té.]
Consanguinité, sf. (ui) paren-]
Conscience, sf. sentiment intérieur du bien et du mal.
Consciencieusement, ad.
Consciencieux, euse, a. juste.
Conscription, sf. enrôl. milit.
Conscrit, sm. jeune militaire.
Consécration, sf. act. de consac.
Consécutif, ive, a. de suite.
Consécutivement, ad. de suite.
Conseil, sm. avis, assemblée.
Conseiller, v. donner conseil.
Consentant, e, a. qui consent.
Consentement, sm. act. de
Consentir, v. vouloir bien.
Conséquemment, ad. en
Conséquence, sf. suite.
Conséquent, e, a. qui agit conséquemment. [server.]
Conservation, sf. act. de con-]
Conservatoire, a. qui conserve.
Conserve, sf. confiture.
Conserver, v garder avec soin.
Considérable, a. important.
Considérablement, ad. [sidér.]
Considération, sf. act. de con-]
Considérément, ad. prudemm.
Considérer, v. examiner.
Consignation, sf. dépôt.
Consigne, sf. ordre.
Consigner, v. déposer.
Consistance, sf. fermeté.
Consister, v. être composé de.
Consolateur, trice, s. a. qui console.
Consolation, sf. ce qui console.
Console, sf. meuble.
Consoler, v. adoucir l'affliction
Consolider, v. rendre solide.
Consommateur, trice, s. a. qui consomme les denrées.
Consommation, sf. act. de
Consommer, v. accomplir; user.
Consomptif, ive, a. qui consume
Consomption, sf. dépérissem.
Consonne, sf. lettre.
Conspirateur, s. qui conspire.
Conspiration, sf. complot.
Conspirer, v. contribuer; com-].
Constamment, ad. [ploter.]
Constance, sf. fermeté d'âme.
Constant, e, a ferme.
Constater, v. prouver. [toiles.]
Constellation, sf. amas d'é-]

Consternation, sf. étonnement.
Consterner, v. étonner. [tre.]
Constiper, v. resserrer le ven-]
Constituer, v. composer.
Constitutif, ive, a. qui constit.
Constitution, sf. formation; loi.
Constitutionnel, le, a. conforme à la constitution.
Constructeur, sm. qui construit
Construction, sf. act. de
Construire, v. bâtir, arranger.
Consubstantialité, sf. état.
Consubstantiel, le, a. de même substance.
Consul, sm. magistrat; juge.
Consulaire, a. du consul.
Consulat, sm. dignité de consul.
Consultation, sf. conférence.
Consulter, v. prendre avis.
Consumer, v. détruire; user.
Contact, sm. attouchément.
Contagieux, euse, a. qui se communique. [du mal.]
Contagion, sf. communication]
Conte, sm. récit fabuleux.
Contemplation sf. act. de
Contempler, v. considérer.
Contemporain, e, a. s. qui est du même temps. [prise.]
Contempteur, trice, s. qui mé-]
Contenance, sf. capacité.
Contenir, v. renfermer.
Content, e, a. satisfait. [tion.]
Contentement, sm. satisfac-]
Contenter, v. satisfaire.
Contentieux, euse, a. sujet à.
Contention, sf. débat.
Conter, va. narrer, raconter.
Contestant, e, a. s. qui conteste.
Contestation, sf. dispute.
Contigu, ë, a. qui touche.
Contiguïté, sf. proximité.
Continence, sf. chasteté.
Continent, e, a. chaste.
Contingent, e, a. casuel.
Continuateur, sm. qui continue.
Continuation, sf. suite.
Continuel, le, a. qui ne cesse.
Continuer, v. poursuivre; durer.
Continuité, sf. suite.
Contondant, e, a. qui meurtrit.
Contorsion, sf. convulsion.
Contour, sm. ce qui entoure.
Contourner, v. tourner autour.
Contracter, v. s'engager.
Contradicteur, sm. qui contredit
Contradiction, sf. opposition.
Contradictoire, a. opposé.
Contraindre, v. forcer.
Contrainte, sf. violence.
Contraire, a. opposé; nuisible.
Contrarier, v. contredire.
Contrariété, sf. opposition.
Contraste, sm. différence.

Contraster, v. faire contraste.
Contrat, sm. convention.
Contravention, sf. infraction.
Contre, prép. sm. contraire.
Contrebande, sf. fraude.
Contrebandier, s. fraudeur.
Contre-carrer, v. s'opposer.
Contre-cœur (à), ad. à regret.
Contredire, v. contrarier.
Contredit, sm. débat.
Contrée, sf. région [trefaite.]
Contrefaçon, sf. chose con-]
Contrefacteur, sm. qui contre-]
Contrefaction, sf. act. de [fait.]
Contrefaire, v. imiter.
Contrefait, e, a. difforme.
Contre-maître, sm. chef d'atel.
Contre-mander, v. révoquer.
Contre-marche, sf. marche contraire.
Contre-mur, sm. 2e mur.
Contre-ordre, s. a. révocation.
Contre-poids, sm. poids opposé
Contre-poil, sm. rebours du poil
Contre-poison, sm. antidote.
Contre-seing, sm. 2e signature.
Contre-sens, sm. sens contraire
Contre-signer, v. signer en 2e
Contre-temps, sm. obstacle.
Contrevenir, v. agir contre.
Contrevent, sm. volet en dehor
Contribuer, v. aider; payer.
Contribution, sf. impôt.
Contrister, v. donner du chagr
Contrit, e, a. repentant; triste.
Contrition, sf. douleur.
Contrôle, sm. rôle opposé.
Contrôler, v. vérifier.
Contrôleur, euse, s. qui contrôle
Controuver, v. inventer.
Controverse, sf. discussion.
Contumace, sf. absence.
Contumax, s. a. accusé absent.
Contusion, sf. meurtrissure.
Convaincre, v. persuader.
Convalescence, sf. état de
Convalescent, e, s. a. qui relève de maladie.
Convenable, a. qui convient.
Convenablement, ad. avec
Convenance, sf. bienséance.
Convenir, v. être d'accord.
Convention, sf. accord, pacte.
Conventionnel, le, a. de conv.
Conventuel, le, a. de couvent.
Convergence, sf. état converg.
Convergent, e, a. qui converge.
Converger, v. se réunir.
Conversation, sf. entretien.
Converser, v. s'entretenir.
Conversion, sf. changement.
Convertir, v. changer.
Convexe, a. (surface) bombée.
Convexité, sf. rondeur extér.

Conviction, sf. preuve évi-
Convier, v. inviter. [dente.]
Convive, s. invité. [voquer.]
Convocation, sf. act. de con-
Convoi, sm. cortège d'un mort
Convoiter, v. désirer.
Convoitise, sf. désir ardent.
Convoquer, v. faire assembler.
Convulsif, sive, a. avec
Convulsion, sf. contraction.
Coopérateur, trice, s.qui coo-
Coopération, sf.act.de [pére.]
Coopérer, v. opérer avec.
Coordonner, v. combiner.
Copeau, sm. éclat de bois.
Copie, sf.écrit d'après un autre
Copier, v. faire une copie.
Copieusement, ad. beaucoup.
Copieux, euse, a. abondant.
Copiste, s. qui copie.
Copulation, sf. accouplement.
Coq, sm. mâle de la poule.
Coque, sf. enveloppe.
Coqueluche, sf. toux violente.
Coquet, ette, s. a. qui a de la
Coquetterie, sf affèterie.
Coquillage, sm. testacé.
Coquille, sf. coque.
Coquin, e, s. fripon; maraud.
Coquinerie, sf. act. de coquin.
Cor, sm. durillon; instrument.
Corail, au pl. aux, sm. polyper.
Corbeau, sm. oiseau noir.
Corbeille, sf. panier; bijoux.
Corbillard, sm. char funèbre.
Cordage, sm. cordes.
Corde, sf. tortis de chanvre.
Cordeau, sm. petite corde.
Cordeler, v. tresser en corde.
Cordelette, sf. petite corde.
Corder, v. faire de la corde.
Corderie,sf. où on fait la corde.
Cordial, e, s. a. qui fortifie.
Cordialement, ad. avec
Cordialité,sf.affection sincère.
Cordon, sm. brin de corde.
Cordonner, v. tordre en corde.
Cordonnet, sm. petit cordon.
Cordonnier, s. faiseur de
Coriace, a. dur. [chaussures.]
Cormier ou Sorbier, sm. arbre.
Cormoran, sm. oiseau.
Corne, sf. excroissance.
Corner, v. sonner d'un cornet.
Cornet, sm. petit cor; encrier.
Cornette, sf. coiffe; étendard.
Corniche, sf. ornement.
Cornichon,sm.petit concombre
Cornier, ière, a. à l'angle.
Cornu, e, a. qui a des cornes.
Cornue,sf.vase pour distiller.
Corollaire, sm. conséquence.
Corporal, sm. linge du calice.
Corporation, sf. association.

Corporel,le, a. qui a un corps.
Corporellement, ad. en corps.
Corps, sm. (kor) substance.
Corps-de-garde, sm. poste mi-
 litaire. [logis.]
Corps-de-logis,sm.partie d'un
Corpulence, sf. obésité.
Corpuscule, sm. petit corps.
Correct, e, a. exempt de faute.
Correctement, ad. sans fautes.
Correcteur,trice,s.qui corrige.
Correction, sf. châtiment.
Correctionnel, le, a.de la corr.
Correspondance, sf. act. de
Correspondre, v. communiq.
Corridor, sm. galerie.
Corriger, v. réparer; châtier.
Corrigible,a.qu'on peut corrig.
Corroboratif,tive, a. fortifiant.
Corroborer, va. fortifier.
Corrompre, v. gâter, séduire.
Corrosif, sive, s. a. qui ronge.
Corroyer, v. apprêter le cuir.
Corroyeur, sm. qui corroie.
Corrupteur, trice, s. qui corr.
Corruptible, a. qui peut être
 corrompu, altéré, gâté.
Corruption, sf. altération.
Corsage, sm. taille du corps.
Corsaire, a. sm. pirate.
Corset, sm. corps de jupe.
Cortège, sm. suite.
Corvée, sf. travail gratuit.
Coryphée, sm. chef.
Cosmographie, sf. descrip-
 tion du monde. l'univers
Cosmopolite, s. a. citoyen de
Cosse, sf. gousse; fruit.
Cossu, e, a. à cosse; fig. riche.
Costume, sm. habillement.
Costumer, v. habiller.
Cote, sf. marque; part.
Côte, sf. os; rivage; pente.
Côté, sm. partie latérale.
Coteau, sm. colline.
Côtelette, sf. petite côte d'a-
Coter, v. numéroter. [nimal.]
Coterie, sf. société.
Cotisation, sf. action de
Cotiser, v. partager par cote.
Coton, sm. duvet du cotonnier.
Cotonnier, sm. arbuste.
Côtoyer, v. aller côte à côte.
Cotret, sm. petit fagot de bois.
Cotte, sf. jupe; casaque.
Cou, sm. partie du corps.
Coucher, v. mettre au lit
Couchette, sf. petit lit.
Coucou, sm. oiseau; voiture.
Coude, sm. partie du bras.
Couder, va. plier en coude.
Coudoyer, v. heurter du coude.
Coudre, v. joindre avec du fil.
Couenne, sf. peau de porc.

Coulamment, ad. aisément.
Coulant, e, a. qui coule bien.
Couler, v. glisser; passer.
Couleur, sf. substance color.
Couleuvre, sf. reptile.
Coulis,sm.suc cuit; a. m. vent.
Coulisse, sf. rainure; ourlet.
Couloir, sm. écuelle; passage.
Coup, sm. choc; blessure.
Coupable,s.a.qui fait une faute
Coupe, sf. act. de couper; vase.
Coupe-gorge, sm. lieu danger.
Couper, v. trancher, tailler.
Couperet, sm. couteau.
Couperose, sf. vitriol.
Couple, sf. paire.
Coupler, v. attacher ensemble.
Couplet, sm.stance de chanson
Coupole, sf. intér. d'un dôme.
Coupon, sm. reste d'étoffe;
Cour, sf. espace clos de murs.
Courage, sm. valeur,bravoure.
Courageusement, ad. av. cour.
Courageux, se, a. brave.
Couramment, ad. vite.
Courbature, sf. lassitude.
Courbe, a. en arc.
Courber, v. rendre courbe.
Courbette, sf. bassesse.
Courir, v. aller de vitesse.
Couronne,sf.ornement de tête.
Couronnement, sm. action de
Couronner,v.mett.une couron.
Courrier,sm.qui court la poste.
Courroie, sf. lien de cuir.
Courroucer, v. mettre en
Courroux, sm. violente colère.
Cours, sm. flux; durée; étude.
Course, sf. action de courir.
Coursier, sm. cheval.
Court, e, a. opposé à long.
Courtaud, e, s. de taille courte.
Courte-pointe, sf. couverture.
Courtier, sm. entremetteur.
Courtisan, sm. flatteur.
Couru, e, a. recherché.
Cousin, sm. parent; insecte.
Cousinage, sm. parenté.
Coussin, sm. sac rembourré.
Coussinet, sm. petit coussin.
Couteau, sm. instr. tranchant.
Coutelas, sm. large épée.
Coutelier, sm. qui exerce la
Coutellerie, sf.comm.de cout.
Coûter, v. être acheté.
Coûteux, se, a. qui coûte.
Coutil, sm. (ti) toile.
Coutume,sf.habitude. [tume.]
Coutumier,ière, a. qui a cou-
Couture, sf. act. de coudre.
Couturé, e, a. cicatrisé.
Couvent, sm. monastère
Couver, v. faire éclore.
Couvercle, sm. ce qui couvre.

Couvert, *sm.* service de table.
Couverture, *sf.* ce qui couvre.
Couvreur, *sm.* qui couvre.
Couvrir, *v.* mettre sur.
Crachat, *sm.* salive; décorat.
Crachement, *sm.* action de
Cracher, *v.* rejeter la salive.
Craie, *sf.* pierre blanche.
Craindre, *v.* avoir peur.
Crainte, *sf.* peur.
Craintif, tive, *a.* timide.
Crampe, *sf.* contraction.
Crampon, *sm.* lien de fer.
Cramponner, *v.* attacher.
Cran, *sm.* entaille.
Crâne, *sm.* os du cerveau.
Crapaud, *sm.* reptile amphibie.
Craquer, *v.* rendre un bruit.
Crasse, *sf.* ordure, saleté.
Crasseux, se, *a.* sale; avare.
Cratère, *sm.* bouche de volcan.
Cravache, *sf.* fouet.
Cravate, *sf.* linge de cou.
Crayon, *sm.* substance minér.
Crayonner, *v.* esquisser.
Crayonneux, se, *a.* de crayon.
Créance, *sf.* mission, crédit.
Créancier, ière, *s.* à qui on doit.
Créateur, trice, *s. a.* qui crée.
Création, *sf.* act. du créateur.
Créature, *sf.* tout être créé.
Crèche, *sf.* mangeoire.
Crédit, *sm.* réputation; prêt.
Créditer, *v.* inscrire une créance
Credo, *sm.* symbole des apôtres
Crédule, *a.* qui croit facilem.
Crédulité, *sf.* facilité à croire.
Créer, *v.* inventer; constituer.
Crémaillère, *sf.* instr. de cuisine
Crème, *sf.* partie grasse du lait.
Créneau, *sm.* haut d'un mur.
Créneler, *v.* faire des créneaux
Créole, *s.* fils de colon.
Crêpe, *sm.* étoffe; *sf.* pâte frite.
Crêper, *v.* friser.
Crépir, *v.* enduire de mortier.
Crépu, e, *a.* très-frisé.
Crépuscule, *sm.* clarté.
Cresson, *sm.* plante.
Crête, *sf.* huppe; cime.
Creuser, *v.* rendre creux.
Creuset, *sm.* vase à fondre.
Creux, se, *a.* profond; vide.
Crevasse, *sf.* fente.
Crève-cœur, *sm.* déplaisir.
Crever, *v.* rompre; mourir.
Cri, *sm.* voix haute.
Criailler, *v.* crier souvent.
Criard, e, *s.* qui crie sans sujet.
Crible, *sm.* passoire.
Cribler, *v.* percer.
Criblure, *sf.* reste du grain cri-[blé.]
Cric, *sm.* machine.
Criée, *sf.* proclamation.

Crier, *v.* jeter des cris.
Crieur, euse, *s.* qui proclame.
Crime, *sm.* mauvaise action.
Criminel, le, *a. s.* coupable.
Crin, *sm.* poil long et rude.
Crinière, *sf.* crins du cou.
Crise, *sf.* effort violent.
Crispation, *sf.* contraction.
Crisper, *v.* causer des crispat.
Critique, *sf.* censure.
Critiquer, *v.* censurer.
Croc, *sm.* instrum. de fer.
Crochet, *sm.* petit croc.
Crocheter, *v.* ouvrir.
Crocheteur, *sm.* porte-faix.
Crochu, e, *a.* un peu recourbé.
Crocodile, *sm.* grand amphibie.
Croire, *v.* estimer véritable.
Croisade, *sf.* ligue catholique.
Croiser, *v.* disposer en croix.
Croissance, *sf.* act. de croître.
Croître, *v.* devenir grand.
Croix, *sf.* lignes formant 4 angl.
Croquer, *v.* faire du bruit.
Croquis, *sm.* esquisse.
Crosse, *sf.* bâton d'évêque.
Crosser, *v.* pousser, maltraiter.
Crotte, *sf.* boue; fiente.
Crotter, *v.* salir avec de la crotte
Crottin, *sm.* excrément.
Crouler, *v.* tomber.
Croupe, *sf.* sommet; derrière.
Croupion, *sm.* bas de l'échine.
Croupir, *v.* se corrompre.
Croustilleux, euse, *a.* libre.
Croûte, *sf.* partie dure du pain.
Croûton, *sm.* grosse croûte.
Croyable, *a.* qui doit être cru.
Croyance, *sf.* ce qu'on croit.
Crû, *sm.* terroir.
Cru, e, *a.* non cuit.
Cruauté, *sf.* inhumanité.
Cruche, *sf.* vase à anse.
Cruchée, *sf.* plein une cruche.
Cruchon, *sm.* petite cruche.
Crucifère, *a.* en forme de croix.
Crucifiement, *sm.* action de
Crucifier, *v.* mettre en croix.
Crucifix, *sm.* Jésus-Christ.
Crudité, *sf.* ce qui est cru.
Crûe, *sf.* augmentation.
Cruel, le, *a.* inhumain.
Cruellement, *ad.* avec cruauté.
Cruement, *ad.* durement.
Crustacé, e, *s. a.* à écailles.
Crystal, *sm.* pierre transpar.
Crystallin, e, *a.* transparent.
Crystallisation, *sf.* act. de
Crystalliser, *v.* réduire en cryst.
Cube, *sm.* solide à six faces.
Cuber, *v.* réduire en cube.
Cubique, *a.* du cube.
Cueillette, *sf.* récolte.
Cueillir, *v.* détacher de la tige.

Cuiller ou Cuillère, *sf.* usten-
sile pour manger le potage.
Cuillerée, *sf.* plein la cuiller.
Cuir, *sm.* peau des animaux.
Cuirasse, *sf.* armure de fer.
Cuirasser, *v.* armer d'une cuir.
Cuirassier, *sm.* cavalier.
Cuire, *v.* préparer au feu.
Cuisant, e, *a.* âpre, aigu.
Cuisine, *sf.* lieu où l'on cuit.
Cuisiner, *v.* faire la cuisine.
Cuisinier, ière, *s.* qui cuisine.
Cuisse, *sf.* partie du corps.
Cuisson, *sf.* action de cuire
Cuistre, *sm.* valet; pédant.
Cuivre, *sm.* métal rougeâtre.
Cuivrer, *v.* imiter la dorure.
Cuivreux, se, *a.* du cuivre.
Cul, *sm.* (ku) le derrière.
Culasse, *sf.* partie d'arme à feu.
Culbute, *sf.* saut; chute.
Culbuter, *v.* renverser.
Culot, *sm.* dernier né; résidu.
Culotte, *sf.* vêtement.
Culte, *sm.* hommage à Dieu.
Cultivable, *a.* qu'on peut cultiv
Cultivateur, *sm.* qui cultive.
Cultiver, *v.* travailler.
Culture, *sf.* art de cultiver.
Cumuler, *v.* réunir.
Cupidité, *sf.* désir immodéré.
Curable, *a.* qu'on peut guérir
Curateur, trice, *s.* administrat.
Curatif, ive, *a.* propre à guérir.
Cure, *sf.* guérison.
Curé, *sm.* prêtre, pasteur.
Cure-dents, - oreille, *sm.* in-
Curée, *sf.* pâture. [strument.]
Curer, *v.* nettoyer.
Cureur, *sm.* qui cure.
Curial, e, *a.* du curé. [sité.]
Curieusement, *ad.* avec curio-
Curieux, euse, *s. a.* qui a de
la curiosité; *a.* rare.
Curiosité, *sf.* désir de connait.
Cursive, *a.* (écriture) courante.
Curviligne, *a.* courbe.
Cutané, e, *a.* de la peau.
Cuve, *sf.* grand tonneau.
Cuveau, *sm.* petite cuve.
Cuvée, *sf.* contenu d'une cuve.
Cuver, *v.* fermenter.
Cuvette, *sf.* vase pour se laver.
Cuvier, *sm.* cuve pour la lessive.
Cycle, *sm.* cercle, période.
Cyclope, *sm.* qui n'a qu'un œil.
Cygne, *sm.* oiseau.
Cylindre, *sm.* rouleau.
Cylindrique, *a.* en cylindre.
Cymbale, *sf.* instr. de mus.
Cynique, *a. s.* obscène.
Cynisme, *sm.* impudence.
Cyprès, *sm.* arbre.
Czar, *sm.* souverain de Russie.

D, *sm.* (de), consonne.
Da, *interj.* oui-da : *fam.*
Dada, *sm.* t. d'enfant, cheval.
Dadais, *sm.* nigaud.
Daigner, *v.* vouloir bien.
Daim, *sm.* bête fauve.
Daine, *sf.* femelle du daim.
Dais, *sm.* poéle en ciel de lit.
Dalle, *sf.* tablette de pierre.
Dalmatique, *sf.* tunique.
Damas, *sm.* étoffe; lame; prune.
Damasser, *v.* façonner.
Dame, *sf.* femme ; jeu; *interj.*
Dame-jeanne, *sf.* bouteille.
Dameret, *sm.* qui fait le beau.
Damier, *sm.* échiquier.
Damnable, *a.* abominable.
Damnation, *sf.* peines de l'enfer
Damner, *v.* punir de l'enfer.
Damoiseau, *sm.* dameret.
Damoiselle, *sf.* demoiselle : *vx.*
Dandin, e, *s.* niais.
Dandinement, *sm.* action de
Dandiner, *v.* balancer son corps.
Dandy, *sm.* homme à la mode.

Danger, *sm.* péril. [danger.
Dangereusement, *ad.* avec]
Dangereux, se, *a.* périlleux.
Dans, *prép.* de lieu et de temps.
Danse, *sf.* act. de [dence.]
Danser, *v.* se mouvoir en ca.]
Danseur, euse, *s.* qui danse.
Dard, *sm.* trait qu'on lance.
Darder, *v.* lancer; frapper.
Dariole, *sf.* petite pâtisserie.
Dartre, *sf.* maladie de la peau.
Dartreux, se, *a.* des dartres.
Date, *sf.* époque.
Dater, *v.* mettre la date.
Datif, *sm.* 3e cas des noms.
Débat, *sm.* contestation.
Débâter, *v.* ôter le bât.
Débattre, *v.* contester.
Débauche, *sf.* dérèglement.
Débaucher, *v.* mettre en dé-
 bauche. [bauche.]
Débaucheur, euse, *s.* qui dé-]
Débile, *a.* faible. [débile.]
Débilement, *ad.* d'une man.]
Débilitation, *sf.* faiblesse.

Débilité, *sf.* affaiblissement.
Débiliter, *v.* affaiblir.
Débit, *sm.* vente ; élocution.
Débitant, e, *s.* marchand.
Débiter, *v.* vendre.
Débiteur, trice, *s.* qui doit.
Déblai, *sm.* débarras de terres.
Déblayer, *v.* débarrasser.
Déboire, *sm.* dégoût.
Déboîtement, *sm.* dislocation.
Déboîter, *v.* disloquer.
Débonder, *v.* ôter la bonde.
Débondonner, *v.* ôter le bondon
Débonnaire, *a.* doux, bon.
Débord, *sm.* débordement.
Déborder, *v.* dépasser le bord.
Débotter, *v.* tirer les bottes.
Déboucher, *v.* ôter ce qui
 bouche; sortir d'un défilé.
Déboucler, *v.* défaire la boucle.
Débourber, *v.* ôter la bourbe.
Débourrer, *v.* ôter la bourre.
Débours, Déboursé, *sm.* ar-
 gent déboursé. [débourser.]
Déboursement, *sm.* act. de]

Débourser, v. tirer de sa bourse.
Debout, ad. sur pied.
Débouter, v. déclarer déchu.
Déboutonner, v. ôter les bouts.
Débrider, v. ôter la bride.
Débris, sm. restes.
Débrouillement, sm. act. de
Débrouiller, v. démêler.
Débrutir, v. dégrossir.
Débusquement, sm. act. de
Débusquer, v. chasser.
Début, sm. commencement.
Débuter, v. commencer.
Deçà, prép. de ce côté-ci.
Décacheter, v. ouvrir.
Décade, sf. dixaine; dix jours.
Décadence, sf. ruine; déclin.
Décagone, sm. a. à 10 angles.
Décagramme, sm. 10 gramm.
Décaisser, v. ôter d'une caisse.
Décalitre, sm. 10 litres.
Décalogue, sm. loi de Moïse.
Décalquer, v. tirer une épreuve.
Décamètre, sm. 10 mètres.
Décampement, sm. action de
Décamper, v. lever le camp.
Décanter, v. verser doucement.
Décapitation, sf. action de
Décapiter, v. couper la tête.
Décarreler, v. ôter les carreaux.
Décatir, v. ôter le cati.
Décatissage, sm. act. de décatir.
Décéder, v. mourir.
Déceler, v. découvrir. [celer.]
Décellement, sm. act. de dé-
Décembre, sm. 12e mois.
Décemment, ad. avec décence.
Décence, sf. bienséance.
Décennal, e, a. de dix ans.
Décent, e, a. selon la décence.
Déception, sf. tromperie.
Décerner, v. donner.
Décès, sm. mort naturelle.
Décevoir, v. tromper, séduire.
Déchainement, sm. act. de
Déchainer, v. ôter la chaine;
  exciter; s'emporter.
Déchanter, v. chanter faux.
Décharge, sf. coup de feu.
Déchargement, sm. act. de
Décharger, v. ôter la charge.
Déchargeur, sm. qui décharge.
Décharné, e, a. maigre; sec.
Décharner, v. ôter la chair.
Déchaumer, v. défricher.
Déchaussement, sm. labour.
Déchausser, v. ôter la chaussure
Déchéance, sf. perte de quel-
  que droit.
Déchet, sm. diminution.
Décheveler, v. mêler la chevel.
Déchiffrement, sm. act. de
Déchiffrer, v. lire ce qui est
  écrit en chiffres ou mal écrit.

Déchiqueter, v. découper.
Déchiqueture, sf. taillade.
Déchirement, sm. act. de
Déchirer, v. mettre en pieces.
Déchirure, sf. rupture.
Déchoir, v. décliner.
Déciare, sm. 10e de l'are.
Décidé, e, a. résolu.
Décidément, ad. résolument.
Décider, v. déterminer.
Décigramme, sm. 10e du gram.
Décilitre, sm. 10e du litre.
Décimal, e, a. divisible par 10.
Décimale, sf. fraction décim.
Décimation, sf. act. de décim
Décime, sf. 10e du franc.
Décimer, v. punir un sur 10.
Décimètre, sm. 10e du mètre.
Décintrement, sm. act. de
Décintrer, v. ôter les cintres.
Décisif, sive, a. qui décide.
Décision, sf. résolution.
Décisivement, ad. d'une man.
  décisive.
Décistère, sm. 10e du stère.
Déclamateur, sm. qui déclame.
Déclamation, sf. action de
Déclamer, v. réciter.
Déclaration, sf. action de
Déclarer, v. manifester.
Déclin, sm. décadence.
Déclinable, a. qu'on décline.
Déclinaison, sf. act. de
Décliner, v. déchoir; faire
  passer par tous les cas.
Déclouer, v. ôter les clous.
Décochement, sm. act. de
Décocher, v. tirer une flèche.
Décoction, sf. drog. bouillies.
Décoiffer, v. ôter la coiffure.
Décollation, sf. act. de
Décoller, v. couper le cou.
Décolleter, v. découvrir le cou.
Décolorer, v. ôter la couleur
Décombrer, v. ôter les décomb.
Décombres, sm. pl. plâtras.
Décomposer, v. séparer.
Décomposition, sf. résolution.
Décompte, sm. déduction.
Décompter, v. rabattre.
Déconcerter, v. troubler.
Déconfiture, sf. déroute.
Déconforter, v. décourager.
Déconseiller, v. dissuader.
Déconsidérer, v. diffamer.
Décontenancer, v. déconcerter.
Décor, sm. ornement.
Décoration, sf. ornement.
Décorer, v. orner. [séance.]
Décorum, sm. (rome) bien-
Découcher, v. coucher dehors.
Découdre, v. défaire une cout.
Découlement, sm. flux.
Découler, v. couler; émaner.

Découper, v. couper en petites
  parties.
Découpure, sf. taillade.
Découragement, sm. act. de
Décourager, v. ôter le courage
Décousure, sf. endr. décousu
Découvrir, v. ôter le couvercle.
Décrasser, v. ôter la crasse.
Décréditement, sm. act. de
Décréditer, v. ôter le crédit.
Décrépit, e, a. vieux et cassé.
Décrépitation, sf. pétillement.
Décrépiter, v. calciner.
Décrépitude, sf. vieillesse.
Décret, sm. ordonnance.
Décréter, v. faire un décret
Décri, sm. act. de décrier.
Décrier, v. décréditer.
Décrire, v. représenter.
Décrocher, v. détacher.
Décroire, v. ne pas croire.
Décroître, v. diminuer.
Décrotter, v. ôter la crotte.
Décrotteur, euse, s. qui décrotte
Décrottoire, sf. brosse.
Décuple, sm. a. 10 fois autant.
Décupler, v. rendre décuple.
Décurie, sf. dix hommes.
Décurion, sm. chef de décurie.
Dédaigner, v. mépriser.
Dédaigneusement, ad. avec
  dédain. [daigne.]
Dédaigneux, euse, a. s. qui dé-
Dédain, sm. mépris insultant.
Dédale, sm. labyrinthe
Dedans, ad. dans l'intérieur.
Dédicace, sf. act. de dédier.
Dédicatoire, a. qui dédie.
Dédier, v. consacrer.
Dédire, v. désavouer.
Dédit, sm. rétractation.
Dédommagement, sm. act. de
Dédommager, v. act. de
Dédorer, v. ôter la dorure.
Dédoubler, v. ôter la doublure.
Déduction, sf. rabais.
Déduire, v. rabattre; narrer.
Déesse, sf. divinité féminine.
Défâcher (se), v. s'apaiser.
Défaillance, sf. faiblesse.
Défaillir, v. manquer. [rasser.]
Défaire, v. détruire; débar-
Défait, e, a. exténué.
Défaite, sf. déroute; débit.
Défalcation, sf. déduction.
Défalquer, v. déduire.
Défaut, sm. imperfection.
Défaveur, sf. perte de faveur
Défavorable, a. non favorable.
Défectif, ive, a. incomplet.
Défection, sf. désertion.
Défectueusement, ad. mal.
Défectueux, se, a. imparfait.
Défectuosité, sf. défaut

Défendable, *a*. qu'on peut déf.
Défendre, *v*. protéger.
Défense, *sf*. protection.
Défenseur, *sm*. qui défend.
Défensif, ive, *a*. qui défend.
Déférence, *sf*. respect.
Déférer, *v*. donner, dénoncer.
Déferrer, *v*. ôter les fers.
Défi, *sm*. appel, provocation.
Défiance, *sf*. soupçon, crainte.
Défiant, e, *a*. soupçonneux.
Déficit, *sm*. (cite) manque.
Défier, *v*. provoquer.
Défigurer, *v*. rendre difforme.
Défilé, *sm*. passage étroit.
Défiler, *v*. ôter le fil.
Définir, *v*. expliquer.
Définitif, ive, *a*. qui décide.
Définition, *sf*. explication.
Définitivement, *ad*.tout-à-fait.
Défleurir, *v*. ôter la fleur.
Défoncement, *sm*. act. de
Défoncer, *v*. ôter le fond.
Déformer, *v*. gâter la forme.
Défourner, *v*. ôter du four.
Défrayer, *v*. payer la dépense.
Défrichement, *sm*.act. de
Défricher, *v*.mettre en culture.
Défricheur, *sm*. qui défriche.
Défriser, *v*. défaire la frisure.
Défroncer, *v*. déplisser.
Défroque, *sf*. dépouille.
Défroquer, *v*. ôter le froc.
Défunt, e, *a. s*. mort, décédé.
Dégagement, *sm*. act. de dé-
gager; issue. [engagé.]
Dégager, *v*. retirer ce qui est
Dégainer, *v*. tirer l'épée.
Déganter, *v*. ôter les gants.
Dégarnir, *v*. ôter ce qui garnit.
Dégât, *sm*. ravage, ruine.
Dégauchir, *v*. façonner.
Dégel, *sm*. fonte de la glace.
Dégeler, *v*. fondre la glace.
Dégénération, *sf*. act. de
Dégénérer, *v*. s'abâtardir.
Dégingandé, e, *a*.sans conten.
Dégluer, *v*. ôter la glu.
Déglutition, *sf*. act. d'avaler.
Dégorgement, *sm*. débordem.
Dégorger, *v*. déboucher.
Dégoter, *v*. supplanter.
Dégourdir, *v*. réchauffer.
Dégourdissement, *sm*. cessa-
tion d'engourdissement.
Dégoût, *sm*. manque de goût.
Dégoûtant, e, *a*. qui dégoûte.
Dégoûté, e, *a. s*. difficile.
Dégoûter, *v*.donner du dégoût.
Dégouttement, *sm*.act. de
Dégoutter, *v*.couler par goutte.
Dégradation, *sf*. act. de
Dégrader, *v*. destituer; avilir.
Dégrafer, *v*. détacher l'agrafe.

Dégraissage, *sm*. act. de
Dégraisser, *v*. ôter les taches.
Dégraisseur, *sm*. qui dégraisse.
Degré, *sm*. marche, escalier.
Dégréer, *v*. ôter les agrès.
Dégringoler, *v*. descendre vite.
Dégrossir, *va*.ôter le plus gros.
Déguenillé, e, *a*. en guenilles.
Déguerpir, *v*. abandonner.
Déguisement, *sm*. act. de
Déguiser, *v*. travestir; cacher.
Dégustation, *sf*. action de
Déguster, *v*. goûter. [nais.]
Déharnacher, *v*. ôter les har-
Dehors, *ad*. à l'extérieur.
Déicide, *sm*. qui a tué Dieu.
Déification, *sf*. action de
Déifier, *v*. diviniser.
Déiste, *s.a* qui reconnaît Dieu.
Déjà, *ad*. dès cette heure.
Déjeter (se), *v*. se courber.
Déjeuné, *sm*. repas du matin.
Déjeuner, *v*. manger le matin.
Déjoindre, *v*. séparer.
Déjouer, *v*. déconcerter.
Delà, *ad*. de ce lieu.
Delà, *prép*. de l'autre côté de.
Délabrement, *sm*. action de
Délabrer, *v*. ruiner; déchirer.
Délacer, *v*. défaire le lacet.
Délai, *sm*. retardement.
Délaissement, *sm*. abandon.
Délaisser, *v*. abandonner.
Délassement, *sm*. repos.
Délasser, *v*. ôter la lassitude.
Délateur, trice, *s*.dénonciateur.
Délation, *sf*. dénonciation.
Délatter, *v*. ôter les lattes.
Délayer, *v*. détremper.
Délectable, *sm.a*. agréable.
Délectation, *sf*. plaisir.
Délecter, *v*. réjouir, charmer.
Délégation, *sf*. commission.
Délégué, e, *s*. député.
Déléguer, *v*. députer.
Délestage, *sm*. action de
Délester, *v*. ôter le lest.
Délibératif, ive, *a*.qui délibère.
Délibération, *sf*. discussion.
Délibérément, *ad*. hardiment.
Délibérer, *v*.examiner. [leux.]
Délicat, e, *a*. exquis; scrupu-
Délicatement, *ad*. mollement.
Délicater, *v*.traiter mollement.
Délicatesse, *sf*. mollesse, pro-
Délices, *sm. pl*.plaisir. [bité]
Délicieusement, *ad*.av. délices.
Délicieux, euse, *a*. exquis.
Délier, *v*. détacher. [délit.]
Délinquant, e, *s*.coupable d'un
Délinquer, *v*. faillir.
Déliquescent, e, *a*. liquéfié.
Délire, *sm*. égarement d'esprit.
Délit, *sm*. contravention.

Délivrance, *sf*. action de
Délivrer, *v*. mettre en liberté.
Délogement, *sm*. action de
Déloger, *v*. quitter un logis.
Déloyal, e, *a*.-perfide.
Déloyauté, *sf*. manque de foi.
Déluge, *sm*. inondation génér.
Démagogie, *sf*. faction popul.
Démagogue, *sm*. chef de fact.
Démailloter, *v*.ôter du maillot.
Demain, *ad*. le jour d'après.
Démanchement, *sm*. act. de
Démancher, *v*. ôter le manche.
Demande, *sf*. action de
Demander, *v*. solliciter.
Démangeaison,*sf*.picottement.
Démanger, *v*. picoter.
Démanteler, *v*. détruire.
Démantellement, *sm*. destruct.
Démantibuler, *v*. rompre.
Démarcation, *sf*. limite.
Démarche, *sf*. allure.
Démarquer, *v*. ôter la marque.
Démarrer, *v*. détacher.
Démasquer, *v*. ôter le masque.
Démâter, *v*. abattre les mâts.
Démêlé, *sm*. querelle.
Démêler, *v*. débrouiller.
Démembrement, *sm*. act. de
Démembrer, *v*. séparer.
Déménagement, *sm*. act. de
Déménager, *v*. déloger.
Démence, *sf*. folie.
Démener (se), *v*. se débattre.
Démenti, *sm*. act. de
Démentir, *v*. nier.
Démérite, *sm*. action de
Démériter, *v*. perdre l'estime.
Démesurément, *ad*.avec excès.
Démettre, *v*. disloquer.
Démeublement, *sm*. act. de
Démeubler, *v*.ôter les meubles
Demeure, *sf*. domicile.
Demeurer, *v*. habiter.
Demi, e, *a*. sing. moitié.
Demie, *sf*. demi-heure.
Demi-lune, *sf*. fortification.
Demi-métal, *sm*. minéral.
Démission, *sf*. acte pour se dé-
mettre. [démet.]
Démissionnaire, *s. a*. qui se
Démocrate, *s*. partisan de la
Démocratie, *sf*. (ci) gouverne-
ment populaire.
Démocratique, *a*. populaire.
Demoiselle, *sf*. fille; insecte;
Démolir, *v*. abattre [outil.]
Démolition, *sf*. décombres.
Démon, *sm*. diable.
Démonétiser, *v*. ôter sa valeur
à une monnaie.
Démoniaque, *a. s*. possédé.
Démonstratif, ive, *a*. qui dé-
montre.

Démonstration, *sf.* preuve.
Démonter, *v.* ôter la monture.
Démontrer, *v.* prouver.
Démoralisation, *sf.* act. de
Démoraliser, *v.* rendre immo-
Démordre, *v.* départir. [ral.]
Dénaturer, *v.* changer la nat.
Dénégation, *sf.* act. de dénier.
Déni, *sm.* refus d'une chose due
Déniaiser, *v.* rendre plus fin.
Dénicher, *v.* ôter du nid.
Dénicheur, euse, *s.* qui déniche.
Dénier, *v.* nier; refuser.
Denier, *sm.* monnaie; poids.
Dénigrement, *sm.* action de
Dénigrer, *v.* ternir la réputat.
Dénombrement, *sm.* compte.
Dénombrer, *v.* faire le compte
Dénominateur, *sm.* fraction.
Dénominatif, *a.* qui dénomme.
Dénommer, *v.* nommer.
Dénoncer, *v.* déclarer.
Dénonciateur, *sm.* qui dénonce.
Dénonciation, *sf.* délation.
Dénoter, *v.* désigner.
Dénouement, *sm.* fin.
Dénouer, *v.* défaire un nœud.
Denrée, *sf.* marchandise.
Dense, *a.* épais, compacte.
Densité, *sf.* état dense.
Dent, *sf.* os de la mâchoire.
Denteler, *v.* entaille en dent.
Dentelle, *sf.* ouvrage à jour.
Dentelure, *sf.* sculpture dente-
Denticule, *sm.* ornement. [lée.]
Dentiste, *a. sm.* qui soigne
les dents.
Denture, *sf.* ordre des dents.
Dénuement, *sm.* privation to-
Dénuer, *v.* priver.   [tale.]
Dépaqueter, *v.* défaire un pa-
Dépareiller, *v.* séparer. [quet.]
Déparer, *v.* ôter ce qui pare.
Déparier, *v.* défaire une paire.
Départ, *sm.* action de partir.
Département, *sm.* div. de pays.
Départemental, *a.* du départem.
Départir, *v.* partager.
Dépasser, *v.* passer au-delà.
Dépaver, *v.* ôter le pavé.
Dépayser, *v.* changer de pays.
Dépècement, *sm.* act. de
Dépecer, *v.* mettre en pièces
Dépêche, *sf.* lettre d'affaires.
Dépêcher, *v.* expédier, hâter.
Dépeçoir, *sm.* outil p. dépecer.
Dépeindre, *v.* décrire.
Dépendamment, *ad.* avec
Dépendance, *sf.* sujétion.
Dépendant, e, *a.* qui dépend.
Dépendre, *v.* détacher; rele-
ver, provenir de.
Dépens, *sm. pl.* frais.
Dépense, *sf.* argent employé.

Dépenser, *v.* employer de l'arg.
Dépensier, ière, *a. s.* qui dé
pense beaucoup.
Dépérir, *v.* déchoir
Dépérissement, *sm.* décadence.
Dépêtrer, *v.* débarrasser.
Dépeuplement, *sm.* act. de
Dépeupler, *v.* dégarnir.
Dépiquer, *v.* défâcher.
Dépit, *sm.* fâcherie; colère.
Dépiter, *v.* causer du dépit.
Déplacement, *sm.* action de
Déplacer, *v.* ôter de sa place.
Déplaire, *v.* ne plaire pas.
Déplaisance, *sf.* répugnance.
Déplaisant, e, *a.* désagréable.
Déplaisir, *sm.* chagrin.
Déplanter, *v.* arracher de terre.
Déplier, *v.* étendre.
Déplisser, *v.* ôter les plis.
Déploiement, *sm.* act. de dépl.
Déplorable, *a.* à déplorer.
Déplorablement, *ad.* très-mal.
Déplorer, *v.* plaindre.
Déployer, *v.* déplier.
Déplumer, *v.* ôter les plumes.
Dépolir, *v.* ôter le poli. [larité.]
Dépopulariser, *v.* ôter la popu-
Déportation, *sf.* exil.
Déportement, *sm.* conduite.
Déporter, *v.* bannir.
Déposant, e, *a. s.* qui dépose.
Déposer, *v.* destituer; confier.
Dépositaire, *s.* qui a un dépôt.
Déposition, *sf.* destitution.
Déposséder, *v.* ôter la possess.
Déposter, *v.* chasser d'un poste.
Dépôt, *sm.* action de déposer.
Dépoter, *v.* ôter d'un pot.
Dépouille, *sf.* peau; butin.
Dépouillement, *sm.* dénuement
Dépouiller, *v.* ôter; priver.
Dépourvu, e, *a.* privé.
Dépravation, *sf.* corruption.
Dépraver, *v.* pervertir.
Dépréciation, *sf.* act. de
Déprécier, *v.* rabaisser.
Déprédateur, *s.* qui déprède.
Déprédation, *sf.* vol, pillage.
Dépréder, *v.* piller avec dégât.
Déprendre, *v.* détacher.
Déprimer, *v.* rabaisser.
Dépriser, *v.* ôter de la valeur.
Depuis, *prép.* et *ad.*
Dépuratif, ive, *a.* qui dépure.
Dépuration, *sf.* action de
Dépurer, *v.* rendre plus pur.
Députation, *sf.* envoi de dépu-
Député, *sm.* envoyé.   [tés.]
Députer, *v.* envoyer.
Déraciner, *v.* arracher de terre.
Déraidir, *v.* ôter la raideur.
Déraison, *sf.* défaut de raison.
Déraisonnable, *a.* qui n'est

pas raisonnable. [raison.]
Déraisonnablement, *ad.* sans
Déraisonner, *v.* raisonner mal.
Dérangement, *sm.* désordre.
Déranger, *v.* déplacer, troubler.
Déréglement, *sm.* désordre.
Déréglément, *ad.* sans règle.
Dérégler, *v.* mettre en désordre.
Dérider, *v.* ôter les rides.
Dérision, *sf.* moquerie.
Dérisoire, *a.* avec dérision.
Dérivatif, ive, *a.* qui détourne.
Dérivation, *sf.* origine.
Dérive, *sf.* act. de
Dériver, *v.* venir de [autres.]
Dernier, ière, *a. s.* après les
Dernièrement, *ad.* depuis peu.
Dérobée (à la), *ad.* en cachette.
Dérober, *v.* voler.
Dérogation, *sf.* action de
Déroger, *v.* écarter de.
Dérouillement, *sm.* act. de
Dérouiller, *v.* ôter la rouille.
Dérouler, *v.* étendre
Déroute, *sf.* fuite de troupes.
Dérouter, *v.* ôter de la route.
Derrière, *sm.* partie postérieure
Des, pour *de les, quelques,*
Dès, *prép.* depuis. [*plusieurs.*]
Désabusement, *sm.* act. de
Désabuser, *v.* détromper.
Désaccord, *sm.* désunion.
Désaccoutumer, *v.* déshabituer.
Désachalander, *v.* ôter les cha-
lands.
Désagréable, *a.* qui déplait.
Désagrément, *sm.* déplaisir.
Désajuster, *v.* déranger.
Désaltérer, *v.* ôter la soif.
Désancrer, *v.* lever l'ancre.
Désappointer, *v.* frustrer.
Désapprendre, *v.* oublier.
Désapproprier (se), *v.* renoncer.
Désapprouver, *v.* blâmer.
Désargenter, *v.* ôter l'argent.
Désarmement, *sm.* act. de
Désarmer, *v.* ôter les armes.
Désassembler, *v.* séparer.
Désastre, *sm.* accident funeste.
Désastreux, se, *a.* funeste.
Désavantage, *sm.* infériorité.
Désavantageusement, *ad.* avec
désavantage. [désavantage.]
Désavantageux, se, *a.* qui cause
Désaveu, *sm.* act. de désavouer.
Désavouer, *v.* nier; rétracter.
Desceller, *va.* ôter ce qui scelle.
Descendance, *sf.* extraction.
Descendre, *v.* aller en bas.
Descente, *sf.* pente; hernie.
Description, *sf.* act. de décrire
Désemballer, *v.* déballer.
Désembourber, *v.* ôter de la
Désemparer, *v.* quitter. [boue.]

Désempeser, *v.* ôter l'empois.

Désemplir, *v.* vider en partie.

Désemprisonner, *v.* ôter de prison.

Désenchantement, *sm.* act. de

Désenchanter, *v.* détromper.

Désenclouer, *v.* tirer un clou.

Désenfler, *v.* ôter l'enflure.

Désenivrer, *v.* ôter l'ivresse.

Désennuyer, *v.* chasser l'ennui

Désenrayer, *v.* ôter l'enrayure.

Désenrouer, *v.* ôter l'enroue-

Désert, e, *a.* inhabité. [ment.]

Déserter, *v.* abandonner.

Déserteur, *sm.* qui déserte.

Désertion, *sf.* act. de déserter.

Désespérément, *ad.* av. excès.

Désespérer, *v.* perdre espoir.

Désespoir, *sm.* perte d'espoir.

Déshabiller, *v.* ôter les habits

Déshabituer, *v.* désaccoutumer.

Déshériter, *v.* ôter la success.

Déshonnête, *a.* indécent.

Déshonnêtement, *ad.* d'une manière déshonnête.

Déshonnêteté, *sf.* indécence.

Déshonneur, *sm.* honte.

Déshonorant, e. *a.* qui dés-honore. [neur.]

Déshonorer, *v.* perdre d'hon-

Désignation, *sf.* act. de dési-

Désigner, *v.* dénoter. [gner.]

Désinfecter, *v.* ôter l'infection

Désinfection, *sf.* act. de désinf.

Désintéressement, *sm.* généros.

Désintéresser, *v.* dédommager

Désir, *sm.* souhait. [sirer]

Désirable, *a.* qu'on doit dé-

Désirer, *v.* souhaiter.

Désireux, se, *a.* qui désire.

Désistement, *sm.* act. de se

Désister (se), *v.* renoncer à.

Dès-lors, *ad.* dès ce temps-là.

Désobéir, *v.* ne pas obéir.

Désobéissance, *sf.* refus d'obéir.

Désobéissant, e, *a.* qui désobéit.

Désobligeamment, *ad.* avec

Désobligeance, *sf.* act. de

Désobliger, *v.* déplaire.

Désobstruer, *v.* débarrasser.

Désœuvré, e, *a.* qui ne fait rien.

Désœuvrement, *sm.* inaction.

Désolant, e, *a.* qui désole.

Désolateur, *sm.* qui ravage.

Désolation, *sf.* affliction.

Désoler, *v.* affliger ; ruiner.

Désordonné, e, *a.* déréglé.

Désordonnément, *ad.* avec

Désordre, *sm.* manque d'ordre.

Désorganisateur, *s.* qui désorg.

Désorganisation, *sf.* act. de

Désorganiser, *v.* troubler l'ord.

Désorienter, *v.* déconcerter.

Désormais, *ad.* à l'avenir.

Désosser, *v.* ôter les os.

Despote, *sm.* souverain absolu.

Despotique, *a.* arbitraire.

Despotiquement, *ad.* avec

Despotisme, *sm.* tyrannie.

Dessaisir (se), *v.* abandonner.

Dessaisissement, *sm.* act. de se dessaisir.

Dessaler, *v.* ôter la salure.

Dessangler, *v.* ôter les sangles.

Dessèchement, *sm.* act. de

Dessécher, *v.* rendre sec.

Dessein, *sm.* projet, intention.

Desseller, *v.* ôter la selle.

Desserrer, *v.* relâcher.

Dessert, *sm.* fruit sur table.

Desservant, *sm.* qui dessert.

Desservir, *v.* ôter les mets.

Dessiller, *v.* ouvrir les yeux.

Dessin, *sm.* représentation.

Dessinateur, *s.* qui dessine.

Dessiner, *v.* faire un dessin.

Dessouder, *v.* ôter la soudure.

Dessous, *ad.* sous.

Dessus, *ad.* sur.

Destin, *sm.* fatalité ; sort.

Destination, *sf.* emploi projeté.

Destinée, *sf.* destin ; vie.

Destiner, *v.* fixer.

Destituer, *v.* ôter l'emploi.

Destitution, *sf.* privat. d'emploi

Destructeur, trice, *s.* qui détruit.

Destructif, ive, *a.* qui détruit.

Destruction, *sf.* ruine totale.

Désuétude, *sf.* non-usage.

Désunion, *sf.* défaut d'union.

Désunir, *v.* disjoindre.

Détachement, *sm.* act. de

Détacher, *v.* séparer.

Détail, *sm.* circonstance.

Détailler, *v.* vendre : raconter.

Détalage, *sm.* action de

Détaler, *v.* ôter l'étalage.

Déteindre, *v.* ôter la couleur.

Dételer, *v.* détacher les chevaux

Détendre, *v.* relâcher.

Détenir, *v.* retenir.

Détente, *sf.* ressort de fusil.

Détenteur, trice, *s.* qui retient.

Détention, *sf.* prison.

Détenu, e, *a. s.* prisonnier.

Détérioration, *sf.* act. de

Détériorer, *v.* dégrader, gâter.

Déterminatif, ive, *a.* qui détermin.

Détermination, *sf.* résolution.

Déterminé, e, *a. s.* hardi.

Déterminément, *ad.* résolum.

Déterminer, *v.* décider, fixer.

Déterrer, *v.* tirer de terre.

Détestable, *a.* très-mauvais.

Détestablement, *ad.* très-mal.

Détestation, *sf.* act. de

Détester, *v.* avoir en horreur.

Détonation, *sf.* action de

Détoner, *vn.* sortir du ton.

Détonnation, *sf.* act. de

Détonner, *v.* s'enflammer.

Détordre, *v.* déplier.

Détors, e, *a.* détordu.

Détortiller, *v.* détordre.

Détour, *sm.* sinuosité.

Détourner, *v.* tourner ailleurs.

Détracter, *v.* médire.

Détracteur, trice, *s.* médisant.

Détraction, *sf.* médisance.

Détraquer, *v.* dérégler. [pér.]

Détrempe, *sf.* couleur détrem-

Détremper, *v.* délayer.

Détresse, *sf.* vive angoisse.

Détriment, *sm.* préjudice.

Détroit, *sm.* bras de mer.

Détromper, *v.* tirer d'erreur.

Détrôner, *v.* chasser du trône.

Détrousser, *v.* voler.

Détruire, *v.* démolir, ruiner.

Dette, *sf.* ce que l'on doit.

Deuil, *sm.* affliction, tristesse.

Deutéronome, *sm.* livre saint.

Deux, *a.* nombre double de l'unité.

Deuxième, *a. s.* second. lieu.

Deuxièmement, *ad.* en second

Dévaliser, *v.* voler.

Devancer, *v.* gagner le devant.

Devancier, ière, *s.* précédent.

Devant, *prép.* en présence.

Devanture, *sf.* façade.

Dévastateur, trice, *s.* qui dévaste

Dévastation, *sf.* ruine.

Dévaster, *v.* ruiner, saccager.

Développement, *sm.* act. de

Développer, *v.* déployer.

Devenir, *v.* commencer à être.

Dévergondé, e, *s. a.* sans honte.

Devers, *prép.* vers.

Déverser, *v.* pencher.

Dévider, *v.* mettre en peloton.

Dévidoir, *sm.* instr. p. dévider.

Dévier, *v.* se détourner.

Devin, ineresse, *s.* qui prédit.

Deviner, *v.* prédire l'avenir.

Devis, *sm.* état détaillé.

Dévisager, *v.* défigurer.

Devise, *sf.* allégorie. [tre.]

Dévoiement, *sm.* flux de ven-

Dévoiler, *v.* découvrir.

Devoir, *v.* être engagé à.

Dévolu, e, *a.* échu par droit.

Dévorer, *v.* manger avidement.

Dévot, e, *a. s.* pieux.

Dévotement, *ad.* avec dévotion.

Dévotion, *sf.* piété.

Dévoué, e, *a. s.* zélé.

Dévouement, *sm.* soumission.

Dévouer, *v.* consacrer

Dévoyer, *v.* égarer ; consacrer.

Dextérité, *sf.* adresse.

Dey, *sm.* anc. chef d'Alger.

Dia, *interj.* à gauche.
Diable, *sm.* esprit malin.
Diabolique, *a.* du diable.
Diaconat, *sm.* 2ᵉ ordre sacré.
Diacre, *sm.* prêtre.
Diadème, *sm.* bandeau royal.
Diagonal, e, *a.* d'un angle à
Diagonalement, *ad.* [l'autre.]
Dialecte, *sm.* idiome.
Dialectique, *sf.* logique.
Dialogue, *sm.* entretien.
Dialoguer, *v.* converser.
Diamant, *sm.* pierre précieuse.
Diamétral, e, *a.* du diamètre.
Diamétralement, *ad.* directem.
Diamètre, *sm.* ligne droite qui
  passe par le centre du cercle.
Diane, *sf.* déesse de la chasse.
Diantre, *sm.* diable.
Diapason, *sm.* étendue des sons.
Diaphane, *a.* transparent.
Diaphanéité, *sf.* transparence.
Diarrhée, *sf.* flux du ventre.
Diatribe, *sf.* critique amère.
Dictateur, *sm.* magist. suprême.
Dictature, *sf.* dignité.
Dictée, *sf.* ce qu'on dicte.
Dicter, *v.* faire écrire.
Diction, *sf.* élocution.
Dictionnaire, *sm.* recueil al-
  phabétique des mots.
Didactique, *a.* de l'instruction.
Dièse, *sm.* signe de musique.
Diète, *sf.* régime de vie.
Dieu, *sm.* Être suprême. [me.]
Diffamateur, trice, *s.* qui diffa-
Diffamation, *sf.* act. de diffam.
Diffamatoire, *a.* diffamant.
Diffamer, *v.* calomnier.
Différemment, *ad.* autrement.
Différence, *sf.* distinction.
Différencier, *v.* distinguer.
Différend, *sm.* débat. [vers.]
Différent, e, *a.* distingué; di-
Différer, *v.* retarder.
Difficile, *a.* malaisé.
Difficilement, *ad.* avec
Difficulté, *sf.* obstacle.
Difficultueux, se, *a.* difficile.
Difforme, *a.* laid, défiguré.
Difformer, *v.* ôter la forme.
Difformité, *sf.* laideur.
Diffus, e, *a.* long, prolixe.
Diffusément, *ad.* avec
Diffusion, *sf.* confusion.
Digérer, *v.* faire la digestion.
Digeste, *sm.* recueil de lois.
Digestif, ive, *a.* qui fait digérer.
Digestion, *sf.* coction des ali-
  ments dans l'estomac.
Digne, *a.* qui mérite.
Dignement, *ad.* selon le mérite.
Dignitaire, *sm.* qui a une dignité.
Dignité, *sf.* mérite, noblesse.

Digression, *sf.* sujet.
Digue, *sf.* rempart.
Dilacération, *sf.* act. de
Dilacérer, *v.* déchirer.
Dilapidation, *sf.* dépense folle.
Dilapider, *v.* dépenser follem.
Dilatabilité, *sf.* propriété de
  ce qui est dilatable.
Dilatable, *a.* qu'on peut dilater.
Dilatation, *sf.* extension.
Dilatatoire, *sm.* instr. p. dilater.
Dilater, *v.* élargir, étendre.
Dilatoire, *a.* qui tend à retarder
Dilayer, *v.* différer.
Dilection, *sf.* amour, charité.
Dilemme, *sm.* argument.
Diligemment, *ad.* avec
Diligence, *sf.* activité; pour-
  suite; soin; voiture publique.
Diligent, e, *a.* prompt.
Diligenter, *v.* hâter.
Diluvien, ne, *a.* du déluge.
Dimanche, *sm.* 1ᵉʳ j. de la sem.
Dime, *sf.* tribut du dixième
  des produits de la terre.
Dimension, *sf.* étendue.
Dimer, *v.* lever la dime. [nue.]
Diminutif, ive, *sm. a.* qui dimi-
Diminution, *sf.* rabais.
Dimissoire, *sm.* pouvoir de
  conférer les ordres.
Dimissorial, e, *a.* de dimissoire.
Dinanderie, *sf.* toute sorte d'us-
  tensiles de cuivre jaune.
Dinde, *sf.* poule d'Inde.
Dindon, *sm.* coq d'Inde.
Dindonneau, *sm.* petit dindon.
Dindonnier, ière, *s.* qui garde
  les dindons.
Diné ou Diner, *sm.* repas vers
  le milieu du jour; mets.
Dinée, *sf.* diné en voyage.
Diner, *v.* prendre le diné.
Dinette, *sf.* petit diné.
Dineur, euse, *s.* grand mangeur.
Diocésain, e, *a.* du diocèse.
Diocèse, *sm.* juridiction d'un
  évêque.   [réfraction.]
Dioptrique, *sf. a.* traité de la
Diphthongue, *sf.* réunion de
  deux sons en une syllabe.
Diplomate, *sm.* qui sait la
Diplomatie, *sf.* (ci) science du
  gouvernement des états.
Diplôme, *sm.* charte; titre.
Dire, *v.* exprimer.
Direct, e, *a.* qui va droit.
Directement, *ad.* droit à.
Directeur, trice, *s.* qui dirige.
Direction, *sf.* conduite.
Diriger, *v.* conduire.
Dirimant, e, *a.* qui rend nul.
Discernement, *sm.* act. de
Discerner, *v.* distinguer.

Disciple, *sm.* écolier; sectateur.
Disciplinable, *a.* docile.
Discipline, *sf.* ordre; fouet.
Discipliné, e, *a.* réglé.
Discipliner, *v.* régler.
Discontinuation, *sf.* act. de
Discontinuer, *v.* cesser.
Disconvenance, *sf.* disproport.
Disconvenir, *v.* ne pas convenir.
Discord, *a. m.* discordant.
Discordance, *sf.* état discord.
Discordant, e, *a.* non d'accord.
Discorde, *sf.* dissension.
Discoureur, euse, *s.* qui parle
  beaucoup.
Discourir, *v.* faire un discours.
Discours, *sm.* harangue.
Discourtois, e, *a.* sans courtoi-
  sie.   [courtoisie.]
Discourtoisie, *sf.* manque de
Discrédit, *sm.* perte de crédit.
Discrédité, e, *a.* en discrédit.
Discréditer, *v.* ôter le crédit.
Discret, ète, *a.* sage, prudent.
Discrètement, *ad.* avec
Discrétion, *sf.* prudence.
Disculpation, *sf.* act. de
Disculper, *v.* justifier.
Discussion, *sf.* examen; débat.
Discuter, *v.* examiner.
Disert, e, *a.* qui parle aisément.
Disette, *sf.* défaut de vivres.
Diseur, euse, *s.* qui dit.
Disgrace, *sf.* défaveur.
Disgracier, *v.* priver des graces.
Disgracieux, se, *a.* désagréable.
Disjoindre, *v.* séparer.
Disjonctif, ive, *a.* qui sépare.
Disjonction, *sf.* séparation.
Dislocation, *sf.* déboîtement.
Disloquer, *v.* démettre.
Disparaître, *v.* cesser de parait.
Disparate, *sf. a.* contraire.
Disparité, *sf.* différence.
Disparition, *sf.* act. de dispa-
  raître.
Dispendieux, se, *a.* coûteux.
Dispensateur, trice, *s.* qui dis-
  pense.
Dispensation, *sf.* distribution.
Dispense, *sf.* exemption.
Dispenser, *v.* exempter.
Disperser, *v.* répandre. [ser.]
Dispersion, *sf.* act. de disper-
Disponible, *a.* dont on peut dis-
  poser.
Disposer, *v.* préparer; user
Dispositif, ive, *a.* qui dispose.
Disposition, *sf.* arrangement.
Disproportion, *sf.* inégalité.
Disproportionné, e, *a.* inégal.
Dispute, *sf.* contestation.
Disputer, *v.* contester.
Disputeur, euse, *s.* qui dispute.

Disque, *sm.* palet ; superficie.
Dissemblable, *a.* différent.
Dissemblance, *sf.* différence.
Disséminer, *v.* répandre.
Dissension, *sf.* discorde.
Disséquer, *v.* faire l'anatomie.
Dissertation, *sf.* examen.
Disserter, *v.* discourir.
Dissidence, *sf.* scission.
Dissident,e, *s. a.* qui fait sciss.
Dissimulation, *sf.* déguisement
Dissimuler, *v.* cach.sa pensée.
Dissipateur,trice,*s.* qui dissipe.
Dissipation, *sf.* act. de
Dissiper, *v.* consumer;chasser.
Dissolu, e, *a.* débauché.
Dissoluble, *a.* qui peut se dissoudre.
Dissolutif, ive, *a.* qui dissout.
Dissolution, *sf.* act. de dissoudre ; débauche.
Dissolvant, e, *a.* qui dissout.
Dissonance, *sf.* faux accord.
Dissonant, e, *a.* non d'accord.
Dissoudre, *v.* décomposer.
Dissuader, *v.* détourner. der.
Dissuasion, *sf.* act. de dissua-
Distance, *sf.* intervalle.
Distant, e, *a.* éloigné.
Distillateur, *sm.* qui distille.
Distillation, *sf.* act.de distiller.
Distillatoire, *a.* de la distillat.
Distiller, *v.* extraire l'esprit.
Distillerie, *sf.* où l'on distille.
Distinct, e, *a.* différent.
Distinctement, *ad.* clairement.
Distinctif,ive, *a.* qui distingue.
Distinction, *sf* division; égard.
Distinguer, *v.* discerner.
Distique,*sm.*couplet de 2 vers.
Distorsion, *sf.* contorsion.
Distraction, *sf.* inapplication.
Distraire, *v.* détourner.
Distrait, e, *a. s.* inattentif.
Distribuer, *v.* partager.
Distributeur, trice, *s.* qui distribue. [tribue.]
Distributif, ive, *a.* qui dis-
Distribution, *sf.* act.de distrib.
District, *sm.* juridiction.
Diton, *sm.*intervalle de 2 tons.
Diurétique, *a.* qui fait uriner.
Diurnal, *sm.* livre d'église.
Diurne, *a.* d'un jour.
Divaguer, *v.* s'écarter de la question.
Divan, *sm.*sopha; conseil turc.
Divergence, *sf.* état divergent.
Divergent, e, *a.* qui s'écarte.
Divers,e,*a* différent;plusieurs.
Diversement, *ad.* différemm.
Diversifiable, *a.* qui peut se
Diversifier, *v.* varier. [ner.]
Diversion, *sf.* act. de détour-

Diversité, *sf.* variété.
Divertir, *v.* réjouir, détourner.
Divertissant, e, *a.* qui divertit
Divertissement, *sm.* plaisir.
Dividende, *sm.* nombre à di-
Divin, e, *a.* de Dieu. [viser.]
Divination, *sf.* art de deviner.
Divinatoire, *a.*de la divination.
Divinement, *ad.* parfaitement.
Diviniser, *v.* tenir pour divin.
Divinité, *sf.* nat. divine; Dieu.
Divis, *sm.* opposé à indivis.
Diviser, *v.* séparer, désunir.
Diviseur, *sm.* nombre qui div.
Divisibilité, *sf.* qual. divisible.
Divisible, *a.*qu'on peut diviser.
Division, *sf.*partage; désunion.
Divorce,*sm.* rupt. de mariage.
Divulgation, *sf.* act. de
Divulguer, *v.* rendre public.
Dix, *a. num.* 2 fois cinq.
Dix-huit (in-), *sm.* feuille pliée en 18 feuillets.
Dixième, *a. s.* nombre ordinal de dix.
Dizain, *sm* pièce de dix vers.
Dizaine, *sf.* total de dix.
Dizainier, *sm.*chef de dix pers.
Dizeau, *sm* dix gerbes.
D-la-ré, *sm.* ton de ré : *mus.*
Docile, *a.* doux à manier.
Docilement, *ad.* avec docilité.
Docilité, *sf.* disposit. à obéir.
Docte, *sm. a.* savant. [docte.]
Doctement, *ad.* d'une man.
Docteur, *sm.* promu au doctorat.
Doctoral, e, *a.* du docteur.
Doctorat, *sm.* le plus haut degré d'une faculté.
Doctorerie, *sf.*acte en théolog.
Doctrine, *sf.* enseignements.
Document, *sm.* preuve. [tés.]
Dodécagone, *sm. fig.* à 12 cô-
Dodécaèdre, *sm.* corps à 12 faces.
Dodo, *sm.* (faire) dormir.
Dodu, e, *a.* gras, potelé.
Dogat, *sm.* dignité de doge.
Doge, *sm.* chef à Venise.
Dogmatique, *a.* sentencieux.
Dogmatiquement, *ad.* d'un ton sentencieux.
Dogmatiser, *v.* endoctriner.
Dogmatiseur, *sm.* qui dogm.
Dogme, *sm.* point de doctrine.
Dogue, *sm.* gros chien.
Doguin, e, *s.* petit dogue.
Doigt, *sm.* partie de la main.
Doigtier, *sm.* ce qui couvre le
Dol, *sm.* fraude. [doigt.]
Doléance, *sf.* plainte.
Dolemment, *ad.* d'une man.
Dolent,e,*a.* plaintif. [dolente.]

Doler, *v.* unir avec la doloire.
Dolman, *sm.* vêtement turc.
Dollar,*sm.*monnaie(5fr.42c.).
Dolman, *sm.* veste de hussard.
Doloire, *sf.* outil pour unir.
Dom ou Don, *sm.*titre d'honn.
Domaine, *sm.* bien-fonds
Dôme, *sm.*voûte demi-sphériq.
Dômerie, *sf.* titres d'abbayes.
Domesticité, *sf* état domestiq.
Domestique, *s.*serviteur, *a.*qui est de la maison;apprivoisé.
Domestiquement, *ad.*
Domicile, *sm.* demeure.
Domicilier (se), *v.* fixer.
Dominant, e, *a.* qui domine.
Dominateur, trice ,*s.* qui dom.
Domination, *sf.* puissance.
Dominer, *v.* avoir puissance, être au dessus.
Dominicain, e, *s.* religieux.
Dominical, e, *a.* du dimanche.
Domino,*sm.* habit de bal;jeu.
Dominoterie, *sf.* pap. colorés.
Dominotier,*sm.* Md.d'estamp.
Dommage, *sm.* dégât, perte.
Dommageable, *a.* préjudiciab.
Domptable, *a.* qu'on peut
Dompter, *v.* vaincre, assujétir.
Dompteur, *sm.* qui dompte.
Don,*sm.*présent; faveur;talent.
Donataire,*a.*à qui on fait don.
Donateur, trice, *s.* qui donne
Donation, *sf.*don par acte pu-
Donc, *conj.* [blic.]
Donjon, *sm.*tour d'un château.
Donjonné, e, *a.* avec tourelles.
Donnant, e, *a.* qui donne.
Donnée, *sf.* idée ; aperçu.
Donner, *v.* faire don ; payer.
Donneur, euse, *s.* qui donne
Dont, *pron.* de qui, duquel.
Dorade, *sf.* poisson de mer.
Dorénavant, *ad.* désormais.
Dorer, *v.* enduire d'or; jaunir.
Doreur, euse, *s.* qui dore.
Dorien, *a. m.* (dialecte) grec.
Dorique, *a.*(ordre)d'architect.
Dorloter, *va.* traiter délicatem.
Dormant, e, *a.* qui dort ; fixe.
Dormeur, euse, *s.* qui dort.
Dormir, *v.* être dans le somm.
Dormitif,ive,*a.* qui fait dorm.
Doronic, *sm.* plante vivace.
Dorsal, e, *a.* du dos.
Dortoir, *sm.* salle commune où l'on couche.
Dorure, *sf.* or appliqué.
Dos,*sm.*partie postér.du corps
Dose, *sf.* mesure prescrite.
Doser, *v.* mettre la dose.
Dossier,*sm.*dos de fauteuil.
Dot, *sf.* (*dote*) bien qu'une femme apporte en mariage.

Dotal, e, a. de la dot.
Dotation, sf. action de doter.
Doter, v. donner une dot.
Douaire, sm. biens assurés par le mari à sa veuve.
Douairier, ière, s. qui jouit du douaire.
Douane, sf. droits des marchandises; où ils se paient.
Douaner, v. apposer le sceau de la douane.   [douane.]
Douanier, sm. commis de la]
Doublage, sm. second bordage.
Double, sm. une fois autant.
Double, ad. doublement.
Double, a. qui vaut, qui pèse 2 fois autant; fig. traitre.
Doubleau, a. m. (arc) solive.
Doublement, ad. au double.
Doubler, v. mettre double.
Doublet, sm. pierre fausse.
Doublette, sf. jeu de l'orgue.
Doublon, sm. monnaie d'or.
Doublure, sf. ce qui double.
Douceâtre, a. d'un doux fade.
Doucement, ad. avec douceur.
Doucereux, se, a. s. fade
Doucettement, ad. doucement.
Douceur, sf. qualité de ce qui est doux; aise; cajolerie.
Douche, sf. effusion d'eau: méd.
Doucher, v. donner la douche.
Doucine, sf. moulure; rabot.
Douelle, sf. courbure.
Douer, v. donner un douaire; avantager; orner. (en fer.]
Douillage, sm. manche creux]
Douillet, ette, a. s. délicat.
Douillette, sf. robe ouatée.
Douillettement, ad. mollement.
Douleur, sf. mal de corps ou d'esprit.
Douloir (se), v. se plaindre: vx.
Douloureusement, ad. avec douleur.   [de la douleur.]
Douloureux, se, a. qui cause]
Doute, sm. incertitude.
Douter, v. être en doute. (se), soupçonner.
Douteusement, ad. avec doute.
Douteux, se, a. incertain.
Douvain, sm. bois à douves.
Douve, sf. planche de tonneau.
Doux, Douce, a. qui produit une impression agréable; tranquille; fig. affable.
Douzaine, sf. nombre de douze.
Douze, a. num. dix plus deux.
Douze (in-), sm. feuille pliée en 12 feuillets.
Douzièmement, ad. en 12' lieu.

Doyen, sm. le plus ancien.
Doyenné, sm. dignité de doyen; sorte de poire. [grecque.]
Drachme, sf. poids; monnaie]
Dragée, sf. amande couverte de sucre; menu plomb.
Drageoir, sm. boite à dragées.
Drageon, sm. bouture.
Drageonner, v. pousser des drageons.
Dragon, sm. monstre fabuleux; petite tache de la prunelle; cavalier.   [de dragons.]
Dragonnade, sf. expédition]
Dragonne, sf. nœud d'épée.
Drague, sf. pelle recourbée; filet; grain qui a servi à faire la bière.
Draguer, v. curer av. la drague.
Dramatique, a. du théâtre.
Dramatiste, sm. aut. de drames.
Drame, sm. pièce de théâtre.
Drap, sm. étoffe de laine; pièce de toile pour le lit.
Drapé, e, a. velu: bot.
Drapeau, sm. enseigne d'infanterie; pl. maillots.
Draper, v. couvrir de drap.
Draperie, sf. comm. de draps.
Drapier, sm. Md de draps.
Drastique, a (remède) prompt.
Drèche, sf. marc d'orge.
Dresser, v. lever, élever.
Drille, sm. compagnon: fam.
Drogman, sm. interprète.
Drogue, sf. ingrédients.
Droguer, v. médicamenter.
Droguerie, sf. drogues.
Droguet, sm. étoffe de laine.
Droguier, sm. boite à drogues.
Droguiste, s. a. Md de drogues.
Droit, sm. ce qui est juste.
Droit, e, a. non courbé; opposé à gauche; debout.
Droitement, ad. équitablement.
Droitier, ière, a. qui se sert de la main droite.
Droiture, sf. équité.
Drôle, lesse, s. vaurien.
Drôle, a. plaisant: fam.
Drôlement, ad. plaisamment.
Drôlerie, sf. chose drôle: fam.
Dromadaire, sm. chameau à une bosse.
Dru, e, a. fort, épais.
Druide, sm. prêtre gaulois.
Dryade, sf. nymphe des bois.
Du, pour de le.
Dû, sm. ce qui est dû; devoir.
Dubitatif, ive, a. qui exprime le doute.

Dubitation, sf. doute feint.
Duc, Duchesse, s. titre.
Ducal, e, a. de duc.
Ducat, Ducaton, sm. monnaie.
Duché, sm. titre de duc.
Ductile, a. malléable.
Ductilité, sf. propriété ductile.
Duègne, sf. gouvernante.
Duel, sm. combat singulier.
Duelliste, sm. qui aime le duel.
Duire, v. plaire: vx.
Dulcification, sf. act. de
Dulcifier, v. tempérer un acide.
Dulie, sf. (culte de) rendu aux anges et aux saints.
Dûment, ad. selon la raison.
Dune, sf. colline sablonneuse.
Dunette, sf. haut de la poupe.
Duo, sm. morceau de musique exécuté à deux.
Duodenum, sm. (ome), intestin.
Dupe, sf. qui est trompé; jeu.
Duper, v. tromper.
Duperie, sf. tromperie.
Dupeur, euse, s. qui dupe.
Duplicata, sm. double d'un acte.
Duplication, sf. opér. géométr.
Duplicature, sf. partie double.
Duplicité, sf. état de ce qui est double.   [réplique.]
Duplique, sf. réponse à une]
Dupliquer, v. faire une dupliq.
Dur, e, a. ferme; rude.
Durable, a. qui doit durer.
Durant, prép. pendant.
Durcir, v. rendre, devenir dur.
Durcissement, sm. état durci.
Dure, sf. terre dure. [chose.]
Durée, sf temps que dure une]
Durement, ad. avec dureté.
Dure-mère, sf. membrane du cerveau.
Durer, vn. continuer d'être.
Duret, ette, a. un peu dur.
Dureté, sf. qualité dure.
Durillon, sm. petit calus.
Duriuscule, a. un peu dur.
Duumvir, sm. (ome) magistrat romain.   [duumvir.]
Duumvirat, sm. dignité de]
Duvet, sm. menue plume.
Duveteux, se, a. qui a du duvet.
Dynamique, sf. science du mouvement des corps.
Dynaste, sm. petit souverain.
Dynastie, sf. suite de rois.
Dyspnée, sf. respiration pénible
Dyssenterie, sf. dévoiement avec douleur d'entrailles.
Dysseutérique, a. de la dyssent.
Dysurie, sf. difficulté d'uriner.

Nota. Nous marquons d'un astérisque (*) les mots dans lesquels E initial doit être surmonté d'un accent aigu (').

E, *sm.* 5ᵉ lettre; 2ᵉ voyelle.
Eau, *sf.* élément liquide; pluie.
Eaux-et forêts, *sf. pl.* juridiction des bois et des rivières.
*Ebahir (s'), *v.* s'étonner.
*Ebahissement, *sm.* étonnem.
*Ebarber, *v.* ôter les inégalités.
*Ebarboir, *sm.* outil p.ébarber.
*Ebardoir, *sm.* grattoir à 4 côtés.
*Ebat, *sm.* plaisir.
*Ebattement, *sm.* ébat *vx.*
*Ebattre (s'), *v.* se divertir: *vx.*
*Ebaubi, e, *a.* étonné *pop.*
Ebauche, *sf.* esquisse.
*Ebaucher, *v.* faire une ébauche
*Ebauchoir, *sm.* outil de sculpt.
*Ebaudir, *v.* récréer : *vx.*
*Ebaudissement, *sm* réjouiss.
*Ebène, *sf.* bois de l'ébénier.
*Ebéner, *v.* colorier en noir.

*Ebénier, *sm.* arbre. [meubles.]
*Ebéniste, *sm.* ouvrier en]
*Ebénisterie, *sf.* mét. d'ébéniste
*Ebêtir, *v.* rendre bête.
*Eblouir, *v.* aveugler par trop d'éclat; *fig.* séduire.
*Eblouissant, e, *a.* qui éblouit.
*Eblouissement, *sm.* état de l'œil ébloui.
*Eborgner, *v.* rendre borgne.
*Ebouillir, *v.* dimin. en bouill.
*Eboulement, *sm.* chute.
*Ebouler, *v.* tomber.
*Eboulis, *sm.* chose éboulée.
*Ebourgeonnement, *sm* act.d'
*Ebourgeonner, *v.* ôter les bourgeons.
*Ebouriffé, e, *a.* échevelé.
*Ebousiner, *v.* ôter le housin.
*Ebranchement, *sm.* act. d'

*Ebrancher, *v.* ôter les branch.
*Ebranlement, *sm.* secousse.
*Ebranler, *v.* donner des secousses; *fig.* émouvoir.
*Ebraser, *v.* élargir : *archit.*
*Ebrécher, *v.* faire une brèche.
*Ebrouement, *sm.* act. d'
*Ebrouer, *v.* laver; ronfler.
*Ebruiter, *v.* divulguer.
*Ebullition, *sf.* bouillonnem.
*Ecacher, *v.* aplatir.
*Ecaille, *sf.* ce qui couvre les poissons, les testacés.
*Ecaillé, e, *a.* couvert ou privé d'écailles.
*Ecailler, ère, *s.* Md. d'huitres.
*Ecailler, *v.* ôter les écailles.
*Ecailleux, se, *a.* qui se lève par écailles.
*Ecale, *sf.* coque; écorce.

*Ecaler, v. ôter l'écale.
*Ecarbouiller, v. écraser.
*Ecarlate, sf. couleur rouge.
*Ecarquillement, sm. act. d'
*Ecarquiller, v. ouvrir trop.
*Ecart, sm. act. de s'écarter.
*Ecarté, sm. jeu de cartes.
*Ecarteler, v. tirer à 4 chevaux.
*Ecartement, sm. séparation.
*Ecarter, v. éloigner.
Ecce-homo, sm. tableau de J.C.
Ecchymose, sf. (ki) contusion.
Ecclésiaste, sm. liv. de la Bible.
Ecclésiastique, sm. livre de la
    Bible; prêtre; a. d'église.
Ecclésiastiquement, ad.
Eccoprotique, sm. a. purgatif.
*Ecervelé, e, a. s. étourdi
~Echafaud, sm. construction en
    charpente; amphithéâtre.
*Echafaudage, sm. act. d'
*Echafauder, v. dresser des
    échafauds pour bâtir.
*Echalas, sm. étai de vigne.
*Echalassement, sm. act d'
*Echalasser, v. garnir d'écha-
    las.   [branches.]
*Echalier, sm. clôture de]
*Echalote, sf. espèce d'ail.
*Echampir, v. contourner.
*Echancrer, v. évider en arc.
*Echancrure, sf. act. d'échan-]
*Echange, sm. troc.   [crer.]
*Echangeable, a. qu'on peut
    échanger.
*Echanger, v. faire échange.
*Echanson, sm. qui sert à boire.
*Echantillon, sm. petit mor-
    ceau d'une chose.
*Echantillonner, v. vérifier.
*Echappade, sf. t. de graveur.
*Echappatoire, sf. subterfuge.
*Echappée, sf. étourderie.
*Echappement, sm. t. d'horlog.
*Echapper, v. éviter, fuir.
*Echarde, sf. épine dans la
    chair.   [chardons.]
*Echardonner, v. ôter les]
*Echarner, v. ôter la chair.
*Echarnoir, sm. outil p. éch.
*Echarnure, sf. act. d'écharner.
*Echarpe, sf. étoffe en bau-
    drier ou en ceinture.
*Echarper, v. donner un coup
    d'épée de travers.
*Echasses, sf. pl. bâtons à
    étriers pour marcher.
*Echauboulé, e, a. qui a des
*Echauboulures, sf. pl. éle-
    vures.
*Echaudé, sm. pâtisserie.
*Echauder, va. mouiller d'eau
    chaude.   [der.]
*Echaudoir, sm. vase à échau-]

*Echauffaison, sf. éruption.
*Echauffant, e, a. qui échauffe.
*Echauffé, sm. odeur causée
    par la chaleur.
*Echauffement, sm. act. d'
*Echauffer, v. rendre chaud.
*Echauffourée, sf. entreprise
    téméraire et malheureuse.
*Echauffure, sf. élevure.
*Echauguette, sf. guérite.
*Echéance, sf. terme de paiem.
*Echec, sm. t. de jeu; fig.
    mauvais succès; perte, pl.
    jeu; ses pièces.
*Echelette, sf. petite échelle.
*Echelle, sf. machine pour
    monter et descend.; mesure.
*Echelon, sm. degré d'échelle.
*Echenillage, sm. act. d' [les]
*Echeniller, v. ôter les chenil-]
*Echeveau, sm. fil replié en
    plusieurs tours.   [épars.]
*Echevelé, e, a. qui a les chev.]
*Echevin, sm. anc. offic. mu-
    nicipal.   [chevin.]
*Echevinage, sm. charge d'é-]
*Echiffre, sm. mur d'escalier.
*Echine, sf. épine du dos.
*Echinée, sf. partie du dos
    d'un porc.
*Echiner, v. rompre l'échine.
*Echiqueté, e, a. en échiquier.
*Echiquier, sm. table d'échecs.
*Echo, sm. (ko) son réfléchi.
*Echoir, v. arriver par hasard.
*Echoppe, sf. petite boutique.
*Echopper, v. graver.
*Eclabousser, v. faire jaillir.
*Eclair, sm. éclat subit.
*Eclairage, sm. act. d'éclairer.
*Eclaircir, v. rendre clair.
*Eclaircissement, sm. explicat.
*Eclairer, v. illuminer.
*Eclat, sm. gloire; bruit.
*Eclater, v. se rompre.
*Eclipse, sf. interposition.
*Eclipser, v. couvrir.
*Ecliptique, sf. orbite céleste.
*Ecloppé, e, a. boiteux.
*Eclore, v. sortir de la coque.
*Ecluse, sf. grand bassin.
*Eclusée, sf. plein l'écluse.
*Eclusier, sm. qui sert l'écluse.
*Ecoinson, sm. pierre d'angle.
*Ecole, sf. lieu d'étude.
*Ecolier, ière, s. qui étudie.
*Econduire, v. congédier.
*Economat, sm. charge d'éco-]
*Econome, a. ménager. [nome.]
*Economie, sf. règle; épargne.
*Economique, a. de l'économie.
*Economiquement, ad.
*Economiser, v. ménager.
*Ecope, sf. pelle creuse.

*Ecorce, sf. enveloppe.
*Ecorcer, v. ôter l'écorce.
*Ecorcher, v. ôter la peau.
*Ecorcheur, sm. qui écorche
*Ecorner, v. rompre la corne.
*Ecornifler, v. chercher des
    repas : fam.
*Ecornifleur, euse, s. parasite.
*Ecornure, sf. éclat d'un angle.
*Ecosser, v. tirer de la cosse.
*Ecosseur, euse, s. qui écosse.
*Ecot, sm. quote-part.
*Ecoulement, sm. flux; vente.
*Ecouler, v. couler, passer.
*Ecourgeon, sm. espèce d'orge.
*Ecouter, v. ouïr; croire.
*Ecoutille, sf. trappe du tillac.
*Ecran, sm. meuble.
*Ecraser, v. aplatir; briser.
*Ecrémer, v. ôter la crème.
*Ecrêter, v. ôter la crête.
*Ecrevisse, sf. crustacé.
*Ecrier (s'), v. faire un cri.
*Ecrire, v. tracer des lettres
*Ecrit, sm. billet; livre.
*Ecriteau, sm. inscription.
*Ecritoire, sf. encrier.
*Ecriture, sf. caractères écrit.
*Ecrivain, sm. qui écrit.
*Ecrou, sm. trou de la vis.
*Ecrouelles, sf. pl. scrophules.
*Ecrouer, v. inscrire le nom.
*Ecroulement, sm. act. de
*Ecrouler (s'), v. s'ébouler.
*Ecroûter, v. ôter la croûte.
*Ecru, e, a. soie, fil non lavés.
*Ecu, sm. armoiries; monnaie.
*Ecueil, sm. roc dans la mer.
*Ecuelle, sf. vase.
*Ecuellée, sf. plein une écuelle.
*Eculer, v. plier les quartiers
*Ecume, sf. mousse de liquide.
*Ecumer, v. ôter l'écume.
*Ecumeur, sm. qui écume.
*Ecumeux, se, a. plein d'écume.
*Ecumoire, sf. ust. pour écu-
*Ecurer, v. nettoyer.   [mer.]
*Ecureuil, sm. quadrupède.
*Ecureur, euse, s. qui écure.
*Ecurie, sf. log. des chevaux.
*Ecusson, sm. écu; greffe.
*Ecussonner, v. enter.
*Ecuyer, sm. titre; étai.
*Eden, sm. paradis terrestre.
*Edenter, v. briser les dents
*Edification, sf. act. d'édifier.
*Edifice, sm. bâtiment public.
*Edifier, v. bâtir; toucher.
*Edit, sm. ordonnance.
*Editeur, a. sm. qui publie.
*Edition, sf. publication.
*Edredon, sm. duvet très-fin.
*Education, sf. act. d'instruire.
Effaçable, a. qu'on peut effacer.

Effacer, v. rayer ; détruire.
Effaçure, sf. rature.
Effarer, v. troubler.
Effaroucher, v. effrayer.
Effectif, ive, a. réel.
Effectivement, ad. réellement.
Effectuer, v. réaliser.
Efféminer, v. rendre faible.
Effervescence, sf. ardeur.
Effet, sm. résultat.
Effeuiller, v. ôter les feuilles.
Efficace, a. qui produit effet.
Efficacement, ad. avec
Efficacité, sf. vertu.
Efficient, e, a., qui produit.
Effigie, sf. image, figure.
Effiler, v. défaire un tissu.
Efflanquer, v. rendre maigre.
Effleurer, v. toucher légèrem.
Effondrer, v. fouiller; vider.
Efforcer (s'), v. tâcher de.
Effort, sm. act. de s'efforcer.
Effraction, sf. fracture;
Effrayer, v. épouvanter.
Effréné, e, a. sans frein.
Effroi, sm. épouvante.
Effronté, e, a. s. impudent.
Effrontément, ad. avec
Effronterie, sf. impudence.
Effroyable, a. épouvantable.
Effroyablement, ad.
Effusion, sf. épanchement.
*Egal, e, a. pareil ; uni.
*Egalement, ad. autant.
*Egaler, v. rendre égal.
*Egalité, sf. droits égaux.
*Egaliser, v. rendre uni.
*Egard, sm. respect.
*Egarement, sm. écart.
*Egarer, v. détourner.
*Egayer, v. rendre gai.
*Eglantier, sm. rosier sauvage.
*Eglantine, sf. fleur.
*Eglise, sf. temple chrétien.
*Egoïser, v. parler trop de soi.
*Egoïsme, sm. amour de soi.
*Egoïste, s. a. plein d'égoïsme.
*Egorger, v. couper la gorge.
*Egosiller (s'), v. crier haut.
*Egout, sm. chute des eaux.
*Egoutter, v. faire écouler.
*Egouttoir, sm. ais p. égoutter.
*Egrainer, v. ôter le grain.
*Egrapper, v. ôter de la grappe.
*Egratigner, v. déchirer.
*Egratignure, sf. écorchure.
*Egrugeoir, sm. vase p. égruger.
*Egruger, v. mettre en poudre.
Eh! interj. de surprise.
*Ehonté, e, a. sans pudeur.
*Elaboration, sf. act. d'
*Elaborer, v. préparer.
*Elagage, sm. act. d' [ches.]
*Elaguer, v. couper les bran-]

*Elagueur, sm. qui élague.
*Elan, sm. mouvement subit.
*Elancement, sm. doul. subite.
*Elancer, (s'), v. se précipiter.
*Elargir, v. rendre large.
*Elargissement, sm.
*Elasticité, sf. propriété
*Elastique, a. qui a du ressort.
*Electeur, trice, s. qui élit.
*Electif, tive, a. par élection.
*Election, sf. action d'élire.
*Electoral, e, a. de l'électeur.
*Electorat, sm. qualité d'elect.
*Electricité, sf. attraction.
*Electrique, a. de l'électricité.
*Electriser, v. enthousiasmer.
*Elégamment, ad. avec
*Elégance, sf. recherche.
*Elégant, e, a. s. qui a de l'élég.
*Elégie, sf. poème triste.
*Elément, sm. corps simple.
*Elémentaire, a. de l'élément.
*Eléphant, sm. quadrupède.
*Elévation, sf. act. d'élever.
*Elève, s. disciple.
*Elever, v. hausser; instruire.
*Elider, v. faire une élision.
*Eligibilité, sf. qualité
*Eligible, a. qui peut être élu.
*Eliminer, v. chasser; écarter.
*Elire, v. choisir; nommer.
*Elision, sf. suppression.
*Elite, sf. ce qu'il y a de mieux.
*Elixir, sm. liqueur spiritueuse.
Elle, pron. pers. f.
Ellipse, sf. retranchement.
Elliptique, a. de l'ellipse.
*Elocution, sf. diction.
*Eloge, sm. louange.
*Eloignement, sm. act. d'
*Eloigner, v. écarter.
*Eloquemment, ad. avec
*Eloquence, sf. art de bien dire.
*Eloquent, a. qui a de l'éloq.
*Elu, e, a. choisi.
*Eluder, v. éviter avec adresse.
*Elysée, sm. séjour heureux.
*Email, sm. composit. de verre
*Emailler, v. orner d'émail
*Emailleur, euse, s. qui émaille.
*Emanation, sf. ce qui émane.
*Emancipation, sf. act. d'
*Emanciper, v. rendre libre.
*Emaner, v. sortir de.
*Emargement, sm. act. d'
*Emarger, v. porter en marge.
Emballage, sm. act. d'
Emballer, v. empaqueter.
Emballeur, sm. qui emballe.
Embarcation. sf. navire.
Embargo, sm. défense : mar.
Embarquement, sm. act. d'
Embarquer, v. mettre en mer.
Embarras, sm. obstacle.

Embarrassant, a. qui embarr.
Embarrasser, v. gêner.
Embaucher, v. enrôler.
Embaucheur, sm. qui embauch.
Embaumement, sm. act. d'
Embaumer, va. parfumer.
Embellir, v. rendre beau.
Embellissement, sm.
Emblée (d'), l. ad. d'abord.
Emblématique, a. de l'
Emblème, sm. symbole.
Emboîtement, sm. act. d'
Emboîter, v. enchâsser.
Embonpoint, sm. bon état.
Embordurer, v. mettre une
   bordure.   [bouche.]
Emboucher, v. mettre à la]
Embouchure, sf. entrée d'une
   rivière.
Embouer, v. salir de boue.
Embourber, v. mettre dans la
   bourbe.
Embourser, v. mettre en bourse
*Embrasement, sm. feu violent.
Embraser, v. mettre en feu.
Embrassade, sf. act. de s'emb.
Embrassement, sm. embrassade
Embrasser, v. serrer ; baiser.
Embrasure, sf. ouverture.
Embrocher, v. mettre en broche
Embrouillement, sm. act. d'
Embrouiller, v. rendre diffus.
Embrumé, a. chargé de brume
Embûche. sf. piège.
Embuscade, sf. embûche.
Embusquer, v. cacher.
*Emeraude, sf. pierre précieuse
*Emeri, sm. pierre dure.
*Emerveiller, v. étonner.
*Emétique, sm. a. vomitif.
*Emétiser, v. purger.
*Emettre, v. produire.
*Emeute, sf. sédition. [tes.]
*Emietter, v. réduire en miet-
*Emigrant, a. s. qui émigre.
*Emigration, sf. act. d'
*Emigrer, v. quitter son pays.
*Emincer, v. couper en tranch.
*Eminemment, ad.
*Eminence, sf. hauteur; titre.
*Eminent, e, a. élevé.
*Eminentissime, a. titre.
*Emir, sm. titre de dignité des
   descendants de Mahomet.
*Emissaire, sm. envoyé secret.
*Emission, sf. act. d'émettre.
Emmagasiner, v. serrer.
Emmaillotter, v. mettre en
   maillot.   [manche.]
Emmancher, v. mettre un]
Emmariner, v. équiper.
Emmêler, v. brouiller.
Emménagement, sm. act. d'
Emménager, v. ranger.

Emmener, v. mener hors.
Emmenotter, v. mettre des menottes. [miel.]
Emmieller, v. enduire de
Emmuseler, v. mettre une muselière.
*Emoi, sm. inquiétude.
*Emollient, e, a. qui amollit.
*Emolument, sm. profit.
*Emondes, sf. pl. branches ôtées aux arbres. [ches.]
*Emonder, v. ôter les bran-
*Emotion, sf. agitation.
*Emotter, v. rompre les mottes.
*Emouchet, sm. oiseau de proie
*Emoudre, v. aiguiser.
*Emouleur, sm. qui émoud.
*Emousser, v. ôter la pointe.
*Emouvoir, v. attendrir.
Empailler, v. garnir de paille.
Empailleur, s. qui empaille.
Empaler, v. ficher un pal.
Emparer (s'), v. se saisir.
Empâter, v. remplir de pâte.
Empaumer, v. prendre.
Empêchement, sm. obstacle.
Empêcher, v. porter obstacle.
Empeigne, sf. dessus du soulier
Empenner, v. garnir de plumes.
Empereur, sm. chef d'empire.
Empesage, sm. manière d'
Empeser, v. mettre de l'empois.
Empester, v. infecter.
Empêtrer, v. embarrasser.
Emphase, sf. affectation.
Emphatique, a. plein d'emphase.
Emphytéose, sf. long bail.
Emphytéote, s. fermier.
Emphytéotique, a.
Empiéter, v. usurper.
Empiffrer, v. faire manger.
Empilement, sm. act. d'
Empiler, v. mettre en pile.
Empire, sm. monarchie.
Empirer, v. devenir pire.
Emplacement, sm. place.
Emplâtre, sm. onguent étendu.
Emplette, sf. achat.
Emplir, v. rendre plein.
Emploi, sm. usage; fonction
Employer, v. se servir de.
Emplumer, v. garnir de plumes
Empocher, v. mettre en poche.
Empoigner, v. prendre; arrêter.
Empois, sm. colle d'amydon.
Empoisonnement, sm. act d'
Empoisonner, v. donner du poison. [empoisonne.]
Empoisonneur, euse, s. qui
Empoisser, v. poisser.
Empoissonnement, sm. act. d'
Empoissonner, v. peupler de poissons.

Emportement, sm. colère.
Emporte-pièce, sm. instrum.
Emporter, v. enlever. [pre.]
Empourprer, v. color. de pour-
Empreindre, v. imprimer.
Empreinte, sf. impression.
Empressement, sm. zèle.
Empresser (s'), v. agir vite.
Emprisonnement, sm. act. d'
Emprisonner, v. mettre en [prison.]
Emprunt, sm. act. d'
Emprunter, v. recevoir en prêt.
Emprunteur, euse, s.
Empuantir, v. infecter.
Empyrée, a. sm. le ciel.
*Emulateur, trice, s. rival.
*Emulation, sf. désir d'égaler.
*Emule, s. concurrent.
En, prép. et pron.
Encadrement, sm. act. d'
Encadrer, v. mettre un cadre.
Encager, v. mettre en cage.
Encaissement, sm. act. d'
Encaisser, v. mettre en caisse.
Encan, sm. vente à l'enchère.
Encanailler, v. avilir.
Encaustique, sf. enduit de cire.
Encavement, sm. act. d'
Encaver, v. mettre en cave.
Enceindre, v. entourer.
Enceinte, sf. circuit; clôture.
Encens, sm. parfum; louange.
Encensement, sm. act. d'
Encenser, v. donner de l'encens
Encenseur, sm. louangeur.
Encensoir, sm. cassolette.
Enchaînement, sm. liaison.
Enchaîner, v. lier, joindre.
Enchantement, sm. act. d'
Enchanter, v. ensorceler.
Enchanteur, teresse, s. a.
Enchâsser, v. faire entrer.
Enchausser, v. couvrir.
Enchère, sf. offre supérieure.
Enchérir, v. faire une enchère.
Enchérissement, sm.
Enchifrener, v. enrhumer.
Enclavement, sm. act. d'
Enclaver, v. enfermer.
Enclin, e, a. porté à.
Enclore, v. clore de murs.
Enclos, sm. espace clos.
Enclouer, v. enfoncer un clou.
Enclume, sf. masse de fer.
Encoffrer, v. mettre en coffre.
Encoignure, sf. angle.
Encoller, v. enduire de colle.
Encolure, sf. cou du cheval.
Encombre, sm. embarras.
Encombrement, sm. act. d'
Encombrer, v. embarrasser.
Encore, ad. de temps.
Encouragement, sm. act. d'
Encourager, v exciter.

Encourir, v. attirer sur soi.
Encrasser, v. rendre crasseux.
Encre, sf. liqueur pour écrire.
Encrier, sm. vase pour l'encre.
Encroûter, v. enduire.
Encuirasser, v. mettre une cuirasse.
Encuver, v. mettre en cuve.
Encyclique, sf. a. circulaire.
Encyclopédie, sf. enchaînement de toutes les sciences.
Endetter, v. charger de dettes.
Endêver, v. avoir du dépit.
Endiabler, v. enrager.
Endimancher, v. mettre en habits du dimanche.
Endoctriner, v. instruire.
Endommager, v. détériorer.
Endormir, v. faire dormir.
Endosser, v. mettre sur le dos; signer un billet.
Endosseur, sm. qui endosse.
Endroit, sm. place. [duit.]
Enduire, v. couvrir d'un en-
Enduit, sm. couche.
Endurant, e, a. patient.
Endurcir, v. rendre dur.
Endurcissement, sm. dureté de
Endurer, v. supporter. [cœur.]
*Energie, sf. force d'âme.
*Energique, a. qui a de l'énerg.
*Energiquement, ad. av énerg.
*Energumène, s. enthousiaste.
*Enerver, v. affaiblir.
Enfaiteau, sm. tuile faîtière.
Enfaitement, sm. couverture de plomb.
Enfaiter, v. couvrir le faîte.
Enfance, sf. âge de l'homme jusqu'à douze ans.
Enfant, s. jeune; fils, fille.
Enfantement, sm. act. d'
Enfanter, v. accoucher. [tines.]
Enfantillage, sm. man. enfan-
Enfantin, e, a. d'enfant.
Enfariner, v. poudrer de farine.
Enfer, sm. lieu de tourments.
Enfermer, v. mettre dans un lieu fermé
Enferrer, v. percer avec un fer.
Enfilade, sf. longue suite.
Enfiler, v. passer du fil par un trou; traverser.
Enfin, ad. à la fin; après tout.
Enflammer, v. mettre en feu.
Enfléchure, sf. échelle de corde
Enfler, v. remplir de vent.
Enflure, sf. tumeur, bouffissure
Enfoncement, sm. fond. act. d'
Enfoncer, v. pousser au fond.
Enfonceur, sm. qui enfonce.
Enfonçure, sf. pièces de fond.
Enforcir, v. rendre fort.
Enfouir, v. cacher en terre.

Enfourner, v. mettre au four.
Enfreindre, v. violer.
Enfroquer, v. revêtir d'un froc.
Enfuir (s'), v. prendre la fuite.
Enfumer, v. noircir de fumée.
Engageant, e, a. attrayant.
Engagement, sm. act. d'
Engager, v. mettre en gage ;
    inviter ; enrôler.
Engagiste, sm. fermier.
Engainer, v. mettre dans une
Engallage, sm. act. d' [gaine.]
Engaller, v. teindre en galle.
Engeance, sf. race.
Engeancer, v. embarrasser.
Engelure, sf. enflure causée
    par le froid. [semblable.]
Engendrer, v. produire son
Engerber, v. mettre en gerbe.
Engin, sm. industrie; machine.
Englober, v. réunir en un tout.
Engloutir, v. absorber.
Engluer, v. enduire de glu.
Engoncer, v. gêner la taille.
Engorgement, sm. embarras.
Engorger, v. embarrasser.
Engouement, sm. entêtement.
Engouer (s'), v. s'embarrasser
    le gosier; se passionner.
Engouffrer (s'), v. entrer avec
    violence. [gueule : pop.]
Engouler, v. ravir avec la
Engourdir, v. rendre comme
    perclus. [engourdi.]
Engourdissement, sm. état
Engrais, sm. fumier.
Engraisser, v. devenir gras.
Engranger, v. mettre en grange.
Engravement, sm. état engravé.
Engraver, v. engager un bateau
    sur le sable [telle.]
Engrêlure, sf. point de den-
Engrenage, sm. act. d'
Engrener, v. s'emboîter.
Engrumeler (s'), v. se mettre
    en grumeaux. [hardi.]
Enhardir, v. (an-ar), rendre
Enharmonique, a. t. de musiq.
Enharnachement, sm. act. de
Enharnacher, v. (an-ar) met-
    tre le harnais.
Enherber, v. mettre en herbe.
*Enigmatique, a. de l'énigme.
*Enigmatiquement, ad.
*Enigme, sf. définit. obscure.
Enivrant, e, a. qui enivre.
Enivrement, sm. ivresse.
Enivrer, v. rendre ivre.
Enjambée, sf. espace qu'on en-
    jambe. [porte sur 2 vers.]
Enjambement, sm. sens qui
Enjamber, v. faire un gr. pas.
Enjaveler, v. mettre en javelle.
Enjeu, sm. mise au jeu.

Enjoindre, v. ordonner.
Enjôler, v. tromper fam.
Enjôleur, euse, s. qui enjôle.
Enjolivement, sm. ce qui sert à
Enjoliver, v. rendre joli.
Enjoliveur, sm. qui enjolive.
Enjolivure, sf. petits enjolive-
Enjoué, e, a. gai. [ments.]
Enjouement, sm. gaieté douce.
Enkysté, e, a. enfermé dans
    une membrane.
Enlacement, sm. act. d' [unir.]
Enlacer, v. passer des lacets;
Enlaidir, v. rendre laid.
Enlèvement, sm. act. d'
Enlever, v. lever en haut; ravir.
Enlevure, sf. tumeur ; relief.
Enlier, v. joindre des pierres.
Enligner, v. placer en ligne.
Enluminer, v. colorier.
Enlumineur, euse, s.
Enluminure, sf. ornement.
Ennéagone, sm. fig. à 9 côtés.
Ennemi, e, s. a. qui hait.
Ennoblir, v. donner de l'éclat
Ennui, sm. langueur d'esprit.
Ennuyant, e, a. qui ennuie.
Ennuyer, v. causer de l'ennui
Ennuyeux, se, a. s. qui ennuie.
*Enoncer, v. exprimer.
*Enonciatif, ive, a. qui énonce.
*Enonciation, sf. act. d'énon-
    cer. [rendre orgueilleux.]
Enorgueillir, v. (an-nor)
*Enorme, a. démesuré.
*Enormément, ad. excessivem.
*Enormité, sf. excès; atrocité.
Enquérir (s'), v. s'informer.
Enquête, sf. soin ; recherche.
Enraciner (s'), v. prendre ra-
    cine.
Enrager, v. être saisi de rage
Enrayer, v. arrêter la roue.
Enrégimenter, v. enrôler.
Enregistrement, sm. act. d'
Enregistrer, v. inscrire.
Enrhumer, v. causer un rhume.
Enrichir, v. rendre riche.
Enrichissement, sm. ornement.
Enrôlement, sm. act. d'
Enrôler, v. mettre sur le rôle.
Enrôleur, sm. qui enrôle.
Enrouement, sm. état enroué
Enrouer, v. rendre la voix rau-
    que.
Enrouiller, v. rendre rouillé.
Ensacher, v. mettre dans un sac
Ensanglanter, v. tacher de sang
Enseigne, sf. tableau; drapeau.
Enseignement, sm. act. d'
Enseigner, v. instruire.
Ensemble, ad. l'un avec l'autre
Ensemencement, sm. act. d'
Ensemencer, v. semer

Ensevelir, v. envelopper.
Ensorceler, v. jeter un sort.
Ensorcellement, sm. maléfice.
Ensuite, ad. après.
Ensuivre (s'), v. suivre.
Entablement, sm. saillie.
Entacher, v. infecter : vx.
Entaille, sf. coche; coupure.
Entailler, v. creuser.
Entamer, v. faire une incision.
Entassement, sm. amas.
Entasser, v. mettre en tas.
Ente, sf. greffe ; arbre greffé.
Entendement, sm. jugement.
Entendre, v. ouïr; comprendre.
Entendu, e, a. habile.
Entente, sf. interprétation.
Enter, v. greffer ; emboîter.
Entériner, v. ratifier.
Enterrement, sm. funérailles.
Enterrer, v. mettre en terre.
Entêtement, sm. opiniâtreté.
Entêter, v. porter à la tête.
Enthousiasme, sm. transport.
Enthousiasmer, v. ravir.
Enthousiaste, s. a. fanatique.
Enticher, v. engouer.
Entier, ière, s. a. complet.
Entièrement, ad. tout-à-fait.
Entoiler, v. coller sur toile.
Entonner, v. verser ; chanter.
Entonnoir, sm. ustensile.
Entorse, sf. extension des nerfs.
Entortillement, sm. act. d'
Entortiller, v. envelopper.
Entour, sm. environs.
Entourage, sm. ce qui entoure.
Entourer, v. environner.
Entr'accuser (s'), v. s'accu-
    ser réciproquement.
Entr'aider (s'), v. s'aider.
Entrailles, sf. pl. intestins.
Entraînant, e, a. qui entraîne.
Entraînement, sm. act. d'
Entraîner, v. traîner avec soi.
Entraver, v. empêcher.
Entraves, sf. pl. liens.
Entre, prép. au milieu, parmi.
Entre-choquer (s'), v.
Entre-colonnes, —ment, sm.
Entre-couper, v. couper.
Entrée, sf. act. d'entrer.
Entrefaite, sf. : sur ces entre
    faites, pendant cela.
Entre-frapper (s'), v.
Entr'égorger (s'), v. s'égorger.
Entrelacer, v. mettre l'un dans
    l'autre.
Entrelacs, sm. pl. cordons.
Entrelarder, v. piquer de lard.
Entre-lignes, sf. interligne.
Entre-luire, v. luire à demi.
Entremêler, v. mêler parmi.
Entremets, sm. mets.

Entremettre (s'), *v.* se mêler.
Entremise, *sf.* médiation.
Entre-nuire (s'), *v.* se nuire.
Entreposer, *v.* déposer.
Entrepôt, *sm.* lieu de dépôt.
Entreprendre, *v.* commencer.
Entrepreneur, euse, *s.* qui entreprend.
Entrepris, e, *a.* embarrassé.
Entreprise, *sf.* dessein.
Entrer, *v.* passer du dehors au dedans. [de-chaussée.]
Entre-sol, *sm.* étage sur le rez-]
Entretenir, *v.* tenir en état.
Entretien, *sm.* conversation.
Entre-toise, *sf.* pièce de bois.
Entrevoir, *v.* voir un peu.
Entrevue, *sf.* rencontre prévue.
Entr'ouïr, *v.* ouïr un peu.
Entr'ouvrir, *v.* ouvrir un peu.
Enture, *sf.* place d'une ente.
*Enumératif, ive, *a.* qui énumère. [ment.]
*Enumération, *sf.* dénombre-]
*Enumérer, *v.* dénombrer.
Envahir, *v.* usurper
Envahissement, *sm.*
Enveloppe, *sf.* ce qui couvre.
Envelopper, *v.* entourer.
Envenimer, *v.* aigrir.
Envers, *sm.* côté d'étoffe.
Envers, *prép.* à l'égard de.
Envi (à l'), *ad.* avec émulation.
Envie, *sf.* jalousie; désir.
Envieillir, *v.* rendre vieux.
Envier, *v.* porter envie.
Envieux, se, *a. s.* qui envie.
Environ, *ad.* à peu près.
Environner, *v.* entourer.
Envisager, *v.* regarder.
Envoi, *sm.* act. d'envoyer.
Envoiler (s'), *v.* se courber.
Envoler (s'), *v.* fuir en volant.
Envoyer, *v.* faire aller.
*Epacte, *sf.* addition à l'année lunaire.
*Epagneul, e, *s.* chien. [seur.]
*Epais, se, *a.* qui a de l'épais-]
*Epaisseur, *sf.* profondeur.
*Epaissir, *v.* rendre épais.
*Epaississement, *sm.*
*Epamprer, *v.* ôter les pampres.
*Epanchement, *sm.* act. de s'
*Epancher, *v.* répandre. [vrir.]
*Epanouir, *v.* réjouir; s'ou-]
*Epanouissement, *sm.*
*Epargne, *sf.* économie.
*Epargner, *v.* ménager.
*Eparpillement, *sm.* act. d'
*Eparpiller, *v.* jeter çà et là.
*Epars, e, *a.* dispersé.
*Epaté, e, *a.* nez camus.
*Epaule, *sf.* partie du corps.
*Epaulée, *sf.* coup d'épaule.

*Epaulement, *sm.* rempart.
*Epauler, *v.* disloquer l'épaule.
*Epaulette, *sf.* ornem. milit.
*Epée, *sf.* arme offensive.
*Epeler, *v.* nommer, assembler les lettres en syllabes.
*Epellation, *sf.* act. d'épeler.
Eperdu, e, *a.* troublé.
*Eperdument, *ad.* violemment.
*Eperon, *sm.* fer pour piquer; rides; ergot; proue.
*Eperonner, *v.* piquer.
*Epervier, *sm.* oiseau; filet.
*Ephémère, *a.* qui dure peu.
*Ephod, *sm.* espèce d'étole.
*Epi, *sm.* tête du blé.
*Epice, *sf.* drogue.
*Epicer, *v.* assaisonner.
*Epicerie, *sf.* comm d'épicier.
*Epicier, ière, *s.* Md. d'épiceries
*Epidémie, *sf.* maladie contagieuse.
*Epidémique, *a.* de l'épidémie.
*Epiderme, *sm.* première peau.
*Epier, *v.* monter en épi; observer les actions.
*Epierrer, *v.* ôter les pierres.
*Epieu, *sm.* bâton ferré.
*Epigastre, *sm.* haut du gaster.
*Epigramme, *sf.* mot piquant.
*Epigraphe, *sf.* sentence.
*Epilepsie, *sf.* haut mal.
*Epiler, *v.* arracher le poil.
*Epilogue, *sm.* conclusion.
*Epiloguer, *v.* censurer.
*Epilogueur, *sm.* qui épilogue.
*Epinards, *sm. pl.* herbe potagère.
*Epine, *sf.* arbrisseau; ses piquants; vertèbres du dos.
*Epinette, *sf.* petit clavecin.
*Epineux, se, *a.* à épines.
*Epingle, *sf.* pointe de laiton
*Epinglier, ière, *s.* Md d'épingl.
*Epiphanie, *sf.* fête catholique.
*Epique, *a.* héroïque.
*Episcopal, e, *a.* de l'évêque
*Episcopat, *sm.* dignité d'évêq
*Episode, *sm.* incident.
*Episser, *v.* entrelacer.
*Epistolaire, *a.* de l'épître
*Epitaphe, *sf.* inscription
*Epithète, *sf.* adjectif.
*Epitome, *sm.* abrégé.
*Epître, *sf.* lettre.
*Eploré, e, *a.* tout en pleurs.
*Epluchement, *sm.* act. d'
*Eplucher, *v.* trier; examiner.
*Epluchoir, *sm.* couteau.
*Epluchure, *sf.* ordures ôtées
*Epointer, *v.* ôter la pointe.
*Eponge, *sf.* substance marine.
*Eponger, *v.* nettoyer.
*Epopée, *sf.* poème épique.

*Epoque, *sf.* point fixe; date.
*Epoudrer, *v.* ôter la poudre.
*Epouiller, *v.* ôter les poux.
*Epoumoner, *v.* fatiguer.
*Epousailles, *sf. pl.* mariage.
*Epouser, *v.* se marier.
*Epousseter, *v.* époudrer.
*Epoussetoir, *sm.* pinceau.
*Epoussette, *sf.* vergette.
*Epouvantable, *a.* effrayant.
*Epouvantablement, *ad.*
*Epouvantail, *sm.* ce qui épouv.
*Epouvante, *sf.* terreur.
*Epouvanter, *v.* effrayer.
*Epoux, se, *s.* uni par le mariage
*Eprendre (s'), *v.* se passionner.
*Epreuve, *sf.* essai.
*Eprouver, *v.* essayer.
*Eprouvette, *sf.* sonde.
*Epucer, *v.* ôter les puces.
*Epuisable, *a.* qu'on peut ép
*Epuisement, *sm.* fatigue.
*Epuiser, *v.* tarir; affaiblir.
*Epure, *sf.* dessin en grand.
*Epurer, *v.* rendre pur.
*Equarrir, *v.* tailler à angles.
*Equarrissage, *sm.* état équarri.
*Equateur, *sm.* (koua) cercle.
*Equation, *sf.* (koua) égalité.
*Equerre, *sf.* angles droit.
*Equestre, *a.* (ku-e) de chevalier. [égaux.]
*Equi-angle, *a.* (ui) à angles]
*Equi-distant, e, *a.* (ui) également éloigné.
*Equi-latéral, e, Equi-latère, *a.* (ui) à côtés égaux.
*Equilibre, *sm.* égalité de poids
*Equi-multiple, *a.* (ui) t. d'arithmétique.
*Equinoxe, *sm.* temps où les jours sont égaux aux nuits.
*Equinoxial, e *a.* de l'équinoxe.
*Equipage, *sm.* train, suite.
*Equipée, *sf.* action indiscrète.
*Equipement, *sm.* action d'
*Equiper, *v.* pourvoir; habiller.
*Equipoller, *v.* (ui) valoir autant.
*Equitable, *a.* qui a de l'équité.
*Equitablement, *ad.* av. équité.
*Equitation, *sf.* (ui) art de monter à cheval.
*Equité, *sf.* justice; droiture.
*Equivalent, e, *sm. a.* égal.
*Equivaloir, *v.* valoir autant.
*Equivoque, *sf. a.* qui peut s'interpréter de deux manières.
*Equivoquer, *v.* tromper.
*Erafler, *v.* déchirer légèrem.
*Eraflure, *sf.* légère écorchure.
*Eraillé, *a.* (œil) à filets rouges.
*Erailler, *v.* effiler une étoffe.
*Eraillure, *sf.* chose éraillée.

Ère, *sf.* point fixe.

*Érection, *sf.* act. d'élever.

*Éreinter, *v.* rompre les reins.

*Érémitique, *a.* de l'ermite.

Ergo, *sm.* donc.

Ergot, *sm.* ongle des oiseaux.

Ergoter, *v.* chicaner.

Ergoteur, euse, *s.* pointilleux.

*Ériger, *v.* élever; consacrer.

Ermitage, *sm.* habitation d'un

Ermite, *sm.* solitaire.

*Érotique, *a.* d'amour.

Errant, e, *a.* vagabond.

Errata, *sm.* liste des fautes.

Erre, *sf.* train, allure; traces.

Errements, *sm. pl.* erres.

Errer, *v.* aller çà et là ; se
tromper.

Erreur, *sf.* fausse opinion.

Erroné, e, *a.* faux.

*Érudit, e, *a. s.* savant.

*Érudition, *sf.* vaste savoir.

*Éruption, *sf.* sortie subite.

*Érysipèle, *sm.* maladie.

Ès, *prép.* dans les.

Escabeau, *sm.* siège. [seaux.]

Escadre, *sf.* réunion de vais-]

Escadron, *sm.* troupe à cheval.

Escalade, *sf.* act. d'

Escalader, *v.* monter sur.

Escalier, *sm.* degrés p. monter.

Escamoter, *v.* voler subtilement. [camote.]

Escamoteur, euse, *s.* qui es-]

Escamper, *v.* s'enfuir.

Escapade, *sf.* échappée.

Escarbot, *sm.* scarabée.

Escarboucle, *sf.* rubis.

Escargot, *sm.* limaçon.

Escarmouche, *sf.* combat.

Escarmoucher, *v.* combattre.

Escarpement, *sm.* pente.

Escarper, *v.* couper droit.

Escarpin, *sm.* soulier léger.

Escarpolette, *sf.* balançoire.

Escient, *sm.* connaissance.

Esclandre, *sm.* scandale.

Esclavage, *sm.* état d'esclave.

Esclave, *s. a.* qui a perdu sa
liberté.

Escobarderie, *sf.* réticence.

Escompte, *sm.* remise.

Escompter, *v.* faire l'escompte.

Escorte, *sf.* troupe qui accompagne.

Escorter, *v.* faire escorte.

Escouade, *sf.* soldats détachés.

Escourgée, *sf.* fouet.

Escrime, *sf.* art d'

Escrimer, *v.* faire des armes.

Escroc, *sm.* voleur adroit.

Escroquer, *v.* voler.

Escroquerie, *sf.* action d'es-]

Escroqueur, euse, *s.* [croquer.]

Espace, *sm.* étendue.

Espacement, *sm.* distance.

Espacer, *v.* mettre de l'espace.

Espagnolette, *sf.* fer de fenêtre.

Espalier, *s.* arbre en éventail.

Esparcette, *sf.* sainfoin.

Espèce, *sf.* division ; sorte.

Espérance, *sf.* espoir.

Espérer, *v.* avoir espoir.

Espiègle, *s. a.* vif, malin.

Espièglerie, *sf.* act. d'espiègle.

Espingole, *sf.* fusil évasé.

Espion, ne, *s.* qui épie.

Espionnage, *sm.* act. d'

Espionner, *v.* épier

Esplanade, *sf.* lieu aplani.

Espoir, *sm.* espérance.

Esprit, *sm.* âme, intelligence;
imagination ; sens; fluide

Esquif, *sm.* petit canot. [subtil]

Esquille, *sf.* petit éclat.

Esquinancie, *sf.* inflammation.

Esquipot, *sm.* tirelire.

Esquisse, *sf.* ébauche.

Esquisser, *v.* faire une esquisse.

Esquiver, *v.* éviter adroitem.

Essai, *sm.* expérience.

Essaim, *sm.* volée d'abeilles.

Essarter, *v.* défricher.

Essayer, *v.* faire essai; tâcher.

Essence, *sf.* nature ; huile.

Essentiel, le, *a.* important.

Essentiellement, *ad.*

Essieu, *sm.* pièce qui traverse
les roues; axe.

Essor, *sm.* vol en montant.

Essorer (s'), *v.* prendre l'essor.

Essouffler, *v.* mettre hors
d'haleine.

Essui, *sm.* lieu pour sécher.

Essuie-mains, *sm.* linge.

Essuyer, *v.* sécher ; endurer.

Est, *sm.* l'orient.

Estacade, *sf.* digue de pieux.

Estafette, *sf.* courrier.

Estafier, *sm.* valet de pied.

Estafilade, *sf.* balafre.

Estaminet, *sm.* tabagie.

Estampe, *sf.* image ; outil.

Estamper, *v.* faire empreinte.

Estampille, *sf.* marque.

Estampiller, *v.* marquer.

Estimable, *a.* digne d'estime.

Estimateur, *sm.* qui évalue.

Estimatif, ive, *a.* qui estime.

Estimation, *sf.* évaluation.

Estime, *sf.* état qu'on fait de.

Estimer, *v.* faire cas; croire.

Estomac, *sm.* viscère.

Estompe, *sf.* rouleau de peau.

Estomper, *v.* frotter.

Estrade, *sf.* lieu élevé.

Estropier, *v.* mutiler.

Et, *conj.* sert à lier les parties

du discours. [tiaux.]

*Étable, *sf.* logement des bes-]

*Établi, *sm.* table d'artisan.

*Établir, *v.* fixer; constituer.

*Établissement, *sm.* act. d'établir. [planchers.]

*Étage, *sm.* espace entre deux]

*Étager, *v.* couper par étages.

*Étai, *sm.* soutien.

*Étaim, *sm.* laine fine.

*Étain, *sm.* métal blanc.

*Étal, *sm.* table de boucher.

*Étalage, *sm.* action d'étaler.

*Étalagiste, *s.* qui étale.

*Étaler, *v.* exposer en vente.

*Étalinguer, *v.* amarrer l'ancre.

*Étalon, *sm.* cheval entier;
modèle de poids, de mesure.

*Étalonner, *v.* échantillonner.

*Étamer, *v.* enduire d'étain.

*Étameur, euse, *s.* qui étame.

*Étamine, *sf.* passoire; organe
mâle de la plante.

*Étamure, *sf.* étain p. étamer.

*Étanchement, *sm.* action d'

*Étancher, *v.* arrêter.

*Étançon, *sm.* étai.

*Étançonner, *v.* étayer.

*Étang, *sm.* grand amas d'eau.

*Étape, *sf.* dépôt; station milit.

*État, *sm.* situation ; liste.

*Étau, *sm.* machine p. serrer

*Étayer, *v.* appuyer.

Et cætera, *sm.* (étecétéra) et
d'autres.

*Été, *sm.* saison la plus chaud

*Éteignoir, *sm.* pour éteindre.

*Éteindre, *v.* étouffer le feu.

*Étendard, *sm.* enseigne.

*Étendre, *v.* allonger.

*Étendue, *sf.* dimension.

*Éternel, le, *a.* sans fin.

*Éternelle, *sf.* plante.

*Éternellement, *ad.* sans fin

*Éterniser, *v.* faire durer.

*Éternité, *sf.* durée éternelle.

*Éternuer, *v.* faire un

*Éternument, *sm.* mouvement
convulsif des muscles.

*Étêter, *v.* ôter la tête.

*Éteule, *sf.* chaume.

*Éther, *sm.* matière subtile.

*Éthéré, e, *a.* d'éther.

*Étinceler, *v.* briller.

*Étincelle, *sf.* bluette du feu.

*Étincellement, *sm.* éclat.

*Étioler (s'), *v.* s'altérer.

*Étique, *a.* maigre, décharné.

*Étiqueter, *v.* mettre une

*Étiquette, *sf.* petit écriteau.

*Étisie, *sf.* phthisie.

*Étoffe, *sf.* tissu de fil, etc.

*Étoffer, *v.* garnir.

*Étoile, *sf.* astre; signe; fente.

*Etoiler, v. fêler.
*Etole, sf. ornement du prêtre.
*Etonnamment, ad.
*Etonnant, e, a. qui étonne.
*Etonnement, sm. surprise.
*Etonner, v. surprendre.
*Etouffement, sm. suffocation.
*Etouffer, v. suffoquer.
*Etouffoir, sm. boite pour étouffer des charbons.
*Etoupe, sf. rebut de filasse.
*Etouper, v. garnir d'étoupes.
*Etourderie, sf. act. d'
*Etourdi, e, s. a. imprudent.
*Etourdir, v. troubler.
*Etourdissement, sm. trouble.
*Etourneau, sm. oiseau.
*Etrange, a. contre l'usage.
*Etrangement, ad.
*Etranger, ère, s.a. d'une autre nation ; sans rapport.
*Etrangeté, sf. bizarrerie.
*Etrangler, v. tuer en serrant.
Être, v. exister.
*Etrécir, v. rendre étroit.
*Etrécissement, sm. act d'étr.
*Etreindre, v. serrer.
*Etreinte, sf. act. d'étreindre.
*Etrenne, sf. présent au 1ᵉʳ de l'an ; 1ʳᵉ vente ; 1ᵉʳ usage.
*Etrenner, v. donner ou recevoir des étrennes.
*Etrier, sm. anneau pour les pieds du cavalier.
*Etrille, sf. instrument pour
*Etriller, va. frotter, battre.
*Etriper, v. ôter les tripes.
*Etrivière, sf. courroie.
*Etroit, e, a. peu large.
*Etroitement, ad. à l'étroit.
*Etronçonner, v. étêter.
*Etude, sf. action d'étudier.
*Etudiant, sm. qui étudie.
*Etudier, v. apprendre.
*Etui, sm. enveloppe.
*Etuve, sf. lieu échauffé.
*Etuvée, sf. ragoût. [mot.
*Etymologie, sf. origine d'un
Eucharistie, sf. (ka) sacrement.
Eucharistique, a. de l'euchar.
Eucologe, sm. livre de prières
Eulogies, sf. pl. présents.
Euphonie, sf. son agréable.
Euphonique, a. de l'euphonie.
Européen, ne, a. s. d'Europe.
Eux, pl. du pr. pers. lui.
*Evacuation, sf. action d'
*Evacuer, v. sortir ; vider.
*Evader (s'), v. s'enfuir.
*Evagation, sf distraction.
*Evaluation, sf. estimation.
*Evaluer, v. estimer la valeur.
*Evangélique, a. de l'évangile.
*Evangéliquement, ad.

*Evangéliser, v. prêcher.
*Evangéliste, sm. auteur d'év.
*Evangile, sm. loi de J. C.
*Evanouir (s'), v. disparaitre.
*Evanouissement, sm.
*Evaporation, sf. action de s'
*Evaporer, v. résoudre en vap.
*Evasement, sm. état évasé.
*Evaser, v. élargir l'ouverture.
*Evasif, ive, a. pour éluder.
*Evasion, sf. fuite secrète.
*Evêché, sm. dignité d'évêque.
*Eveil, sm. avis ; alerte.
*Eveiller, v. tirer du sommeil
*Evènement, sm. aventure.
*Eventail, sm. pour éventer.
*Eventer, v. donner de l'air.
*Eventrer, v. fendre le ventre
*Eventuel, le, a. incertain.
*Eventuellement, ad.
*Evêque, sm. chef de diocèse.
*Evertuer (s'), v. s'efforcer.
*Evidemment, ad. clairem.
*Evidence, sf. certitude.
*Evident, e, a. clair, visible.
*Evider, v. échancrer.
*Evidoir, sm. outil p. évider.
*Evier, sm. égout de cuisine.
*Evincer, v. déposséder.
*Evitable, a. qu'on peut éviter.
*Eviter, v. esquiver, fuir.
*Evocable, a. qu'on peut évoq.
*Evocation, sf. act. d'évoquer.
*Evolution, sf. mouvement.
*Evoquer, v. faire venir à soi.
Ex, prép. ci-devant, qui a été.
Exact, e, a. soigneux.
Exactement, ad. avec exactit.
Exacteur, sm. coupable d'
Exaction, sf. act. d'exiger trop.
Exactitude, sf. soin. [gère.
Exagérateur, trice, s. qui exa-
Exagératif, ive, a. qui exagère.
Exagération, sf. act. d'
Exagéré, s. a. enthousiaste.
Exagérer, v. amplifier.
Exaltation, sf. élévation.
Exalter, v. louer, vanter.
Examen, sm. recherche.
Examiner, v. rechercher.
Exaspération, sf. act. d'
Exaspérer, v. aigrir, irriter.
Exaucer, v. accorder.
Excavation, sf. act. de creuser.
Excédant, e, sm. a. qui excède.
Excéder, v. outre-passer.
Excellemment, ad. par excell.
Excellence, sf. perfection.
Excellent, e, a. très-bon.
Excellentissime, a. titre.
Exceller, v. surpasser.
Excentricité, sf. distance entre les centres. [férent
Excentrique, a. à centre dif-

Excepté, prép. hormis.
Excepter, v. dispenser.
Exception, sf. act. d'excepter
Exceptionnel, le, a. qui fait exception.
Excès, sm. excédant ; outrage.
Excessif, ive, a. qui excède.
Excessivement, ad. avec excès.
Excitatif, ive, a. qui excite.
Excitation, sf. act. d'
Exciter, v. provoquer.
Exclamation, sf. cri.
Exclure, v. repousser.
Exclusif, ive, a. qui exclut.
Exclusion, sf. act. d'exclure.
Exclusivement, ad. en except.
Excommunication, sf. act. d'
Excommunier, v. séparer de la communion catholique.
Excoriation, sf. écorchure.
Excrément, sm. ordures.
Excroissance, sf. tumeur.
Excursion, sf. course.
Excusable, a. digne d'excuse.
Excuse, sf raison p. excuser.
Excuser, v. pardonner.
Exécrable, a. détestable.
Exécrablement, ad.
Exécration, sf. horreur.
Exécrer, v. détester.
Exécuter, v. effectuer.
Exécuteur, sm. bourreau.
Exécutif, ive, a. qui fait exécuter les lois.
Exécution, sf. act. d'exécuter.
Exemplaire, sm. copie ; modèle.
Exemplairement, ad.
Exemple, sm. et f. modèle.
Exempt, e, a. non sujet à.
Exempter, v. dispenser de.
Exemption, sf. act. d'exempt.
Exercer, v. dresser ; pratiquer
Exercice, sm. act. d'exercer.
Exergue, sm. espace au bas d'une médaille.
Exhalaison, sf. émanation.
Exhalation, sf. act. d'
Exhaler, v. pousser en l'air ; s'évaporer.
Exhaussement, sm. élévation.
Exhausser, v. élever.
Exhiber, v. représenter.
Exhibition, sf. act. d'exhiber.
Exhortation, sf. discours pour
Exhorter, v. exciter à.
Exhumation, sf. act. d'
Exhumer, v. déterrer.
Exigence, sf. besoin.
Exiger, v. demander.
Exigible, a. qu'on peut exiger.
Exigu, ë, a. petit, modique.
Exiguïté, sf. petitesse.
Exil, sm. bannissement.
Exiler, v. envoyer en exil.

Existant, e, a. qui existe.
Existence, sf. être actuel.
Exister, v avoir l'être.
Exorable, a. qu'on peut fléch.
Exorbitant, e, a. excessif.
Exorciser, v. chasser le démon.
Exorcisme, sm. act. d'exorcis.
Exorciste, sm. qui exorcise.
Exorde, sm. première partie.
Expansible, a. capable d'exp.
Expansif, ive, a. affectueux.
Expansion, sf. dilatation.
Expatriation, sf. act. de
Expatrier (s'), vp. quitter sa patrie. [pérer.]
Expectatif, ive, a. qui suit es-]
Expectative, sf. attente.
Expectorant, e, a. qui fait expectorer.
Expectoration, sf. act. d'
Expectorer, v. cracher.
Expédient, sm. moyen. [ner.]
Expédier, v. envoyer; termi-]
Expéditif, ive, a. qui expédie.
Expédition, sf. act. d'expédier
Expéditionnaire, s. copiste.
Expérience, sf. épreuve; essai.
Expérimental, a. d'expérience.
Expérimenter, v. éprouver.
Expert, e, a. habile.
Expertise, sf. acte d'expert.
Expiation, sf. act. d'expier.
Expiatoire, a. qui expie.
Expier, v. réparer un crime.
Expiration, sf. act. d'expirer.
Expirer, v. finir; mourir; rendre l'air aspiré.

Explétif, ive, a. (mot) inutile.
Explicable, a. qui peut être expliqué.
Explicatif, ive, a. qui explique.
Explication, sf. interprétation.
Explicite, a. clair, formel.
Explicitement, ad. positivem.
Expliquer, v. interpréter.
Exploit, sm. grande action.
Exploitation, sf. act. d'
Exploiter, v. faire valoir.
Explorer, v. examiner.
Explosion, sf. détonnation.
Exportation, sf. act. d'
Exporter, v. transporter
Exposé, sm. ce qu'on raconte.
Exposer, v. mettre en vue.
Exposition, sf. act. d'exposer.
Exprès, esse, a. précis, formel.
Expressément, ad.
Expressif, ive, a. énergique.
Expression, sf. mot.
Exprimable, a. qui peut se dire.
Exprimer, v. tirer le suc; dire.
Ex-professo, ad. avec soin.
Expropriation, sf. act. d'
Exproprier, v. dépouiller.
Expulser, v. chasser.
Expulsif, ive, a. qui expulse.
Expulsion, sf. act. d'expulser.
Exquis, ise, a. excellent.
Extase, sf. ravissement d'esprit
Extasier (s'), v. être ravi.
Extatique, a. de l'extase.
Extensible, a. susceptible d'
Extension, sf. étendue.
Exténuation, sf. affaiblissement

Exténuer, v. affaiblir.
Extérieur, e, a. du dehors.
Extérieurement, ad.
Exterminateur, trice, s. a.
Extermination, sf. act. d'
Exterminer, v. détruire. [nes.]
Externat, sm. pension d'exter-]
Externe, a. s. du dehors.
Extinction, sf. act. d'éteindre.
Extirpation, sf. act. d'
Extirper, v. déraciner.
Extorquer, v. arracher.
Extorsion, sf. act. d'extorquer.
Extraction, sf. origine.
Extradition, sf. remise de prisonniers.
Extraire, v. tirer de.
Extrait, sm. chose tirée.
Extrajudiciaire, a. hors des formes judiciaires.
Extraordinaire, sm. a. rare.
Extraordinairement, ad.
Extravagamment, ad.
Extravagance, sf. folie.
Extravagant, e, s. a. fou.
Extravaguer, v. perdre la raison
Extravasation, sf. act. d'
Extravaser (s'), v. s'épancher.
Extrême, a. excessif; sm. l'opposé.
Extrêmement, ad. beaucoup.
Extrême-onction, sf. sacrem.
Extrémité, sf. bout; agonie.
Exubérance, sf. surabondance.
Exubérant, e, a. surabondant.
Exutoire, sm. ulcère.
Ex-voto, sm. offrande.

F, sm. (fe) sixième lettre.
Fa, sm. noté de la gamme.
Fable, sf. récit allégorique.
Fabricant, e, es. qui fabrique.
Fabrication, sf. act. de fabriq.
Fabricien, sm. marguillier.
Fabrique, sf. façon; lieu où l'on fabrique.
Fabriquer, v. faire; inventer.
Fabuleusement, ad.
Fabuleux, se, a. feint.
Fabuliste, sm. auteur de fables.
Façade, sf. face d'un édifice.
Face, sf. visage; façade.
Facétie, sf. (ci) plaisanterie.
Facétieusement, ad.
Facétieux, se, a. plaisant.
Facette, sf. petite face.
Fâcher, v. irriter.
Fâcherie, sf. bouderie fam.
Fâcheux, se, a. qui chagrine.
Facile, a. aisé, complaisant.

Facilement, ad. aisément.
Facilité, sf. manière aisée.
Faciliter, v. rendre facile.
Façon, sf. manière; travail.
Faconde, sf. éloquence.
Façonner, v. orner; former.
Façonnier, ière, a. s. cérémon.
Fac-simile, sm. (lé) imitation.
Facteur, sm. faiseur; commis.
Factice, a. fait par art.
Factieux, se, a. s. séditieux.
Faction, sf. guet; parti.
Factionnaire, sm. sentinelle.
Factotum, sm. (ome) qui se mêle de tout.
Factum, sm. (ome) mémoire.
Facture, sf. mémoire, note.
Facultatif, ive, a. qui donne
Faculté, sf. puissance, droit.
Fadaise, sf. niaiserie.
Fade, a. insipide.
Fadeur, sf. qualité fade.

Fagot, sm. faisceau; fadaise.
Fagotage, sm. act. de
Fagoter, v. mettre en fagots.
Fagoteur, sm. qui fagote.
Faible, a. sans force.
Faiblement, ad.
Faiblesse, sf. manque de force.
Faiblir, v. perdre de sa force.
Faïence, sf. poterie de terre.
Faïencerie, sf. commerce de
Faïencier, ière, s. marchand de faïence.
Failli, e, s qui a fait faillite.
Faillibilité, sf. qualité
Faillible, a. sujet à l'erreur.
Faillir, v. se tromper.
Faillite, sf. banqueroute.
Faim, sf. besoin de manger.
Faine, sf. fruit du hêtre.
Fainéant, e, s. a. paresseux.
Fainéanter, v. ne rien faire.
Fainéantise, sf. paresse.

Faire, *va.* agir, composer.
Faisable, *a.* qu'on peut faire.
Faisan, *sm.* oiseau.
Faisceau, *sm.* amas.
Faiseur, euse, *s.* qui fait.
Fait, *sm.* chose faite; action.
Faitage, *sm.* toit.
Faite, *sm.* comble; sommet.
Faitière, *sf.* tuile courbe.
Faix, *sm.* charge, fardeau.
Falaise, *sf.* rocher escarpé.
Falbala, *sm.* ornement de robe.
Fallacieux, se, *a.* trompeur.
Falloir, *v.* être de nécessité.
Falot, *sm.* grande lanterne.
Falourde, *sf.* gros fagot.
Falsificateur, *s.* qui falsifie.
Falsification, *sf.* action de
Falsifier, *v.* contrefaire. [faim.]
Famélique, *a. s.* pressé de la
Fameux, se, *s. a.* renommé.
Familiariser, *v.* habituer.
Familiarité, *sf.* manière aisée.
Familier, ière, *a.* habituel.
Familièrement, *ad.*
Famille, *sf.* race, lignée.
Famine, *sf.* disette de vivres.
Fenaison, *sf.* temps de faner.
Fanal, *sm.* grosse lanterne.
Fanatique, *a. s.* furieux.
Fanatiser, *v.* rendre fanatique.
Fanatisme, *sm.* zèle du fanatiq.
Fane, *sf.* feuilles sèches.
Faner, *v.* étaler l'herbe; flétrir.
Faneur, euse, *s.* qui fane.
Fanfare, *sf.* concert.
Fanfaron, *sm.* faux brave.
Fanfaronnade, *sf.* vanterie.
Fanfreluche, *sf.* bagatelle.
Fange, *sf.* boue.
Fangeux, se, *a.* plein de fange.
Fanon, *sm.* gorge de bœuf.
Fantaisie, *sf.* caprice.
Fantasmagorie, *sf.* art de faire
paraître des fantômes.
Fantasque, *a.* capricieux.
Fantassin, *sm.* soldat à pied.
Fantastique, *a.* chimérique.
Fantôme, *sm.* spectre; chimère.
Faon, *sm.* (fan) petit de biche.
Faquin, *sm.* gueux.
Faquinerie, *sf.* fatuité.
Farandole, *sf.* danse.
Farce, *sf.* hachis; bouffonnerie.
Farceur, euse, *s.* bouffon.
Farcir, *v.* remplir de farce.
Fard, *sm.* faux ornements.
Fardeau, *sm.* faix, charge.
Farder, *v.* déguiser.
Farfadet, *sm.* esprit follet.
Farfouiller, *v.* fouiller.
Faribole, *sf.* chose frivole.
Farine, *sf.* grain en poudre.
Farineux, se, *a.* de farine.

Farouche, *a.* sauvage, cruel.
Fascination, *sf.* charme.
Fascine, *sf.* gros fagot.
Fasciner, *v.* ensorceler.
Fashion, *sf.* (cheune) mode.
Fashionable, *a.* (cheunèble) à
la mode. [nales.]
Faste, *sm.* ostentation; pl. an-
Fastidieusement, *ad.*
Fastidieux, se, *a.* ennuyeux.
Fastueusement, *ad.* avec faste.
Fastueux, se, *a.* qui a du faste.
Fat, *a. sm.* impertinent.
Fatal, e, *a.* funeste.
Fatalement, *ad.* par fatalité.
Fatalisme, *sm.* hasard.
Fataliste, *s.* qui attribue tout
au destin.
Fatalité, *sf.* hasard; malheur.
Fatigant, e, *a.* qui fatigue.
Fatigue, *sf.* travail; lassitude.
Fatiguer, *v.* lasser; ennuyer.
Fatras, *sm.* amas confus.
Fatuité, *sf.* impertinence.
Faubourg, *sm.* partie d'une ville
hors de son enceinte.
Fauchage, *sm.* action de
Faucher, *v.* couper l'herbe.
Faucheur, euse, *s.* qui fauche.
Faucheux, *sm.* araignée.
Faucille, *sf.* instrument.
Faucon, *sm.* oiseau de proie.
Faufiler, *v.* coudre (se) s'in-
sinuer. [couper.]
Faulx, *sf* (fo) instrum. pour
Faussaire, *s.* qui fait des faux.
Faussement, *ad.* contre la vérité
Fausser, *v.* courber; violer.
Fausset, *sm.* brochette.
Fausseté, *sf.* mensonge.
Faute, *sf.* manquement.
Fauteuil, *sm.* chaise à bras.
Fauteur, trice, *s.* complice.
Fautif, ive, *a.* sujet à faillir.
Fauve, *a. s.* roussâtre.
Fauvette, *sf.* petit oiseau.
Faux, *sf. Voy.* Faulx.
Faux, Fausse, *a.* non vrai;
feint; contrefait; *sm.* ce qui
n'est pas vrai. [dépenses.]
Faux-frais, *sm. pl.* menues
Faux-frère, *sm.* traître.
Faux-fuyant, *sm.* subterfuge.
Faux-titre, *sm.* faux contrat;
premier titre d'un livre.
Faveur, *sf.* bienfait; grace.
Favorable, *a.* propice.
Favorablement, *ad.* par faveur.
Favori, ite, *s. a.* qui plaît; *sm.*
barbe le long des joues.
Favoriser, *v.* protéger. [vre.]
Fébrifuge, *sm. a.* contre la fiè-
Fébrile, *a.* de la fièvre.
Fécale, *a. f.* de l'excrément.

Fécond, e, *a.* fertile
Fécondation, *sf.* action de
Féconder, *va.* rendre fécond.
Fécondité, *sf.* fertilité.
Fécule, *sf.* farine.
Féculent, e, *a.* chargé de lie.
Fédératif, ive, *a.* de
Fédération, *sf.* alliance.
Fée, *sf.* enchanteresse.
Feindre, *v.* simuler.
Feinte, *sf.* dissimulation.
Feintise, *sf.* feinte : vx.
Fêler, *v.* fendre un verre, etc.
Félicitation, *sf.* act. de féliciter.
Félicité, *sf.* bonheur.
Féliciter, *v.* complimenter.
Félon, ne, *s. a.* traître.
Félonie, *sf.* action de félon.
Fêlure, *sf.* fente [les pet ts.
Femelle, *sf.* l'animal qui porte
Féminin, e, *a.* de femme.
Femme, *sf.* (fame) femelle,
épouse. [délicate.
Femmelette, *sf.* (fame) femme
Fémur, *sm.* os de la cuisse.
Fendre, *v.* diviser, couper.
Fenêtre, *sf.* ouverture.
Fenouil, *sf.* plante.
Fente, *sf.* ouverture en long
Féodal, e, *a.* des fiefs.
Féodalité, *sf.* qualité de fief
Fer, *sm.* métal; outil; épée.
Fer-blanc, *sm.* fer en lames
Ferblantier, *sm.* ouvrier.
Férie, *sf.* jour de la semaine.
Férir, *v.* frapper : vx.
Fermage, *sm.* loyer.
Ferme, *sf.* métairie.
Ferme, *a.* fixe, fort.
Fermement, *ad.* av. fermeté.
Ferment, *sm.* levain. [ment.
Fermentatif, ive, *a.* qui fer-
Fermentation, *sf.* agitation.
Fermenter, *v.* s'agiter, s'aigrir.
Fermer, *v.* clore, enclore.
Fermeté, *sf.* solidité.
Fermeture, *sf.* ce qui ferme.
Fermier, ière, *s.* qui prend à
ferme.
Féroce, *a.* farouche, cruel.
Férocité, *sf.* caractère féroce.
Ferraille, *sf.* mauvais fer.
Ferrailler, *v.* bretailler.
Ferrailleur, *sm.* bretteur.
Ferrant, *a. m.* (maréchal) qui
Ferrer, *v.* garnir de fer. [ferre.
Ferrugineux, se, *a.* du fer.
Ferrure, *sf.* garniture de fer.
Fertile, *a.* fécond.
Fertilement, *ad.* avec fertilité.
Fertilisation, *sf.* act. de
Fertiliser, *v.* rendre fertile.
Fertilité, *sf.* qualité fertile.
Férule, *sf.* palette pour frapper

Fervemment, ad. avec ferveur.
Fervent, e, a. qui a de la fer-.
Ferveur, sf. ardeur, zèle. (venr.]
Fesse, sf. partie du derrière.]
Fesse-cahier, sm. copiste.
Fessée, sf. coups sur les fesses.
Fesse-mathieu, sm. usurier.
Fesseur, euse, s. qui fouette.
Fesser, va, fouetter.
Festin, sm. repas.
Festiner, v. faire un festin.
Feston, sm. ornement.
Festonner, v orner de festons.
Fête, sf. jour consacré au culte.
Fêter, v. faire fête.
Fétiche, sm. idole des nègres
Fétichisme, sm. culte des fé-]
Fétide, a. infect. [tiches.]
Fétidité, sf. puanteur.
Fétu, sm. brin de paille.
Feu, sm. élément; lumière.
Feu, e, a. défunt.
Feudataire, s. vassal.
Feuillage, sm. les feuilles.
Feuillaison, sf. act. de feuiller.
Feuille, sf. partie de la plante;
    lame de métal; étendue de
    papier; journal.
Feuiller, v. donner des feuilles.
Feuillet, sm. deux pages.
Feuilleter, v. chercher.
Feuilleton, sm. petite feuille.
Feuillette, sf. petit tonneau.
Feuillure, sf. entaillure.
Feutrage, sm. act. de feutrer.
Feutre, sm. étoffe foulée.
Feutrer, v. remplir de feutre.
Fève, sf. légume; chrysalide.
Février, sm. second mois.
Fi ! interj. marque le mépris.
Fiacre, sm. carrosse de place.
Fiançailles, sf. pl. promesse
    de mariage.
Fiancer, v. promettre mariage.
Fibre, sf. filament des chairs.
Ficeler, v. lier.
Ficelle, sf. petite corde.
Fiche, sf. cheville; marque.
Ficher, v. faire entrer.
Fichu, sm. mouchoir de cou.
Fichu, e, a. mal fait; perdu.
Fictif, ive, a. feint, supposé.
Fiction, sf. invention.
Fidèle, s. a qui a de la fidélité.
Fidèlement, ad. avec fidélité.
Fidélité, sf. foi; exactitude.
Fief, sm. domaine noble.
Fieffé, e, a. à l'excès.
Fiel, sm. bile ; fig. haine.
Fiente, sf. excréments.
Fier, ière, a. s. orgueilleux.
Fier (se), v. avoir confiance.
Fier-à-bras, sm. fanfaron.
Fièrement, ad. avec fierté.

Fierté, sf. orgueil.
Fièvre, sf. maladie.
Fiévreux, se, a. de la fièvre.
Fifre, sm. sorte de flûte; ce-
    lui qui en joue.
Figement, sm. act. de se figer.
Figer, v. congeler.
Figue, sf. fruit du figuier.
Figuier, sm. arbre.
Figure, sf. forme; visage.
Figurément, ad. par méta-
    phore.
Figurer, v. représenter.
Figurine, sf. petite figure;
Figurisme, sm. secte.
Figuriste, s. sectaire; sculpteur.
Fil, sm. brin long et délié.
Filage, sm. manière de filer.
Filament, sm. brin délié.
Filandres, sf. pl. filaments.
Filasse, sf. lin ou chanvre délié.
Filassier, ière, s. ind. de filasse.
Filateur, sm. chef de filature.
Filature, sm. atelier où l'on file.
File, sf. suite, rangée.
Filer, v. faire du fil; s'esquiver.
Filet, sm. fil délié; rets.
Fileur, euse, s. qui file.
Filial, e, a. du fils.
Filialement, ad. en fils.
Filiation, sf. descendance.
Filière, sf. outil.
Fille, sf. jeune personne.
Fillette, sf. petite fille ; fam.
Filleul, e, s. qu'on a tenu sur
    les fonts de baptême.
Filoselle, sf. grosse soie.
Filou, sm. escroc, fripon.
Filouter, v. voler avec adresse.
Fils, sm. enfant mâle.
Filtration, sf. act. de filtrer.
Filtre, sm. ce qui sert à filtrer.
Filtrer, v. clarifier; pénétrer.
Fin, sf. terme; but; mort.
Fin, e, a. délié, rusé.
Final, e, a. qui finit.
Finalement, ad. enfin.
Finance, sf. argent comptant.
Financer, v. payer.
Financier, ière, s. qui est dans
    les affaires de finances.
Finasser, v. user de finesse.
Finaud, e, a. s. fin, rusé.
Finement, ad. avec finesse.
Finesse, sf. délicatesse; ruse.
Fini, e, a. parfait.
Finir, va. terminer ; cesser.
Fiole, sf. petite bouteille.
Firmament, sm. le ciel.
Fisc, sm. le trésor public.
Fiscal, a. du fisc.
Fixation, sf. action de fixer.
Fixe, a. immobile; certain.
Fixement, ad. d'une man. fixe.

Fixer, v. rendre fixe.
Fixité, sf. état fixe.
Flacon, sm. sorte de bouteille.
Flagellation, sf. action de
Flageller, va. fouetter.
Flageolet, sm. petite flûte.
Flagorner, v. flatter bassement.
Flagornerie, sf. flatterie basse.
Flagorneur, a. s. qui flagorne.
Flagrant, e, a. : en flagrant
    < délit, sur le fait.
Flairer, v. sentir; pressentir.
Flambant, e, a. qui flambe.
Flambé, e, a. ruiné, perdu.
Flambeau, sm. torche.
Flamber, va. jeter de la flamme.
Flamberge, sf. épée : fam.
Flamboyer, v. briller. [feu]
Flamme, sf. partie subtile du]
Flan, sm. métal rond; tarte.
Flanc, sm. côté ; pl. ventre.
Flandrin, sm. homme fluet.
Flanelle, sf. étoffe de laine.
Flâner, v. muser; niaiser; fam.
Flânerie, sf. action de flâner.
Flâneur, euse, s. a. qui flâne.
Flanquer, v. garnir.
Flasque, a. mou et sans force.
Flatter, v. louer à l'excès.
Flatterie, sf. louange outrée.
Flatteur, euse, s. a. qui flatte.
Flatteusement, ad. av. flatterie.
Fléau, sm. instrument pour
    battre le blé; fig. malheur.
Flèche, sf. trait qui se décoche.
Fléchir, v. courber; adoucir.
Flegmatique, a. s. froid.
Flegme, sm. sang-froid.
Flétrir, v. faner ; déshonorer.
Flétrissure, sf. état flétri.
Fleur, sf. partie d'une plante.
Fleurir, v. être en fleurs.
Fleuron, sm. ornement.
Fleuve, sm. grande rivière.
Flexibilité, sf. qualité
Flexible, a. qui se plie.
Flocon, sm. petite touffe.
Floraux, a. m. pl. (jeux)
Florin, sm. monnaie.
Florissant, e, a. prospère.
Flot, sm. onde, vague.
Flottable, a. où on peut flotter.
Flottage, sm. conduite du bois
    flotté.
Flottant, e, a. qui flotte.
Flotte, sf. réunion de vaisseaux.
Flottement, sm. ondulation.
Flotter, vn. aller sur l'eau.
Flou, ad. (peindre) doux.
Fluctueux, se, a. agité.
Fluer, v. couler.
Fluet, te, a. mince, délicat.
Fluentre, sf. pl. maladie.
Fluide, sm. a. non solide.

Fluidité, sf. qualité fluide.
Flûte, sf. instrum. à vent.
Flûté, e, a. (voix) douce.
Flûter, v. jouer de la flûte.
Flux, sm. mouvem. de la mer.
Fluxion, sf. enflure.
Foi, sf. dogme; croyance.
Foie, sm. viscère du ventre.
Foin, sm. herbe des prés.
Foire, sf. marché.
Fois, sf. désigne la quantité.
Foison, sf. abondance.
Foisonner, vn. abonder.
Fol ou Fou. Voy. Fou.
Folâtre, a. badin.
Folâtrer, vn. badiner.
Folâtrerie, sf. badinerie.
Folie, sf. démence.
Folio, sm. numéro d'une page.
Follement, ad. avec folie.
Follet, te, a. badin.
Follicule, sm. membrane.
Fomentation, sf. remède extér.
Fomenter, va. entretenir.
Foncer, v. mettre un fond.
Fonction, sf. action; emploi.
Fonctionnaire, sm. qui remplit
  une fonction.
Fond, sm. partie basse.
Fondamental, e, a. de fondem.
Fondant, e, a. qui se fond.
Fondateur, trice, s. qui fonde.
Fondation, sf. action de fonder.
Fondé, e, a. s. chargé de: pal.
Fondement, sm. base; l'anus.
Fonder, va. établir, appuyer.
Fonderie, sf. lieu où l'on fond.
Fondeur, sm. qui fond le métal.
Fondre, va. liquéfier, mêler.
Fondrière, sf. marécage.
Fonds, sm. sol; argent.
Fontaine, sf. source; vase.
Fonte, sf. action de fondre.
Fonts, sm. pl. grand vaisseau
  pour baptiser.
For, sm. tribunal.
Forçat, sm. galérien.
Force, sf. vigueur; puissance.
Forcément, ad. par force.
Forcené, e, s. a. furieux.
Forcer, v. contraindre.
Forer, v. percer.
Forestier, ière, a. des forêts.
Foret, sm. outil pour percer.
Forêt, sf. grand bois.
Forfait, sm. crime; marché.
Forfaiture, sf. prévarication.
Forge, sf. lieu où l'on forge.
Forger, v. travailler le fer.
Forgeron, sm. qui forge.
Forgeur, sm. forgeron.
Formaliser (se), v. s'offenser
Formalité, sf. formule.
Format, sm. dimension.

Formation, sf. act. de former.
Forme, sf. règle; façon.
Formel, le, a. précis.
Formellement, ad.
Former, va. donner la forme.
Formicant, a. (pouls) faible.
Formidable, a. à craindre.
Formulaire, sm. livre de
Formule, sf. modèle des actes.
Formuler, v. rédiger.
Fornication, sf. péché.
Fors, prép. excepté: vx.
Fort, sm. force; lieu fortifié.
Fort, e, a. vigoureux; grand.
Fortement, ad. avec force.
Forteresse, sf. place fortifiée.
Fortification, sf. art de
Fortifier, v. rendre fort.
Fortuit, e, a. qui arrive par ha-
  sard.
Fortuitement, ad. par hasard.
Fortune, sf. hasard; richesse.
Fortuné, e, a. heureux, riche.
Forum, sm. (rome) place de
  l'ancienne Rome.
Fosse, sf. trou en terre.
Fossé, sm. fosse en long.
Fossette, sf. petite fosse.
Fossile, sm. a. tiré de la terre.
Fossoyer, v. clore des fossés.
Fossoyeur, sm. qui fait les fos-
Fou, folle, s. a. aliéné. [ses.
Fouailler, va. fouetter souvent.
Foudre, sm. et f. exhalaison
  enflammée; grande tonne.
Foudroyer, v. frapper de la
  foudre; renverser.
Fouet, sm. ficelle; lanière.
Fouetter, va. donner le fouet.
Fougère, sf. plante. [ardeur.
Fougue, sf. mouvem. violent;
Fougueux, se, a. emporté.
Fouille, sf. action de fouiller.
Fouiller, v. creuser; visiter.
Fouine, sf. grosse belette.
Fouir, v. creuser.
Foule, sf. presse, multitude.
Fouler, v. presser; opprimer.
Foulerie, sf. où l'on foule.
Foulon, sm. qui foule les draps.
Foulure, sf. contusion.
Four, sm. lieu voûté en rond.
Fourbe, a. s. trompeur.
Fourberie, sf. tromperie.
Fourbir, v. polir en frottant.
Fourche, sf. instrument à deux
  ou trois pointes. [table]
Fourchette, sf. ustensile de
Fourgon, sm. charrette.
Fourgonner, v. remuer le feu.
Fourmi, sf. insecte.
Fourmilière, sf. gîte des four-
Fourmiller, v. abonder. [mis.
Fournaise, sf. grand four.

Fourneau, sm. vase pour le feu
Fournée, sf. contenu d'un four.
Fournil, sm. lieu où est le four.
Fournir, v. pourvoir, donner.
Fournisseur, s. qui fournit.
Fourniture, sf. provision.
Fourrage, sm. paille, foin, etc.,
  pour les bestiaux.
Fourrager, v. ravager.
Fourreau, sm. gaine, robe.
Fourrer, v. mettre; garnir.
Fourrier, sm. sous-officier.
Fourrure, sf. doublure en poil.
Fourvoyer, v. égarer.
Foyer, sm. âtre; demeure.
Fracas, sm. bruit.
Fracasser, v. briser av. bruit.
Fraction, sf. partie d'un tout.
Fractionnaire, a. des fractions.
Fracture, sf. rupture.
Fracturer, v. rompre.
Fragile, a. aisé à rompre.
Fragilité, sf. qualité fragile.
Fragment, sm. morceau.
Fraîchement, ad. avec fraî-
  cheur.
Fraîcheur, sf. frais; éclat.
Frais, aiche, a. un peu froid.
Frais, sm. pl. dépense.
Fraise, sf. fruit; collet plissé.
Fraiser, va. plisser en fraise.
Fraisette, sf. petite fraise.
Fraisier, sm. plante vivace.
Framboise, sf. fruit.
Framboisier, sm. arbrisseau.
Franc, sm. monnaie (20 sous.)
Franc, anche, a. libre.
Français, aise, s. a. de France.
Franchement, ad. av. franchise.
Franchir, v. sauter; passer.
Franchise, sf. sincérité.
Franciser, v. rendre français.
Franc-parler, sm. liberté de
  dire tout ce que l'on pense.
Frange, sf. tissu effilé.
Franger, v. garnir de franges.
Franquette (à la bonne), sf.
  franchement.
Frapper, v. donner des coups.
Fraternel, le, a. de frères.
Fraternellement, ad. en frère.
Fraterniser, v. vivre en frères.
Fraternité, sf. union fraternelle
Fratricide, sm. meurtre.
Fraude, sf. tromperie.
Frauder, v. tromper.
Fraudeur, euse, s. qui fraude.
Frauduleusement, ad.
Frauduleux, se, a. fait avec
  fraude.
Frayer, v. marquer, tracer.
Frayeur, sf. épouvante.
Fredaine, sf. libertinage.
Fredon, sm. tremblem. de voix.

Fredonner, v. faire des fredons.
Frégate, sf. navire.
Frein, sm. mors.
Frelater, v. altérer, falsifier.
Frêle, a. fragile, mince.
Frelon, sm. mouche-guêpe.
Freluche, sf. petite houppe.
Fieluquet, sm. damoiseau.
Frémir, v. être ému; trembler.
Frémissement, sm. émotion.
Frêne, sm. grand arbre.
Frénésie, sf. fureur; passion.
Frénétique, a. s. furieux.
Fréquemment, ad. souvent.
Fréquence, sf. réitération.
Fréquent, e, a. qui arrive souvent.
Fréquentation, sf. action de
Fréquenter, v. voir souvent.
Frère, sm. né d'un même père et d'une même mère. [mur.
Fresque, sf. peinture sur un]
Fret, sm. lounge d'un navire.
Fréter, v. louer un vaisseau.
Frétillement, sm. action de
Frétiller, v. se démener : fam.
Fretin, sm. menu poisson.
Freux, sm. oiseau.
Friabilité, sf. qualité friable.
Friable, a. aisé à broyer.
Friand, e, s. a. délicat.
Friandise, sf. goût de friand.
Fricandeau, sm. veau lardé.
Fricassée, sf. viande fricassée.
Fricasser, v. cuire.
Friche, f. terre inculte.
Fricot, sm. mets.
Friction, sf. frottement.
Frileux, se, a.s. sensible au]
Frimas, sm. grésil. [froid.]
Fringant, e, a. fort vif.
Friper, va. chiffonner.
Friperie, sf. vieux habits.
Fripon, ne, s. escroc.
Friponner, v. escroquer.
Friponnerie, sf. act. de fripon.
Frire, v. cuire dans la friture.
Frise, sf. étoffe; bande: archit.
Frisé, e, a. crépu.
Friser, va. crêper, frôler.
Friseur, euse, s. qui frise.

Frisotter, v. friser souvent.
Frisson, sm. tremblement.
Frissonner, v. avoir le frisson.
Frisure, sf. façon de friser.
Fritte, sf. cuisson du verre.
Friture, sf. poissons frits.
Frivole, a. vain, léger.
Frivolité, sf. futilité.
Froc, sm. habit monacal.
Froid, sm. opposé du chaud.
Froidement, ad.
Froideur, sf. qualité froide.
Froissement, sm. action de
Froisser, va. meurtrir.
Frôlement, sm. act. de frôler.
Frôler, v. toucher légèrement.
Fromage, sm. lait caillé égoutté
Fromager, ère, s. md. de fromages. [fait des fromages.]
Fromagerie, sf. lieu où l'on]
Froment, sm. le meilleur blé.
Froncement, sm. action de
Froncer, v. rider; plisser.
Froncis, sm. pli à une étoffe.
Fronde, sf. tissu de cordes pour jeter des pierres.
Fronder, v. jeter une pierre.
Frondeur, sm. qui fronde.
Front, sm. le haut du visage.
Frontière, sf. limites des états.
Frontispice, sm. face.
Fronton, sm. ornement.
Frottement, sm. action de
Frotter, va. toucher en passant.
Frotteur, euse, s. qui frotte.
Fructifier, v. produire.
Fructueusement, ad. utilem.
Fructueux, se, a. qui produit.
Frugal, e, a. sobre.
Frugalement, ad. av. frugalité.
Frugalité, sf. sobriété.
Frugivore, a. qui vit de fruit.
Fruit, sm. production végétale.
Frustrer, v. priver d'une chose.
Fugitif, ive, a. s. qui fuit.
Fuir, v. courir pour se sauver.
Fuite, sf. action de fuir.
Fulmination, sf. explosion.
Fulminer, v. publier; s'emporter; faire explosion.
Fumée, sf. vapeur.

Fumer, v. jeter de la fumée.
Fumeron, sm. charbon qui fume.
Fumet, sm. odeur du vin.
Fumeterre, sf. plantes.
Fumeur, euse, s. qui fume.
Fumier, sm. paille pourrie.
Fumigation, sf. action de
Fumiger, v. exposer à la vapeur
Fumiste, sm. poêlier.
Funèbre, a. lugubre.
Funérailles, sf. pl. obsèques.
Funéraire, a. des funérailles.
Funeste, a. malheureux.
Fur, sm. Au fur et à mesure, à mesure que.
Furet, sm. petit animal.
Fureter, vn. chasser au furet.
Fureteur, euse, s. qui furette.
Fureur, sf. frénésie; colère.
Furibond, e, a. s furieux.
Furie, sf. emportement.
Furieusement, ad. à l'excès.
Furieux, se, a. s. en furie.
Furoncle, sm. tumeur.
Furtif, ive, a. fait en cachette.
Furtivement, ad. à la dérobée.
Fusain, sm. crayon.
Fuseau, sm. instrum. pour filer.
Fusée, sf. pièce d'artifice.
Fuselé, e, a. mince par le bout.
Fuser, v. s'étendre.
Fusibilité, sf. état fusible.
Fusible, a. qui peut se fondre.
Fusil, sm. arme à feu.
Fusilier, sm. soldat fantassin.
Fusillade, sf. coups de fusil.
Fusiller, v. tuer à coups de fusil
Fusion, sf. fonte; liquéfaction.
Fustigation, sf. action de
Fustiger, v. battre.
Fût, sm. bois de fusil; futaille.
Futaie, sf. bois de grands arbres
Futaille, sf. tonneau vide.
Futaine, sf. étoffe de coton.
Futé, e, a. fin, rusé.
Futile, a. frivole.
Futilité, sf. frivolité.
Futur, e, s. a. qui est à venir.
Fuyant, e, a. qui fuit.
Fuyard, e, s. a. qui fuit.

G, *sm.* (gé ou *gue*) septième lettre de l'alphabet.	Gaieté, *sf.* joie, belle humeur.	Gallicisme, *sm.* idiotisme français.
Gabare, *sf.* bateau ; filet.	Gaillard, e, *s. a.* vif ; dispos.	Galoche, *sf.* chaussure.
Gabelle, *sf.* impôt sur le sel.	Gaillardement, *ad.* gaiement.	Galon, *sm.* tissu de soie, etc.
Gâche, *sf.* pièce de fer où entre le pène ; crochet.	Gain, *sm* profit ; succès.	Galonner, *v.* orner de galons.
Gâcher, *v.* délayer ; gâter.	Gaine, *sf.* étui, fourreau.	Galop, *sm.* allure rapide ; danse.
Gâchette, *sf.* pièce de serrure, de fusil.	Gainier, *sm.* md. de gaines.	Galopade, *sf.* action de
Gâcheux, se, *a.* bourbeux.	Gala, *sm.* fête ; festin.	Galoper, *v.* aller au galop.
Gâchis, *sm.* saleté ; mortier.	Galant, e, *a.* probe ; civil.	Galopin, *sm.* petit valet.
Gadouard, *sm.* vidangeur.	Galanterie, *sf.* politesse.	Galvanisme, *sm.* fluide.
Gadoue, *sf.* matière fécale.	Gale, *sf.* maladie de la peau.	Gambade, *sf.* saut sans cadence
Gage, *sm.* nantissement.	Galère, *sf.* bâtiment de mer.	Gambader, *v.* sauter.
Gager, *v.* parier ; donner des gages.	Galerie, *sf.* corridor.	Gambiller, *v.* remuer les jambes
Gagerie, *sf.* saisie de meubles.	Galérien, *sm.* forçat.	Gamelle, *sf.* écuelle.
Gageur, euse, *a.* qui gage.	Galet, *sm.* jeu ; caillou.	Gamin, *sm.* petit garçon.
Gageure, *sf.* pari.	Galetas, *sm.* logement pauvre.	Gamme, *sf.* table des notes.
Gagne-denier, *sm.* journalier.	Galette, *sf.* gâteau plat.	Ganache, *sf.* mâchoire.
Gagner, *va.* profiter ; acquérir.	Galeux, se, *s. a.* qui a la gale.	Gangrène, *sf.* corruption.
Gai, e, *a.* joyeux.	Galimafrée, *sf.* fricassée.	Gangréner (se), *v.* se corrompr
Gaiement, *ad.* avec gaieté.	Galimathias, *sm.* discours [confus.]	Gangréneux, se, *a.* corrompu.
	Galiote, *sf.* bateau.	Gangue, *sf.* roche.
	Galle, *sf.* excroissance végétale.	Ganse, *sf.* cordonnet de soie.
	Gallican, e, *a.* de l'église de France	Gant, *sm.* ce qui couvre la main.

Gantelet, *sm.* gant de fer.
Ganter, *v.* mettre les gants.
Ganterie, *sf.* fabrique de gants.
Gantier, ière, *s.* md. de gants.
Garance, *sf.* plante dont la racine teint en rouge.
Garancer, *v.* teindre en garance
Garant, e, *s.* caution ; autorité.
Garantie, *sf.* assurance.
Garantir, *v.* se rendre garant.
Garçon, *sm.* enfant mâle.
Garde, *sf.* action de garder; guet ; troupe ; sentinelle.
Garde-des-sceaux, *sm.* ministre
Garde-fou, *sm.* balustrade.
Garde-malade, *s.* qui garde un malade.
Garde-manger, *sm.* lieu pour garder les aliments, etc.
Garder, *v.* conserver.
Garde-robe, *sf.* lieux d'aisances
Gardeur, euse, *s.* qui garde.
Gardien, ienne, *s.* qui garde.
Gare, *interj.* pour avertir.
Gare, *sf.* abri pour les bateaux.
Garenne, *sf.* lieu peuplé de lapins.
Garer (se), *v.* se préserver.
Gargariser (se), *v.* se laver la gorge.   [gariser.]
Gargarisme, *sm.* act. de se gar-]
Gargotage, *sm.* repas malpropre
Gargote, *sf.* petit cabaret.
Gargoter, *v.* se mal nourrir.
Gargotier, ière, *s.* cabaretier.
Gargouille, *sf.* gouttière.
Gargouiller, *v.* barboter.
Garnement, *sm.* vaurien.
Garnir, *v.* pourvoir, doubler.
Garnisaire, *sm.* soldat.
Garnison, *sf.* soldats.
Garniture, *sf.* ce qui garnit.
Garrot, *sm.* os du cheval.
Garrotter, *v.* attacher fortement
Gascon, onne, *s.* fanfaron
Gasconnade, *sf.* fanfaronnade.
Gasconner, *v.* plaisanter.
Gaspillage, *sm.* action de
Gaspiller, *v.* dissiper ; perdre.
Gaspilleur, euse, *s.* qui gaspille.
Gaster, *sm.* le bas-ventre.
Gastrique, *a.* de l'estomac.
Gastrite, *sf.* inflammation de l'estomac.
Gastronome, *sm.* gourmand.
Gastronomie, *sf.* bonne chère.
Gâteau, *sm.* pâtisserie.
Gâte-enfant, *sm.* trop indulgent
Gâte-métier, *sm.* qui vend ou travaille à vil prix.
Gâter, *v.* endommager.
Gauche, *a.* opposé à droit; mal tourné ; ridicule. • [ment.]
Gauchement, *ad.* maladroite

Gaucher, ère, *a. s.* qui se sert de la main gauche.
Gaucherie, *sf.* maladresse.
Gauchir, *vn.* se détourner.
Gaude, *sf.* bouillie de maïs.
Gaudir (se), *v.* se réjouir.
Gaufre, *sf.* rayon de miel.
Gaufrer, *v.* imprimer.
Gaufreur, euse, *s.* qui gaufre.
Gaufrure, *sf.* empreinte.
Gaule, *sf.* perche.
Gauler, *v.* battre avec une gaule
Gaulois, e, *a. s.* de la Gaule.
Gausser (se), *v.* se moquer.
Gausserie, *sf.* moquerie.
Gausseur, euse, *s.* railleur.
Gavotte, *sf.* danse gaie.
Gaz, *sm.* fluide aériforme.
Gaze, *sf.* étoffe très-claire.
Gazelle, *sf.* bête fauve.
Gazer, *v.* couvrir ; adoucir.
Gazetier, *sm.* faiseur de gazette.
Gazette, *sf.* journal.   [gaz.]
Gazeux, se, *a.* de la nature du
Gazier, *sm.* ouvrier en gaze.
Gazon, *sm.* mottes; pelouse.
Gazonnement, *sm.* act. de
Gazonner, *v.* garnir de gazons
Gazouillement, *sm.* ramage.
Gazouiller, *v.* chanter.
Geai, *sm.* oiseau.   ordinaire.
Géant, e, *s.* qui excède la taille
Gélatine, *sf.* matière animale.
Gélatineux, se, *a.* en gelée.
Gelée, *sf.* froid ; suc congelé
Geler, *v.* glacer.   [zodiaque.
Gémeaux, *sm. pl.* signe du
Gémir, *v.* se plaindre.
Gémissant, e, *a.* qui gémit.
Gémissement, *sm.* plainte.
Gemme, *sf.* sel fossile.
Gênant, e, *a.* qui gêne
Gencive, *sf.* chair qui renferme les dents.
Gendarme, *sm.* soldat
Gendarmer (se), *v.* se fâcher.
Gendarmerie, *sf.* troupe.
Gendre, *sm.* beau-fils.
Gène, *sf.* situation pénible.
Généalogie, *sf.* suite d'aïeux.
Généalogique, *a.* de la généalogie.
Gêner, *v.* incommoder.
Général, *sm.* chef militaire; supérieur.   néral.]
Généralat, *sm.* dignité de gé-]
Généralement, *ad.* en général.
Généralisation, *sf.* act. de
Généraliser, *v.* rendre général.
Généralissime, *sm.* général en chef.
Généralité, *sf.* qualité générale.
Génération, *sf.* act. d'engendrer
Généreusement, *ad.* avec gé-

nérosité.   [libéral.]
Généreux, se, *a.* magnanime,]
Générique, *a.* du genre.
Générosité, *sf.* libéralité.
Genèse, *sf.* premier livre de l'Écriture-Sainte.
Genêt, *sm.* arbrisseau.
Genévrier, *sm.* arbrisseau.
Génie, *sm.* esprit; talent; démon.
Genièvre, *sm.* genévrier.
Génisse, *sf.* jeune vache.
Génitif, *sm.* deuxième cas.
Genou, *sm.* jointure de la jambe et de la cuisse.
Genouillère, *sf.* ce qui couvre le genou.
Genre, *sm.* manière ; sorte.
Gens, *s. pl.* personnes; valets.
Gentil, *a. sm.* païen.
Gentil, ille, *a.* joli, gracieux.
Gentilhomme, *sm.* noble.
Gentilité, *sf.* les païens.
Gentillesse, *sf.* grâce.
Gentiment, *ad.* joliment.
Génuflexion, *sf.* action de fléchir le genou.
Géographe, *s. a.* savant en
Géographie, *sf.* étude de la terre
Géographique, *a.*
Geôlier, *s.* gardien de prison.
Géologie, *sf.* histoire du globe.
Géométral, e, *a.* (plan).
Géomètre, *sm.* qui sait la
Géométrie, *sf.* art de mesurer.
Géométrique, *a.* de la géométrie
Géométriquement, *ad.*
Gérant, e, *a. s.* qui gère.
Gerbe, *sf.* faisceau de blé.
Gerbée, *sf.* paille à demi battue.
Gerber, *v.* mettre en gerbe.
Gerce, *sf.* petit insecte.
Gercer, *v.* faire des gerçures.
Gerçure, *sf.* petite crevasse.
Gérer, *v.* administrer, régir.
Germain, e, *a.* (cousin).
Germanique, *a.* allemand.
Germe, *sm.* embryon de graine.
Germer, *v.* pousser.
Gérondif, *sm.* participe.
Gésier, *sm.* ventricule des oiseaux.
Gésir ou Gir, *v.* être étendu.
Geste, *sm.* action du corps.
Gesticulateur, *sm.* qui gesticule.
Gesticulation, *sf.* act. de
Gesticuler, *v.* faire des gestes.
Gestion, *sf.* act. de gérer.
Gibecière, *sf.* sac de chasseur.
Giberne, *sf.* boîte à cartouches.
Gibet, *sm.* potence.
Gibier, *sm.* animaux qu'on prend à la chasse.
Giboulée, *sf.* pluie soudaine.
Gigantesque, *sm. a.* de géant.

Gigot, *sm.* cuisse de mouton.
Gigotter, *v.* secouer les jarrets.
Gigue, *sf.* danse; *pl.* jambes.
Gilet, *sm.* veste courte.
Gille, *sm.* filet; niais.
Girafe, *sf.* quadrupède.
Girandolle, *sf.* chandelier.
Girofle, *sm.* fruit du giroflier.
Giroflée, *sf.* plante; sa fleur.
Giroflier, *sm.* plante; arbre.
Girouette, *sf.* plaque mobile.
Gisant, e, *a.* couché.
Gisement, *sm.* situation des côtes. [épitaphes.]
Git (ci-), commencement des
Gite, *sm.* lieu où l'on demeure
Giter, *v.* demeurer.
Givre, *sm.* gelée blanche.
Glace, *sf.* eau gelée; crystal.
Glacer, *v.* congeler.
Glacial, e, *a.* qui glace.
Glacier, *sm.* mont de glace.
Glacière, *sf.* lieu pour la glace
Glaçon, *sm.* morceau de glace
Gladiateur, *sm.* qui combat.
Glaire, *sf.* humeur visqueuse.
Glaise, *a. sf.* terre grasse.
Glaiser, *v.* enduire de glaise.
Gland, *sm.* fruit du chêne.
Glande, *sf.* tumeur.
Glanduleux, se, *a.* à glandes.
Glaner, *v.* ramasser les épis.
Glaneur, euse, *s.* qui glane.
Glapir, *v.* aboyer.
Glauber (sel de), *sm.* sulfate.
Glissade, *sf.* act. de glisser.
Glissement, *sm.* action de
Glisser, *v.* couler; insinuer.
Globe, *sm.* corps rond.
Globule, *sm.* petit globe.
Gloire, *sf.* honneur; éclat.
Glorieusement, *ad.* avec gloire
Glorieux, se, *a. s.* honorable;
  orgueilleux; vain.
Glorification, *sf.* élévation.
Glorifier, *v.* rendre gloire.
Gloriole, *sf.* petite vanité.
Glose, *sf.* commentaire.
Gloser, *v.* expliquer
Glossaire, *sm.* liste de mots.
Glousser, *vn.* crier.
Glouton, ne, *s. a.* gourmand.
Gloutonnement, *ad.* [ton
Gloutonnerie, *sf.* vice du glou-
Glu, *sf.* manière visqueuse.
Gluant, e, *a.* visqueux.
Gluer, *v.* enduire de glu.
Gnomonique, *sf.* art de tracer
  des cadrans solaires.
Gobelet, *sm.* vase pour boire.
Gobe-mouches, *sm.* oiseau; niais
Gober, *v.* avaler; croire.
Godailler, *v.* ivrogner.
Goder, *v.* faire des faux plis.

Godet, *sm.* petit vase.
Godiche, *s. a.* niais : *pop.*
Godron, *sm.* moulure; plis.
Godronner, *v.* faire des godrons
Goëlette, *sf.* navire.
Gogaille, *sf.* repas joyeux.
Gogo (à), à son aise.
Goguenard, e, *a. s.* railleur.
Goguenarder, *v.* railler.
Goguenarderie, *sf.* raillerie.
Goguette, *sf.* belle humeur
Goinfre, *s. a.* goulu. [ment.]
Goinfrer, *v.* manger avide-
Goinfrerie, *sf.* gourmandise.
Goître, *sm.* tumeur à la gorge.
Goîtreux, se, *s. a.* du goitre.
Golfe, *sm.* portion de mer.
Gomme, *sf.* suc résineux.
Gommer, *v.* enduire de gomme.
Gommeux, se, *a.* qui jette de
  la gomme.
Gond, *sm.* fer de porte.
Gondole, *sf.* bateau; voiture.
Gonflement, *sm.* enflure.
Gonfler, *v.* enfler, grossir.
Goniométrie, *sf.* art de mesurer
  les angles.
Gordien, *a. m.* (nœud) très-
  difficile à dénouer.
Gorge, *sf.* gosier; sein.
Gorgée, *sf.* plein la gorge.
Gorger, *v.* soûler; combler.
Gorgerette, *sf.* collerette.
Gorgerin, *sm.* armure de la
  gorge; frise de chapiteau.
Gosier, *sm.* intérieur du cou.
Gothique, *a.* fort ancien.
Gouache, *sf.* peinture.
Goudron, *sm.* poix [goudron.]
Goudronner, *v.* enduire de
Goufre, *sm.* abyme.
Gouge, *sf.* ciseau; foret.
Goujat, *sm.* garçon maçon.
Goujon, *sm.* petit poisson.
Goulée, *sf.* grande bouchée.
Goulet, *sm.* entrée étroite.
Goulot, *sm.* cou étroit.
Goulotte, *sf.* petite rigole.
Goulu, e, *s. a.* glouton.
Goulûment, *ad.* avidement.
Goupille, *sf.* petite clavette.
Goupillon, *sm.* aspersoir.
Gourde, *sf.* calebasse.
Gourdin, *sm.* bâton court.
Goure, *sf.* drogue falsifiée.
Gourer, *v.* tromper.
Goureur, euse, *s.* qui trompe.
Gourmade, *sf.* coup de poing.
Gourmand, e, *s. a.* qui mange
  avec excès.
Gourmander, *v.* réprimander.
Gourmandise, *sf.* vice du gour-
  mand. [vaux.]
Gourme, *sf.* maladie des che-

Gourmé, e, *a.* vain, guindé.
Gourmer, *v.* battre.
Gourmet, *sm.* dégustateur; fin
  gourmand.
Gourmette, *sf.* chaînette.
Gousse, *sf.* enveloppe.
Gousset, *sm.* creux; poche.
Goût, *sm.* sens des saveurs.
Goûter, *v.* manger; discerner.
Goutte, *sf.* petite partie d'un
  liquide; maladie.
Gouttelette, *sf.* petite goutte.
Goutteux, se, *a. s.* sujet à la
Gouttière, *sf.* canal. goutte.]
Gouvernail, *sm.* timon.
Gouvernante, *sf.* ménagère.
Gouverne, *sf.* règle de conduite.
Gouvernement, *sm.* action,
  manière de gouverner.
Gouverner, *v.* régir, diriger.
Gouverneur, *sm.* qui gouverne.
Grabat, *sm.* petit et méchant lit.
Grabuge, *sm.* désordre.
Grâce et Grâce, *sf.* faveur.
Gracier, *v.* faire grace.
Gracieusement, *ad.* avec grace.
Gracieux, se, *a.* plein de grace.
Grade, *sm.* dignité.
Gradin, *sm.* petit degré. [grés.]
Graduation, *sf.* division en de-
Graduel, le, *a.* par degrés.
Graduellement, *ad.* par degrés.
Graduer, *v.* diviser en degrés.
Graillon, *sm.* restes d'un repas.
Grain, *sm.* semence; fruit.
Graine, *sf.* semence; pepin.
Grainier, ière, *s.* md. de graines
Graisse, *sf.* substance animale.
Graisser, *v.* enduire de graisse.
Graisseux, se, *a.* de graisse.
Graminée, *a. sf.* plante.
Grammaire, *sf.* art de parler
  et d'écrire correctement.
Grammairien, ienne, *s.* auteur
  d'une grammaire.
Grammatical, *a.* de grammaire.
Grammaticalement, *ad.*
Gramme, *sm.* poids. [ble.]
Grand, e, *a.* étendu; remarqua-
Grandelet, te, *a.* un peu grand.
Grandement, *ad.* extrêmement.
Grandeur, *sf.* grande étendue.
Grandir, *v.* devenir grand.
Grandissime, *a.* très-grand.
Grange, *sf.* lieu ou l'on met les
  gerbes.
Granit, *sm.* pierre fort dure.
Graphie, *sf.* description.
Graphique, *a.* (description) à
  l'aide d'une figure.
Graphomètre, *sm.* instrument.
Grappe, *sf.* grains en bouquet.
Grappiller, *v.* cueillir les restes
Grappilleur, euse, *s.* qui grapp.

Grappillon, *sm.* petite grappe.
Grappin, *sm.* ancre à becs.
Gras, asse, *a.* qui a beaucoup d'embonpoint; huileux.
Grassement, *ad.* à son aise.
Grasset, te, *a.* un peu gras.
Grasseyement, *sm.* act. de
Grasseyer, *v.* prononcer mal.
Gratification, *sf.* don.
Gratifier, *v.* favoriser.
Gratis, *ad.* sans frais.
Gratitude, *sf.* reconnaissance.
Grattelle, *sf.* menue gale.
Gratter, *v.* frotter; ratisser.
Grattoir, *sm.* outil pour gratter.
Gratuit, e, *a.* qu'on donne ou qu'on fait sans y être obligé.
Gratuité, *sf.* caractère gratuit.
Gratuitement, *ad.* gratis
Gravats, *sm. pl.* gravois.
Grave, *a.* sérieux; pesant.
Graveleux, se, *a.* mêlé de gravier; *fig.* indécent.
Gravelle, *sf.* gravier.
Gravement, *ad.* avec gravité.
Graver, *v.* tracer au burin.
Graveur, *sm.* artiste qui grave.
Gravier, *sm.* sable.
Gravir, *v.* grimper.
Gravitation, *sf.* act. de graviter.
Gravité, *sf.* importance.
Graviter, *v.* tendre vers.
Gravois, *sm.* débris. [tampe.]
Gravure, *sf.* art de graver; es-
Gré, *sm.* bonne volonté
Grec, ecque, *a.* écrit en grec.
Grédin, e, *s. a.* gueux.
Gréer, *v.* équiper un vaisseau.
Greffe, *sm.* bureau des actes de justice; *sf.* act. de greffer.
Greffer, *v.* enter.
Greffier, *sm.* celui qui expédie les actes de justice.
Grégeois, *a. m.* (feu) qui brûle dans l'eau. [long et menu.]
Grêle, *sf.* pluie congelée; *a.*
Grêler, *v.* gâter par la grêle.
Grêlon, *sm.* grain de grêle.
Grelot, *sm.* sonnette ronde.
Greloter, *v.* trembler de froid.
Grenade, *sf.* fruit; boulet.
Grenadier, *sm.* arbre; soldat.
Grenaille, *sf.* métal en grains.
Greneler, *v.* faire paraître des grains sur le cuir.
Grener, *v.* réduire en grains.
Grenetier, ière, *s.* md. de grains.
Grenier, *sm.* dernier étage.
Grenouille, *sf.* reptile.
Grenu, e, *a.* plein de grains.
Grès, *sm.* pierre; poterie.
Grésil, *sm.* menue grêle.
Grésiller, *v.* froncer.
Grève, *sf.* plage sablonneuse.

Grever, *v.* léser, charger.
Gribouillage, *sm* barbouillage.
Grief, ière, *a.* grave; *sm.* plainte.
Grièvement, *ad.* excessive-
Grièveté, *sf.* énormité.
Griffe, *sf.* ongle crochu.
Griffer, *v.* égratigner.
Griffon, *sm.* oiseau de proie.
Griffonnage, *sm.* act. de
Griffonner, *v.* écrire mal.
Grignon, *sm.* croûton; biscuit.
Grignoter, *v.* ronger.
Grigou, *sm.* gredin; avare.
Gril, *sm.* ustensile de cuisine.
Grillade, *sf.* viande grillée.
Grille, *sf.* clôture de barreaux.
Griller, *v.* cuire sur le gril.
Grillon, *sm.* insecte; lien.
Grimace, *sf.* contorsion du visage. [maces.]
Grimacer, *v.* faire des gri-
Grimoire, *sm.* livre de magie
Grimper, *v.* monter; gravir.
Grincement, *sm.* action de
Grincer, *v.* serrer les dents.
Grippe, *sf.* haine; catarrhe.
Gripper, *v.* attraper. [dide.]
Grippe-sou, *sm.* homme sor-
Gris, e, *a.* noir mêlé de blanc; demi-ivre.
Grisâtre, *a.* tirant sur le gris.
Grisette, *sf.* jeune ouvrière.
Grison, ne, *a.* qui grisonne.
Grisonner, *v* avoir les che-
Grive, *sf.* oiseau. [veux gris.]
Grivois, e, *a.* alerte, gai.
Grognard, e, *s.* qui gronde.
Grogner, *v.* murmurer.
Grogneur, euse, *s. a.* qui grogne.
Groin, *sm.* museau du cochon.
Grondement, *sm.* bruit sourd.
Gronder, *v.* gourmander.
Gronderie, *sf.* réprimande.
Grondeur, euse, *a.* qui gronde
Gros, se, *a.* volumineux; épais; commun.
Groseille, *sf.* fruit du
Groseillier, *sm.* arbrisseau.
Grossesse, *sf.* état d'une femme grosse.
Grosseur, *sf.* volume.
Grossier, ière, *s. a.* épais.
Grossièrement, *ad.*
Grossièreté, *sf.* impolitesse.
Grossir, *v.* rendre gros.
Grotesque, *sm. a.* burlesque.
Grotte, *sf.* caverne.
Grouillement, *sm.* action de
Grouiller, *v.* remuer: *pop.*
Groupe, *sm.* assemblage.
Grouper, *v.* assembler.
Gruau, *sm.* avoine mondée.
Grue, *sf.* oiseau; machine.
Gruger, *v.* mordre; broyer.

Grumeau, *sm.* sang caillé.
Grumeler (se), *v.* se cailler.
Gruyère, *sm.* fromage suisse.
Gué, *sm.* passage.
Guéable, *a.* qu'on passe à pied.
Guenille, *sf.* haillon, chiffon.
Guenillon, *sm.* petite guenille.
Guenon, *sf.* singe femelle.
Guêpe, *sf.* insecte.
Guêpier, *sm.* nid de guêpes.
Guère ou Guères, *ad.* peu.
Guéridon, *sm.* petite table.
Guérir, *v.* rendre la santé.
Guérison, *sf.* action de guérir.
Guérissable, *a.* qui peut être guéri.
Guérite, *sf.* loge; donjon.
Guerre, *sf.* lutte à main armée.
Guerrier, ière, *a.* de la guerre.
Guet, *sm.* action d'épier.
Guêtre, *sf.* chaussure.
Guêtrer, *v.* mettre des guêtres.
Guetter, *v.* épier: *fam.*
Gueulard, e, *s.* qui parle haut.
Gueule, *sf.* bouche des animaux
Gueuler, *v.* crier.
Gueusant, e, *a.* qui gueuse.
Gueuser, *v.* mendier.
Gueuserie, *sf.* misère.
Gueux, se, *a. s.* mendiant.
Gui, *sm.* plante parasite.
Guichet, *sm.* petite porte.
Guichetier, *sm.* valet de geôlier.
Guide, *sm.* qui dirige.
Guide-âne, *sm.* livre; règle.
Guider, *v.* conduire.
Guidon, *sm.* petit drapeau.
Guigne, *sf.* grosse cerise.
Guigner, *v.* regarder de côté.
Guillaume, *sm.* sorte de rabot.
Guillemet, *sm.* (« »).
Guillocher, *v.* faire du
Guillochis, *sm.* ornement de traits entrelacés. [supplice.]
Guillotine, *sf.* instrument de
Guillotiner, *v.* trancher la tête.
Guimauve, *sf.* plante.
Guimpe, *sf.* vêtement des religieuses.
Guindage, *sm.* action de
Guinder, *v.* lever.
Guinguette, *sf.* petit cabaret.
Guirlande, *sf.* feston de fleurs.
Guise, *sf.* manière, façon.
Guitare, *sf.* instrum. à cordes.
Gustation, *sf.* sens du goût.
Guttural, e, *a.* du gosier.
Gymnase, *sm.* lieu d'exercices
Gymnastique, *sf. a.* art d'exercer le corps.
Gypse, *sm.* pierre à plâtre.
Gypseux, se, *a.* de la nature du gypse. [chir.]
Gyratoire, *a.* qui va en rond

H, *sm.* 8° lettre de l'alphabet.
*Ha! sorte d'interjection.
Habile, *a.* adroit; qui a droit.
Habilement, *ad.* avec habileté.
Habileté, *sf.* capacité; adresse.
Habilité, *sf.* aptitude.
Habiliter, *v.* rendre habile.
Habillement, *sm.* vêtement.
Habiller, *v.* vêtir.
Habit, *sm.* vêtement. [biter.]
Habitable, *a.* qu'on peut ha-]
Habitacle, *sm.* demeure.
Habitation, *sf.* demeure.
Habiter, *v.* faire sa demeure.
Habitude, *sf.* usage; air.
Habitué, e, *a. s.* accoutumé.
Habituel, elle, *a.* ordinaire.
Habituellement, *ad.*
Habituer, *v.* accoutumer.
*Hâbler, *v.* se vanter; mentir.
*Hâblerie, *sf.* vanterie.
*Hâbleur, euse, *s.* qui hâble.

*Hache, *sf.* outil tranchant.
*Hacher, *v.* fendre; couper.
*Hachette, *sf.* petite hache.
*Hachis, *sm.* viande hachée.
*Hachoir, *sm.* table, couteau.
*Hachure, *sf.* traits croisés.
*Hagard, e, *a.* farouche, rude.
*Haha, *sm.* ouverture à un mur.
*Hahé, *sm.* cri pour appeler.
*Haie, *sf.* clôture; rangée.
*Haïe, cri de charretier.
*Haillon, *sm.* vieux lambeau.
*Haine, *sf.* inimitié; aversion.
*Haineux, se, *a.* vindicatif.
*Haïr, *v.* avoir de la haine.
*Haire, *sf.* chemisette de crin.
*Haïssable, *a.* odieux.
*Halage, *sm.* action de haler.
*Hâle, *sm.* impression de l'air.
Haleine, *sf.* air aspiré.
*Halener, *v.* sentir l'haleine.
*Haler, *v.* tirer un bateau.

*Hâler, *v.* rendre basané.
*Haletant, e. *a.* essoufflé.
*Haleter, *v.* être hors d'haleine.
*Hallage, *sm.* droit de halle.
*Halle, *sf.* place de marché.
*Hallebarde, *sf.* pique.
*Hallebardier, *sm.* soldat.
*Halte, *sf.* pause.
*Halter, *va.* faire halte.
*Hamac, *sm.* lit suspendu: *mar.*
*Hameau, *sm.* petit village.
Hameçon, *sm.* petit crochet
  pour pêcher.
*Hanche, *sf.* partie du corps
  où tient la cuisse.
*Hangar. *Voy.* Angar.
*Hanneton, *sm.* insecte.
*Hanter, *v.* fréquenter.
*Hantise, *sf.* fréquentation.
*Happer, *v.* attraper; saisir.
*Haquenée, *sf.* petite jument.
*Haquet, *sm.* charrette.

*Harangue, *sf.* discours.
*Haranguer, *v.* faire un dis-]
*Harangueur, euse, *s.* [cours.]
*Haras, *sm.* lieu pour loger des étalons et des juments.
*Harasser, *v.* lasser; fatiguer.
*Harceler, *v.* fatiguer.
*Hardes, *sf. pl.* habillements
*Hardi, e, *a.* courageux.
*Hardiesse, *sf.* courage.
*Hardiment, *ad.* av. hardiesse.
*Hareng, *sm.* (ran) poisson.
*Hargneux, se, *a.* querelleur.
*Haricot, *sm.* légume.
Harmonica, *sm.* instr de mus.
Harmonie, *sf.* accord.
Harmonier, *v.* mettre en harm.
Harmonieusement, *ad.*
Harmonieux, se, *a.* plein d'harmonie. [l'harmonie.]
Harmonique, *a.* qui produit]
Harmoniquement, *ad.*
*Harnachement, *sm.* action de
*Harnacher, *v.* mettre le har-nais. [cheval.]
*Harnais, *sm.* équipement de]
*Harpe, *sf.* instr. de musique.
*Harpie, *sf.* monstre fabuleux.
*Harpon, *sm.* gros javelot.
*Harponner, *v.* accrocher.
*Hasard, *sm.* péril.
*Hasarder, *v.* risquer
*Hasardeux, se, *a.* hardi.
*Hâte, *sf.* vitesse.
*Hâter, *v.* presser; accélérer.
*Hâtif, ive, *a.* précoce.
*Hâtivement, *ad.* avec hâte.
*Hâtiveté, *sf.* précocité : *vx.*
*Hausse, *sf.* augmentation.
*Haussement, *sm.* action de
*Hausser, *v.* rendre plus haut.
*Haut, e, *a.* élevé; grand; fier.
*Hautain, e, *a.* fier, orgueilleux.
*Hautainement, *ad.* avec fierté.
*Hautbois, *sm.* instr. à vent.
*Haut-de-chausses, *sm.* culotte.
*Haute-futaie, *sf.* bois haut.
*Haute-lice, *sf.* sorte de tapisserie.
*Hautement, *ad.* hardiment.
*Hauteur, *sf.* élévation.
*Haut-mal, *sm.* épilepsie.
*Hâve, *a.* pâle; maigre.
*Havre-sac, *sm.* sac.
*Hé ! *interj.* pour appeler.
Hebdomadaire, *a.* de semaine.
Héberger, *v.* loger chez soi.
Hébété, e, *s. a.* stupide.
Hébéter, *v.* rendre bête.
Hébraïque, *a.* de l'hébreu.
Hébraïsme, *sm.* langue hébr.
Hébreu, *a. sm.* juif.
Hécatombe, *sf.* sacrifice de cent victimes.

Hectare, *sm.* cent ares.
Hectogramme, *sm.* cent gramm.
Hectolitre, *sm.* cent litres.
Hégire, *sf.* ère mahométane.
Hélas, *interj.* de plainte.
Hélice, *sf.* ligne en forme de vis
Helvétique, *a.* des Suisses.
*Hem ! *interj.* pour appeler.
Hémisphère, *sm.* demi-sphère.
Hémistiche, *sm.* moitié de vers.
Hémorrhagie, *sf.* perte de sang
Hémorrhoïdal, e, *a.* d'hémor-rhoïde.
Hémorrhoïde, *sf.* flux de sang
Hendécagone, *a.* à onze côtés.
*Hennir, *v.* faire un hennisse-ment. [cheval.]
*Hennissement, *sm.* cri du]
Hépatite, *sf.* inflammat. du foie.
Heptagone, *a.* à sept côtés.
Heptaméron, *sm.* de 7 jours.
Heptarchie, *sf.* gouvernement de sept chefs. [clame.]
Héraut, *sm.* officier qui pro-
Herbage, *sm.* herbes.
Herbe, *sf.* plante à tige faible.
Herbeiller, *v.* paître : *ven.*
Herber, *v.* exposer sur l'herbe.
Herbette, *sf.* herbe courte.
Herbeux, se, *a.* où croît l'herbe.
Herbier, *sm.* collection de plantes desséchées. [bes.]
Herbière, *sf.* vendeuse d'her-]
Herbivore, *a.* qui vit d'herbes.
Herborisation, *sf.* action d'
Herboriser, *v.* chercher des plantes.
Herbu, e, *a.* couvert d'herbe.
*Hère, *sm.* homme sans mérite.
Héréditaire, *a.* dont on hérite.
Héréditairement, *a.* par
Hérédité, *sf.* droit de succes-]
Hérésiarque, *sm.* [sion.]
Hérésie, *sf.* doctrine erronée.
Hérétique, *a. s.* de l'hérésie.
*Hérisser, *v.* dresser le poil.
*Hérisson, *sm.* petit animal.
Héritage, *sm.* ce dont on hé-rite. [sion.]
Hériter, *v.* avoir par succes-]
Héritier, ière, *s.* qui hérite.
Hermaphrodite, *s. a.* qui a les deux sexes.
Hermétique, *a.* (science) du grand-œuvre.
Herminé, *a.* moucheté.
Herminette, *sf.* hache courbe.
*Hernie, *sf.* descente de boyaux
Héroïne, *sf.* femme courageuse.
Héroïque, *a.* du héros.
Héroïquement, *ad.* en héros.
Héroïsme, *sm.* grandeur d'âme.
*Héron, *sm.* oiseau.
*Héros, *sm.* grand guerrier.

*Hersage, *sm.* action de herser.
*Herse, *sf.* instr de labour.
*Herser, *v.* passer la herse.
Hésitation, *sf.* action d'hésiter.
Hésiter, *v.* être indécis.
Hétéroclite, *a.* bizarre.
Hétérodoxe, *a.* contraire à la vraie doctrine.
Hétérogène, *a.* qui est de dif-férente nature.
*Hêtre, *sm.* grand arbre.
Heure, *sf.* 24e partie du jour.
Heureusement, *ad.* par bon-heur. [bonheur.]
Heureux, se, *a. s.* qui a du]
*Heurter, *v.* choquer; frapper.
*Heurtoir, *sm.* marteau.
Hexaèdre, *sm. a.* cube.
Hexagone, *sm. a.* a six côtés.
Hiatus, *sm.* rencontre de deux voyelles.
*Hibou, *sm.* oiseau nocturne.
*Hideusement, *ad.*
*Hideux, se, *a.* horrible.
*Hie, *sf.* instr. de paveur.
*Hiérarchie, *sf.* ordre.
Hiérarchique, *a.* d'ordre.
Hiérarchiquement, *ad.*
Hiéroglyphe, *sm.* caractère symbolique. [roglyphe.]
Hiéroglyphique, *a.* de l'hié-]
Hilarité, *sf.* joie; gaieté.
Hippocratique, *a.* d'Hippocrate
Hippodrome, *sm.* lice pour les courses de chevaux.
Hippopotame, *sm.* animal.
Hirondelle, *sf.* oiseau.
*Hisser, *v.* hausser.
Histoire, *sf.* description; récit.
Historial, e, *a.* de l'histoire.
Historien, ne, *s.* qui écrit l'hist.
Historier, *v.* enjoliver.
Historiette, *sf.* petite histoire.
Historiographe, *sm.* qui écrit l'histoire. [toire.]
Historique, *a.* qui est de l'his-]
Historiquement, *ad.*
Histrion, *sm.* bateleur.
Hiver, *sm.* saison froide
Hivernal, e, *a.* qui est d'hiver.
Hiverner, *v.* passer l'hiver.
*Ho! *interj.*
*Hoc, *sm.* jeu de cartes.
*Hoche-pot, *sm.* ragoût.
*Hoche-queue, *sm.* oiseau.
*Hocher, *v.* secouer.
*Hochet, *sm.* chose futile.
*Hogner, *v.* gronder.
Hoir, *sm.* héritier : *prat.*
*Holà ! *interj.* [time]
Holocauste, *sm.* sacrifice; vic-]
*Hom : exclamation.
*Homard, *sm.* écrevisse de mer.
Hombre, *sm.* jeu de cartes.

Homélie, sf. instruction.
Homicide, sm. a. meurtre; meurtrier. [trande.]
Hommage, sm. respect, of-
Hommager, sm. qui devait hommage. [nable.]
Homme, sm. animal raison-
Homogène, a. de même nature.
Homogénéité, sf. qualité ho-mogène. [tion.]
Homologation, sf. confirma-
Homologue, a. correspondant.
Homologuer, v. confirmer.
Homonyme, sm. a. de même nom.
Honnête, a. vertueux; civil.
Honnêtement, ad. avec
Honnêteté, sf. probité.
Honneur, sm. respect; vertu.
Honnir, v. couvrir de honte.
Honorable, a. qui fait honneur.
Honorablement, ad. avec hon-
Honoraire, sm. salaire. [neur.]
Honorer, v. rendre honneur.
Honorifique, a. d'honneur.
*Honte, sf. confusion.
*Honteusement, ad. av. honte.
*Honteux, se, a. bas; vil.
Hôpital, sm. maison pour les malades. [vulsif.]
*Hoquet, sm. mouvement con-
Horaire, a. des heures.
*Horde, sf. peuplade errante.
*Horion, sm. coup.
Horizon, sm. cercle qui coupe la sphère en deux parties.
Horizontal, e, a. parallèle à l'horizon.
Horizontalement, ad.
Horloge, sf. machine qui marque les heures.
Horloger, ère, s. qui fait ou vend des horloges. [loger.]
Horlogerie, sf. comm. d'hor-
*Hormis, prép. hors, excepté.
Horographie, sf. gnomonique.
Horoscope, sm. prédiction.
Horreur, sf. terreur.
Horrible, a. qui fait horreur.
Horriblement, ad. d'une man. horrible.
*Hors, prép. excepté. [tachée.]
*Hors-d'œuvre, sm. pièce dé-
Horticulture, sf. art de cultiver les jardins.
Hortolage, sm. jardin potager.
Hospice, sm. asyle des pauvres.
Hospitalier, ière, a. qui exerce l'
Hospitalité, sf. act. de loger.
Hostie, sf. pain consacré.
Hostile, a. d'ennemi.
Hostilement, ad. en ennemi.
Hostilité, sf. acte d'ennemi.
Hôte, Hôtesse, s. qui loge.

Hôtel, sm. grande maison.
Hôtel-de-ville, sm. mairie.
Hôtel-Dieu, sm. hôpital.
Hôtelier, ière, s. qui tient
Hôtellerie, sf. auberge.
*Hotte, sf. panier sur le dos.
*Hottée, sf. plein une hotte.
*Houblon, sm. plante.
*Houe, sf. instr. pour remuer la terre. [houe.]
*Houer, v. labourer avec la
*Houille, sf. charbon de terre.
*Houle, sf. vagues.
*Houlette, sf. bâton de berger.
*Houleux, se, a. (mer) agitée.
*Houppe, sf. touffe.
*Houppelande, sf. casaque.
*Houppette, sf. petite houppe.
*Hourdage, sm. maçonnage.
*Hourder, v. maçonner.
*Hourra, sm. cri de guerre.
*Houssard, sm. Voy. Hussard.
*Houspiller, v. maltraiter.
*Housse, sf. couverture de [cheval.]
*Housser, v. nettoyer.
*Houssaine, sf. baguette.
*Houssoir, sm. balai de houx.
*Hoyau, sm. houe.
*Huche, sf. coffre p. le pain.
*Hue! terme de charretier.
*Huée, sf. cris de dérision.
*Huer, v. faire des huées.
*Huguenot, ote, s. a. calviniste.
Huile, sf. liqueur grasse.
Huiler, v. oindre d'huile.
Huileux, se, a. de l'huile.
Huilier, sm. vase à huile.
Huis, sm. porte.
Huisserie, sf. dormant.
Huissier, sm. offic. de justice.
*Huit, a. deux fois quatre.
*Huitaine, sf. huit jours.
*Huitième, s. a. nombre ordinal de huit.
*Huitièmement, ad.
Huître, sf. mollusque.
Humain, e, a. de l'homme.
Humainement, ad.
Humaniser, v. rendre humain.
Humaniste, sm. qui étudie les humanités. [pl. études.]
Humanité, sf. nature humaine;
Humble, a. s. qui a de l'humilité
Humblement, ad. avec humil.
Humectant, e, a. rafraîchissant.
Humectation, sf. action d'
Humecter, v. rendre humide.
*Humer, v. aspirer un liquide.
Humeur, sf. substance fluide; fantaisie; mécontentement.
Humide, a. qui a de l'humidité.
Humidement, ad.
Humidité, sf. état humide.
Humiliant, e, a. qui humilie.

Humiliation, sf. action d'
Humilier, v. mortifier.
Humilité, sf. soumission.
*Hune, sf. guérite au bout du mât: mar.
*Hunier, sm. mât de hune.
*Huppe, sf. oiseau; touffe.
*Huppé, e, a. qui a une huppe.
*Hure, sf. tête d'un sanglier.
*Hurlement, sm. act. de
*Hurler, v. pousser des cris.
Hurluberlu, sm. étourdi.
*Hussard, sm. cavalier.
Hutin, a. sm. mutin.
*Hutte, sf. petite cabane.
Hutter, v. faire des huttes.
Hyacinthe, sf. fleur; pierre.
Hydraulique, a. de l'eau.
Hydre, sf. serpent aquatique.
Hydrogène, sm. a. gaz.
Hydrographe, sm. versé dans l'
Hydrographie, sf. description des eaux, des mers.
Hydromel, sm. breuvage.
Hydrophobe, sm. enragé.
Hydropique, a. s. qui a une
Hydropisie, sf. tumeur aqueuse contre nature.
Hyène, sf. animal féroce.
Hygiène, sf. art de conserver la santé.
Hygiénique, a. de l'hygiène.
Hymen, sm. mariage.
Hyménée, sm. hymen.
Hymne, sm. et f. cantique.
Hyperbole, sf. exagération.
Hyperbolique, a. de l'hyperbole
Hyperboliquement, ad.
Hypochondre, sm. parties latérales du bas-ventre.
Hypochondriaque, s. a. malade; fig. atrabilaire.
Hypochondrie, sf. maladie.
Hypocras, sm. breuvage.
Hypocrisie, sf. fausse apparence de piété, de vertu.
Hypocrite, s. a. fourbe.
Hypogée, sf. souterrain.
Hypostase, sf. sédiment des urines: méd.; personne: théol.
Hypostatique, a. de l'hypostase
Hypothécaire, a. qui a ou donne droit d'hypothèques.
Hypothénuse, sf. côté d'un triangle opposé à l'ang. droit
Hypothèque, sf. droit d'un créancier sur les immeubles affectés à la sûreté de sa dette.
Hypothéquer, v. donner pour hypothèque.
Hypothèse, sf. supposition.
Hyssope, sf. plante.
Hystérique, a. de l'utérus.

I, *sm.* 9° lettre de l'alphabet français.

Iambe, *a. sm.* pied de vers grec ou latin.

Iambique, *a.* du vers iambe.

Ibidem, *ad.* (dème) au même lieu ou la même chose.

Ibis, *sm.* oiseau.

Icelui, Icelle, *a.* ce, celui, celle dont on a déjà parlé.

Ici, *ad. de lieu,* en ce lieu-ci.

Iconoclaste, *sm.* ennemi des images.

Idéal, e, *a.* qui n'est qu'en idée.

Idée, *sf.* notion; vision; pensée.

Idem, *ad.* (dème) le même.

Identifier, *v.* confondre.

Identique, *a.* le même.

Identiquement, *ad.* de même.

Identité, *sf.* état identique.

Idiome, *sm.* langue; dialecte.

Idiot, e, *s. a.* imbécille.

Idiotisme, *sm.* locution particulière à une langue.

Idoine, *a.* propre à.

Idolâtre, *s. a.* qui adore les idoles; qui aime avec excès.

Idolâtrer, *v.* aimer av. passion.

Idolâtrie, *sf.* culte des idoles; *fig.* amour excessif.

Idolâtrique, *a.* de l'idolâtrie.

Idole, *sf.* figure qu'on adore.

Idylle, *sf.* petit poëme.

If, *sm.* arbre; triangle qui porte des lampions.

Ignare, *s. a.* ignorant : *fam.*

Igné, e, *a.* (guené) de feu.

Ignoble, *a.* bas ; vil.

Ignoblement, *ad.* bassement.

Ignominie, *sf.* infamie.

Ignominieusement, *ad.*

Ignominieux, se, *a.* vil, infâme.

Ignoramment, *ad.* avec [voir.]

Ignorance, *sf.* manque de sa-

Ignorant, e, *s. a.* sans étude.

Ignorer, *v.* ne savoir pas.

Il, *pr. pers. m. de la* 3° *personne.*

Île, *sf.* terre entourée d'eau.

Illégal, e, *a.* contre la loi.

Illégalement, *ad.*

Illégalité, *sf.* caractère illégal.

Illégitime, *a.* non légitime.

Illégitimement, *ad.*

Illégitimité, *sf.* injustice.

Illettré, e, *a. s.* ignorant.

Illicite, *a.* défendu.

Illicitement, *ad.*

Illimité, e, *a.* sans limites.

Illisible, *a.* qu'on ne peut lire.

Illuminatif, ive, *a.* qui illumine.

Illumination, *sf.* act. d'illumi-

Illuminer, *v.* éclairer. [ner.]

Illusion, *sf.* fausse apparence.

Illusoire, *a.* inutile.

Illusoirement, *ad.*

Illustration, sf. ce qui illustre.
Illustre, a. éclatant, célèbre.
Illustrer, v. rendre illustre.
Illustrissime, a. très-illustre; titre.
Îlot, sm. très-petite île.
Ilote, sm. esclave.
Ilotisme, sm. servitude.
Image, sf. estampe; idée; tableau
Imager, ère, s. md d'images.
Imaginable, a. qui se peut ima-
Imaginaire, a. idéal. [giner.]
Imaginatif, ive, a. qui imagine.
Imagination, sf. idée; vision.
Imaginer, v. inventer.
Imbécille, s. a. faible d'esprit;
Imbécillement, ad. [sot.]
Imbécillité, sf. faiblesse d'es-
Imberbe, a. sans barbe. [prit.]
Imbiber, v. mouiller.
Imbibition, sf. act. d'imbiber.
Imbroglio, sm. confusion.
Imbu, e, a. pénétré de.
Imitable, a. qu'on peut imiter.
Imitateur, trice, s. qui imite.
Imitatif, ive, a. qui imite.
Imitation, sf. act. d'imiter.
Imiter, v. prendre pour modèle.
Immaculé, e, a. sans tache.
Immanquable, a. infaillible.
Immanquablement, ad.
Immatérialité, sf. qualité
Immatériel, le, a. sans matière.
Immatériellement, ad.
Immatriculer, v. enregistrer.
Immédiat, e, a. sans intermé-
diaire.
Immédiatement, ad. de suite.
Immémorial, e, a. très-ancien.
Immense, a. infini.
Immensément, ad. sans bornes.
Immensité, sf. étendue im-
mense. [sion.]
Immersif, ive, a. par immer-
Immersion, sf. act. de plonger.
Immeuble, sm. a. bien fixe.
Imminent, e, a. qui menace.
Immiscer (s'), v. se mêler de.
Immobile, a. sans mouvement.
Immobilier, ière, a. qui con-
cerne les immeubles.
Immobilité, sf. état immobile.
Immodéré, e, a. excessif.
Immodérément, ad. av. excès.
Immodeste, a. sans modestie.
Immodestement, ad. avec
Immodestie, sf. manque de
modestie. [moler.]
Immolation, sf. action d'im-
Immoler, v. tuer; sacrifier.
Immonde, a. impur.
Immondice, sf. ordure.
Immoral, e, a. contre les mœurs.
Immoralité, sf. manque de

moralité. [mortel.]
Immortaliser, v. rendre im-
Immortalité, sf. qualité de ce
qui est immortel. [mort.]
Immortel, le, a. non sujet à la
Immortification, sf. sensualité.
Immortifié, e, a. sensuel.
Immuable, a. qui ne change
Immuablement, ad. [point.]
Immunité, sf. exemption.
Immutabilité, sf. état de ce qui
est immuable.
Impair, e, a. non pair.
Impalpable, a. qu'on ne peut
toucher. [pardon.]
Impardonnable, a. indigne de
Imparfait, e, a. non parfait.
Imparfaitement, ad.
Impartial, e, a. juste.
Impartialement, ad. avec
Impartialité, sf. qualité de ce
qui est impartial.
Impasse, sf. rue sans issue.
Impassibilité, sf. état
Impassible, a. insensible.
Impastation, sf. substances
mises en pâte.
Impatiemment, ad. avec
Impatience, sf. manque de
patience; vif désir.
Impatient, e, a. non patient.
Impatienter, v. fâcher.
Impayable, a. inestimable.
Impeccabilité, sf. [pécher.]
Impeccable, a. incapable de
Impénétrabilité, sf.
Impénétrable, a. dur.
Impénétrablement, ad.
Impénitence, sf. endurcisse-
ment. [tant de ses fautes.]
Impénitent, e, a. s non repen-
Impératif, ive, a. impérieux.
Impérativement, ad. d'une ma-
nière impérative. [pereur.]
Impératrice, sf. femme d'em-
Imperceptible, a. qu'on n'aper-
çoit pas.
Imperceptiblement, ad.
Imperfection, sf. défaut.
Impérial, e, a. de l'empire.
Impérieusement, ad. av. orgueil
Impérieux, se, a. altier, hau-
tain. [périr.]
Impérissable, a. qui ne peut
Impéritie, sf. (ci) défaut d'ha-
bileté. [être traversé.]
Imperméable, a. qui ne peut
Impersonnel, e, a. (verbe).
Impertinence, sf. insolence.
Impertinent, e, a. s. insolent.
Imperturbable, a. tranquille.
Imperturbablement, ad.
Impétrant, e, s. qui impètre.
Impétration, sf. action d'

Impétrer, v. obtenir.
Impétueusement, ad.
Impétueux, se, a. violent.
Impétuosité, sf. violence.
Impie, s. a. sans religion.
Impiété, sf. vice de l'impie.
Impitoyable, a. sans pitié.
Impitoyablement, ad. [apaisé.]
Implacable, a. qui ne peut être
Implication, sf. contradiction.
Implicite, a. non expliqué.
Implicitement, ad.
Impliquer, v. envelopper dans.
Implorer, v. demander.
Impoli, e, a. s. sans politesse.
Impolitesse, sf. malhonnêteté.
Impolitique, a. sans politique.
Impopulaire, a. non populaire.
Importance, sf. valeur.
Important, e, a. s. qui importe.
Importation, sf. action d'
Importer, v. introduire; être
de conséquence.
Importun, e, a. s. fâcheux.
Importunément, ad.
Importuner, v. fatiguer. [tuner.]
Importunité, sf. act. d'impor-
Imposable, a. sujet aux impôts.
Imposer, v. mettre; inspirer.
Imposition, sf. act. d'imposer.
Impossibilité, sf. ce qui est
Impossible, sm. a. qui ne peut
être. [ture.]
Imposte, sf. terme d'architec-
Imposteur, a. sm. trompeur.
Imposture, sf. mensonge.
Impôt, sm. contribution.
Impotent, e, s. a. infirme.
Impraticable, a. non praticable.
Imprécation, sf. malédiction.
Imprégner, v. imbiber.
Imprenable, a. qui ne peut
être pris. [se prescrire.]
Imprescriptible, a. qui ne peut
Impression, sf. effet; em-
preinte. [prévoyance.]
Imprévoyance, sf. défaut de
Imprévoyant, e, a. s.
Imprévu, e, a. s. subit.
Imprimer, v. faire empreinte.
Imprimerie, sf. art d'imprimer.
Imprimeur, sm. qui imprime.
Improbable, a. non probable.
Improbateur, trice, a. qui dés-
Improbation, sf. [approuve.]
Impromptu, sm. chose faite
sur-le-champ. [pas.]
Impropre, a. qui ne convient
Improprement, ad. [ver.]
Improuver, v. ne pas approu-
Improvisateur, trice, s.
Improviser, v. parler d'abon-
dance. [ment.]
Improviste (à l'), ad. subite-

Imprudemment , ad.
Imprudence, sf. manque de prudence. [dence.]
Imprudent, e, a. s. sans pru-]
Impudemment, ad. effrontém.
Impudence, sf. effronterie.
Impudent, e, a. s. effronté.
Impudeur, sf. déf. de pudeur.
Impudicité, sf. impureté.
Impudique, a. s. non chaste.
Impugner, v. combattre.
Impuissance, sf. incapacité.
Impuissant,e,a.s.sans pouvoir.
Impulsion, sf. instigation.
Impunément,ad. av.impunité.
Impuni, e, a. sans punition.
Impunité, sf. déf. de punition.
Impur, e, a. non pur.
Impureté, sf. obscénité.
Imputation , sf. accusation.
Imputer , v. attribuer à.
Inabordable, a.non abordable.
Inaccessible, a. non accessible
Inactif, ive, a. sans activité.
Ipaction, sf.cessation d'action.
Inadmissible, a. qui ne peut être admis.
Inadvertance, sf. inattention.
Inaliénable, a. qui ne peut être aliéné. [allier.]
Inalliable , a. qu'on ne peut]
Inaltérable, a. qui ne peut s'altérer. [perdre.]
Inamissible, a. qui ne peut se]
Inamovibilité, sf. ce qui est inamovible. [déplacer.]
Inamovible, a. qu'on ne peut]
Inanimé, e, a. sans vie.
Inanité, sf. vide; néant.
Inanition, sf. faiblesse.
Inaperçu, e, a. non aperçu.
Inapplicable,a.non applicable.
Inapplication, sf. inattention.
Inappliqué,e, a. non appliqué.
Inappréciable, a. très-estimab.
Inaptitude, sf. déf. d'aptitude.
Inattaquable, a. non attaquab
Inattendu, e, a. imprévu.
Inattentif,ive,a.sans attention
Inattention, sf.déf.d'attention.
Inauguration,sf. consécration.
Inaugurer,v.dédier,consacrer.
Incalculable, a. non calculable.
Incapable, a. non capable.
Incapacité, sf.déf. de capacité.
Incarcération, sf. act. d'
Incarcérer,v.mettre en prison.
Incarnat, e, a. s. couleur de]
Incarnation,sf.act.de [chair.]
Incarner (s'), v. se revêtir de chair.
Incartade, sf. bravade; saillie.
Incendiaire,s.a.qui met le feu.
Incendie, sm. embrasement.

Incendier, v. mettre le feu.
Incertain, e, a. non sûr.
Incertitude,sf.déf.de certitude
Incessamment,ad. au plus tôt.
Inceste, sm. conjonction illicite entre parents.
Incident, sm. évènement.
Incidenter, v. chicaner.
Inciser, v. faire des incisions.
Incisif, ive, a. pénétrant.
Incision, sf. fente.
Inciter, v. exciter.
Incivil, e, a. s. impoli. [lité.]
Incivilité, sf. manque de civi-]
Inclémence, sf. rigueur.
Inclinaison, sf. état de ce qui penche.
Inclination , sf. penchant.
Incliner, v. baisser, pencher.
Inclus, e, a. enfermé.
Inclusivement, ad. y compris.
Incognito, ad.sans être connu.
Incohérence,sf. déf. de liaison.
Incombustible, a. qui ne brûle pas. [peut être mesuré.]
Incommensurable , a. qui ne]
Incommode, a. gênant.
Incommoder, v. gêner; nuire.
Incommodité, sf. gêne.
Incommunicable, a.
Incomparable , a. à quoi rien ne peut être comparé.
Incomparablement , ad.
Incompatibilité, sf. antipathie.
Incompatible,a.non compatib
Incompétence, sf. défaut de compétence. [pétent.]
Incompétent, e, a. non com-]
Incomplet, ète,a. non complet.
Incomplexe, a. non complexe
Incompréhensible, a. qui ne peut être compris.
Inconcevable, a. qu'on ne peut concevoir. [concilier.]
Inconciliable,a.qu'on ne peut]
Inconduite,sf.déf.de conduite.
Incongru,e,a.contre les règles.
Incongruité, sf. indécence.
Inconnu, e, a. s. non connu.
Inconséquence, sf. défaut de conséquence. [conséquent.]
Inconséquent. e, a. s. non]
Inconsidération,sf.imprudence
Inconsidéré,e,a.s. imprudent.
Inconsolable, a. très-chagrin.
Inconstamment,ad. [changer]
Inconstance , sf. facilité à]
Inconstant, e, a. s. changeant.
Incontestable, a. certain.
Incontesté, e, a. non contesté.
Incontinence, sf. vice opposé à la continence.
Incontinent, e, a. non chaste.
Incontinent , ad. aussitôt.

Inconvenance , sf. ce qui est
Inconvenant, e, a. déplacé.
Inconvénient, sm. embarras.
Incorporation, sf. mélange.
Incorporel, le, a. sans corps.
Incorporer, v. mêler; joindre.
Incorrect, e, a. fautif.
Incorrigible, a. qu'on ne peut corriger.
Incorruptibilité, sf. ce qui est
Incorruptible, a. qui ne peut se corrompre. [pas.]
Incrédule, s. a. qui ne croit]
Incrédulité, sf. défaut de foi.
Incréé, e, a. non créé.
Incroyable , a. qui ne peut être cru.
Incrustation, sf. action d'
Incruster, v. couvrir, revêtir.
Inculpation, sf. action d'
Inculper,v.accuser d'une faute.
Inculquer, v. imprimer dans l'esprit.
Inculte, a. non cultivé.
Incurable,a.qu'on ne peut gué-rir.
Incursion, sf. irruption.
Indécemment, ad. avec
Indécence , sf. manque de dé-cence. [décence.]
Indécent, e, a. contraire à la]
Indéchiffrable, a. illisible.
Indécis, e, a..irrésolu.
Indécision,sf.indétermination.
Indéclinable, a. qui ne prut se décliner. [se décrotter.]
Indécrottable, a. qui ne peut]
Indéfini, e, a. sans bornes.
Indéfiniment, ad.
Indélébile, a. ineffaçable.
Indélibéré, e, a. irréfléchi.
Indemniser, v. dédommager.
Indemnité,sf.dédommagement
Indépendamment,ad.en outre.
Indépendance, sf. état
Indépendant, e, a. s. qui ne dépend pas.[peut détruire.]
Indestructible, a. qu'on ne]
Indéterminé, e, a. irrésolu.
Indévot, s. a. non dévot.
Indévotion,sf.déf.de dévotion.
Index, sm. 2e doigt ; table.
Indicateur,trice, a.qui indique
Indicatif, ive, a. qui indique ; sm. mode du verbe.
Indication, sf. act. d'indiquer.
Indice, sm. signe.
Indicible, a. inexprimable.
Indiction,sf.période de 15 ans.
Indifféremment, ad. avec in-différence.
Indifférence, sf. froideur.
Indifférent, e, a. qui n'est tou-ché de rien;sans importance.

Indigence, sf. grande pauvreté.
Indigène, s. a. du pays.
Indigent, e, s. pauvre.
Indigeste, a. difficile à digérer.
Indigestion, sf. mauv. diges-
Indignation, sf. colère. [tion.]
Indigne, e, s. non digne.
Indignement, ad. av. outrage.
Indigner, v. irriter.
Indignité, sf. outrage.
Indigo, sm. oeil, couleur bleue.
Indiquer, v. montrer.
Indirect, e, a. non direct.
Indirectement, ad. d'une ma-
    nière indirecte.
Indisciplinable, a. indocile.
Indiscipliné, e, a. non disci-
    pliné. [crétion.]
Indiscret, ète, s. a. sans dis-
Indiscrètement, ad. avec
Indiscrétion, sf. déf. de discret.
Indispensable, a. nécessaire.
Indispensablement, ad.
Indisposer, v. fâcher.
Indisposition, sf. malaise.
Indissoluble, a. bien uni.
Indistinct, e, a. non distinct.
Indistinctement, ad.
Individu, sm. être; personne.
Individuel, le, a. d'individu.
Individuellement, ad.
Indivis, e, a. non divisé.
Indivisibilité, sf. état indivi-
    sible. [diviser.]
Indivisible, a. qui ne peut se
Indocile, a. non docile.
Indocilité, sf. insoumission.
Indolemment, ad. avec
Indolence, sf. insouciance.
Indolent, e, a. nonchalant.
Indomptable, a. qui ne peut
    être dompté.
Indompté, e, a. non dompté.
Indu, e, a. contre le devoir.
Indubitable, a. assuré.
Indubitablement, ad.
Induire, v. exciter; inférer.
Indulgemment, ad. avec
Indulgence, sf. bonté.
Indulgent, e, a. bon.
Indult, sm. grâce.
Indûment, ad. contre l'ordre.
Industrie, sf. adresse; com-
Industriel, le, a. [merce.]
Industrieux, se, a. habile.
Inébranlable, a. ferme.
Inébranlablement, ad.
Inédit, e, a. non public.
Ineffable, a. inexprimable.
Ineffaçable, a. qui ne peut être
    effacé.
Inefficace, a. sans efficacité.
Inefficacité, sf. déf. d'efficacité.
Inégal, e, a. non égal.

Inégalement, ad.
Inégalité, sf. défaut d'égalité.
Inéligible, a. qui ne peut être
    élu. [raconter.]
Inénarrable, a. qu'on ne peut
Inepte, a. sans aptitude; sot.
Ineptie, sf. (ci) sottise.
Inépuisable, a. qu'on ne peut
    épuiser.
Inerte, a. sans ressort.
Inertie, sf. indolence.
Inespéré, e, a. inattendu.
Inestimable, a. très-estimé.
Inévitable, a. non évitable.
Inexact, e, a. non exact.
Inexactitude, sf. déf. d'exact.
Inexcusable, a. non excusable.
Inexécutable, a. non exécutable.
Inexécution, sf. défaut d'exécu-
    tion. [fléchir.]
Inexorable, a. qu'on ne peut
Inexpérience, sf. défaut d'ex-
    périence. [périence.]
Inexpérimenté, e, a. sans ex-
Inexplicable, a. qu'on ne peut
    expliquer. [peut exprimer.]
Inexprimable, a. qu'on ne
Inextinguible, a. qui ne peut
    être éteint.
Infaillibilité, sf. certitude.
Infaillible, a. certain.
Infailliblement, ad. [fait.]
Infaisable, a. qui ne peut être
Infamant, e, a. déshonorant.
Infamation, sf. note infame.
Infame, a. s. flétri, honteux.
Infamie, sf. flétrissure.
Infanterie, sf. troupes à pied.
Infanticide, sm. meurtre d'un
    enfant. [fatiguer.]
Infatigable, a. qu'on ne peut
Infatigablement, ad.
Infatuation, sf. prévention.
Infatuer, v. préoccuper.
Infect, e, a. puant, corrompu.
Infecter, v. rendre infect.
Infection, sf. grande puanteur.
Inférer, v. conclure.
Inférieur, e, a. s. placé au-des-
Inférieurement, ad. [sous.]
Infériorité, sf. rang inférieur.
Infernal, e, a. de l'enfer.
Infester, v. ravager.
Infidèle, s. a. sans fidélité.
Infidélité, sf. déf. de fidélité.
Infiltration, sf. action de
Infiltrer (s'), v. passer.
Infime, a. dernier.
Infini, e, a. sans bornes.
Infiniment, ad. à l'infini.
Infinité, sf. qualité infinie.
Infinitif, sm. mode du verbe.
Infirmatif, ive, a. qui infirme.
Infirme, s. a. qui a une infirmité

Infirmer, v. invalider.
Infirmerie, sf. lieu pour les ma-
    lades. [d'une infirmerie.]
Infirmier, ière, s. qui a soin
Infirmité, sf. maladie habi-
    tuelle. [flammer.]
Inflammable, a. qui peut s'en-
Inflammation, sf. action qui en-
    flamme; ardeur. [flamme.]
Inflammatoire, a. qui s'en-
Inflexible, a. qu'on ne peut
    fléchir. [la voit,]
Inflexion, sf. changement de
Infliger, v. imposer une peine.
Influence, sf. ascendant.
Influencer, v. gouverner.
Influer, v. faire impression.
Information, sf. act. d'infor-
Informe, a. imparfait. [mer.]
Informer, v. avertir, instruire.
Infortune, sf. malheur.
Infortuné, e, s. a. malheureux.
Infracteur, sm. qui viole.
Infraction, sf. violation.
Infructueux, se, a. inutile.
Infus, e, a. donné par la nature.
Infuser, v. faire tremper.
Infusion, sf. action d'infuser.
Ingambe, a. léger, dispos.
Ingénieur, sm. offic. du génie.
Ingénieusement, ad.
Ingénieux, se, a. plein d'esprit.
Ingénu, e, s. a. naïf, simple.
Ingénuité, sf. naïveté.
Ingénument, ad. naïvement.
Ingérer (s'), v. se mêler de...
Ingrat, e, s. a. sans reconnais-
    sance. [reconnaissance.]
Ingratitude, sf. manque de
Ingrédient, sm. partie d'un
    mélange.
Inhabile, a. incapable.
Inhabitable, a. non habitable.
Inhabité, e, a. non habité.
Inhérence, sf. jonction.
Inhumain, e, s. a. cruel.
Inhumanité, sf. cruauté.
Inhumation, sf. action d'
Inhumer, v. enterrer. [imiter.]
Inimitable, a. qu'on ne peut
Inimitié, sf. haine.
Inintelligible, a. incompré-
Inique, a. injuste. [hensible.]
Iniquement, ad.
Iniquité, sf. injustice; crime.
Initial, e, a. qui commence.
Initiative, sf. dr. de commencer.
Initié, e, a. s. admis dans...
Initier, v. admettre.
Injonction, sf. commandement
Injure, sf. tort, outrage.
Injurier, v. dire des injures.
Injurieux, se, a. offensant.
Injuste, a. contraire à la justice.

Injustement, ad av. injustice.
Injustice, sf. vice contraire à la justice ; action injuste.
Inné, e, a. né avec nous.
Innocemment, ad. avec innocence.
Innocence, sf. état innocent.
Innocent,e, a.s. non coupable.
Innocenter, v. déclarer innocent.
Innombrable, a. immense.
Innovation, sf. act. d'innover.
Innover, v. introduire.
Inoccupé,e,a.sans occupation.
Inoculation, sf. act. d'
Inoculer, v. communiquer.
Inodore, a. sans odeur.
Inondation, sf. débordement.
Inonder, v. submerger.
Inopiné, e, a. imprévu.
Inopinément, ad. à l'imprévu.
Inouï, e, a. inconcevable.
Inquiet, iète, a. soucieux.
Inquiéter, v. troubler.
Inquiétude,sf. trouble d'esprit.
Inquisition, sf. perquisition.
Insatiable, a. qu'on ne peut rassasier.
Inscription, sf. act. d'inscrire.
Inscrire, v. écrire sur.
Insecte, sm. petit animal.
Insensible, a non sensible.
Insensiblement, ad. peu à peu.
Inséparable, a. non séparable.
Inséparablement, ad.
Insérer, v. mettre dans.
Insertion, sf. action d'insérer.
Insidieux, se, a. trompeur.
Insigne, a.signalé; sm.marque.
Insignifiance, sf. ce qui est
Insignifiant, e, a. qui ne signifie rien.
Insinuer, v. introduire.
Insipide, a. sans saveur.
Insister, v. faire instance.
Insociable, a. sauvage.
Insolence, sf. effronterie.
Insolent, e, a.s. effronté.
Insoluble, a. non soluble.
Insolvable, a. qui ne peut payer. [meil.]
Insomnie,sf.manque de som-
Insouciance, sf. caractère
Insouciant,e, a. sans souci.
Insoutenable,a.non soutenable
Inspecter, v. examiner.
Inspecteur, trice, s.
Inspection, sf. examen.
Inspiration, sf. suggestion.
Inspirer, v. respirer; suggérer.
Instabilité,sf. déf.de stabilité.
Installation, sf. action d'
Installer, v. mettre en place
Instamment, ad. avec

Instance, sf. sollicitation.
Instant, sm. moment.
Instar (à l'), ad. à la manière.
Instigateur, trice, s. qui incite.
Instigation, sf. suggestion.
Instiguer, v. inciter à.
Instinct, sm. sentiment.
Instinctif, ive, a. d'instinct.
Instituer, v. établir.
Institut, sm. règle, académie.
Instituteur,trice,s.qui enseigne
Insutution, sf. chose instituée.
Instructif, ive, a. qui instruit.
Instruction, sf. éducation.
Instruire, v. enseigner.
Instrument, sm. outil.
Instrumental, e, a. d'instru-[ment.]
Insu, sm. ignorance. [ment.]
Insubordination, sf. révolte.
Insuffisance, sf. manque de suffisance.
Insuffisant, e, a. qui ne suffit pas. [ile.]
Insulaire, a. habitant d'une
Insultant, e, a. qui insulte.
Insulte, sf. affront, injure.
Insulter, v. faire insulte.
Insupportable, a. désagréable.
Insurger, v. révolter.
Insurmontable, a. difficile.
Insurrection, sf. soulèvement.
Intact, e, a. entier. [tarir.]
Intarissable, a. qui ne peut se
Intégral, e, a. entier, total.
Intégralité, sf. chose entière.
Intégrant, e, a. (partie) d'un
Intègre, a. plein. [tout.]
Intégrité, sf. probité.
Intellect, sm. entendement.
Intellectuel, le, a.de l'intellect.
Intelligemment, ad. avec
Intelligence, sf. faculté.
Intelligent, e, a. habile.
Intelligible,a.aisé à compren-
Intelligiblement, ad. [dre.]
Intempérance, sf. débauche.
Intempérant, e, a. déréglé.
Intempéré, e, a. déréglé.
Intempérie, sf. dérèglement.
Intempestif, ive, a. hors de saison.
Intendance, sf.administration.
Intendant, sm. administrateur.
Intense, a. grand, fort, vif.
Intension, sf. intensité.
Intensité, sf. puissance, force.
Intenter, v. commencer.
Intention, sf. dessein.
Intercalaire, a. inséré dans.
Intercalation, sf. action d'
Intercaler, v. insérer.
Intercéder, v. prier pour.
Intercepter, v. arrêter.
Intercesseur,sm.qui intercède.

Intercession,sf act. d'intercé-
Interdiction, sf. act. d' [der]
Interdire, v. prohiber.
Interdit, sm. censure.
Intéressant, e, a. qui intéresse.
Intéresser, v. émouvoir.
Intérêt, sm. ce qui intéresse.
Intérieur, e, a. au dedans.
Intérieurement, ad. au dedans.
Interim, sm.(ime)entre-temps.
Interjection, sf. t. de gramm.
Interjeter, v. appeler.
Interlignes, sm. et f. espace entre les lignes.
Interligner, v. espacer.
Interlocuteur, trice, s. personnage.
Interloquer, v. embarrasser.
Intermédiaire, a. entre deux.
Interminable, a. sans fin.
Intermittence,sf.interruption.
Intermittent, e, a. qui cesse et qui reprend.
Interne, a.s. au dedans.
Interpellation, sf. sommation.
Interpeller, v. sommer.
Interposer, v. mettre entre.
Interprétatif, ive, a. qui interprète.
Interprétation, sf. explication.
Interprète, s. qui interprète.
Interpréter, v. traduire.
Interrègne, sm. intervalle.
Interrogant, a. m. (point) d'
Interrogation, sf. question.
Interrogatoire, sm. questions.
Interroger, v. questionner.
Interrompre, v. faire cesser.
Interruption, sf. cessation.
Intersection, sf. rencontre.
Intervalle, sm. distance.
Intervenir, v. survenir.
Intervention, sf. act.d'interv.
Intervertir, v. déranger.
Intestin,e,a.qui est au dedans.
Intestin, sm. boyau.
Intestinal, e, a. des intestins.
Intime, a. profond.
Intimement, ad. avec intimité.
Intimer, v. signifier.
Intimider, v. effrayer.
Intimité, sf. liaison intime.
Intituler, v. donner un titre.
Intolérable, a. non tolérable.
Intolérance, sf. déf. de tolér.
Intolérant, e, a. non tolérant
Intolérantisme, sm. doctrine des intolérants. [ner.]
Intonnation, sf. act. d'enton-
Intraitable, a. non traitable.
Intransitif, ive, a. (verbe).
Intrépide, a. s. qui affronte le danger.
Intrépidité, sf. courage.

Intrigant, e, a. s. qui intrigue.
Intrigue, sf. cabale ; menée.
Intriguer, v. embarrasser.
Intrinsèque, a. intérieur.
Introducteur, trice, s.
Introduction, sf. action d'
Introduire, v. faire entrer.
Introït, sm. prière.
Intronisation, sf. action ‡
Introniser, v. installer.
Introuvable, a. rare. [ruse.]
Intrus, e, a. s. introduit par]
Inusité,e, a.qui n'est pas usité.
Inutile, a. qui ne sert à rien.
Inutilement, ad. sans utilité.
Inutilité, sf. manque d'utilité.
Invalide, a. s. infirme.
Invalidité, sf. nullité. [point.]
Invariable, a. qui ne varie]
Invasion, sf. irruption.
Invective, sf. injure.
Invectiver, v. déclamer contre.
Inventaire, sm. état de biens.
Inventer, v. trouver; supposer.
Invention, sf. découverte.
Inventorier, v. faire l'inventaire
Inversable, a. qui ne peut ver-]
Inverse, a. opposé. [ser.]
Inversion, sf. transposition.
Investir, v. installer; cerner.
Investiture, sf. installation.
Invétérer(s'), v. devenir ancien.
Invincible, a. qu'on ne peut]
Invinciblement, ad. [vaincre.]
Inviolable, a. qu'on ne peut]
Inviolablement, ad. [violer.]
Invisible, a. qu'on ne voit]
Invisiblement, ad. [pas.]
Invitation, sf. act. d'inviter.
Inviter, v. prier; engager à.
Invocation, sf. act. d'invoquer.

Involontaire, a. sans volonté.
Involontairement, ad.
Invoquer, v. appeler, prier.
Invraisemblable, a. non vrai-
 semblable. [vraisemblance.]
Invraisemblance, sf. déf. de]
Invulnérable, a. qu'on ne peut
 blesser. [ture.]
Ionique, a. (ordre) d'archi-]
Iota, sm. lettre grecque.
Ipso facto, loc. ad. par le fait.
Irascible, a. facile à irriter.
Irato. Voy. Ab irato.
Ire, sf. colère : vx.
Iris, sm. arc-en-ciel.
Ironie, sf. raillerie.
Ironique, a. de l'ironie.
Ironiquement, ad. par ironie.
Irraisonnable, a. sans raison.
Irréconciliable, a. vindicatif.
Irréconciliablement, ad.
Irrécusable, a. qui ne peut être
 récusé. [réduire.]
Irréductible, a. qu'on ne peut]
Irréfléchi, e, a. non réfléchi.
Irréformable, a. sans réforme.
Irréfragable, a. irrécusable.
Irrégularité, sf. manque de
 régularité. [règles.]
Irrégulier, ière, a. contre les]
Irreligieux, se, a. impi.
Irreligion, sf. impiété.
Irrémédiable, a. sans remède.
Irrémissible, a. impardonnable
Irrémissiblement, ad.
Irréparable, a. qu'on ne peut
 réparer. [peut reprendre.]
Irrépréhensible, a. qu'on ne]
Irréprochable, a. sans reproche
Irrésistible, a. à quoi l'on ne
 peut résister.

Irrésolu, e, s. a. indécis.
Irrésolution, sf. indécision.
Irrévéremment, ad. avec
Irrévérence, sf. manque de
 respect. [respect.]
Irrévérent, e, a. contre le]
Irrévocabilité, sf. qualité de ce
 qui est [révoquer.]
Irrévocable, a. qu'on ne peut]
Irrigation, sf. arrosement.
Irritabilité, sf. qualité
Irritable, a. qui s'irrite.
Irritation, sf. action d'irriter.
Irriter, v. mettre en colère ;
 exciter.
Irruption, sf. invasion.
Islamisme, sm. mahométisme.
Isolé, e, a. seul.
Isolement, sm. état isolé.
Isolément, ad. d'une man. isolée
Isoler, v. séparer de tout.
Isoscèle, a. (triangle) à 2 côtés]
Israélite, s. a. juif. [égaux.]
Issu, e, a. sorti d'une race.
Issue, sf. sortie.
Isthme, sm. langue de terre.
Italique, a. (caractère) un peu
 couché : impr.
Item, ad. (ème) de plus.
Itinéraire, sm. note de voya-
 geur ; a. de chemin.
Ivoire, sm. dent d'éléphant.
Ivraie, sf. mauvaise herbe.
Ivre, a. troublé par le vin.
Ivresse, sf. état d'une personne
 ivre. [l'ivrognerie.]
Ivrogne, gnesse, s. a. sujet à]
Ivrogner, v. boire avec excès.
Ivrognerie, sf. habitude de
 s'enivrer.
Izard, sm.

J, *sm.* 10ᵉ lettre de l'alphabet.

Jà, *adv.* pour *déjà* : *vx.*

Jabot, *sm.* poche près du cou des oiseaux; ornement.

Jachère, *sf.* terre qu'on laisse reposer.

Jacinthe, *sf.* plante, fleur.

Jactance, *sf.* vanterie.

Jaculatoire, *a.* (oraison)

Jadis, *ad.* autrefois.

Jaillir, *v.* sortir.

Jaillissant, e, *a.* qui jaillit.

Jaillissement, *sm* act. de jaillir.

Jale, *sf.* jatte, grand baquet.

Jalon, *sm.* bâton pour aligner.

Jalonner, *v.* mettre des jalons.

Jalouser, *v.* être jaloux de....

Jalousie, *sf.* chagrin; envie.

Jaloux, se, *s. a.* qui jalouse.

Jamais, *ad.* en aucun temps.

Jambage, *sm.* ligne droite.

Jambe, *sf.* partie du corps.

Jambon, *sm.* cuisse ou épaule de porc assaisonnée de sel.

Janissaire, *sm.* soldat turc.

Jante, *sf.* partie de la roue.

Janvier, *sm.* 1ᵉʳ mois de l'année.

Japper, *v.* aboyer.

Jaquemart, *sm.* marteau.

Jaquette, *sf.* jupe courte.

Jardin, *sm.* lieu où l'on cultive des plantes.

Jardinage, *sm.* art de

Jardiner, *v.* cultiver un jardin

Jardinet, *sm.* petit jardin.

Jardinier, ière, *s.* cultivateur.

Jargon, *sm.* mauvais langage.

Jargonner, *v.* parler un jargon.

Jarret, *sm.* pli de la jambe.

Jarretière, *sf.* lien pour les bas.

Jars, *sm.* le mâle de l'oie.

Jaser, *v.* causer, babiller.

Jaserie, *sf.* action de jaser.

Jaseur, euse, *s.* qui jase.

Jasmin, *sm.* arbuste; sa fleur.

Jaspe, *sm.* pierre précieuse.

Jasper, *v.* bigarrer en jaspe.

Jaspure, *sf.* action de jasper.

Jatte, *sf.* vase rond.

Jauge, *sf.* mesure.

Jauger, *v.* mesurer.

Jaunâtre, *a.* presque jaune.

Jaune, *sm. a.* couleur d'or.

Jaunir, *v.* devenir jaune.

Jeunisse, *sf.* maladie de bile.

Javeler, *v.* mettre en javelle.

Javeline, *sf.* long dard.

Javelle, *sf.* poignée de blé scié.

Javelot, *sm.* espèce de dard.

Je, pronom de la 1ʳᵉ personne.

Jéhovah, *sm.* nom de Dieu.

Jérémiade, *sf.* plainte.

Jésuite, *sm.* religieux.

Jésuitique, *a.* de jésuite.

Jet, *sm.* action de jeter; liquide qui s'élance.

Jetée, sf. digue; chaussée.
Jeter, v. lancer; produire.
Jeton, sm. pièce pour compter.
Jeu, sm. récréation [ne.]
Jeudi, sm. 5ᵉ jour de la semai-
Jeun (à), ad. sans avoir mangé.
Jeune, a. peu âgé ; cadet.
Jeûne, sm. abstinence.
Jeûner, sf. ne pas manger
Jeunesse, sf. jeune âge.
Jeûneur, euse, s qui jeûne.
Joaillier, ière, s md. de joyaux
Jockei, sm. valet.
Jocko, sm. gros singe.
Joie, sf. sentiment de plaisir.
Joindre, v. approcher; unir.
Joint, sm. point de junction.
Jointure, sf. joint; paturon.
Joli, e, a. gentil, qui plaît.
Joliment, ad. d'une man. jolie.
Jonc, sm. plante; canne.
Joncher, v. couvrir, parsemer.
Jonction, sf act. de joindre.
Jonglerie, sf. tour de jongleur.
Jongleur, sm. charlatan.
Joue, sf. côté charnu du visage.
Jouer, v. se divertir; tromper.
Jouet, sm. ce qui sert à jouer.
Joug, sm. pièce de bois pour
atteler; fig. sujétion.
Jouir, v. être heureux ; user.
Jouissance, sf. action de jouir
Joujou, sm. jouet d'enfant.
Jour, sm. clarté ; 24 heures.
Journal, sm. gazette.

Journalier, ière, a. qui se fait
par jour ; ouvrier.
Journaliste, sm. rédacteur d'un
journal.
Journée, sf. durée d'un jour.
Journellement, ad. tous les
jours.
Joûte, sf. combat ; débat.
Joûter, v. faire des joûtes.
Jouvenceau, sm. jeune garçon.
Jovial, e, a. gai, joyeux.
Joyau, sm. bijou.
Joyeusement, ad. avec joie.
Joyeuseté, sf. plaisanterie.
Joyeux, se, a. qui est gai
Jubé, sm. tribune d'église.
Jubilation, sf. réjouissance.
Jubilé, sm. indulgence.
Jucher, v. se percher.
Judaïser, v. vivre en juif
Judaïsme, sm. état de juif.
Judas, sm. traître; ouverture.
Judicature, sf. charge de juge.
Judiciaire, sf. jugement.
Judiciaire, a. fait en justice.
Judiciairement, ad. gement.]
Judicieusement, ad. avec ju-]
Judicieux, se, a. sage.
Juge, sm magistrat; arbitre.
Jugement, sm. sentence; sens
Juger, v. décider en justice.
Juif, ive, s. a. hébreux.
Juillet, sm. 7ᵉ jour de l'année.
Juin, sm. 6ᵉ mois de l'année.
Juiverie, sf. usure.

Jujube, sf. fruit.
Jumeau, elle, s. a (enfants)
nés d'une même couche.
Jument, sf. femelle du cheval.
Jupe, sf. vêtement de femme.
Jupon, sm. jupe de dessous.
Juré, sm. membre du juri.
Jurement, sm. serment; blas-
phème.
Jurer, v. affirmer; blasphémer.
Jureur, sm. qui jure.
Juri ou Jury, sm. commission
de citoyens appelés à juger.
Juridiction, sf. pouvoir du
juge; ressort.
Juridique, a. de la justice.
Juridiquement, ad.
Jurisconsulte, sm. versé dans
la jurisprudence. [droit.]
Jurisprudence, sf. science du]
Juron, sm. façon de jurer.
Jus, sm. suc exprimé.
Jusque ou Jusques, prép.
Justaucorps, sm. habit.
Juste, a. équitable ; exact.
Justement, ad. avec justice.
Justesse, sf. précision exacte.
Justice, sf. équité ; raison.
Justiciable, a. soumis à.
Justicier, a. sm. qui a droit de]
Justicier, v. punir. [justice.]
Justification, sf. action de jus-
tifier ; son effet. [cence.]
Justifier, v. prouver l'inno-]
Juvénil, e, a. de la jeunesse.

K, *sm.* (*ke*) onzième lettre.
Kabile , *sm.* tribu d'Alger.
Kahouanne, *sf.* tortue.
Kakatoès, *sm.* perroquet.
Kali, *sm.* soude.
Kan, *sm.* prince tartare.
Kangiar, *sm.* poignard indien.
Kanguroo, *sm.* animal.
Kanterkan, *sm.* fromage.
Kaolin, *sm.* terre à porcelaine.
Karat,*sm. Voy.*Carat. [bum.
Keepsake, *sm.* (*kipecèke*) al-

Kermès,*sm.*insecte;cochenille.
Kermesse , *sf.* foire annuelle.
Kilo, *sm.* mille fois. [mes.
Kilogramme, *sm.* mille gram-
Kilolitre, *sm.* mille litres.
Kilomètre, *sm.* mille mètres.
Kiosque, *sm.* pavillon sur une
terrasse de jardin.
Kirsch-wasser , *sm.* (*kireche-
ouazeur*) eau-de-vie de ce-
rises sauvages.
Knout , *sm.* supplice du fouet

en Russie ; ce fouet même.
Koetsh-wasser, *sm.* (*ko-èteche-
oua-zeur*)eau-de-vie de pru-
Koran. *Voy.* Alcoran. [nes.
Kreutzer, *sm.* (*zère*) monnaie
allemande.
Kyrielle , *sf.* longue suite.
Kyste, *sm.* vessie pleine d'hu-
meurs : *méd.*
Kystique, *a.* du kyste.
Kzel-bache, *sm.* ornement de
tête des Persans.

LAC   LAI   LAN

L, *sm.* (*le*) douzième lettre.
La, *art.* ou *pr. f.*
La, *sm.* note de musique.
Là, *adv. de lieu.* — *Là là*, locution pour menacer, etc.
Labarum, *sm.* (*ome*) étendard.
Labeur, *sm.* travail.
Labial, e, *a.* des lèvres.
Labié, e, *a.* fendu en lèvres.
Laboratoire, *sm.* lieu où l'on travaille.   [peine.]
Laborieusement, *ad.* avec]
Laborieux, se, *a.* travailleur.
Labour, *sm.* act. de labourer.
Labourable, *a.* propre au
Labourage, *sm.* art de
Labourer, *v.* remuer la terre.
Laboureur, *sm.* qui laboure.
Labyrinthe, *sm.* embarras.
Lac, *sm.* grand amas d'eau.
Lacer, *v.* serrer.
Lacération, *sf.* action de
Lacérer, *v.* déchirer.

Lacet, *sm.* cordon.
Lâche, *s. a.* non tendu; rempli de lâcheté.
Lâchement, *ad.* mollement.
Lâcher, *v.* desserrer.
Lâcheté, *sf.* poltronnerie.
Laconique, *a.* concis.
Laconisme, *sm.* façon concise.
Lacrymal, e, *a.* des larmes.
Lacs, *sm. pl.* cordon; piéges.
Lacune, *sf.* vide.
Ladre, esse, *s.* lépreux; avare.
Ladrerie, *sf.* lèpre ; avarice.
Laïc, *sm.* *Voy.* Laïque.
Laid, e, *a.* désagréable à voir.
Laideur, *sf.* défaut de beauté
Lainage, *sm.* façon des draps.
Laine, *sf.* poil des moutons.
Lainer, *v.* donner le lainage.
Laïque, *s. a.* séculier.
Laisse, *sf.* corde.
Laisser, *v.* quitter, céder.
Lait, *sm.* liqueur des mamelles.

Laitage, *sm.* lait.
Laiteux, se, *a.* qui a un suc.
Laitier, ière, *s. a.* md. de lait.
Laiton, *sm.* cuivre jaune.
Laitue, *sf.* plante potagére.
Lambeau, *sm.* morceau déchiré.
Lambin, e, *s. a.* lâche.
Lambiner, *v.* agir lentement.
Lambourde, *sf.* pièce de bois.
Lambris, *sm.* revêtement.
Lambrissage, *sm.* act. de
Lambrisser, *v.* couvrir un mur.
Lame, *sf.* table mince de métal
Lamentable, *a.* déplorable.
Lamentation, *sf.* cris plaintifs.
Lamenter, *v.* plaindre.
Laminer, *v.* réduire en lames.
Laminoir, *sm.* outil.
Lampe, *sf.* vase pour éclairer.
Lampion, *sm.* godet pour illuminer.
Lance, *sf.* arme à long bois.
Lancer, *v.* jeter avec raideur.

9

Lancette, *sf.* instr. de chir.
Lancier, *sm.* cavalier.
Landau, *sm.* voiture de luxe.
Lande, *sf.* terre inculte.
Langage, *sm.* idiome ; style.
Lange, *sm.* linge.
Langoureux, se, *a. s.* qui ne fait que languir.
Langue, *sf.* organe; langage.
Languette, *sf.* petite langue.
Langueur, *sf.* abattement.
Languir, *v.* être en langueur.
Languissamment, *ad.*
Languissant, e, *a.* qui languit.
Lanière, *sf.* courroie étroite.
Lanterne, *sf.* boîte où l'on met de la lumière.
Lanterner, *v.* importuner.
Lantiponner, *v.* dire des fadaises.　　　　[les chiens.]
Laper, *v.* boire comme font]
Lapereau, *sm.* jeune lapin.
Lapidaire, *sm.* marchand de pierres précieuses.
Lapidation, *sf.* action de
Lapider, *v.* tuer à coups de pierres.
Lapin, e, *s.* petit animal.
Laps, e, *a.* tombé; *sm.* temps.
Laquais, *sm.* valet.
Larcin, *sm.* action de dérober.
Lard, *sm.* graisse du porc.
Larder, *v.* garnir de lardons.
Lardoire, *sf.* instr. pour larder.
Lardon, *sm.* morceau de lard.
Large, *a.* qui a de la largeur.
Largesse, *sf.* libéralité.
Largeur, *sf.* étendue.
Larme, *sf.* eau qui sort de l'œil.
Larmier, *sm.* saillie : *archit.*
Larmoiement, *sm.* larmes.
Larmoyant, e, *a.* qui pleure.
Larmoyer, *v.* pleurer.
Larron, onnesse, *s.* qui vole.
Las, Lasse, *a.* fatigué.
Lascif, ive, *a.* enclin à la luxure.
Lasser, *v.* fatiguer.
Lassitude, *sf.* fatigue; ennui.
Latent, e, *a.* caché.
Latéral, e, *a.* du côté.
Latéralement, *ad.* de côté.
Latin, e, *s. a.* langage.
Latiniser, *v.* mettre en latin.
Latinisme, *sm.* locution latine.
Latiniste, *sm.* qui sait le latin.
Latinité, *sf.* langage latin.
Latitude, *sf.* distance d'un lieu à l'équateur; étendue.
Latrie, *sf.* culte de Dieu.
Latrines, *sf. pl.* lieux d'aisances
Latte, *sf.* bois long et étroit.
Latter, *v.* garnir de lattes.
Laudes, *sf. pl.* office divin.
Lauréat, *a. sm.* celui qui a

remporté un prix d'honneur.
Laurier, *sm.* arbre.
Lavabo, *sm.* linge d'autel.
Lavandier, ière, *s.* blanchisseur.
Lave, *sf.* matière volcanique.
Lavement, *sm.* clystère.
Laver, *v.* nettoyer. [dessin.]
Lavis, *sm.* manière de laver un]
Lavoir, *sm.* lieu destiné à laver.
Layetier, *sm.* menuisier.
Layette, *sf.* coffret ; langes.
Lazaret, *sm.* lieu où l'on fait quarantaine.
Le, La, Les, *art.* ou *pr.*
Lé, *sm.* largeur d'étoffe.
Lécher, *v.* passer la langue sur
Leçon, *sf.* instruction.
Lecteur, trice, *s.* qui lit.
Lecture, *sf.* action de lire.
Légal, e, *a.* qui est selon la loi.
Légalement, *ad.* selon les lois.
Légalisation, *sf.* act. de [que.]
Légaliser, *v.* rendre authenti-]
Légat, *sm.* envoyé du pape.
Légataire, *s.* à qui on a légué.
Légation, *sf.* charge de légat.
Légende, *sf.* vie des saints.
Léger, ère, *a.* qui pèse peu ;]
Légèrement, *ad.*　　[volage.]
Légèreté, *sf.* qualité légère.
Légion, *sf.* corps militaire.
Légionnaire, *sm.* soldat.
Législateur, trice, *s.* qui fait]
Législatif, ive, *a.* de [des lois.]
Législation, *sf.* droit de faire des lois.
Législature, *sf.* corps législatif
Légiste, *sm.* jurisconsulte.
Légitime, *a.* légal.
Légitimer, *v.* rendre légitime
Légitimité, *sf.* qualité légitime.
Legs, *sm.* (*lègue*) don.
Léguer, *v.* laisser par testament.
Légume, *sm.* herbe potagère.
Légumineux, se, *a.* de légume.
Lendemain, *sm.* jour suivant.
Lent, e, *a.* tardif.
Lente, *sf.* œuf de pou.
Lentement, *ad.* avec lenteur.
Lenteur, *sf.* manque de célé-]
Lentille, *sf.* plante.　[rité.]
Léopard, *sm.* animal féroce.
Lèpre, *sf.* ladrerie, maladie.
Lépreux, se, *s. a.* qui a la lèpre
Léproserie, *sf.* hôpital des lépreux.
Lequel, Laquelle, *pr. relat.*
Les, *art.* ou *pr. pl.*
Lèse, *a. f.* qui blesse.
Léser, *v.* faire tort.
Lésine, *sf.* épargne sordide.
Lésiner, *v.* user de lésine.
Lésinerie, *sf.* acte de lésine.
Lésion, *sf.* tort, dommage.

Lessive, *sf.* eau de cendres.
Lessiver, *v.* mettre à la lessive
Lest, *sm.* charge : *mar.*
Lestage, *sm.* action de lester.
Leste, *a.* agile; léger; hardi.
Léthargie, *sf.* assoupissement.
Léthargique, *a.* de la léthargie.
Lettre, *sf.* caractère; épître.
Leur, *pr. pers. pl.* à eux.
Leurre, *sm.* appât.
Levain, *sm.* ferment.
Levée, *sf.* act. de lever; digue.
Lever, *v.* hausser; dresser.
Levier, *sm.* barre pour soulever.
Levis, *a. m.* (pont-) qui se lève.
Lévite, *sm.* prêtre juif.
Levraut, *sm.* jeune lièvre.
Lèvre, *sf.* partie de la bouche.
Lévrier, *sm.* chien courant.
Levure, *sf.* écume de la bière.
Lexique, *a. sm.* dictionnaire.
Lézard, *sm.* reptile.
Lézardé, e, *a.* crevassé.
Liaison, *sf.* ce qui lie ; union.
Liard, *sm.* quart d'un sou.
Liasse, *sf.* papiers liés.
Libation, *sf.* effusion de vin.
Libelle, *sm.* écrit diffamatoire.
Libera, *sm.* prière p. les morts.
Libéral, e, *a.* qui aime à donner
Libéralité, *sf.* générosité; don.
Libérer, *v.* décharger.
Liberté, *sf.* pouvoir d'agir.
Libertin, e, *a. s.* débauché.
Libertinage, *sm.* débauche.
Libertiner, *v.* être libertin.
Libraire, *sm.* marchand de livres.
Librairie, *sf.* état de libraire.
Libre, *a.* indépendant.
Librement, *ad.* sans contrainte.
Lice, *sf.* lieu pour les tournois.
Licence, *sf.* permission; liberté; degré d'études.　[cence.]
Licencié, *sm.* qui a fait sa li-]
Licenciement, *sm.* congé.
Licencier, *v.* congédier.
Licencieux, se, *a.* déréglé.
Licitation, *sf.* vente.
Licite, *a.* permis par les lois.
Licitement, *ad.*
Liciter, *v.* vendre à l'encan.
Licou, *sm.* lien au cou du chev.
Lie, *sf.* dépôt d'une liqueur
Liège, *sm.* arbre.
Lien, *sm.* ce qui lie.
Lier, *v.* serrer, attacher.
Lierre, *sm.* arbrisseau.
Lieu, *sm.* espace, endroit; place.
Lieue, *sf.* mesure itinéraire.
Lieutenant, *sm.* officier.
Lièvre, *sm.* animal.
Ligament, *sm.* ce qui lie.
Ligature, *sf.* bande de drap.

Ligne, *sf.* trait simple.
Lignée, *sf.* race.
Ligue, *sf.* confédération.
Liguer, *v.* unir dans une ligue.
Ligueur, euse, *s.* factieux
Lilas, *sm.* arbre ; sa fleur.
Limace, *sf.* limaçon sans coquille. [secte rampant.]
Limaçon ou Limas, *sm.* in-
Limaille, *sf.* ce qu'ôte la lime.
Limbe, *sm.* bord.
Lime, *sf.* outil ; citron.
Limer, *v.* polir avec la lime.
Limite, *sf.* borne, extrémité.
Limiter, *v.* borner.
Limitrophe, *a.* sur les limites.
Limon, *sm.* boue ; citron.
Limonade, *sf.* boisson.
Limonadier, ière, *s.* cafetier.
Limpide, *a.* clair, net.
Lin, *sm.* plante ; fil ; toile.
Linceul, *sm.* drap p. ensevelir.
Linéaire, *a.* des lignes.
Linéament, *sm.* trait léger.
Linge, *sm.* toile de ménage.
Linger, ère, *s.* md. de linge.
Lingerie, *sf.* commerce de linge
Lingot, *sm.* morceau de métal.
Liniment, *sm.* topique.
Linon, *sm.* toile de lin déliée.
Linot, otte, *s.* oiseau. [ture.]
Linteau, *sm.* dessus d'ouver-
Lion, onne, *s.* animal féroce.
Lionceau, *sm.* petit du lion.
Liquéfier, *v.* rendre liquide.
Liqueur, *sf.* liquide ; boisson.
Liquidation, *sf.* act. de liquider.
Liquide, *sm. a.* qui coule.
Liquider, *v.* régler.
Liquoreux, se, *a.* (vin).
Liquoriste, *s.* md. de liqueurs.
Lire, *v.* parcourir des yeux.
Liseur, euse, *s.* qui lit beaucoup.
Lisible, *a.* facile à lire.
Lisiblement, *ad.*
Lisière, *sf.* bord d'une étoffe.
Lisse, *a.* uni et poli.
Lisser, *v.* polir, rendre lisse.
Liste, *sf.* catalogue.
Lit, *sm.* meuble pour coucher.
Litanies, *sf. pl.* prières.
Litharge, *sf.* chaux de plomb.
Lithographe, *s. a.* ouvrier en
Lithographie, *sf.* impression sur pierre. [pierre.]
Lithographier, *v.* graver sur
Litière, *sf.* voiture ; paille.
Litigant, e, *a.* qui plaide.
Litige, *sm.* procès.
Litigieux, se, *a.* contesté.
Litre, *sm.* mesure.
Litron, *sm.* ancienne mesure.
Littéraire, *a.* des belles-lettres.
Littéral, e, *a.* à la lettre.

Littéralement, *ad.* [lettres.]
Littérateur, trice, *s.* homme de
Littérature, *sf.* belles-lettres.
Littoral, e, *a.* qui baigne une rive ; *sm.* le long des côtes.
Liturgie, *sf.* service divin.
Livide, *a.* de couleur plombée.
Livraison, *sf.* action de livrer.
Livre, *sf.* poids ; monnaie ; *sm.* volume ; registre.
Livrée, *sf.* habits des valets.
Livrer, *v.* donner.
Livret, *sm.* petit livre.
Local, e, *a.* du lieu ; *sm.* lieu.
Localité, *sf.* lieu.
Locataire, *s.* qui tient à loyer.
Locatif, ive, *a.* du locataire.
Location, *sf.* act. de louer.
Loch, *sm.* instrum. pour mesurer la vitesse d'un navire.
Locution, *sf.* façon de parler.
Logarithme, *sm.* calcul.
Loge, *sf.* petite hutte ; réduit.
Logeable, *a.* où l'on peut loger.
Logement, *sm.* où l'on loge.
Loger, *v.* habiter.
Logette, *sf.* petite loge.
Logeur, euse, *s.* qui loge.
Logicien, ne, *s.* qui sait la
Logique, *sf.* art de raisonner.
Logiquement, *ad.*
Logis, *sm.* habitation.
Logogriphe, *sm.* énigme.
Loi, *sf.* règle établie.
Loin, *ad.* à grande distance.
Lointain, e, *a.* qui est fort loin.
Loisible, *a.* permis.
Loisir, *sm.* temps disponible.
Long, gue, *a.* étendu ; lent.
Longanimité, *sf.* clémence.
Longe, *sf.* lanière.
Longer, *v.* marcher le long de.
Longévité, *sf.* longue vie.
Longitude, *sf.* distance au 1er méridien. [temps long.]
Long-temps, *ad.* pendant un
Longuement, *ad.* long-temps.
Longueur, *sf.* étendue ; durée.
Looch, *sm.* potion pectorale.
Loquacité, *sf.* (*koua*) babil.
Loque, *sf.* pièce, morceau.
Loquet, *sm.* sorte de fermeture.
Loqueteau, *sm.* petit loquet.
Lorgner, *v.* regarder, viser à.
Lorgnette, *sf.* lunette.
Lorgneur, euse, *s.* qui lorgne.
Lorgnon, *sm.* petite lunette.
Loriot, *sm.* oiseau.
Lors, *ad.* alors.
Lorsque, *conj.* quand.
Losange, *sf.* figure à 4 côtés
Lot, *sm.* portion.
Loterie, *sf.* sorte de banque.
Loto, *sm.* jeu.

Louable, *a.* digne de louange.
Louange, *sf.* éloge. [ges.]
Louanger, *v.* donner des louan-
Louche, *a.* qui a la vue de trav.
Loucher, *v.* regarder de travers.
Louer, *v.* donner, prendre a louage ; louanger.
Loueur, euse, *s.* qui loue.
Louis, *sm.* monnaie d'or.
Loup, *sm.* animal carnassier.
Loupe, *sf.* tumeur ; verre.
Loup-garou, *sm.* sorcier.
Lourd, e, *a.* pesant ; grossier
Lourdaud, e, *s.* grossier.
Lourderie, *sf.* faute grossière.
Loutre, *sf.* animal amphibie
Louve, *sf.* femelle du loup.
Louveteau, *sm.* petit loup.
Louvoyer, *v.* aller en zigzag.
Loyal, e, *a.* probe ; franc.
Loyalement, *ad.* avec loyauté.
Loyauté, *sf.* probité.
Loyer, *sm.* prix du louage.
Lucarne, *sf.* fenêtre au toit.
Lucide, *a.* lumineux ; net.
Lucratif, ive, *a.* qui profite.
Lucre, *sm.* gain, profit.
Lueur, *sf.* clarté faible.
Lugubre, *a.* triste.
Lui, *pr. sing.* de la 3e pers.
Luire, *v.* éclairer ; briller.
Luisant, e, *a.* qui luit.
Lumière, *sf.* ce qui éclaire.
Lumignon, *sm.* bout de mèche.
Luminaire, *sm.* astre ; cierge.
Lumineux, se, *a.* de lumière.
Lunaire, *a.* de la lune.
Lunatique, *a.* fantasque.
Lundi, *sm.* 2e jour de la sem.
Lune, *sf.* planète. [vue.]
Lunette, *sf.* verre qui aide la
Luron, ne, *s.* personne joyeuse.
Lustral, e, *a.* (eau) pour purifier
Lustration, *sf.* act. de purifier.
Lustre, *sm.* éclat ; girandole.
Lustrer, *v.* donner le lustre.
Lut, *sm.* enduit pour boucher.
Luth, *sm.* instrument.
Luthéranisme, *sm.* hérésie.
Luthérien, ne, *a. s.* sectaire.
Lutin, *sm.* espiègle.
Lutrin, *sm.* pupitre d'église.
Lutte, *sf.* combat ; guerre.
Lutter, *v.* combattre.
Luxation, *sf.* dislocation.
Luxe, *sm.* somptuosité.
Luxer, *v.* déboîter un os.
Luxure, *sf.* incontinence.
Luxurieux, se, *a.* impudique.
Luzerne, *sf.* plante vivace.
Lycée, *sm.* académie ; collège.
Lycéen, *a. sm.* collégien.
Lynx, *sm.* animal. [sique.]
Lyre, *sf.* instrument de mu-

M, *sm*. treizième lettre.
Ma, *a. et pr. f. Voy.* mon.
Macaron, *sm.* petite pâtisserie.
Macaroni, *sm.* pâte.
Macédoine, *sf.* mélange.
Macération, *sf.* mortification.
Macérer, *v.* mortifier.
Mâche, *sf.* plante potagère.
Mâchefer, *sm.* scorie du fer.
Mâchelière, *a. sf.* (dent).
Mâcher, *v.* broyer av. les dents.
Machiavélisme, *sm.* ruse.
Machinal, *e, a.* de la machine.
Machinalement, *ad.*
Machine, *sf.* instrument.
Machiner, *v.* comploter.
Mâchoire, *sf.* os dans lequel les dents sont plantées.
Mâchurer, *v.* noircir.
Maçon, *sm.* artisan.
Maçonner, *v.* bâtir. [maçon.]
Maçonnerie, *sf.* ouvrage du]

Maculature, *sf.* feuille d'impression maculée. [ler.]
Maculer, *v.* tacher, barbouil-]
Madame, *sf.* titres de femmes.
Mademoiselle, *sf.* titre des filles
Madré, *e, a.* tacheté; *s.* rusé.
Madrier, *sm.* ais fort épais.
Magasin, *sm.* dépôt de marchandises; amas.
Magasinier, *sm.* garde magasin.
Mage, *sm.* prêtre persan.
Magicien, ne, *s.* sorcier.
Magie, *sf.* sorcellerie.
Magique, *a.* de la magie.
Magister, *sm.* maître d'école.
Magistrat, *sm.* juge.
Magistrature, *sf.* dignité.
Magnanime, *a.* qui a l'âme grande.
Magnanimement, *ad.* [d'âme.]
Magnanimité, *sf.* grandeur]
Magnésie, *sf.* terre blanche.

Magnétique, *a.* de l'aimant.
Magnétiser, *v.* développer le magnétisme.
Magnificence, *sf.* somptuosité.
Magnifier, *v.* (*gue i*) exalter.
Magnifique, *a.* splendide.
Magnifiquement, *ad.*
Magot, *sm.* singe; argent caché.
Mahométan, *e, a.* de Mahomet.
Mai, *sm.* 5ᵉ mois de l'année.
Maigre, *a.* sans graisse.
Maigrelet, te, *a.* maigre.
Maigrement, *ad.*
Maigreur, *sf.* état maigre.
Maigrir, *v.* devenir maigre.
Mail, *sm.* jeu; allée.
Maille, *sf.* anneau.
Mailler, *v.* faire des mailles.
Maillet, *sm.* marteau de bois.
Mailloche, *sf.* gros maillet.
Maillot, *sm.* langes.
Main, *sf.* bout du bras.

Main-d'œuvre, *sf.* travail.
Main-forte, *sf.* assistance.
Main-levée, *sf.* levée de saisie.
Maintenant, *ad.* présentement.
Maintenir, *v.* tenir en état.
Maintien, *sm.* conservation.
Maire, *sm.* magistrat.
Mairie, *sf.* charge de maire.
Mais, *conj.* adversative.
Maïs, *sm.* blé de Turquie.
Maison, *sf.* habitation.
Maisonnette, *sf.* petite maison.
Maître, esse, *s.* qui commande.
Maîtresse, *sf.* amante.
Maîtrise, *sf.* qualité de maître.
Maîtriser, *v.* se rendre maître.
Majesté, *sf.* grandeur auguste.
Majestueusement, *ad.*
Majestueux, se, *a.* qui a de la majesté.
Majeur, e, *a.* plus grand; qui est en âge de jouir de ses droits.
Major, *a. sm.* officier supérieur.
Majorité, *sf.* état majeur.
Majuscule, *sf a.* lettre capitale.
Mal, *sm.* contraire du bien.
Malade, *s. a.* qui souffre.
Maladie, *sf.* infirmité.
Maladif, ive, *a.* souvent malade.
Maladresse, *sf.* déf. d'adresse.
Maladroit, e, *s. a.* sans adresse.
Maladroitement, *ad.*
Malaise, *sm.* état fâcheux.
Malaisé, e, *a.* difficile. [temps.]
Mal-à-propos, *ad.* à contre-]
Malavisé, e, *s. a.* imprudent.
Mal-bâti, e, *s. a.* mal fait.
Mal-content, e, *s. a.* mal satisfait
Mâle, *sm. a.* du sexe masculin.
Malédiction, *sf.* act. de maudire.
Maléfice, *sm.* sorcellerie.
Malencontre, *sf.* malheur.
Malencontreux, se, *a.*
Malentendu, *sm.* erreur.
Mal-être *sm.* état de langueur.
Malfaire, *v.* faire du mal.
Malfaisance, *sf.* malignité.
Malfaisant, e, *a.* qui fait mal
Malfaiteur, trice, *s.* méchant.
Malgracieux, se, *a.* incivil.
Malgré, *prép.* contre le gré.
Malhabile, *s. a.* sans habileté.
Malheur, *sm.* mauvaise fortune.
Malheureusement, *ad.*
Malheureux, se, *a.* non heureux
Malhonnête, *s. a.* incivil.
Malhonnêtement, *ad.* avec
Malhonnêteté, *sf.* incivilité.
Malice, *sf.* inclination à nuire.
Malicieusement, *ad.* av. malice.
Malicieux, se, *a.* porté au mal.
Malignement, *ad.* av. malice.
Malignité, *sf.* penchant au mal.
Malin, igne, *s. a.* malicieux

Malintentionné, e, *s. a.* mal-]
Malle, *sf.* coffre. [veillant.]
Malotru, e, *a. s.* misérable.
Malplaisant, e, *a.* désagréable.
Malpropre, *a.* sale.
Malproprement, *ad.* salement.
Malpropreté, *sf.* saleté.
Malsain, e, *a.* qui n'est pas sain.
Malséant, e, *a.* messéant.
Malsonnant, e, *a.* qui répugne.
Maltraiter, *v.* outrager.
Malveillance, *sf.* haine.
Malveillant, e, *s. a.*
Malversation, *sf.* délit.
Malverser, *v.* se conduire mal dans un emploi.
Maman, *sf.* mère.
Mamelle, *sf.* sein.
Mamelon, *sm.* éminence.
Mammifère, *sm. a.* à mamelles.
Manant, *sm.* rustre.
Manche, *sm.* poignée où l'on met le bras.
Manchette, *sf.* ornement.
Manchon, *sm.* fourrure.
Manchot, e, *s. a.* estropié.
Mandarin, *sm.* titre à la Chine.
Mandat, *sm.* procuration.
Mandataire, *sm.* chargé de procuration.
Mandement, *sm.* ordre.
Mander, *v.* faire savoir.
Mandrin, *sm.* outil.
Manducation, *sf.* act. de manger
Manège, *sm.* où l'on exerce les chevaux; ruse.
Mânes, *sm. pl.* âmes des morts
Mangeable, *a.* qui peut être mangé.
Mangeaille, *sf.* nourriture.
Mangeoire, *sf.* auge de cheval.
Manger, *v.* avaler, détruire.
Mangeur, euse, *s.* qui mange beaucoup.
Maniable *a.* manier.
Maniaque, *s. a.* possédé d'une
Manie, *sf.* folie; passion.
Maniement, *sm.* action de
Manier, *v.* toucher, diriger.
Manière, *sf.* façon; usage.
Maniéré, e, *a.* plein d'affecta-]
Manifestation, *sf.* [tion.]
Manifeste, *a.* notoire.
Manifestement, *ad.* clairement.
Manifester, *v.* rendre manifeste.
Manigance, *sf.* intrigue.
Manigancer, *v.* tramer.
Manipuler, *v.* opérer.
Manique, *sf.* cuir pour la main.
Manivelle, *sf.* tourniquet.
Manne, *sf.* grand panier.
Mannequin, *sm.* long panier.
Manœuvre, *sm.* ouvrier; *sf* cordages, mouvements de

troupes. [vre.]
Manœuvrer, *v.* faire la manœu-]
Manoir, *sm.* demeure.
Manouvrier, *sm.* ouvrier.
Manque, *sm.* défaut.
Manquement, *sm.* défaut.
Manquer, *v.* avoir faute de.
Mansarde, *sf.* toit à comble presque plat.
Mansuétude, *sf.* bonté.
Mantelet, *sm.* petit manteau.
Manuel, le, *a.* fait avec la main.
Manuellement, *ad.*
Manufacture, *sf.* fabrique.
Manufacturer, *v.* fabriquer.
Manufacturier, ière, *s. a.* fabricant.
Manuscrit, e, *a.* écrit à la main.
Manutention, *sf.* maintien.
Manutentionner, *v.* fabriquer.
Mappemonde, *sf.* carte géogr.
Maquereau, *sm.* poisson.
Maquignon, *sm.* md. de chevaux
Maquignonner, *v.* user d'artifice pour vendre un cheval.
Maraîcher, ère, *s.* jardinier.
Marais, *sm.* terre humide.
Marasme, *sm.* consomption.
Marâtre, *a. sf.* mère cruelle.
Maraud, e, *s.* coquin, fripon.
Marauder, *v.* aller en maraude.
Marbre, *sm.* pierre calcaire.
Marbrer, *v.* peindre en marbre.
Marbrier, *sm.* qui travaille le marbre. [marbre.]
Marbrure, *sf.* imitation du]
Marc, *s. m.* résidu; huit onces.
Marchand, e, *s.* qui trafique.
Marchander, *v.* discuter le prix.
Marchandise, *sf.* ce qu'on vend.
Marche, *sf.* act. de marcher.
Marche-pied, *sm.* marche.
Marché, *sm.* vente.
Marcher, *v.* aller d'un lieu à un autre.
Marcheur, euse, *s.* qui marche.
Mardi, *sm.* 3e jour de la semaine
Mare, *sf.* eau dormante.
Marécage, *sm.* terrain humide.
Marécageux, se, *a.* humide.
Maréchal, *sm.* qui ferre les chevaux.
Maréchaussée, *sf.* gendarmerie.
Marée, *sf.* poisson de mer; flux et reflux de la mer. [page.]
Marge, *sf.* blanc autour d'une]
Margelle, *sf.* rebords d'un puits
Marger, *v.* marquer les marges
Marginal, e, *a.* à la marge.
Marguerite, *sf.* plante; perle.
Marguillier, *sm.* bedeau.
Mari, *sm.* époux.
Mariage, *sm.* union conjugale.
Marier, *v.* unir par mariage.

Marin, e, a. de mer : sm. homme de mer.
Marine, sf. service de mer.
Mariner, v. assaisonner.
Marinier, sm. marin. [mobile.]
Marionnette, sf. petite figure]
Marital, e, a. du mari.
Maritime, a. de mer.
Marmaille, sf. marmots.
Marmelade, sf. confiture.
Marmite, sf. pot.
Marmiton, sm. valet de cuisine.
Marmot, sm. gros singe; petit garçon.
Marmoter, v. murmurer.
Marmotte, sf. mammifère.
Marmouset, sm. petit garçon.
Marne, sf. terre calcaire.
Maroquin, sm. cuir de bouc.
Maroquiner, v. façonner en maroquin.
Maroufle, sm. fripon.
Marque, sf. signe, trace.
Marquer, v. faire une marque.
Marqueter, v. tacheter.
Marqueur, euse, s. qui marque.
Marquis, e, s. titre de dignité.
Marquisat, sm. terre de marquis
Marraine, sf. celle qui tient sur les fonts de baptême.
Marri, e, a. fâché.
Marron, sm. grosse châtaigne.
Marronner, v. murmurer.
Marronnier, sm. arbre.
Mars, sm. 3e mois de l'année.
Marsouin, sm. poisson de mer.
Marteau, sm. outil de fer.
Marteler, v. frapper du marteau
Martial, e, a guerrier.
Martinet, sm. discipline.
Martre, sf. animal; sa peau.
Martyr, e, s. qui souffre.
Martyre, sm. tourments.
Martyriser, v. tourmenter.
Martyrologe, sm. liste des saints.
Mascarade, sf. gens déguisés.
Mascaron, sm. tête grotesque.
Masculin, e, s. a. du mâle.
Masque, sm. faux visage.
Masquer, v. déguiser; cacher.
Massacre, sm. tuerie, carnage.
Massacrer, v. tuer; gâter.
Masse, sf. corps compacte; totalité; massue; bâton
Masser, v. faire une masse.
Massif, ive, a. épais et pesant;
Massivement, ad.
Massue, sf. gros bâton
Mastic, sm. gomme; ciment.
Mastication, sf. act. de mâcher.
Mastiquer, v. coller.
Masure, sf. maison en ruine
Mat, Matte, a. sans éclat

Mât, sm. arbre d'un navire.
Matador, sm. personne riche.
Matamore, sm. faux brave.
Matelas, sm. coussin piqué.
Matelasser, v. garnir de matelas.
Matelassier, ière, qui fait des]
Matelot, sm. marin. [matelas.]
Matelotte, sf. mets de poisson.
Mater, v. rendre mat.
Mâter, v. garnir de mâts.
Matérialisme, sm. opinion du
Matérialiste, s. a. qui réduit tout à la matière.
Matérialité, sf. état matériel.
Matériaux, sm. pl. tout ce qui sert à bâtir, etc.
Matériel, le, a. de matière.
Maternel, le, a. de la mère.
Maternité, sf. état de mère
Mathématicien, ne, s.
Mathématique, sf. science des propriété de la grandeur.
Mathématiquement, ad.
Matière, sf. substance.
Mâtin, sm. gros chien. [jour.]
Matin, sm. commencement du]
Matinal, e, a. du matin.
Matinée, sf. du matin à midi.
Matines, sf. pl. office divin.
Matineux, se, a. du matin
Matois, e, a. s. fin, rusé.
Matou, sm. chat mâle.
Matrice, sf. partie de la femelle où se fait la conception; moule; étalon des mesures.
Matricule, sf. registre; liste.
Matrimonial, e, a. du mariage.
Matrone, sf. sage-femme.
Mâture, sf. les mâts.
Maturité, sf. état mûr.
Maudire, v. réprouver.
Maudit, e, a. détestable.
Mausolée, sm. tombeau.
Maussade, a. s désagréable.
Mauvais, e, a. s. non bon.
Mauve, sf. plante; oiseau.
Maxime, sf. proposition.
Maximum, sm. le plus haut.
Mazette, sf. méchant cheval.
Mazille, sf mauvais argent.
Me, pr. pers. je, moi.
Mécanicien, sm. qui sait la
Mécanique, sf. science des lois du mouvement, de l'équilibre
Méchamment, ad. avec
Méchanceté, sf. malice.
Méchant, e, s. a. mauvais.
Mèche, sf. coton pour lampe.
Mécompte, sm. erreur.
Mécompter (se), v. se tromper.
Méconnaissable, a. changé.
Méconnaissance, sf. ingratitude
Méconnaissant, e, a. ingrat.
Méconnaître, v. désavouer.

Mécontent, e, a. s. non content.
Mécontenter, v. fâcher.
Mécréant, sm. impie.
Médaille, sf. pièce de métal.
Médaillon, sm. grande médaille
Médecin, sm. qui exerce la
Médecine, sf. art de guérir; potion. [decines.]
Médeciner, v. donner des mé-]
Médiat, e, a. par intermédiaire.
Médiateur, trice, s. qui accorde.
Médiation, sf. entremise.
Médical, e, a. de la médecine.
Médicament, sm. remède.
Médicamenter, v. donner des médicaments. [mal.]
Médiocre, a. entre le bien et le]
Médiocrement, ad.
Médiocrité, sf. état médiocre
Médire, v. dire du mal.
Médisance, sf. discours
Médisant, e, a. s. qui médit.
Méditatif, ive, s. a. qui médite.
Méditation, sf. action de
Méditer, v. penser, délibérer.
Méditerrané, e, a. qui est au milieu des terres.
Méfait, sm. action mauvaise.
Méfiance, sf. déf. de confiance.
Méfiant, e, s. a. qui se méfie.
Méfier (se), v. se défier.
Mégarde, sf. déf. d'attention.
Mégascope, sm. instr. d'optique.
Mégisserie, sf. commerce de
Mégissier, sm. qui prépare les peaux.
Meilleur, e, a. qui vaut mieux.
Mélancolie, sf. tristesse.
Mélancolique, s. a triste
Mélancoliquement, ad.
Mélange, sm. choses mêlées.
Mélanger, v. mêler ensemble.
Mélasse, sf. résidu des sucres.
Mêlée, sf. combat; contestation.
Mêler, v. brouiller, unir.
Mélodie, sf. suite de sons.
Mélodieusement, ad. [lodie.]
Mélodieux, se, a. plein de mé-]
Mélodrame, sm. drame.
Melon, sm. plante potagère.
Membrane, sf. enveloppe.
Membre, sm. partie du corps.
Membrure, sf. mesure.
Même, pr. et a. non autre.
Mêmement, ad. de même.
Memento, sm. (mein) souvenir.
Mémoire, sm. facture; relation; sf. faculté de se souvenir.
Mémorable, a. digne de mémoire. [vient.]
Mémoratif, ive, a. qui se sou-]
Mémorial, sm. mémoire.
Menace, sf. parole, geste pour faire craindre

Menacer, v. faire des menaces.
Ménage, sm. gouvernement domestique.
Ménagement, sm. égards.
Ménager, v. épargner.
Ménager, ère, s. a. économe.
Ménagerie, sf. lieu où l'on nourrit des animaux.
Mendiant, e, s. qui mendie.
Mendicité, sf. état de mendiant.
Mendier, v. demander l'aumône
Mener, v. conduire; voiturer.
Ménétrier, sm. musicien.
Meneur, euse, s. qui mène.
Menottes, sf. pl. fers aux mains.
Mensonge, sm. tromperie.
Mensonger, ère, a. faux.
Mensuel, le, a. par mois.
Mental, e, a. en esprit.
Mentalement, ad.
Menterie, sf. mensonge.
Menteur, euse, s. a. qui ment.
Menthe, sf. plante aromatique.
Mention, sf. commémoration.
Mentionner, v. faire mention.
Mentir, v. dire un mensonge.
Menton, sm. bas du visage.
Mentonnière, sf. partie du masque qui couvre le menton.
Mentor, sm. (mein) guide.
Menu, e, a. délié; sm. détail.
Menuet, sm. danse grave.
Menuiserie, sf. art du [bois]
Menuisier, sm. qui travaille le
Méphitisme, sm. corruption dans l'air.
Méprendre (se), v. se tromper.
Mépris, sm. sentiment par lequel on juge indigne.
Méprisable, a. digne de mépris.
Méprise, sf. erreur.
Mépriser, v. avoir du mépris.
Mer, sf. étendue d'eau salée.
Mercantile, a. qui se vend.
Mercantille, sf. petit négoce.
Mercenaire, s. a. qui sert pour de l'argent.
Mercenairement, ad.
Mercerie, sf. marchandises de mercier. [remerciement]
Merci, sf. miséricorde; sm. a.
Mercier, ière, s. marchand de fil, de rubans, etc.
Mercredi, sm. 4e jour de la semaine.
Mercure, sm. vif argent.
Mercuriale, sf. réprimande.
Mère, sf. qui a mis au monde.
Méridien, ne, a. du midi.
Meringue, sf. pâtisserie légère.
Mérinos, sm. mouton; sa laine.
Merise, sf. petite cerise.
Merisier, sm. arbre.

Mérite, sm. ce qui rend digne d'estime.
Mériter, v. être digne de.
Méritoire, a. qui mérite.
Méritoirement, ad.
Merlan, sm. poisson.
Merle, sm. oiseau.
Merlin, sm. outil; cordage.
Merluche, sf. morue sèche.
Merrain, sm. bois refendu.
Merveille, sf. chose rare.
Merveilleusement, ad.
Merveilleux, se, a. surprenant
Mes, a. poss. pl. [inférieur.]
Mésallier, v. marier avec un
Mésintelligence, sf. division.
Mesquin, e, a. chiche; pauvre.
Mesquinement, ad.
Mesquinerie, sf. avarice.
Message, sm. charge.
Messager, sm. envoyé.
Messagerie, sf. voiture.
Messe, sf. service divin.
Messéance, sf. inconvenance.
Messéant, e, a. inconvenant.
Messie, sm. le Christ.
Messieurs, pl. de Monsieur.
Messire, sm. titre d'honneur.
Mesurable, a. qui peut se mesurer.
Mesurage, sm. act. de mesurer.
Mesure, sf. règle; dimension.
Mesurer, v. chercher à connaître une quantité.
Mesureur, euse, s. qui mesure.
Mésuser, v. mal user.
Métairie, sf. ferme.
Métal, sm. corps minéral.
Métallique, a. des métaux.
Métamorphose, sf. changement
Métamorphoser, v. changer.
Métaphore, sf. allégorie.
Métaphysique, sf. science des idées; trop abstrait.
Métaphysiquer, v.
Métaptôme, sm. changement.
Métayer, ère, sf. fermier.
Métempsychose, sf. transmigration de l'âme.
Météore, sm. phénomène.
Méthode, sf. ordre; règle.
Méthodique, a. qui a de la méthode.
Méthodiquement, ad. [thode.]
Méthodiste, s. sectaire.
Méticuleux se, a. s. craintif.
Métier, sm. profession.
Métope, sf. ornement : archit.
Mètre, sm. vers; mesure.
Métrique, a. du mètre.
Métropole, a. sf. ville mère.
Métropolitain, e, a. archiépiscopal.
Mets, sm. ce qu'on mange.
Mettable, a. qui peut se mettre.

Mettre, v. placer; exposer.
Meuble, sm. ce qui meuble.
Meubler, v. garnir.
Meule, sf. pierre qui sert à broyer, à aiguiser.
Meulière, sf. (pierre de) à meule
Meunier, ère, s. qui a un moulin
Meurtre, sm. homicide.
Meurtrier, ière, s. a. qui tue.
Meurtrir, v. frapper.
Meurtrissure, sf. contusion.
Meute, sf. troupe de chiens.
Mi, sm. note; partic. demi.
Miasme, sm. exhalaisons.
Miaulement, sm. cri du chat.
Miauler, v. crier.
Miche, sf. pain blanc.
Micmac, sm. intrigue.
Microscope, sm. instrument d'optique.
Midi, sm. milieu du jour; sud.
Mie, sf. partie molle du pain.
Miel, sm. suc doux des abeilles.
Mieux, ad. compar. de *bien*.
Mielleux, se, a. de miel; fade
Mien, ne, a. qui est à moi.
Miette, sf. parcelle de pain.
Mièvre, a. s. malicieux.
Mignard, e, a. mignon.
Mignardement, ad
Mignarder, v. dorloter.
Mignardise, sf. cajolerie
Mignon, ne, s. a. délicat
Mignonnement, ad.
Mignoter, v. dorloter.
Mignotise, sf. caresses.
Migraine, sf. douleur de tête.
Migration, sf. émigration.
Mil ou Millet, sm. plante.
Mil, a. num. mille.
Milan, sm. oiseau de proie.
Milice, sf. art de la guerre.
Milicien, sm. soldat de milice.
Milieu, sm. centre. [soldat.]
Militaire, a. de la guerre; sm.
Militairement, ad.
Militante, a. f. (église).
Militer, v. combattre.
Mille, a. num. dix fois cent.
Millénaire, a. de mille.
Mille-pertuis, sm. plante.
Millésime, sm. date.
Milliard, sm. mille millions.
Millième, a. s. 1000e partie.
Millier, sm. mille. [gramme.]
Milligramme, sm. millième du
Million, sm. dix fois cent mille.
Millionième, a. s.
Millionnaire, s. a. très-riche.
Milord, sm. monseigneur.
Minauderie, sf. mines affectées
Mince, a. de peu d'épaisseur.
Mine, sf. air; accueil; lieu où se forment les minéraux;

cavité souterreine; minerai.
Miner, v. creuser une mine.
Minerai, sm. métal mêlé de terre
Minéral, e, a. des minéraux;
sm. corps solide.
Minéralogie, sf. science des
minéraux.
Minet, te, s. petit chat.
Mineur, e, s. a. non majeur.
Miniature, sf. peinture en petit
Minime, a. le plus petit.
Minimum, sm. le plus petit.
Ministère, sm. emploi.
Ministériel, le, a. du ministère.
Ministre, sm. qui gouverne.
Minois, sm. visage.
Minorité, sf. état de mineur.
Minot, sm. mesure.
Minuit, sm. milieu de la nuit.
Minuscule, sf. a. petite lettre.
Minute, sf. 60° de l'heure; ori-
ginal d'un écrit.
Minuter, v. faire la minute.
Minutie, sf. (ci) bagatelle.
Minutieux, se, s. a. vétilleux.
Miracle, sm. prodige.
Miraculeux, se, a. merveilleux.
Mire, sf. bouton pour mirer.
Mirer, v. viser.
Mirmidon, sm. Voy. Myrmidon
Miroir, sm. glace de verre.
Miroitier, sm. md. de miroirs.
Misanthrope, s. a. qui hait les
hommes.
Misanthropie, sf. haine.
Mise, sf. ce qu'on met.
Misérable, a. s. malheureux.
Misérablement, ad.
Misère, sf. état malheureux.
Miséricorde, sf. pardon; pitié.
Miséricordieusement, ad.
Miséricordieux, se, a. clément.
Missel, sm. livre de prières.
Mission, sf. envoi.
Missionnaire, sm. prédicateur
Missive, a. sf. lettre.
Mitaine, sf. gant sans doigts.
Mitigation, sf. adoucissement.
Mitiger, v. adoucir.
Miton, sm. gant d'avant-bras.
Mitonner, v. tremper.
Mitoyen, ne, a. entre deux.
Mitraille, sf. ferraille.
Mitrailler, v. tirer à mitraille.
Mitre, sf. coiffure des évêques.
Mitré, e, a. qui a une mitre.
Mitron, sm. garçon boulanger.
Mixte, a. composé; mêlé.
Mixtiligne, a. à lignes diverses.
Mixtion, sf. mélange. [tion.]
Mixtionner, v. faire une mix-]
Mnémonique, sf. a. art d'aider
la mémoire.
Mobile, a. qui se meut.

Mobilier, ère, a. des meubles.
Mobiliser, v. ameublir.
Mobilité, sf. facilité à être mu.
Mode, sm. manière d'être.
Modèle, sm. patron; exemple.
Modeler, v. imiter. [modère.]
Modérateur, trice, s. a. qui]
Modération, sf. retenue.
Modérer, v. tempérer, adoucir.
Moderne, a. nouveau.
Moderner, v. restaurer. [tie.]
Modeste, a. qui a de la modes-]
Modestement, ad. avec
Modestie, sf. retenue; pudeur.
Modicité, sf. petite quantité.
Modificatif, ive, a. qui modifie.
Modifier, v. adoucir, modérer.
Modillon, sm. console.
Modique, a. de peu de valeur.
Moelle, sf. substance dans les
Moelleusement, ad. [os.]
Moelleux, se, a. doux.
Moellon, sm. pierre à bâtir.
Mœurs, sf. pl. habitudes.
Moi, pr. pers. [bre coupé.]
Moignon, sm. reste d'un mem-]
Moindre, a. plus petit.
Moine, sm. religieux.
Moineau, sm. petit oiseau.
Moins, ad. marque l'infériorité
Moire, sf. étoffe ondée.
Mois, sm. 12° partie de l'année.
Moisir, v. corrompre.
Moisissure, sf. corruption.
Moisson, sf. récolte des grains.
Moissonner, v. faire la moisson.
Moissonneur, euse, s. qui mois-
sonne.
Moite, a. un peu humide.
Moiteur, sf. petite humidité.
Moitié, sf. partie d'un tout
divisé en deux.
Mol, Molle, a. Voy. Mou.
Molaire, a. (dent).
Molécule, sf. petite partie
Molester, v. vexer.
Molette, sf. étoile de l'éperon.
Mollasse, a. qui est trop mou.
Mollement, ad.
Mollesse, sf. vie voluptueuse.
Mollet, sm. gras de la jambe.
Molleton, sm. étoffe mollette.
Mollir, v. devenir mou.
Mollusque, sm. animal inver-]
Moment, sm. instant. [tébré.]
Momentané, e, a. qui dure un
moment.
Momentanément, ad.
Momerie, sf. hypocrisie.
Momie, sf. corps embaumé.
Mon, Ma, Mes, pr. poss.
Monacal, e, a. du moine.
Monarchie, sf. royaume.
Monarchique, a.

Monarque, sm. roi.
Monastère, sm. couvent.
Monastique, a. des moines.
Monceau, sm. tas.
Mondain, e, a. s. du monde.
Mondainement, ad. [daine.]
Mondanité, sf. vanité mon-]
Monde, sm. l'univers.
Monder, v. nettoyer.
Monétaire, a. des monnaies.
Moniteur, sm. qui avertit.
Monition, sf. avertissement.
Monnaie, sf. espèce d'or et
d'argent qui a cours.
Monnayer, v. battre monnaie.
Monnayeur, sm. qui bat mon-
naie. [lettres entrelacées.]
Monogramme, sm. chiffre de]
Monologue, sm. discours d'un
acteur seul. [clusif.]
Monopole, sm. privilège ex-]
Monopoleur, sm. qui fait le
monopole. [syllabe.]
Monosyllabe, sm. a. d'une]
Monotone, a. ennuyeux.
Monotonie, sf. uniformité.
Monseigneur, sm. titre.
Monsieur, sm. titre.
Monstre, sm. prodige contre
l'ordre de la nature.
Monstrueusement, ad.
Monstrueux, se, a. prodigieux.
Monstruosité, sf.
Mont, sm. montagne.
Montagne, sf. éminence.
Montée, sf. petit escalier.
Monter, v. aller plus haut.
Monticule, sm. petit mont.
Montre, sf. petite horloge.
Montrer, v. faire voir.
Montueux, se, a. inégal.
Monture, sf. bête qu'on monte.
Monument, sm. édifice.
Moquer (se), vp. se railler.
Moquerie, sf. raillerie.
Moqueur, euse, s. a. railleur.
Moral, e, a. des mœurs.
Morale, sf. règle des mœurs.
Moralement, ad.
Moraliser, v. rendre moral.
Moraliste, sm. a. qui écrit sur
les mœurs.
Moralité, sf. sens, but moral.
Morceau, sm. partie; bouchée.
Morceler, v. diviser.
Mordicant, e, a. âcre.
Mordicus, ad. avec ténacité.
Mordre, v. serrer des dents.
Morfil, sm. ce qui reste à un
tranchant repassé.
Morfondre, v. causer du froid.
Morgue, sf. orgueil.
Morguer, v. braver.
Moribond, e, s. qui va mourir.

Morigéner, v. gourmander.
Morille, sf. champignon.
Morne, a. triste, sombre.
Morose, a. triste, chagrin.
Morosité, sf. caractère morose.
Morpion, sm. vermine.
Mors, sm. partie de la bride.
Morsure, sf. plaie en mordant.
Mort, sf. fin de la vie.
Mortaise, sf. entaillure.
Mortalité, sf. état mortel.
Mortel, le, s. a. sujet à la mort.
Mortellement, ad.
Mortier, sm. chaux détrempée; vase pour piler.
Mortification, sf. action de
Mortifier, v. macérer; humilier.
Mortuaire, a. des morts.
Morue, sf. poisson de mer.
Morve, sf. humeur du nez.
Morveux, se, a. qui a la morve.
Mosquée, sf. temple turc.
Mot, sm. terme, expression.
Motet, sm. psaume. [voir.]
Moteur, trice, s. qui fait mou-]
Motif, sm. ce qui meut.
Motion, sf. act. de mouvoir.
Motiver, v. alléguer les motifs.
Motte, sf. morceau de terre.
Motus, sm. (mot) ne dites mot.
Mou, Molle, a. qui cède.
Mou, sm. poumon de veau.
Mouchard, e, s. espion.
Mouche, sf. petit insecte.
Moucher, v. ôter la morve.
Moucheron, sm. petite mouche.
Moucheter, v. tacheter.
Mouchettes, sf. pl. instr. pour moucher une chandelle.
Moucheture, sf. ornement.
Moucheur, euse, s. qui mouche.
Mouchoir, sm. linge.
Moudre, v. broyer.
Moue, sf. grimace.
Moufle, sm. mitaine; poulies.
Mouillage, sm. act. de
Mouiller, v. humecter; jeter l'ancre : mar.
Mouillette, sf. tranche de pain.
Moule, sm. modèle.
Mouler, v. jeter en moule.
Moulin, sm. mach. à moudre.
Mouliner, v. préparer la soie.
Moulinet, sm. petit moulin.
Moulure, sf. ornement d'arch.

Mourir, v. cesser de vivre.
Mousquet, sm. arme à feu.
Mousqueterie, sf. fusillade.
Mousse, sf. plante; écume; sm. jeune matelot.
Mousseline, sf. toile de coton.
Mousser, v. écumer.
Mousseux, se, a. qui mousse.
Mousson, sf. vents des Indes.
Moustache, sf. barbe au-dessus de la lèvre d'en haut.
Moutarde, sf. plante très-âcre.
Mouton, sm. bélier châtré.
Moutonner, v. friser.
Mouture, sf. act. de moudre.
Mouvant, e, a. qui meut.
Mouvement, sm. action de
Mouver, v. remuer.
Mouvoir, v. remuer; exciter.
Moyen, ne, a. médiocre; sm. ce qui sert à...
Moyennant, prép. au moyen.
Moyennement, ad.
Moyeu, sm. milieu de la roue.
Muable, a. changeant.
Mue, sf. action de muer; cage.
Muer, v. changer de plumage, de peau, de poil.
Muet, e, s. a. privé de la parole.
Mugir, v. crier. [gir.]
Mugissement, sm. act. de mu-]
Muid, sm. mesure.
Mule, sf. femelle du mulet.
Mulet, sm. animal métis.
Muletier, sm. qui conduit les mulets.
Mulot, sm. rat des champs.
Multiple, sm. a. nombre qui contient plusieurs fois.
Multipliable, a. qui peut être multiplié. [multiplier.]
Multiplicande, sm. nombre à]
Multiplicateur, sm. qui multi- plie. [rithmétique.]
Multiplication, sf. règle d'a-]
Multiplicité, sf. grand nombre.
Multiplier, v. augmenter.
Multitude, sf. grand nombre.
Municipal, e, a. de municipalité
Municipalité, sf. commune.
Munificence, sf. grande libé-]
Munir, v. pourvoir. [ralité.]
Munition, sf. provisions.
Muphti, sm. prêtre turc.
Mur, sm. ouvrage pour clore.

Mûr, e, a. en maturité.
Muraille, sf. mur.
Mural, e, a. de mur.
Mûre, sf. fruit du mûrier.
Mûrement, ad. avec réflexion.
Murer, v. environner de murs.
Mûrier, sm. arbre.
Mûrir, v. rendre, devenir mûr.
Murmure, sm. bruit sourd.
Murmurer, v. se plaindre.
Musc, sm. animal; parfum.
Muscade, a. sf. noix aromati-]
Muscadin, e, s. fat. [que.]
Muscle, sm. partie fibreuse.
Museau, sm. gueule et nez.
Musée, sm. collection.
Museler, v. mettre une
Muselière, sf. ce qu'on met pour empêcher de mordre.
Muséum, sm. (ome) musée.
Musical, e, a. de la musique.
Musicalement, ad. [musique.]
Musicien, ne, s. qui sait la]
Musique, sf. accord des sons.
Musquer, v. parfumer de musc.
Mutabilité, sf. qualité muable.
Mutation, sf. changement.
Mutilation, sf. action de
Mutiler, v. couper, estropier.
Mutin, e, s. a. entêté.
Mutiner (se), v. faire le mutin.
Mutinerie, sf. révolte.
Mutuel, le, a. réciproque.
Mutuellement, ad. [rourte.]
Myope, s. a. qui a la vue]
Myopie, sf. vue courte.
Myriade, sf. grand nombre.
Myriagramme, sm. 10,000 gr.
Myrrhe, sf. gomme odorante.
Myrrhis, sm. plante.
Myrte, sm. arbrisseau.
Mystère, sm. secret.
Mystérieusement, ad.
Mystérieux, se, a. s. secret.
Mysticité, sf. grande dévo- tion. [mystifie.]
Mystificateur, trice, s. qui]
Mystification, sf. action de
Mystifier, v. faire tomber dans un piège, etc.
Mystique, a. allégorique.
Mystiquement, ad. [fable.]
Mythologie, sf. science de la]
Mythologique, a. de la mythologie.

NAR   NAU   NEC

N, *sm.* (ne) 14ᵉ lettre.

Nabot, e, *s.* de petite taille.

Nacelle, *sf* petit bateau.

Nacre, *sf.* intérieur de certains coquillages. [sous nous.]

Nadir, *sm.* point du ciel qui est

Nage, *sf.* action de nager.

Nageoire, *sf.* partie du poisson qui lui sert à nager.

Nager, *v.* se mouvoir sur l'eau.

Nageur, euse, *s.* qui nage.

Naguère, *ad.* récemment.

Naïf, ive, *a.* naturel.

Nain, e, *s.* de très-petite taille.

Naissance, *sf.* act. de naître.

Naître, *v.* venir au monde.

Naïvement, *ad.* avec naïveté.

Naïveté, *sf.* ingénuité.

Nankin, *sm.* étoffe.

Nantir, *v.* donner des gages.

Nantissement, *sm.*

Nappe, *sf.* linge pour la table.

Nargue, *sf.* terme de mépris.

Narguer, *v.* faire nargue.

Narine, *sf.* ouverture du nez.

Narration, *sf.* Narré, *sm.* récit.

Narrer, *v.* raconter.

Nasal, e, *a.* du nez.

Naseau, *sm.* narine d'animaux.

Nasiller, *v.* parler du nez.

Nasse, *sf.* panier pour pêcher.

Natal, e, *a.* où l'on est né.

Natation, *sf.* action de nager.

Natif, ive, *a.* né. [d'un pays.]

Nation, *sf.* tous les habitants

National, e, *a.* de la nation.

Nativité, *sf.* naissance

Natte, *sf* tissu, tresse.

Natter, *v.* couvrir de nattes.

Naturalisation, *sf.* action de

Naturaliser, *v.* acclimater.

Naturaliste, *sm.* savant.

Nature, *sf.* l'univers ; sorte.

Naturel, le, *a* de la nature.

Naturellement, *ad.* sans art.

Naufrage, *sm.* perte d'un nav.

Naufrager, *v.* faire naufrage.

Nausée, *sf.* envie de vomir.

Nautique, *a.* de la navigation.

Nautonnier, ière, *s.* nocher.

Naval, e, *a.* des vaisseaux de [guerre.]

Navet, *sm.* plante.

Navette, *sf.* instr. de tisserand.

Navigable, *a.* où l'on navigue.

Navigateur, *sm.* qui navigue.

Navigation, *sf* act. de naviguer.

Naviguer, *v.* aller sur mer.

Navire, *sm.* bâtiment de mer.

Navrer, *v.* blesser; affliger.

Ne, *partie. nég.*

Néanmoins, *ad.* toutefois.

Néant, *sm.* rien. [nuages.]

Nébuleux, se, *a.* couvert de

Nécessaire, *a.* indispensable.

Nécessairement, *ad.* par

Nécessité, *sf.* besoin.

Nécessiter, *v.* rendre nécessaire

Nécessiteux, se, *s. a.* pauvre.

Nectar, *sm.* liqueur agréable

Nef, *sf.* navire; partie d'église.
Néfaste, *a.* malheureux.
Néflier, *sm.* arbre.
Négatif, ive, *a.* qui nie.
Négation, *sf.* action de nier.
Négativement, *ad.* [gence.]
Négligemment, *ad.* av. négli-
Négligence, *sf.* déf. de soin.
Négligent, e, *s. a.* sans soin.
Négliger, *v.* n'avoir pas soin.
Négoce, *sm.* commerce.
Négociable, *a.* à négocier.
Négociant, e, *s.* qui fait négoce.
Négociateur, trice, *s.*
Négociation, *sf.* action de
Négocier, *v.* trafiquer; traiter.
Nègre, esse, *s.* esclave noir.
Neige, *sf.* eau congelée.
Neiger, *v.* tomber de la neige.
Nenni, *partic. nég.* non.
Néologisme, *sm.* nouveau mot.
Néophyte, *s.* nouveau converti.
Néphrétique, *a.* des reins.
Nerf, *sm.* muscle ou tendon.
Nerver, *v.* garnir de nerfs.
Nerveux, se, *a.* plein de nerfs.
Net, te, *a.* propre; clair.
Nettement, *ad.*
Netteté, *sf.* propreté.
Nettoiement, *sm.* action de
Nettoyer, *v.* ôter les ordures.
Neuf, *a. num.* trois fois trois.
Neuf, euve, *a.* fait depuis peu.
Neutralement, *ad.*
Neutralisation, *sf.* act. de
Neutraliser, *v.* rendre nul.
Neutralité, *sf.* état de neutre.
Neutre, *a.* sans parti; t. de
  grammaire.
Neuvaine, *sf.* prières de 9 jours
Neuvième, *a. s.* de neuf.
Neuvièmement, *ad.*
Neveu, *sm.* fils du frère.
Névrologie, *sf.* traité des nerfs.
Nez, *sm.* saillie du visage.
Ni, *partic. conj. et nég.*
Niable, *a.* qui peut être nié.
Niais, e, *s. a.* sot, benêt.
Niaisement, *ad.*
Niaiserie, *sf.* chose frivole.
Niche, *sf.* réduit; espièglerie.
Nichée, *sf.* petits dans le nid
Nicher, *v.* faire son nid.
Nicotiane, *sf.* (ciane) tabac.
Nid, *sm.* logement des oiseaux.
Nièce, *sf.* fille du frère.
Nielle, *sf.* maladie des grains.
Nier, *v.* dire qu'une chose n'est
Nigaud, e, *s. a.* sot. [pas.]
Nigauder, *v.* faire le nigaud.
Nigauderie, *sf.* niaiserie.
Nimbe, *sm.* auréole.
Nipper, *v.* fournir de nippes.
Nippes, *sf. pl.* habits.

Nique, *sf.* (faire la) se moquer.
Nitouche (sainte), *sf.* hypocrite.
Nitre, *sm.* salpêtre.
Nitreux, se, *a.* du nitre.
Niveau, *sm.* plan horizontal.
Niveler, *v.* égaliser.
Niveleur, *sm.* qui nivelle.
Nivellement, *sm.* act. de niveler.
Noble, *a. s.* de haut rang.
Noblement, *ad.*
Noblesse, *sf.* qualité noble.
Noce, *sf.* mariage.
Nocturne, *a.* de nuit.
Nodus, *sm.* (*duce*) tumeur.
Noël, *sm.* fête; cantique.
Nœud, *sm.* enlacement.
Noir, e, *a. s.* de la couleur la
  plus obscure; livide; nègre.
Noirâtre, *a.* tirant sur le noir.
Noiraud, e, *s. a.* très-brun *fam.*
Noirceur, *sf.* atrocité.
Noircir, *v.* rendre noir.
Noise, *sf.* querelle : *fam.*
Noisetier, *sm.* arbre.
Noisette, *sf.* fruit du noisetier.
Noix, *sf.* fruit.
Nom, *sm.* terme pour désigner.
Nomade, *s. a.* errant. [tés.]
Nombre, *sm.* collection d'uni-
Nombrer, *v.* compter.
Nombreux, se, *a.* en grand
  nombre. [tins.]
Nombril, *sm.* nœud des intes-
Nomenclature, *sf.* ensemble
  des termes techniques.
Nominal, e, *a.* qui dénomme.
Nominateur, *sm.* qui nomme.
Nominatif, *sm.* 1er cas des noms
Nomination, *sf.* act. de nomm.
Nominativement, *ad.*
Nommer, *v.* dire le nom.
Non, *nég.* l'opposé de oui.
Nonagénaire, *s. a.* âgé de 90
Nonante, *a. num.* 90. [ans.]
Nonce, *sm.* ambass. du pape.
Nonchalamment, *ad.* avec
Nonchalance, *sf.* négligence.
Nonchalant, e, *s. a.* négligent.
None, *sf.* office divin.
Nonne, *sf.* religieuse.
Nonobstant, *prép.* malgré.
Non-pareil, le, *a.* sans pareil.
Non plus ultrà, *sm.* terme qu'on
  ne saurait passer.
Nord, *sm.* l'opposé du midi.
Normal, e, *a.* de règle.
Nota, *sm.* marque.
Notable, *a.* remarquable.
Notablement, *ad.* grandement.
Notaire, *sm.* qui passe les actes.
Notamment, *ad.* spécialement.
Notariat, *sm.* office de notaire.
Notarié, e, *a.* par devant no-
Note, *sf.* remarque. [taire]

Noter, *v.* remarquer.
Notice, *sf.* catalogue.
Notification, *sf.* acte pour
Notifier, *v.* faire savoir.
Notion, *sf.* connaissance.
Notoire, *a.* connu, manifeste.
Notoirement, *ad.*
Notoriété, *sf.* évidence.
Notre, *a. poss.* qui est à nous.
Nouer, *v.* faire un nœud.
Noueux, se, *a.* qui a des nœuds.
Nourrice, *sf.* femme qui allaite.
Nourricier, ière, *a.* qui nourrit.
Nourrir, *v.* sustenter; former.
Nourrissant, e, *a.* qui nourrit.
Nourrisson, *sm.* enfant qu'on
  nourrit.
Nourriture, *sf.* ce qui nourrit.
Nous, *pr.* de la 1re pers. pl.
Nouveau ou Nouvel, le, *a.* qui
  commence d'être.
Nouveauté, *sf.* chose nouvelle.
Nouvelle, *sf.* avis; conte.
Nouvellement, *ad.* depuis peu.
Nouvelliste, *sm.* donneur de
  nouvelles.
Novateur, trice, *s.* qui innove.
Novembre, *sm.* 11e mois.
Novice, *s. a.* nouveau religieux.
Noviciat, *sm.* état des novices.
Novissimè, *ad.* récemment.
Noyau, *sm.* partie dure où est
  la semence des fruits.
Noyer, *sm.* arbre. [l'eau.]
Noyer, *v.* faire mourir dans
Nu, e, *a.* qui n'est point vêtu.
Nuage, *sm.* amas de vapeurs.
Nuance, *sf.* différence délicate.
Nuancer, *v.* assortir.
Nudité, *sf.* état d'une per-
Nue, *sf.* nuage. [sonne nue.]
Nuée, *sf.* nuage épais.
Nuement, *ad.* d'une man nue.
Nuire, *v.* porter dommage.
Nuisible, *a.* qui nuit
Nuit, *sf.* temps d'obscurité.
Nuitamment, *ad.* de nuit.
Nul, Nulle, *a.* aucun. [nière.]
Nullement, *ad.* en aucune ma-
Nullité, *sf.* défaut qui rend nul.
Numéraire, *a.* (valeur) des
  espèces; *sm.* argent.
Numéral, e, *a.* de nombre.
Numérateur, *sm.* chiffre su-
  périeur d'une fraction.
Numération, *sf.* art de nombrer
Numérique, *a.* des nombres.
Numéro, *sm.* indication num.
Numéroter, *v.* mettre le num.
Nuptial, e, *a.* des noces.
Nuque, *sf.* derrière du cou.
Nutritif, ive, *a.* qui nourrit.
Nutrition, *sf.* aliment.
Nymphe, *sf.* divinité fabuleuse.

O, *sm.* 15ᵉ lettre; zéro dans les chiffres.

Ô, *interj.* marque les mouvements de l'âme. — O, sans accent, désigne l'apostrophe

Oasis, *sf.* lieu fertile au milieu des déserts.

Obédience, *sf.* obéissance.

Obéir, *v.* se soumettre.

Obéissance, *sf.* action d'obéir.

Obélisque, *sm.* pyramide.

Obérer, *v.* endetter.

Obésité, *sf.* excès d'embonpoint.

Obier, *sm. Voy.* Aubier.

Objecter, *v.* faire objection.

Objectif, ive, *a.* de l'objet.

Objection, *sf.* difficulté.

Objet, *sm.* ce qu'on voit; but.

Oblation, *sf.* offrande à Dieu.

Obligation, *sf.* devoir.

Obligatoire, *a.* qui oblige.

Obligeamment, *ad.*

Obligeance, *sf.* penchant à obliger. [service.]

Obliger, *v.* forcer; rendre

Oblique, *a.* qui est de biais.

Obliquement, *ad.* de biais.

Obliquité, *sf.* inclinaison.

Oblong, gue, *a.* plus long que large.

Obole, *sf.* monnaie ancienne.

Obreptice, *a.* par surprise.

Obreption, *sf.* réticence.

Obscène, *a.* impur.

Obscénité, *sf.* chose obscène.

Obscur, e, *a.* sombre.

Obscurcir, *v.* rendre obscur.

Obscurcissement, *sm.*

Obscurément, *ad.* avec

Obscurité, *sf.* défaut de clarté.

Obséder, *v.* tourmenter.

Obsèques, *sf. pl.* funérailles.

Observance, *sf.* règle, pratique.

Observateur, trice, *s. a.* qui observe.

Observation, *sf.* remarque.

Observatoire, *sm.* édifice pour

Observer, *v.* considérer, épier.

Obsession, *sf.* act. d'obséder.

Obstacle, *sm.* empêchement.

Obstination, *sf.* opiniâtreté.

Obstiné, e, *a. s.* entêté.

Obstinément, *ad.*

Obstiner, *v.* rendre opiniâtre.

Obstruction, *sf.* engorgement.

Obstruer, *v.* interposer.

Obtempérer, *v.* obéir.

Obtenir, *v.* se faire accorder.

Obtention, *sf.* act. d'obtenir.

Obtus, e, *a.* (angle) plus grand qu'un angle droit.

Obtusangle, *a.* à angle obtus.

Obus, *sm.* (*uce*) petite bombe.

Obusier, *sm.* mortier.

Occasion, *sf.* conjoncture.

Occasionel, le, *a.* d'occasion.

Occasionellement, *ad.*

Occasioner, *v.* donner lieu.

Occident, *sm.* ouest.
Occidental, e, *a.* de l'occident.
Occire, *v.* tuer.
Occulte, *a.* caché.
Occupation, *sf.* emploi; travail.
Occuper, *v.* tenir, remplir.
Occurrence, *sf.* conjoncture.
Occurrent, e, *a.* qui survient.
Océan, *sm.* grande mer.
Océane, *a. f.* (mer) l'océan.
Ocre, *sf.* terre colorée.
Octant, *sm.* instrum. d'astr.
Octave, *sf.* huitaine.
Octavo (in-), *sm.* feuille pliée en 8 feuillets.
Octobre, *sm.* 10ᵉ mois
Octogénaire, *sm. a.* de 80 ans.
Octogone, *sm. a.* à 8 angles.
Octroi, *sm.* concession; impôt.
Octroyer, *v.* concéder.
Oculaire, *a.* des yeux.
Oculairement, *ad.* [yeux.]
Oculiste, *a. sm.* médecin des
Ode, *sf.* poème lyrique.
Odéon, *sm.* théâtre.
Odeur, *sf.* senteur; parfum.
Odieusement, *ad.*
Odieux, se, *a.* digne de haine.
Odorant, e, *a.* qui a de l'odeur.
Odorat, *sm.* sens des odeurs.
Odoriférant, e, *a.* odorant.
Œcuménique, *a.* universel.
Œcuméniquement, *ad.*
Œil, *sm.* organe de la vue.
Œil-de-bœuf, *sm.* fenêtre.
Œillade, *sf.* coup-d'œil.
Œillet, *sm.* plante; sa fleur.
Œillette, *sf.* pavot.
Œuf, *sm.* corps que pond l'oiseau femelle.
Œuvre, *sf. et m.* ouvrage.
Offensant, e, *a.* choquant.
Offense, *sf.* injure; péché.
Offenser, *v.* faire une offense.
Offensif, ive, *a.* qui attaque.
Offensive, *sf.* attaque.
Offerte, *sf.* ou Offertoire, *sm.* partie de la messe.
Office, *sm.* devoir; service; *sf.* garde-manger.
Official, *sm.* juge d'église.
Officiel, le, *a.* déclaré par l'au-
Officiellement, *ad.* [torité.]
Officier, *sm.* qui a un office.
Officier, *v.* faire l'office divin.
Officieusement, *ad.*
Officieux, se, *a.* obligeant.
Offrande, *sf.* don qu'on offre.
Offre, *sf.* action d'offrir.
Offrir, *v.* présenter. [voir.]
Offusquer, *v.* empêcher de
Ognon, *sm.* plante.
Ogre, esse, *s.* monstre.
Oh! *interj.* de surprise.

Oie, *sf.* oiseau; jeu.
Oindre, *v.* frotter d'huile, etc.
Oing, *sm.* graisse de porc.
Oint, e, *a. s.* qui a reçu une onction sainte.
Oiseau, *sm.* bipède ailé.
Oiseler, *v.* dresser un oiseau.
Oiseleur, *sm.* md. d'oiseaux.
Oiseux, se, *a.* oisif, inutile.
Oisif, ive, *a. s.* qui ne fait rien.
Oisivement, *ad.*
Oisiveté, *sf.* état de l'oisif.
Oison, *sm.* petit de l'oie.
Oléagineux, se, *a.* huileux.
Olibrius, *sm.* arrogant.
Oligarchie, *sf.* gouvernement d'un petit nombre.
Oligarchique, *a.*
Olivâtre, *a.* couleur d'olive.
Olive, *sf.* fruit; sa couleur.
Olivier, *sm.* arbre.
Olographe, *a.* (testament) écrit par le testateur.
Olympe, *sm.* le ciel. [ans.]
Olympiade, *sf.* espace de 4
Ombrage, *sm.* ombre; défiance.
Ombrager, *v.* faire ombre.
Ombrageux, se, *a.* peureux.
Ombre, *sf.* obscurité.
Ombrer, *v.* mettre les ombres.
Oméga, *sm.* dernière lettre de l'alphabet grec.
Omelette, *sf.* œufs cuits.
Omettre, *v.* manquer.
Omission, *sf.* manquement.
Omnibus, *sm. a.* (buce) à tous; voiture publique.
On, *pr. pers. indéf.*
Once, *sf.* seizième de la livre.
Oncle, *sm.* frère du père.
Onction, *sf.* action d'oindre.
Onctueusement, *ad.*
Onctueux, se, *a.* gras.
Onctuosité, *sf.* état onctueux.
Onde, *sf.* flot; l'eau, la mer.
Ondé, e, *a.* fait en ondes.
Ondée, *sf.* averse passagère.
Ondoyer, *v.* flotter. [ondes.]
Ondulation, *sf.* mouvem. des
Onduler, *v.* avoir un mouvement d'ondulation.
Onéreux, se, *a.* à charge.
Ongle, *sm.* corne des doigts.
Onglée, *sf.* engourdissement.
Onguent, *sm.* médicament.
Onze, *a. num.* dix et un.
Onzième, *a. s.*
Onzièmement, *ad.* en 11ᵉ lieu.
Opacité, *sf.* qualité opaque.
Opaque, *a.* non transparent.
Opéra, *sm.* drame en musique.
Opération, *sf.* action d'opérer.
Opérer, *v.* produire un effet.
Opiner, *v.* dire son avis.

Opiniâtre, *a. s.* entêté.
Opiniâtrément, *ad.*
Opiniâtrer, *v.* obstiner.
Opiniâtreté, *sf.* obstination.
Opinion, *sf.* croyance; avis.
Opportun, e, *a.* à propos.
Opportunité, *sf.* occasion favorable.
Opposer, *v.* faire obstacle.
Opposite, *sm.* le contraire.
Opposition, *sf.* obstacle.
Oppresser, *v.* presser fort.
Oppresseur, *sm.* qui opprime.
Oppressif, ive, *a.* qui opprime.
Oppression, *sf.* action d'
Opprimer, *v.* accabler.
Opprobre, *sm.* honte.
Opter, *v.* choisir.
Opticien, ne, *s.* qui est versé dans l'optique.
Option, *sf.* action d'opter.
Optique, *sf.* science de la vision
Opulence, *sf.* richesse.
Opulent, e, *a.* très-riche.
Opuscule, *sm.* petit ouvrage.
Or, *sm.* métal jaune; *conj.*
Oracle, *sm.* réponse des dieux.
Orage, *sm.* tempête.
Orageux, se, *a.* de l'orage.
Oraison, *sf.* discours; prière.
Oral, e, *a.* transmis de bouche en bouche.
Orange, *sf.* fruit; sa couleur.
Orangé, e, *a.* couleur d'orange.
Oranger, *sm.* arbre.
Orangerie, *sf.* endroit où l'on place des orangers.
Orang-outang, *sm.* singe.
Orateur, *sm.* qui harangue.
Oratoire, *a.* de l'orateur.
Orbiculaire, *a.* rond.
Orbite, *sf.* cercle. [siciens.]
Orchestre, *sm.* place des mu-
Ordinaire, *a.* habituel.
Ordinairement, *ad.* [dre.]
Ordinal, e, *a.* qui marque l'or-
Ordination, *sf.* action d'ordonner.
Ordo, *sm.* livret de l'office.
Ordonnance, *sf.* arrangement.
Ordonnancer, *v.* donner ordre.
Ordonner, *v.* commander.
Ordre, *sm.* disposition.
Ordure, *sf.* excréments.
Oreille, *sf.* organe de l'ouïe.
Oreiller, *sm.* coussin.
Oremus, *sm.* (uce) prière.
Orfèvre, *sm.* qui fait et vend des ouvrages d'or.
Orfèvrerie, *sf.* art de l'orfèvre.
Organe, *sm.* ce qui sert aux sensations de l'animal; voix.
Organique, *a.* des organes.
Organisation, *sf.* act. d'org.

Organiser, v. régler.
Organiste, s. joueur d'orgue.
Orge, sf. et m. grain.
Orgeat, sm. boisson.
Orgie, sf. débauche de table.
Orgue, sm. instrum. de musique.
Orgueil, sm. fierté; hauteur.
Orgueilleusement, ad.
Orgueilleux, se, a. fier.
Orient, sm. où le soleil se lève.
Oriental, e, a. de l'orient.
Orienter, v. disposer.
Orifice, sm. ouverture.
Oriflamme, sf. étendard.
Originaire, a. d'origine.
Originairement, ad.
Original, e, a. primitif; neuf.
Originalement, ad.
Originalité, sf. bizarrerie.
Origine, sf. principe.
Originel, le, a. de l'origine.
Originellement, ad.
Orme, sm. arbre de futaie.
Ormeau, sm. petit orme.
Ornement, sm. tout ce qui orne.
Orner, v. parer, décorer.
Ornière, sf. trace des roues.
Orphelin, e, s. a. enfant sans père ni mère.
Orteil, sm. gros doigt du pied.
Orthodoxe, a. catholique.
Orthodoxie, sf.
Orthographe, sf. art d'
Orthographier, v. écrire selon les règles de la grammaire.
Orthographique, a.
Orthographiste, sm. qui traite de l'orthographe.

Orthopédie, sf. art de corriger les difformités du corps.
Orthopnée, sf. sorte d'asthme.
Ortie, sf. plante.
Ortolan, sm. oiseau.
Os, sm. partie dure du corps.
Oscillation, sf. balancement.
Oscillatoire, a. d'oscillation.
Osciller, v. se balancer.
Osé, e, a. hardi, audacieux.
Oseille, sf. plante potagère.
Oser, v. avoir la hardiesse de.
Osier, sm. arbrisseau.
Osselet, sm. petit os.
Ossements, sm. pl. os.
Osseux, se, a. de nature d'os.
Ostensible, a. évident.
Ostensiblement, ad.
Ostensoir, sm. vase dans lequel on expose l'hostie.
Ostentation, sf. affectation de montrer.
Ostrogoth, sm. homme grossier.
Ôtage, sm. ce qu'on donne en garantie.
Ôter, v. tirer de la place.
Ottomane, sf. canapé.
Ou, conj. alternative.
Où, ad. en quel lieu.
Ouaille, sf. brebis.
Ouate, sf. coton fin et soyeux.
Oubli, sm. manque de souvenir.
Oublier, v. perdre le souvenir.
Oublieux, se, a. qui oublie.
Ouest, sm. couchant.
Ouf, interj. marque la douleur.
Oui, ad. ou partic. d'affirmation.   [dire.]
Oui-dire, sm ce qu'on entend]

Ouïe, sf. sens des sons.
Ouïr, v. entendre.
Ouragan, sm. tempête violente
Ourdir, v. disposer les fils.
Ourdissoir, sm. outil.
Ourler, v. faire un ourlet.
Ourlet, sm. pli à du linge.
Ours, e, s. quadrupède.
Outil, sm. instrument.
Outiller, v. fournir d'outils.
Outrage, sm. injure atroce.
Outrager, v. faire outrage.
Outrageusement, ad.
Outrageux, se, a. qui outrage.
Outrance (à), ad. à l'excès.
Outre, sf. sac de peau de bouc.
Outre, prép. et ad. au-delà.
Outrecuidance, sf. présomption.   [tueux.]
Outrecuidant, e, a. présomp-]
Outrément, ad. à outrance.
Outremer, sm. couleur bleue.
Outre-mesure, ad. avec excès.
Ouverture, sf. fente; trou.
Ouvrable, a. (jour) de travail.
Ouvrage, sm. façon.
Ouvrer, v. travailler.
Ouvrier, ière, s. qui travaille.
Ouvrir, v. faire que ce qui était fermé ne le soit plus.
Ouvroir, sm. lieu de travail.
Ovale, a. rond et oblong.
Ove, sm. ornement en œuf.
Ovipare, sm. a. qui se multiplie par le moyen des œufs.
Oxyde, sm. rouille.
Oxyder, v. rouiller.
Oxygène, sm. principe de l'air.
Oxymel, sm. mélange de miel et de vinaigre.

P, *sm.* (*pe*) seizième lettre.
Pacha, *sm.* titre en Turquie.
Pacificateur, *sm.* qui pacifie.
Pacification, *sf.* action de
Pacifier, *v.* rétablir la paix.
Pacifique, *a.* paisible.
Pacifiquement, *ad.*
Pacotille, *sf.* marchandises.
Pacte, *sm.* convention, accord.
Padou, *sm.* ruban fil et soie.
Paganisme, *sm.* relig. païenne.
Page, *sf.* côté d'un feuillet.
Page, *sm.* petit serviteur.
Paginer, *v.* numéroter les pages.
Pagnotte, *sm.* poltron.
Pagnotterie, *sf.* lâcheté.
Pagode, *sf.* temple indien.
Paie, *sf.* solde, salaire.
Paiement, *sm.* action de payer.
Païen, ne, *s. a.* idolâtre.
Paillard, e, *s. a.* lascif.
Paillasse, *sf.* sac plein de paille.
Paillasson, *sm.* natte.

Paille, *sf.* tuyau du blé.
Paillet, *a. m.* (vin) rouge pâle.
Paillette, *sf.* parcelle d'or
Paillon, *sm.* grosse paillette.
Pain, *sm.* aliment.
Pair, e, *a.* égal; *sm.* titre.
Paire, *sf.* couple.
Pairie, *sf.* dignité de pair.
Paisible, *a.* qui aime la paix.
Paisiblement, *ad.* sans trouble.
Paître, *v.* brouter l'herbe.
Paix, *sf.* tranquillité; calme.
Palais, *sm.* maison magnifique.
Palanquin, *sm.* litière indienne.
Pale, *sf.* bout plat d'un aviron.
Pâle, *a.* blême; peu coloré.
Palefrenier, *sm.* valet d'écurie.
Palet, *sm.* pierre plate.
Palette, *sf.* raquette de bois.
Pâleur, *sf.* couleur pâle.
Palier, *sm.* repos d'escalier.
Palinodie, *sf.* rétractation.
Pâlir, *v.* devenir pâle.

Palissade, *sf.* rang de pieux.
Palissader, *v.* entourer.
Palliatif, ive, *a.* qui ne guérit
  qu'en apparence.
Palliation, *sf.* action de
Pallier, *v.* atténuer; excuser.
Pallium, *sm.* (*ome*) ornement
  ecclésiastique.
Palme, *sf.* branche de palmier.
Palmette, *sf.* ornement.
Palmier, *sm.* arbre.
Palpable, *a.* qu'on touche.
Palpablement, *ad.*
Palper, *v.* toucher, manier
Palpitation, *sf.* mouvement
  inégal du cœur. [tions.]
Palpiter, *v.* avoir des palpita-
Pâmer, *v.* tomber en pâmoison.
Pâmoison, *sf.* défaillance.
Pampe, *sf.* feuille du blé, etc.
Pamphlet, *sm.* brochure.
Pampre, *sm.* branche de vigne.
Pan, *sm.* partie d'un vêtement.

d'un mur; côté d'un ouvrage.
Panache, sm. plumes.
Panacher, v. nuancer.
Panade, sf. pain mitonné.
Panais, sm. plante; sa racine.
Panaris, sm. tumeur au doigt.
Pancarte, sf. affiche; écrit.
Pané, e, a. où l'on a trempé du pain.
Panégyrique, sm. a. éloge.
Panégyriste, sm. a. qui loue.
Paner, v. couvrir de pain.
Panier, sm. ustensile d'osier.
Panique, a. (terreur) subite.
Panneau, sm. petit pan.
Panneton, sm. partie d'une clef.
Panorama, sm. grand tableau.
Pansement, sm. action de
Panser, v. soigner.
Pantalon, sm. culotte longue.
Panthéon, sm. temple.
Panthère, sf. bête féroce.
Pantin, sm. figure de carton.
Pantomime, sf. a. gestes.
Pantoufle, sf. chaussure.
Paon, sm. (pan) oiseau.
Papa, sm. père; vautour.
Papal, e, a. du pape.
Papauté, sf. dignité du pape.
Pape, sm. chef de l'église.
Paperasse, sf. papier inutile.
Paperasser, v. feuilleter.
Papetier, sm. md. de papiers.
Papetterie, sf. fabr. de papiers.
Papier, sm. feuille pour écrire.
Papillonner, v. voltiger.
Papilloter, v. cligner les yeux.
Papillotte, sf. papier pour en- velopper les cheveux.
Papyrus, sm. arbrisseau.
Pâque, sf. fête.
Paquebot, sm. navire.
Paquet, sm. assemblage.
Paqueter, v. mettre en paquet.
Par, prép. de lieu, de temps.
Parabole, sf. allégorie.
Parachever, v. achever.
Parachute, sm. machine.
Paraclet, sm. le Saint-Esprit.
Parade, sf. étalage; revue.
Paradis, sm. jardin délicieux.
Paradoxe, sm. proposition contre l'opinion commune.
Paragraphe, sm. section d'un chapitre, d'un discours.
Paraitre, v. se montrer.
Parallèle, a. (ligne) également distante partout d'une autre ligne.
Parallèlement, ad. [lèle]
Parallélisme, sm. état paral-]
Paralyser, v. rendre paralyti-]
Paralysie, sf. maladie. [que.]
Paralytique, e s.

Parapet, sm. mur d'appui.
Paraphe, sm. signature.
Parapher, v. signer.
Paraphrase, sf. explication.
Paraphraser, v. [tatif.]
Parapluie, sm. pavillon por-]
Parasite, sm. a. gourmand.
Parasol, sm. petit pavillon.
Paratonnerre, sm. appareil pour garantir du tonnerre.
Paravent, sm. meuble pour se parer du vent.
Parc, sm. enclos.
Parcelle, sf. petite partie.
Parce que, conj. à cause de.
Parchemin, sm. peau préparée.
Parcheminier, ière, s. qui vend le parchemin.
Parcimonie, sf. avarice.
Parcimonieux, se, a. avare.
Parcourir, v. visiter.
Pardon, sm. rémission d'une faute. [pardon.]
Pardonnable, a. qui mérite]
Pardonner, v. faire grâce.
Pareil, le, a. s. semblable.
Pareillement, ad. de même.
Parélie, sm. Voy. Parhélie.
Parement, sm. ce qui pare.
Parent, e, s. uni par le sang.
Parenté, sf. qualité de parent.
Parenthèse, sf. ( ).
Parer, v. orner; garantir.
Paresse, sf. vice du paresseux.
Paresser, v. faire le paresseux.
Paresseux, se, s. a. fainéant.
Parfaire, v. achever.
Parfait, e, a. accompli.
Parfaitement, ad.
Parfois, ad. quelquefois.
Parfum, sm. senteur.
Parfumer, v. répandre du par-]
Parfumeur, euse, s. [fum.]
Pari, sm. gageure.
Parier, v. faire un pari.
Parieur, euse, s. qui parie.
Parité, sf. égalité.
Parjure, sm. faux serment.
Parjurer (se), v. faire un parjure.
Parlement, sm. cour de justice.
Parlementaire, sm. négociateur
Parlementer, v. négocier.
Parler, v. articuler des mots.
Parleur, euse, s. qui parle.
Parloir, sm. lieu pour parler.
Parmi, prép. au milieu.
Parodie, sf. imitation ridicule.
Parodier, v. faire une parodie.
Paroi, sf. muraille; côté.
Paroisse, sf. territoire d'une cure; église.
Paroissial, e, a. de la paroisse.
Paroissien, ne, s.
Parole, sf. mot prononcé.

Paroxysme, sm. accès.
Parquer, v. mettre en parc.
Parquet, sm. compartiment.
Parquetage, sm. act. de
Parqueter, v. mettre du parquet
Parrain, sm. qui tient un enfant sur les fonts de baptême.
Parricide, s. a. qui tue ou qui a tué son père ou sa mère.
Parsemer, v. semer, répandre.
Part, sf. portion; lieu.
Partage, sm. division.
Partager, v. diviser en parts.
Parterre, sm. jardin à fleurs.
Parti, sm. union; troupe.
Partial, e, a. qui favorise.
Partialement, ad. avec
Partialité, sf. préférence.
Participation, sf.
Participe, sm. t. de grammaire.
Participer, v. avoir part à.
Particulariser, v. détailler.
Particularité, sf. circonstance.
Particule, sf. petite partie.
Particulier, ière, a. propre; s. individu.
Particulièrement, ad.
Partie, sf. portion d'un tout.
Partiel, le, a. (ci) qui fait partie.
Partiellement, ad. par partie.
Partir, v. se mettre en chemin.
Partisan, sm. attaché à un parti.
Partitif, ive, a. qui partage.
Partout, ad. en tout lieu.
Parure, sf. ce qui pare.
Parvenir, v. arriver au terme.
Parvis, sm. place.
Pas, sm. mouvement.
Pas, ad. de négation.
Pascal, e, a. de Pâques.
Pasquinade, sf. raillerie.
Passable, a. supportable.
Passablement, ad.
Passage, sm. chemin; citation.
Passager, ère, a. qui est de peu de durée; s. voyageur.
Passagèrement, ad.
Passavant, sm. permis.
Passé, sm. temps écoulé.
Passe-droit, sm. faveur injuste.
Passement, sm. dentelle d'or.
Passementer, v. chamarrer.
Passe-partout, sm. clef.
Passe-port, sm. permission.
Passer, v. aller; circuler.
Passereau, sm. moineau franc.
Passe-temps, sm. plaisir.
Passeur, euse, s. batelier.
Passible, a. qui peut souffrir.
Passif, ive, sm. a. opposé à actif.
Passion, sf. souffrances de J.-C.; affection violente.
Passionnément, ad. avec pass.
Passionner, v. intéresser.

Passivement, *ad.* [sine.]
Passoire, *sf.* ustensile de cui-
Pasteur, *sm.* berger; curé.
Pastille, *sf.* petit pain de sucre.
Pastoral, e, *a.* du pasteur.
Pastoralement, *ad.* [ture.]
Patache, *sf.* petit navire; voi-
Patarasse, *sf.* écriture informe.
Patard, *sm.* petite monnaie.
Patate, *sf.* pomme de terre.
Pâte, *sf.* farine pétrie.
Pâté, *sm.* pâtisserie.
Patelin, e, *s. a.* artificieux.
Pateliner, *v.* agir en patelin.
Patène, *sf.* vase *consacré.
Patenôtre, *sf.* prière; chapelet.
Patent, e, *a.* manifeste.
Patente, *sf.* brevet d'industrie.
Patenté, e, *a.* qui paie patente.
Pater, *sm.* (*tère*) oraison.
Paternel, le, *a.* de père.
Paternellement, *ad.*
Paternité, *sf.* qualité de père.
Pâteux, se, *a.* en pâte.
Pathétique, *sm. a.* touchant.
Pathétiquement, *ad.*
Patibulaire, *a.* du gibet.
Patiemment, *ad.* avec
Patience, *sf.* résignation.
Patient, e, *a.* résigné.
Patienter, *v.* prendre patience.
Patin, *sm.* chaussure pour
Patiner, *v.* glisser.
Patineur, euse, *s.* qui patine.
Pâtir, *v.* souffrir.
Pâtisserie, *sf.* pâte préparée.
Pâtissier, ière, *s.* md. de pâtés.
Patois, *sm.* langage grossier.
Patraque, *sf.* machine usée.
Pâtre, *sm.* berger.
Patriarchal, e, *a.* du patriarche.
Patriarchat, *sm.* dignité de
Patriarche, *sm.* prélat.
Patricien, ne, *s. a.* noble.
Patrie, *sf.* pays où l'on est né.
Patrimoine, *sm.* héritage.
Patrimonial, e, *a.* du patri-
  moine. [trie.]
Patriote, *s. a.* qui aime sa pa-
Patriotique, *a.* du patriote.
Patriotisme, *sm.* civisme.
Patron, ne, *s.* protecteur.
Patronage, *sm.* protection.
Patronal, e, *a.* du patron.
Patrouille, *sf.* escouade.
Patrouiller, *v.* faire patrouille.
Patte, *sf.* pied des animaux.
Pâturage, *sm.* lieu pour la
Pâture, *sf.* nourriture.
Pâturer, *v.* paître.
Paume, *sf.* le dedans de la
  main; jeu; balle. [vre l'œil.]
Paupière, *sf.* peau qui recou-
Pause, *sf.* intervalle.

Pauser, *v.* suspendre : *mus.*
Pauvre, *a. s.* indigent.
Pauvrement, *ad.*
Pauvreté, *sf.* indigence.
Pavage, *sm.* ouvrage de pa-
  veur. [fièrement.]
Pavaner (se), *v.* marcher
Pavé, *sm.* pierre dure.
Paver, *v.* couvrir de pavés.
Paveur, *sm.* celui qui pave.
Pavie, *sf.* sorte de pêche.
Pavillon, *sm.* tente; logement.
Pavot, *sm.* plante.
Payable, *a.* qui doit être payé.
Payer, *v.* acquitter une dette.
Pays, *sm.* région; patrie.
Paysage, *sm.* pays; tableau.
Paysan, ne, *s. a.* habitant de
  la campagne.
Péage, *sm.* droit.
Peau, *sf.* enveloppe du corps.
Peaussier, *sm.* md. de peaux.
Peccable, *a.* capable de pécher.
Peccadille, *sf.* faute légère.
Peccavi, *sm.* repentir : *fam.*
Pêche, *sf.* fruit; action de pê-
Péché, *sm.* faute. [cher.]
Pécher, *v.* faire une faute.
Pêcher, *v.* prendre du poisson.
Pêcher, *sm.* arbre.
Pêcherie, *sf.* lieu où l'on pêche.
Pécheur, cheresse, *s.*
Pêcheur, euse, *s.* qui pêche.
Pécore, *sf.* animal ; *fig.* sot.
Pectoral, e, *a.* de la poitrine.
Péculat, *sm.* vol.
Pécule, *sm.* argent amassé.
Pécune, *sf.* argent comptant.
Pécuniaire, *a.* d'argent.
Pécunieux, se, *a.* riche.
Pédagogie, *sf.* éducation.
Pédagogique, *a.* de la pédag.
Pédagogue, *sm.* précepteur.
Pédale, *sf.* tuyau; touche.
Pédant, e, *a. s.* faux savant.
Pédanterie, *sf.* man. pédante.
Pédantesque, *a.* de pédant.
Pédantesquement, *ad.*
Pédestre, *a.* qui se fait à pied.
Peigne, *sm.* instrum. à dents.
Peigné, e, *a.* ajusté, soigné.
Peigner, *v.* démêler.
Peignoir, *sm.* manteau de linge.
Peindre, *v.* représenter; décrire.
Peine, *sf.* douleur ; punition.
Peiner, *v.* fâcher.
Peintre, *sm.* qui sait peindre.
Peinture, *sf.* art de peindre.
Pêle-mêle, *ad.* en désordre.
Peler, *v.* ôter le poil, la peau.
Pèlerin, e, *s.* qui va en
Pèlerinage, *sm.* voyage fait
  par dévotion.
Pélican, *sm.* oiseau.

Pelisse, *sf.* manteau fourré.
Pelle, *sf.* instrument large et
  plat à long manche.
Pellée, Pellerée, Pelletér, *sf.*
Pelleterie, *sf.* commerce de
  fourrures.
Pellicule, *sf.* peau très-mince.
Peloter, *v.* jouer à la paume.
Peloton, *sm.* pelotte; réunion.
Pelotonner, *v.* réunir.
Pelotte, *sf.* petite boule.
Pelouse, *sf.* gazon. [poils.]
Peluche, *sf.* étoffe à grands
Pelure, *sf.* peau; écorce.
Pénal, e, *a.* des peines.
Pénates, *sm. pl.* demeure.
Penchant, *sm.* pente ; *fig.* in-
  clination; propension.
Penchement, *sm.* action de
Pencher, *v.* incliner.
Pendable, *a.* qui mérite la
  potence.
Pendant, e, *a.* qui pend.
Pendant, *prép.* durant.
Pendard, e, *s.* vaurien.
Pendre, *v.* attacher en haut.
Pendule, *sm.* poids suspendu.
  sf. horloge.
Pène, *sm.* partie de serrure.
Pénétratif, ive, *a.* qui pénètre.
Pénétration, *sf.* sagacité.
Pénétré, e, *a.* touché; affligé.
Pénétrer, *v.* passer à travers.
Pénible, *a.* difficile.
Péniblement, *ad.*
Péninsule, *sf.* presqu'île.
Pénitence, *sf.* repentir.
Pénitent, e, *a. s.* qui a regret
  d'avoir offensé Dieu.
Pénitentiaux, *a. m. pl.* de la
  pénitence.
Pénitentiel, *sm.* rituel.
Pensée, *sf.* méditation; fleur.
Penser, *v.* imaginer; croire.
Penseur, euse, *s.* qui pense.
Pensif, ive, *a.* qui songe.
Pension, *sf.* rente; collège.
Pensionnaire, *s. a.* qui paie
  pension. [ducation.]
Pensionnat, *sm.* maison d'é-
Pensionner, *v.* payer pension.
Pensum, *sm.* (*ome*) punition.
Pentagone, *sm. a.* figure qui
  a cinq angles. [de Moïse.]
Pentateuque, *sm.* les 5 livres
Pente, *sf.* penchant.
Pentecôte, *sf.* fête catholique.
Penture, *sf.* bande de fer.
Pénultième, *s. a.* avant-dernier.
Pénurie, *sf.* grande disette.
Pépie, *sf.* mal des oiseaux.
Pepin, *sm.* semence de fruit.
Pépinière, *sf.* plant de jeunes
  arbres.

Pépiniériste, *sm.* jardinier.
Percale, *sf.* toile de coton.
Percée, *sf.* ouverture.
Percement, *sm.* act. de percer.
Percepteur, *sm.* qui perçoit.
Perceptibilité, *sf.* qualité de ce qui est [perçu.]
Perceptible, *a.* qui peut être]
Perception, *sf.* recouvrement.
Percer, *v.* faire ouverture.
Percevoir, *v.* recevoir.
Perche, *sf.* poisson ; gaule.
Percher, *v.* élever.
Perclus, e, *a.* impotent. [cer.]
Perçoir, *sm.* instr. pour per-]
Percussion, *sf.* choc.
Perdition, *sf.* dissipation.
Perdre, *v.* cesser d'avoir.
Perdrix, *sf.* oiseau.
Père, *sm.* qui a un enfant.
Péremptoire, *a.* décisif.
Péremptoirement, *ad.*
Perfection, *sf.* qualité parfaite.
Perfectionnement, *sm.* act. de
Perfectionner, *v.* rendre par-]
Perfide, *s. a.* déloyal. {fait.]
Perfidement, *ad.*
Perfidie, *sf.* manque de foi.
Perforation, *sf.* action de
Perforer, *v.* percer.
Péricliter, *v.* être en péril.
Péril, *sm.* danger.
Périlleusement, *ad.*
Périlleux, se, *a.* dangereux.
Périmètre, *sm.* contour.
Période, *sf.* révolution : *astr.*
Périodique, *a.* par époques.
Périodiquement, *ad.*
Péripétie, *sf.* (ci) dénouement.
Périphrase, *sf.* circonlocution.
Périr, *v.* prendre fin.
Périssable, *a.* sujet à périr.
Péristyle, *sm.* galerie.
Perle, *sf.* substance qui se for-
me dans certaines coquilles.
Permanence, *sf.* stabilité.
Permanent, e, *a.* stable.
Perméable, *a.* qui peut être traversé.
Permettre, *v.* donner pouvoir
Permis, e, *a.* non défendu.
Permission, *sf.* liberté.
Permutation, *sf.* échange.
Permuter, *v.* échanger.
Pernicieusement, *ad.*
Pernicieux, se, *a.* nuisible.
Péroraison, *sf.* conclusion.
Pérorer, *v.* déclamer.
Perpendiculaire, *a.* d'aplomb.
Perpendiculairement, *ad*
Perpendicularité, *sf.* jours.]
Perpétuel, le, *a.* qui dure tou-]
Perpétuellement, *ad.*
Perpétuer, *v.* ren-- : perpétuel.

Perpétuité, *sf.* durée continue.
Perplexité, *sf.* irrésolution.
Perquisition, *sf.* recherche.
Perron, *sm.* escalier en dehors.
Perroquet, *sm.* oiseau.
Perruque, *sf.* faux cheveux.
Perruquier, ière, *s.* coiffeur.
Persécuter, *v.* inquiéter.
Persécuteur, trice, *s.* tyran
Persécution, *sf.* poursuite.
Persévéramment, *ad.* avec
Persévérance, *sf.* constance.
Persévérer, *v.* persister.
Persienne, *sf.* abat-jour.
Persifflage, *sm.* action de
Persiffler, *v.* railler finement
Persiffleur, euse, *s.* qui persiffle
Persil, *sm.* plante potagère.
Persistance, *sf.* action de
Persister, *v.* demeurer ferme
Personnage, *sm.* personne ; rôle.
Personnaliser, *v.* nommer.
Personnalité, *sf.* égoïsme.
Personne, *sf.* homme ou femme
Personnel, le, *a.* de la personne.
Personnellement, *ad.*
Personnifier, *v.* attribuer les manières d'une personne.
Perspective, *sf.* aspect.
Perspicacité, *sf.* pénétration.
Persuader, *v.* convaincre.
Persuasif, ive, *a.* qui persuade.
Persuasion, *sf.* action de per-suader ; conviction.
Perte, *sf.* privation ; dommage.
Pertinemment, *ad.*
Pertinent, e, *a.* convenable.
Pertuis, *sm.* ouverture.
Perturbateur, trice, *s.* qui trouble.
Perturbation, *sf.* dérangement.
Pervers, e, *s. a.* méchant.
Perversion, *sf.* dépravation.
Perversité, *sf.* méchanceté.
Pervertir, *v.* changer en mal.
Pesamment, *ad.*
Pesant, e, *a.* qui pèse ; lourd.
Pesanteur, *sf.* ce qui est pesant.
Pesée, *sf.* action de peser.
Peser, *v.* examiner la pesanteur.
Peson, *sm.* balance.
Peste, *sf.* maladie contagieuse.
Pester, *v.* murmurer.
Pestiféré, e, *s. a.* infecté.
Pestilence, *sf.* corruption de]
Pet, *sm.* vent.   l'air.]
Pétard, *sm.* pièce d'artifice.
Pétaudière, *sf.* désordre.
Péter, *v.* faire un pet.
Pétillement, *sm.* action de
Pétiller, *v.* éclater avec bruit.
Petit, e, *a. s.* peu d'étendue.
Petite-fille, *sf.* fille du fils.
Petitement, *ad.* fort peu.

Petitesse, *sf.* peu d'étendue.
Petit-fils, *sm.* fils du fils.
Pétition, *sf.* demande.
Pétitionnaire, *s.* qui demande
Petit-lait, *sm.* sérosité du lait.
Pétrification, *sf.* action de
Pétrifier, *v.* convertir en pierre.
Pétrir, *v.* faire de la pâte.
Pétrissage, *sm.* act. de pétrir.
Pétrisseur, euse, *s.* qui pétris.
Pétulance, *sf.* vivacité.
Pétulant, e, *a.* vif, brusque.
Peuplade, *sf.* tribu ; peuple.
Peuple, *sm.* nation ; populace.
Peupler, *v.* remplir d'habitants.
Peuplier, *sm.* arbre.
Peur, *sf.* crainte, frayeur.
Peureux, se, *s. a.* craintif.
Phalange, *sf.* bataillon.
Phare, *sm.* fanal de mer.
Pharisaïque, *a.* du
Pharisaïsme, *sm.* hypocrisie
Pharisien, *sm.* sectaire juif.
Pharmacie, *sf.* art de compo-ser les remèdes ; lieu où on]
Pharmacien, ne, *s.* [les vend.]
Phase, *sf.* changement.
Phénix, *sm.* oiseau fabuleux.
Phénomène, *sm.* chose extra-ordinaire.   [hommes.]
Philanthrope, *sm.* ami des]
Philanthropie, *sf.*
Philanthropique, *a.*
Philosophe, *sm. a.* qui s'ap-plique à la philosophie.
Philosopher, *v.* raisonner.
Philosophie, *sf.* sagesse.
Philosophique, *a.*
Philosophiquement, *ad.*
Philtre, *sm.* breuvage.
Phosphore, *sm.* substance qui paraît lumineuse. [phore.]
Phosphoreux, se, *a.* du phos-]
Phosphorique, *a.* du phos-]
Phrase, *sf.* mots.   [phore.]
Phraser, *v.* faire des phrases.
Phthisie, *sf.* consomption.
Phthisique, *s. a.*
Phylactère, *sm.* talisman.
Physicien, *s.* qui sait la physiq.
Physiologie, *sf.* science de la vie
Physionomie, *sf.* air du visage.
Physique, *sf.* science des cho-ses naturelles ; *sm.* air.
Physiquement, *ad.*
Piaffer, *v.* piétiner.
Piailler, *v.* criailler.
Piaillerie, *sf.* criaillerie.
Piano, *ad.* doucement.
Piastre, *sf.* monnaie d'argent.
Piauler, *v.* cri des poulets.
Pic, *sm.* instrument de fer.
Picorée, *sf.* maraude.
Picorer, *v.* aller en maraude.

Picoter, v. piquer.
Picotin, sm. mesure d'avoine.
Picotement, sm. douleur pi-quante sur la peau.
Pie, sf. oiseau blanc et noir.
Pièce, sf. portion; canon; monnaie; ouvrage.
Pied, sm. bas de la jambe; base.
Pied-à-terre, sm. petit logis.
Pied-de-roi, sm. mesure.
Piédestal, sm. support.
Piédouche, sm. petit piédestal.
Piege, sm. machine; embûche.
Pierre, sf. caillou; diamant.
Pierreries, sf. pl. diamants.
Pierreux, se, a. plein de pierres.
Pierrier, sm. petit canon.
Piété, sf. dévotion.
Piétiner, v. remuer les pieds.
Piéton, ne, s. qui va à pied.
Piètre, a. chétif, mesquin.
Piètrement, ad. chétivement.
Pieu, sm. bois pointu.
Pieusement, ad.
Pieux, se, a. plein de piété.
Pigeon, sm. oiseau domestique.
Pigeonneau, sm. petit pigeon.
Pigeonnier, sm. colombier.
Pignon, sm. mur en pointe.
Pilastre, sm. pilier carré.
Pile, sf. amas; maçonnerie.
Piler, v. broyer.
Pilier, sm. support.
Pillage, sm. action de piller.
Pillard, e, a. s. qui aime à piller.
Piller, v. voler.
Pillerie, sf. volerie.
Pilleur, euse, s. qui pille.
Pilon, sm. instr. pour piler.
Pilori, sm. poteau; gibet.
Pilotage, sm. art du pilote.
Pilote, sm. qui dirige un nav.
Piloter, v. enfoncer des
Pilotis, sm. gros pieu.
Pilule, sf. bol médicinal.
Pin, sm. arbre résineux.
Pinacle, sm. faîte.
Pince, sf. barre de fer.
Pinceau, sm. faisceau de poils.
Pincée, sf. quantité qu'on peut saisir avec trois doigts.
Pincer, v. serrer. [feu.]
Pincettes, sf. instr. pour le
Pinson, sm. oiseau.
Pintade, sf. oiseau; serpent.
Pinte, sf. mesure de liquides.
Pioche, sf. outil pour piocher.
Piocher, v. fouir la terre.
Pion, sm. pièce des échecs.
Pipe, sf. tuyau pour fumer.
Piper, v. tromper au jeu.
Pique, sf. arme; querelle.
Piquer, v. percer; fâcher.
Piquet, sm. petit pieu; jeu.

Piquette, sf. vin faible.
Piqueur, sm. valet.
Piqûre, sf. petite blessure.
Pirate, sm. qui court les mers pour piller.
Pirater, v. faire la pirate.
Piraterie, sf. métier de pirate.
Pire, a. plus mauvais.
Piroueter, v. faire une
Pirouette, sf. tour entier.
Pis, sm. tétine.
Pis, ad. plus mal.
Piscine, sf. réservoir; lavoir.
Pissat, sm. urine des animaux.
Pissement, sm. action de
Pisser, v. uriner.
Pistache, sf. fruit du
Pistachier, sm. arbre.
Piste, sf. trace; vestige.
Pistil, sm. partie des fleurs.
Pistole, sf. monnaie.
Pistolet, sm. arme à feu.
Piston, sm. cylindre de pompe.
Pitance, sf. portion de repas.
Piteux, se, a. digne de pitié.
Pitié, sf. compassion.
Piton, sm. fiché à anneau.
Pitoyable, a. enclin à la pitié.
Pitoyablement, ad. [fet.]
Pittoresque, a. d'un grand ef-
Pituite, sf. humeur visqueuse.
Pituiteux, se, s. a.
Pivert, sm. oiseau.
Pivot, sm. support; racine.
Pivoter, v. tourner.
Placard, sm. affiche; armoire.
Placarder, v. afficher.
Place, sf. lieu; situation.
Placement, sm. act. de placer.
Placer, v. poser; situer.
Placet, sm. demande par écrit.
Plafond, sm. dessous d'un
Plafonner, v. [plancher.]
Plafonneur, sm. qui plafonne.
Plage, sf. rivage; contrée.
Plagiaire, sm. qui pille.
Plagiat, sm. act. du plagiaire.
Plaider, v. être en procès.
Plaideur, euse, s. qui plaide.
Plaidoirie, sf. act. de plaider.
Plaidoyer, sm. disc. d'avocat.
Plaie, sf. blessure; cicatrice.
Plaignant, e, s. qui se plaint.
Plain, e, a. uni. [glise.]
Plain-chant, sm. chant d'é-
Plaindre, v. avoir pitié.
Plaine, sf. plate campagne.
Plain-pied, sm. niveau.
Plainte, sf. lamentation; grief.
Plaintif, ive, a. dolent.
Plaintivement, ad.
Plaire, v. agréer à...
Plaisamment, ad.
Plaisance, sf. plaisir.

Plaisant, e, a. qui récrée.
Plaisanter, v. railler; badiner.
Plaisanterie, sf. raillerie.
Plaisir, sm. sensation agréable.
Plan, e, a. plat et uni.
Plan, sm. surface; dessin.
Planche, sf. ais. [planches.]
Planchéier, v. couvrir de
Plancher, sm. sol d'une chamb.
Planchette, sf. petite planche.
Plane, sm. platane; sf. outil.
Planer, v. polir; se soutenir en l'air.
Planétaire, a. des planètes.
Planète, sf. astre.
Plant, sm. tiges pour planter.
Plantain, sm. plante.
Plantation, sf. act. de planter.
Plante, sf. végétal.
Planter, v. mettre en terre.
Plantoir, sm. outil p. planter.
Plaque, sf. table de métal.
Plaquer, v. appliquer.
Plastron, sm. corselet; devant de cuirasse. [plastron.]
Plastronner, v. garnir d'un
Plat, e, a. uni; insipide.
Plat, sm. vaisselle creuse.
Platane, sm. grand arbre.
Plateau, sm. terrein plat.
Plate-bande, sf. bordure.
Plate-forme, sf. toit plat.
Platement, ad.
Platine, sm. métal.
Platitude, sf. chose plate.
Plâtras, sm. débris de murs.
Plâtre, sm. pierre calcinée.
Plâtrer, v. enduire; cacher.
Plâtrier, sm. qui fait le plâtre.
Plausible, a. spécieux.
Plébéien, ne, s. a. du peuple.
Plein, e, a. rempli.
Pleinement, ad. entièrement.
Plénière, a. f. entière.
Plénipotentiaire, sm. a. envoyé.
Plénitude, sf. abondance.
Pléonasme, sm. redondance de paroles. [mes.]
Pleurer, v. répandre des lar-
Pleurésie, sf. inflammation.
Pleureur, euse, s. qui pleure.
Pleurnicher, v. feindre de pleurer.
Pleurs, sm. pl. larmes.
Pleutre, sm. homme de rien.
Pleuvoir, v. tomber de l'eau.
Pli, sm. double; habitude.
Pliable, a. aisé à plier.
Plier, v. mettre en plis.
Plieur, euse, s. qui plie.
Plinthe, sf. socle.
Plioir, sm. couteau de bois.
Plissement, sm. action de
Plisser, v. faire des plis.

Plissure, *sf.* manière de plis-]
Plomb, *sm.* métal.   [ser.]
Plomber, *v.* mettre du plomb.
Plomberie, *sf.* art du
Plombier, *sm.* ouvr. en plomb.
Plongeon, *sm.* action de
Plonger, *v.* enfoncer dans l'eau.
Plongeur, *sm.* qui plonge.
Ployer, *v.* fléchir; courber.
Pluie, *sf.* eau qui tombe.
Plumage, *sm.* les plumes.
Plumasseau, *sm.* balai.
Plume, *sf.* ce qui couvre les
   oiseaux.
Plumeau, *sm.* petit balai.
Plumer, *v.* ôter les plumes.
Plumet, *sm.* panache.
Plupart (la), *sf.* beaucoup.
Pluralité, *sf.* plus grand nom-
   bre.   [plusieurs.]
Pluriel, le , *a. s.* qui marque]
Plus, *ad.* davantage.
Plusieurs, *s. a. pl.* un grand
   nombre.   [des verbes.]
Plus-que-parfait , *sm.* temps]
Plus tôt, Plutôt, Plutôt que ,
   ad. marque le temps, le
   lieu, la préférence. [pluie.]
Pluvieux, se, *a.* abondant en]
Pneumatique , *a.* de l'air.
Poche, *sf.* petit sac.
Poêle , *sm.* fourneau ; drap
   mortuaire; voile; *sf.* usten-
   sile de cuisine.
Poêlier, *sm.* qui fait des poêles.
Poêlon, *sm.* petite poêle.
Poëme , *sm.* ouvrage en vers.
Poésie, *sf.* art du poëte.
Poëte, *sm. a.* qui fait des vers.
Poétique, *a.* de la poésie.
Poétiquement , *ad.*
Poids, *sm.* pesanteur.
Poignant, e, *a.* qui fait souffrir.
Poignard, *sm.* arme courte.
Poignarder, *v.* assassiner.
Poignée, *sf.* plein la main.
Poignet, *sm.* bout du bras.
Poil, *sm.* filet qui sort de la peau
Poinçon, *sm.* pointe; tonneau.
Poindre, *v.* paraître.
Poing, *sm.* main fermée.
Point , *sm.* couture ; petite
   marque : *gram.*
Point, *ad.* de *négation.*
Pointe, *sf.* bout piquant.
Pointer , *v.* diriger vers.
Pointiller, *v.* contester.
Pointilleux, se, *a.* qui pointille.
Pointu, e, *a.* aigu.
Poire, *sf.* fruit à pepins.
Poiré, *sm.* cidre de poire.
Poireau, Porreau, *sm.* plante.
Poirier, *sm.* arbre.
Pois, *sm.* légume.

Poison, *sm.* venin.
Poisser, *v.* enduire de poix.
Poisson, *sm.* animal aquatique.
Poissonnerie, *sf.* où l'on vend
   le poisson.   [poissons.]
Poissonneux, se, *a.* plein de]
Poissonnier, ière, *s.* md. de
   poissons.   [val.]
Poitrail, *sm.* poitrine du che-]
Poitrinaire, *s. a.* malade.
Poitrine, *sf.* ce qui contient
   les poumons et le cœur.
Poivre, *sm.* épice.
Poivrer, *v.* mettre du poivre.
Poix, *sf.* résine brûlée.
Polaire, *a.* des pôles.
Pôle, *sm.* extrémité de l'axe.
Polémique, *sf.* dispute par écrit
Poli, e, *a.* luisant ; civil.
Police, *sf.* ordre d'une ville.
Policer, *v.* établir la police.
Polichinel, *sm.* marionnette.
Poliment, *ad.*
Polir, *v.* rendre poli.
Polisseur, euse, *s.* qui polit.
Polissoir, *sm.* instr. pour polir.
Polissoire, *sf.* brosse douce.
Polisson, ne, *s. a.* libertin.
Polissonner, *v.*   [polisson.]
Polissonnerie, *sf.* manières de]
Polissure, *sf.* action de polir.
Politesse, *sf.* civilité.
Politique, *sf.* art de gouverner.
Politiquer, *v.* parler politique.
Polluer, *v.* souiller.
Poltron, ne, *s. a.* sans courage.
Poltronnerie, *sf.* lâcheté.
Polygame, *s.* marié à plusieurs.
Polygamie, *sf.* état de polyg.
Polygarchie , *sf.* gouverne-
   ment de plusieurs. [angles.]
Polygone, *sm. a.* à plusieurs]
Polype, *sm.* ver aquatique.
Polypier, *sm.* habitation des
   polypes.   [sciences.]
Polytechnique, *a.* de plusieurs]
Polythéisme, *sm.* pluralité des
   dieux.
Polytyper, *v.* tirer l'empreinte.
Pommade, *sf.* composition.
Pomme, *sf.* fruit à pepins.
Pommeau, *sm.* petite pomme.
Pommelé, e, *a.* tacheté.
Pommer, *v.* se former en pom-]
Pommier, *sm.* arbre.   [me.]
Pompe, *sf.* éclat ; machine.
Pomper, *v.* tirer de l'eau.
Pompeusement, *ad.* av. pompe.
Pompeux, se, *a.* avec pompe.
Pompier, *sm.* soldat.
Pompon, *sm.* houppe de laine.
Pomponner, *v.* orner.
Ponce, *sf.* pierre poreuse.
Poncer, *v.* polir.

Poncis, *sm.* dessin.
Ponction, *sf.* ouverture.
Ponctualité, *sf.* exactitude.
Ponctuation, *sf.* art de ponctuer
Ponctuel, le , *a.* exact.
Ponctuellement , *ad.*
Ponctuer, *v.* mettre les points.
Pondre, *v.* faire des œufs.
Pont, *sm.* construct. sur l'eau.
Ponte, *sf.* action de pondre.
Pontife, *sm.* grand-prêtre.
Pontifical, e, *a.* de pontife.
Pontificalement, *ad.*   [tife.]
Pontificat, *sm.* dignité de pon-]
Ponton, *sm.* pont de bateaux.
Populace, *sf.* le bas peuple.
Populaire, *a.* du peuple.
Populairement , *ad.*   [laire.]
Populariser, *v.* rendre popu-]
Popularité, *sf.* faveur du peuple
Population, *sf.* nombre des ha-
   bitants.
Populeux, se, *a.* très-peuplé.
Porc, *sm.* cochon; sa chair.
Porcelaine, *sf.* terre cuite.
Porc-épic, *sm.* animal.
Porche, *sm.* portique.
Pore, *sm.* trou imperceptible.
Poreux, se, *a.* qui a des pores.
Porosité, *sf.* qualité poreuse.
Porphyre , *sm.* marbre.
Port, *sm.* abri des vaisseaux.
Portable, *sm.* qu'on peut por-]
Portail, *sm.* porte; façade. [ter.]
Portatif, ive, *a.* qu'on porte.
Porte, *sf.* ouverture.
Porte-clefs, *sm.* guichetier.
Porte-crayon, *sm.* étui du]
Portée, *sf.* étendue.   [crayon.]
Porte-faix, *sm.* crocheteur.
Porte-feuilles, *sm.* carton.
Porte-manteau, *sm.* valise.
Portement, *sm.* act. de porter.
Porter , *v.* avoir sur soi.
Porte-respect, *sm.* arme.
Porteur, euse, *s.* qui porte.
Porte-voix, *sm.* instrument.
Portier, ière, *s.* concierge.
Portière, *sf.* ouverture.
Portion, *sf.* partie d'un tout
Portique, *sm.* galerie ouverte.
Portrait, *sm.* représentation
Pose, *sf.* attitude.
Posément, *ad.* lentement.
Poser, *v.* mettre, établir.
Positif, ive, *a.* certain.
Position, *sf.* situation ; état.
Positivement, *ad.* expressémé
Posséder, *v.* avoir à soi.
Possesseur, *sm.* qui possède.
Possessif, ive, *a.* qui marque
   possession.   [séder.]
Possession, *sf.* action de pos-]
Possibilité, *sf.* état possible.

Possible, a. qui peut être.
Post-communion, sf. oraison.
Poste, sm. emploi; sf. relai.
Poster, v. placer dans un lieu.
Postérieur, e, a. qui suit.
Postérieurement, ad. après.
Postérité, sf. les descendants.
Posthume, s. a. né après la mort de son père.
Postiche, a. fait après coup.
Postillon, sm. valet de poste.
Post-scriptum, sm. (ome) ce qu'on ajoute à une lettre.
Postulant, e, s. a. qui postule.
Postulation, sf. action de
Postuler, v. demander.
Posture, sf. attitude.
Pot, sm. vase; marmite.
Potable, a. qu'on peut boire.
Potage, sm. bouillon, soupe.
Potager, ère, a. du potage.
Potasse, sf. sel alkali.
Poteau, sm. pièce de bois.
Potelé, e, a. gras et plein.
Potence, sf. gibet; étai.
Potentat, sm. souverain.
Poterie, sf. pots; vaisselle.
Potier, sm. md. de poterie.
Potion, sf. remède liquide.
Potiron, sm. citrouille.
Pou, sm. insecte, vermine.
Pouce, sm. le plus gros doigt.
Poudre, sf. poussière.
Poudrer, v. couvrir de poudre.
Poudreux, se, a. plein de poussière. [à poudre.]
Poudrière, sf. magasin, boîte
Pouf, interj. marque un bruit sourd.
Pouffer, v. éclater de rire.
Poulailler, sm. gîte des poules.
Poulain, sm. Voy. Poulin.
Poularde, sf. jeune poule.
Poule, sf. femelle du coq.
Poulet, sm. petit de la poule.
Poulie, sf. sorte de roue.
Poulin, sm. jeune cheval.
Pouls, sm. battement des artères. [piration.]
Poumon, sm. organe de la res-
Poupe, sf. arrière d'un vaisseau.
Poupée, sf. petite figure.
Poupin, e, a. s. propret.
Poupon, ne, s. enfant.
Pour, prép. et conj. à cause.
Pour-boire, sm. don.
Pourceau, sm. porc, cochon.
Pourfendre, v. fendre.
Pourparler, sm. conférence.
Pourpoint, sm. vêtement.
Pourpre, sm. coquillage; couleur d'un rouge foncé; [étoffe.]
Pourquoi, conj.
Pourrir, v. altérer; se gâter.

Pourriture, sf. état pourri.
Poursuite, sf. action de
Poursuivre, v. courir après.
Pourtant, ad. cependant.
Pourtour, sm. circuit.
Pourvoir, v. avoir soin; munir.
Pourvoyeur, euse, s. qui pourv.
Pourvu que, conj. à condition.
Pousse, sf. bourgeons.
Poussée, sf. action de pousser.
Pousser, v. faire avancer.
Poussier, sm. poussière.
Poussière, sf. terre en poudre.
Poussif, ive, a. malade.
Poussin, sm. petit d'une poule.
Poussoir, sm. bouton de montre
Poutre, sf. pièce de charpente.
Poutrelle, sf. petite poutre.
Pouvoir, v. avoir la faculté.
Pouvoir, sm. autorité, droit.
Pragmatique, a. f. (sanction) règlement ecclésiastique;
Prairie, sf. pré. [sf. loi.]
Praticable, a. faisable.
Praticien, sm. qui pratique.
Pratique, sf. exercice.
Pratiquer, v. exercer; hanter.
Pré, sm. petite prairie.
Préalable, a. qui doit être dit ou fait d'abord.
Préalablement, ad.
Préambule, sm. avant-propos.
Préau, sm. cour de prison.
Prébende, sf. canonicat.
Précaire, a. incertain.
Précairement, ad.
Précaution, sf. circonspection.
Précautionner, v. munir.
Précédemment, ad.
Précédent, e, a. qui précède.
Précéder, v. aller devant.
Précepte, sm. règle.
Précepteur, sm. qui instruit.
Prêche, sm. temple, sermon.
Prêcher, v. remontrer.
Précieusement, ad. avec soin.
Précieux, se, a. de prix.
Précipice, sm. gouffre vide.
Précipitamment, ad. avec
Précipitation, sf. vitesse.
Précipité, sm. dissolution.
Précipiter, v. jeter; hâter.
Préciput, sm. prélèvement.
Précis, e, a. fixe; juste; concis.
Précisément, ad.
Préciser, v. déterminer.
Précision, sf. exactitude.
Précoce, a. hâtif.
Précocité, sf. qualité précoce.
Préconiser, v. louer.
Préconiseur, euse, s. loueur.
Précurseur, sm. venu devant.
Prédécesseur, sm. qui a précédé
Prédestination, sf. fatalisme.

Prédestiner, v. destiner.
Prédicateur, sm. qui prêche.
Prédication, sf. act. de prêcher.
Prédiction, sf. act. de prédire.
Prédilection, sf. préférence.
Prédire, v. annoncer l'avenir.
Prédominer, v. prévaloir.
Prééminence, sf. prérogative.
Prééminent, e, a. qui excelle.
Préface, sf. préambule. [et.]
Préfecture, sf. dignité de pré-
Préférable, a. à préférer.
Préférablement, ad. par
Préférence, sf. action de
Préférer, v. aimer mieux.
Préfet, sm. magistrat.
Préjudice, sm. tort, dommage.
Préjudiciable, a. nuisible.
Préjudiciel, le, a. préalable.
Préjudicier, v. nuire.
Préjugé, sm. précédent; erreur
Prélat, sm. évêque, etc.
Prélever, v. lever avant partage.
Préliminaire, sm. a. qui pré-
Préliminairement, ad. [cède.]
Prélude, sm. ce qui prépare.
Préluder, v. faire des préludes.
Prématuré, e, a. précoce.
Prématurément, ad. [vance.]
Préméditer, v. méditer d'a-
Prémices, sf. pl. prem. fruits.
Premier, ière, a. qui précède.
Premièrement, ad.
Prémunir, v. munir.
Prendre, v. saisir; avaler.
Prénom, sm. nom de baptême.
Préoccupation, sf. prévention.
Préoccuper, v. occuper.
Préopinant, e, s. qui préopine.
Préopiner, v. opiner avant.
Préparatif, sm. apprêt.
Préparation, sf. action de
Préparatoire, a. qui prépare.
Préparer, v. mettre en état.
Prépondérance, sf. influence.
Prépondérant, e, a. influent.
Préposer, v. charger du soin.
Préposition, sf. mot.
Prérogative, sf. avantage.
Près, prép. non loin.
Présage, sm. augure.
Présager, v. annoncer. [euré]
Presbytère, sm. maison du
Presbytérien, ne, s. a. protestant d'Angleterre.
Prescriptible, a. de
Prescription, sf. propriété acquise par un long usage.
Prescrire, v. ordonner.
Préséance, sf. droit de précéder. [un lieu marqué.]
Présence, sf. existence dans
Présent, sm. don.
Présent, e, a. qui est là.

Présentable, a.   [senter.]
Présentation, sf. act. de pré-
Présentement, ad. à présent.
Présenter, v. offrir; exposer.
Préservatif,ive,a qui préserve.
Préserver, v. garantir de...
Présidence, sf. act.de présider.
Président, e, s. qui préside.
Présidente, sf. qui préside
Présider, v. diriger.
Présomptif, ive, a. (héritier).
Présomption, sf. conjecture.
Présomptueux, se, a. s. fat.
Presque, ad. à peu près.
Presqu'ile, sf. terre qui tient
   au continent par un côté.
Pressamment, ad.
Pressant, e, a. qui presse.
Presse, sf. foule; machine.
Pressentiment, sm. sentiment.
Pressentir, v. prévoir.
Presser, v. serrer avec force.
Pressier,sm.ouvrier à la presse
Pression, sf. act. de presser.
Pressoir, sm. machine pour
Pressurer, v. presser.
Prestance, sf. beau maintien.
Prestation, sf. redevance.
Preste, a. prompt.
Prestige, sm. illusion.
Presto, ad. vite.
Présumer, v. conjecturer.
Présure, sf. ce qui fait cailler
   le lait.
Prêt, sm. action de prêter.
Prêt, e, a. préparé à.
Prétendre,v.aspirer à. [nom.]
Prête-nom, sm. qui prête son
Prétentieux, se, a. s. affecté.
Prétention, sf. espérance.
Prêter, v. donner à condition
   qu'on rendra.
Prétérit, sm. temps passé.
Prétexte, sm. cause simulée.
Prétexter, v. alléguer.
Prétoire, sm. tribunal.
Prêtre, sm. ministre du culte.
Prêtrise, sf. ordre sacré.
Preuve, sf. ce qui prouve.
Prévaloir, v. avoir l'avantage.
Prévaricateur, trice, s.
Prévarication, sf. action de
Prévariquer,v. agir contre son
   devoir.
Prévenance, sf. obligeance.
Prévenir, v. avertir.
Prévention, sf. préoccupation.
Prévenu, e, a. s. accusé.
Prévision, sf. vue de l'avenir.
Prévoir, v. juger par avance.
Prévôt, sm. officier; juge.
Prévoyance, sf.act. de prévoir.
Prie-dieu, sm. pupitre.
Prier, v. demander par grace.

Prière, sf. demande.
Primaire, a. du premier degré.
Primat, sm. prélat.
Primauté, sf. prééminence.
Prime, sf. bénéfice.
Prime-abord (de), ad au pre-
   mier abord.
Primer, v. dominer.
Primitif, ive, a. le plus ancien.
Primitivement, ad.
Primogéniture, sf. ainesse.
Primordial, e, a. premier.
Prince, cesse, s. titre.
Principal, e, a. essentiel ; sm.
   directeur.
Principalement, ad. surtout.
Principalité,sf.charge de prin-
   cipal   [de prince.]
Principauté, sf. dignité,terre]
Principe, sm. origine; règle.
Printanier, ière, a. du prin-
   temps.
Printemps, sm. 1ᵉ saison.
Prise, sf. action de prendre.
Prisée, sf. estimation.
Priser, v. mettre le prix.
Priseur, euse, s. qui prise.
Prisme, sm. verre triangulaire.
Prison, sf. lieu de détention.
Prisonnier, ière, s. qui est en
   prison.
Privation, sf. perte d'un bien.
Privé, e, a. particulier.
Priver, v. ôter; apprivoiser.
Privilège, sm. avantage.
Privilégié, e, a. s. qui jouit
   d'un privilège.
Prix, sm. valeur d'une chose.
Probabilité,sf. vraisemblance.
Probable, a. vraisemblable.
Probablement, ad.
Probation,sf.noviciat;épreuve.
Probe, a. qui a de la probité.
Probité, sf. droiture de cœur.
Problématique, a. douteux.
Problématiquement, ad.
Problème, sm. question.
Procédé, sm. manière d'agir.
Procéder, v. provenir de...
Procédure, sf. actes de justice.
Procès, sm. instance devant
   un juge.
Procession, sf. cérémonie.
Processionnellement, ad.
Prochain, e, a. qui est proche.
Prochainement, ad. bientôt.
Proche, prép. près; ad. auprès;
   a voisin; sm parent.
Proclamation, sf. publication.
Proclamer, v. publier.
Procréer, v. engendrer.
Procurateur, sm. chargé de
Procuration,sf.pouvoir d'agir.
Procurer, v. faire obtenir.

Procureur, sm. avoué.
Prodigalité, sf. profusion.
Prodige, sm. effet surprenant.
Prodigieusement, ad.
Prodigieux, se, a. du prodige.
Prodigue, s. a. dissipateur.
Prodiguer, v. dissiper.
Productif, ive, a. qui produit.
Production, sf. ouvrage.
Produire, v. donner naissance.
Produit, sm. rapport; résultat.
Profanateur, trice, s. qui pro-
   fane.   [profaner]
Profanation, sf. action de]
Profane, s. a. indigne.
Profaner, v. souiller.
Proférer, v. prononcer.
Profès, fesse, s. a. religieux.
Professer, v. avouer.
Professeur, sm. qui enseigne.
Profession, sf. déclaration ;]
Profil,sm. vue de côté. [état.]
Profiler,v.représenter en pro-
Profit, sm. gain.   [fil.]
Profitable, a. utile.
Profiter, v. faire un gain.
Profond, e, a. très-creux.
Profondément, ad.
Profondeur, sf. grandeur.
Profusément, ad. avec
Profusion,sf.excès de dépense.
Progéniture, sf. les enfants.
Programme, sm. description.
Progrès, sm. avancement.
Progressif, ive, a. qui avance.
Progression, sf. progrès.
Progressivement, ad.
Prohiber, v. défendre.
Prohibitif, ive, a. qui prohibe.
Prohibition, sf. défense.
Proie, sf. butin.
Projectile, sm. boulets, obus.
Projection, sf. représentation.
Projet, sm.entreprise, dessein.
Projeter, v. former le projet.
Prolétaire, sm. ouvrier.
Prolixe, a. diffus, trop long
Prolixité, sf. diffusion.
Prologue,sm. préface;prélude.
Prolongation, sf. action de
   prolonger.
Prolongement, sm. extension.
Prolonger, v. étendre.
Promenade, sf. action de se
Promener, v. mener çà et là.
Promenoir, sm lieu pour se
   promener.
Promesse, sf. action de
Promettre, v. donner parole.
Promission,sf. (terre de) terre
   promise.
Promontoire, sm. terre qui
   avance dans la mer.
Promotion, sf. nomination.

Prompt, e, *a.* diligent; colère.
Promptement, *ad.*
Promptitude, *sf.* célérité.
Promulgation, *sf.* publication.
Promulguer, *v.* publier.
Prône, *sm.* sermon.
Prôner, *v.* vanter; sermonner.
Prôneur, euse, *s.* qui loue.
Pronom, *sm.* mot qui remplace un nom : *gram.*
Pronominal, e, *a.* du pronom.
Prononcer, *v.* articuler.
Prononciation, *sf.* manière de prononcer.
Pronostic, *sm.* conjecture.
Pronostiquer, *v.* prédire.
Propagateur, trice, *s.* qui propage.
Propagation, *sf.* accroissement.
Propager, *v.* répandre.
Propension, *sf.* pente; penchant.
Prophète, étesse, *s.* qui prédit.
Prophétie, *sf.* (ci) prédiction.
Prophétique, *a.* du prophète.
Prophétiser, *v.* prédire l'avenir.
Propice, *a.* favorable.
Propitiation, *sf.* sacrifice.
Propitiatoire, *a.* qui rend propice.
Proportion, *sf.* rapport.
Proportionnel, le, *a.* en proportion.
Proportionnellement, *ad.*
Proportionnément, *ad.*
Proportionner, *v.* observer la proportion.
Propos, *sm* discours, entretien
Proposer, *v.* offrir.
Proposition, *sf.* chose proposée.
Propre, *a.* convenable; net.
Proprement, *ad.*
Propret, te, *a.* très propre.
Propreté, *sf.* netteté.
Propriétaire, *s.* qui possède.
Propriété, *sf.* domaine.
Prorata (au), *ad.* à proportion.
Prorogation, *sf* prolongation.
Proroger, *v.* ajourner.
Proscription, *sf.* action de
Proscrire, *v.* condamner.
Prose, *sf.* discours non assujéti à la mesure.
Prosélyte, *sm.* partisan.
Prosodie, *sf.* man. de prononcer
Prospectus, *sm.* programme.
Prospère, *a.* favorable.
Prospérer, *vn.* réussir.
Prospérité, *sf.* bonheur.
Prosternation, *sf.* prosternem.
Prosternement, *sm.* act. de
Prosterner (se), *v.* se jeter à genoux.
Prostituer, *v.* avilir.

Prostitution, *sf.* avilissement.
Prote, *sm.* chef d'imprimerie.
Protecteur, trice, *s. a.* qui protège.
Protection, *sf.* act. de
Protéger, *v.* prêter secours.
Protestant, e, *s. a.* sectaire.
Protestation, *sf.* action de
Protester, *v.* assurer; déclarer qu'on s'oppose à...
Protêt, *sm.* recours.
Protocole, *sm.* procès-verbal.
Prototype, *sm.* original.
Protubérance, *sf.* éminence.
Proue, *sf.* partie du vaisseau.
Prouesse, *sf.* action de valeur.
Prouver, *v.* établir la vérité.
Provenir, *v.* émaner de...
Proverbe, *sm.* maxime.
Proverbial, e, *a.* du proverbe.
Proverbialement, *ad.*
Providence, *sf.* suprême sagesse.
Provigner, *v.* coucher les ceps.
Provin, *sm.* rejeton provigné.
Province, *sf.* division de pays.
Provincial, e, *a. s.* de province.
Proviseur, *sm.* chef de collége.
Provision, *sf.* amas.
Provisoire, *a.* préalable.
Provisoirement, *ad.*
Provocation, *sf.* action de
Provoquer, *v.* exciter à...
Proximité, *sf.* voisinage.
Prude, *a.* qui affecte un air
Prudemment, *ad.* avec sagesse.
Prudence, *sf.* circonspection.
Prudent, e, *a.* qui a de la prudence.
Pruderie, *sf.* affectation de
Prune, *sf.* fruit à noyau.
Pruneau, *sm.* prune sèche.
Prunelle, *sf.* partie de l'œil.
Prunier, *sm.* arbre.
Prurit, *sm.* démangeaison.
Prytanée, *sm.* collège.
Psalmodie, *sf.* chant.
Psalmodier, *v.* chanter.
Psaume, *sm.* cantique sacré.
Psautier, *sm.* liv. de psaumes.
Psyché, *sf.* glace mobile.
Puant, e, *a.* qui pue.
Puanteur, *sf.* mauvaise odeur.
Puberté, *sf.* état nubile.
Public, ique, *a.* du peuple; notoire.
Publicain, *sm.* fermier des deniers publics.
Publication, *sf.* act. de publier.
Publiciste, *sm.* qui publie.
Publicité, *sf.* notoriété.
Publier, *v.* rendre public.
Publiquement, *ad.*
Puce, *sf.* insecte.

Pudeur, *sf.* chasteté.
Pudique, *a.* chaste, pur.
Puer, *v.* sentir mauvais.
Puéril, e, *a.* de l'enfance.
Puérilement, *ad.*
Puérilité, *sf.* action d'enfant.
Puîné, e, *a. s.* né après.
Puis, *ad* ensuite, après.
Puisard, *sm.* puits.
Puiser, *v.* prendre de l'eau.
Puisque, *conj.*
Puissamment, *ad.*
Puissance, *sf.* pouvoir.
Puissant, e, *a.* qui a du pouvoir.
Puits, *sm.* trou profond.
Pulluler, *v.* multiplier.
Pulmonaire, *a.* du poumon.
Pulmonie, *sf.* maladie.
Pulmonique, *a. s.* malade.
Pulsation, *sf.* battem. du pouls.
Pulvérisation, *sf.* action de
Pulvériser, *v.* réduire en poudre
Punaise, *sf.* insecte puant.
Punch, *sm.* (ponche) boisson.
Punir, *v.* châtier.
Punissable, *a.* qui mérite punition.
Punition, *sf.* châtiment.
Pupille, *s.* enfant sous un tuteur: *sf.* prunelle de l'œil.
Pupitre, *sm.* meuble.
Pur, e, *a.* sans mélange.
Purée, *sf.* bouillie de pois, etc.
Purement, *ad.* avec pureté.
Pureté, *sf.* qualité pure.
Purgatif, ive, *a. s.* qui purge.
Purgation, *sf.* remède.
Purgatoire, *sm.* lieu d'expiation.
Purger, *v.* purifier; nettoyer.
Purificatoire, *sm.* linge sacré.
Purifier, *v.* rendre pur.
Pus, *sm.* matière corrompue.
Pusillanime, *a.* trop timide.
Pusillanimité, *sf.* timidité.
Pustule, *sf.* tumeur.
Putatif, ive, *a.* réputé.
Putréfaction, *sf.* corruption.
Putréfait, e, *a.* corrompu.
Putréfier, *v.* corrompre.
Putride, *a.* pourri.
Putridité, *sf.* corruption.
Pygmée, *sm.* nain.
Pyramidal, e, *a.* en pyramide.
Pyramide, *sf.* solide terminé en pointe.
Pyrique, *a.* du feu.
Pyrotechnie, *sf.* art de se servir du feu.
Pyrrhonien, ne, *s. a.* qui doute.
Pyrrhonisme, *sm.* affectation de douter de tout.
Pythonisse, *sf.* devineresse.

OUA	QUI	QUO
Q, *sm.* (*ke*) 17e lettre.	Quatrième, *a. s.*	Quincaille, *sf.* ustensile de fer.
Quadrille, *sm.* jeu ; danse.	Que, *pr. conj.*	Quinconce, *sm.* plant en échi-
Quadrupède, *a.* à 4 pieds.	Quel, elle, *a. pr.*	Quinquet, *sm.* lampe. [quier.]
Quadruple, *a.* quatre fois.	Quelconque, *a. pr.* nul.	Quintal, *sm.* cent livres.
Quadrupler, *v.* multipl. par 4.	Quelque, *a.* un ou une.	Quintessence, *sf.* l'essentiel.
Quai, *sm.* chaussée ; rivage.	Quelquefois, *ad.* parfois.	Quintuple, *sm. a.* cinq fois.
Qualification , *sf.* attribution.	Quelqu'un, e, *s.* un, une.	Quintupler, *v.* répéter 5 fois.
Qualifier, *v.* marquer la qualité.	Quenouille, *sf* bâton pour filer.	Quinzaine, *sf.* quinze.
Qualité, *sf.* caractère.	Querelle, *sf.* dispute.	Quinze , *a. num.* trois fois 5.
Quand, *ad.* lorsque.	Quereller, *v.* faire querelle à…	Quiproquo, *sm.* méprise.
Quantième, *a.* marque le rang.	Querelleur, euse, *a.* hargneux.	Quittance, *sf.* reçu. [tance.]
Quantité, *sf.* abondance.	Quérir, *v.* chercher.	Quittancer , *v.* donner quit-
Quarantaine, *sf.* quarante.	Question, *sf.* demande.	Quitte , *a.* qui a payé.
Quarante, *a. num.* 4 fois dix.	Questionner, *v.* interroger.	Quitter, *v.* laisser.
Quarantième, *s. a.*	Quête, *sf.* collecte.	Qui va là ! Qui vive ! *exclam.*
Quart , *sm.* 4e partie.	Quêter, *v.* faire la quête.	Quoi , *pr.* quelle chose ?
Quarteron, *sm.* quart de livre.	Quêteur, euse, *a. s.* qui quête.	Quoique, *conj.* encore que.
Quartier, *sm.* quart ; partie.	Queue, *sf.* extrémité.	Quolibet, *sm.* jeu de mots.
Quasi, *ad.* presque.	Qui, *pr.* lequel.	Quote-part, *sf.* part de chacun.
Quatorze , *sm. a.* dix et 4.	Quiconque, *pr. indéf.*	Quotidien , ne, *a.* de chaque
Quatorzième, *a. s.*	Quidam, ane, *s.* personne.	jour. [division.]
Quatrain, *sm.* stance de 4 vers.	Quiétude, *sf.* repos.	Quotient, *sm.* résultat de la
Quatre *a. num.* deux fois deux.	Quille, *sf.* morceau de bois.	Quotité, *sf.* quote-part.

R, *sm.* (re) 18ᵉ lettre.
Rabâchage, *sm.* action de
Rabâcher, *v.* répéter trop.
Rabâcheur,euse,*s.* qui rabâche
Rabais , *sm.* diminution.
Rabaissement,*sm.* diminution.
Rabaisser, *v.* diminuer; avilir.
Rabat, *sm.* collet rabattu.
Rabat-joie, *sm.* ce qui trouble.
Rabattre, *v.* rabaisser.
Rabbin , *sm.* docteur juif.
Râble , *sm.* partie du lièvre.
Rabot, *sm.* outil.
Raboter,*v.* polir avec le rabot.
Raboteux , se , *a.* inégal.
Rabougri , e. *a.* mal conformé.
Rabougeir, *v.* mal venir.
Raboutir,*v.*mettre bout à bout.
Racaille, *sf.* lie du peuple.
Raccommodage, *sm.* action de
Raccommoder , *v.* réparer.
Raccord, *sm.* liaison.
Raccordement , *sm.* act. de

Raccorder, *v.* faire un raccord.
Raccourcir, *v.* accourcir.
Raccourcissement , *sm.*
Raccroc, *sm.* coup de bonheur.
Raccrocher , *v.* accrocher de]
Race, *sf.* lignée. [nouveau.]
Rachat, *sm.* act. de racheter.
Racheter, *v.* délivrer.
Racine, *sf.* partie des plantes.
Râcler, *v.* ratisser.
Râcleur, *sm.* qui râcle.
Râclure, *sf.* ce qu'on a râclé.
Raconter, *v.* faire un récit.
Raconteur,euse,*s.* qui raconte.
Racornir, *v.* rendre dur.
Rade, *sf.* abri des vaisseaux.
Radeau, *sm.* bois flottant.
Radial, e, *a.* à rayons.
Radiation , *sf.* act. de rayer.
Radier, *v.* rayer.
Radieux, se, *a.* rayonnant.
Radis, *sm.* plante.
Radotage, *sm.* action de

Radoter , *v.* parler sans suite.
Radoterie, *sf.* radotage.
Radoteur, euse, *s.* qui radotte.
Radoucir, *v.* rendre plus doux.
Radoucissement , *sm.*
Raffermir, *v.* rendre ferme.
Raffermissement, *sm.* [ner.]
Raffinage, *sm.* action de raffi-]
Raffiné, e, *a. s.* subtil.
Raffinement , *sm* subtilité.
Raffiner, *v.* rendre plus fin.
Raffinerie, *sf.* où l'on raffine.
Raffineur, euse, *s.* qui raffine.
Raffoler, *v.* se passionner.
Râfle , *sf.* grappe sans grains.
Râfler, *v.* enlever.
Rafraîchir, *v.* rendre frais.
Rafraîchissement , *sm.*
Rage, *sf.* délire ; hydrophobie.
Ragoût , *sm.* mets.
Ragoûtant, e, *a.* qui ragoûte.
Ragoûter, *v.* remettre en goût.
Ragrandir, *v.* agrandir.

Raide. *Voy.* Roide.

Raie, *sf.* trait ligne.

Raifort, *sm.* rave sauvage.

Railler, *v.* plaisanter.

Raillerie, *sf.* action de railler.

Railleur, euse, *s. a.*

Rainette, *sf.* pomme.

Rainure, *sf.* entaillure.

Raiponce, *sf.* plante.

Rais, *sm.* rayon d'une roue.

Raisin, *sm.* fruit de la vigne.

Raisiné, *sm.* confiture de raisins.

Raison, *sf.* faculté de l'âme.

Raisonnable, *a.* doué de raison.

Raisonnablement, *ad.*

Raisonnement, *sm.* action de

Raisonner, *v.* discuter.

Raisonneur, euse, *s. a.*

Rajeunir, *v.* rendre jeune.

Rajustement, *sm.* action de

Rajuster, *v.* raccommoder.

Râle, *sm.* action de râler.

Râlement, *sm.* râle.

Ralentir, *v.* rendre plus lent.

Ralentissement, *sm.*

Râler, *v.* respirer avec bruit.

Ralliement, *sm.* action de

Rallier, *v.* rassembler, réunir.

Rallongement, *sm.* allongem.

Rallonger, *v.* rendre plus long.

Rallumer, *v.* allumer de nouv.

Ramadan, *sm.* carême turc.

Ramage, *sm.* chant; feuillage.

Ramas, *sm.* amas.

Ramasser, *v.* rassembler.

Ramassis, *sm.* amas sans choix.

Rame, *sf.* aviron; branchage.

Rameau, *sm.* petite branche.

Ramener, *v.* amener de nouv.

Ramer, *v.* tirer à la rame.

Rameur, *sm.* qui rame.

Rameux, se, *a.* à branches.

Ramier, *sm.* pigeon sauvage.

Ramification, *sf.* subdivision.

Ramifier (se), *v.* se diviser

Ramollir, *v.* rendre plus mou.

Ramonage, *sm.* action de

Ramoner, *v.* nettoyer.

Ramoneur, *sm.* qui ramone.

Rampe, *sf.* balustrade.

Ramper, *v.* se traîner.

Rance, *a.* qui se corrompt.

Rancir, *v.* devenir rance.

Rançon, *sf.* prix pour la délivrance.

Rançonnement, *sm.* action de

Rançonner, *v.* exiger trop.

Rançonneur, euse, *s.* qui rançonne.

Rancune, *sf.* haine invétérée.

Rancunier, ière, *s. a.*

Rang, *sm.* ligne; ordre; place.

Rangée, *sf.* choses rangées.

Ranger, *v.* mettre en rang.

Ranimer, *v.* animer de nouv.

Rapace, *a.* avide.

Rapacité, *sf.* avidité.

Rapatrier, *v.* réconcilier.

Râpe, *sf.* ustensile pour râper.

Râper, *v.* mettre en poudre.

Rapetasser, *v.* rapiécer.

Rapetisser, *v.* rendre plus petit.

Rapide, *a.* qui va très-vite.

Rapidement, *ad.*

Rapidité, *sf.* célérité, vitesse.

Rapiécer, *v.* mettre des pièces.

Rapière, *sf.* longue épée.

Rapine, *sf.* action de ravir.

Rapiner, *v.* ravir avec adresse.

Rapparciller, *v.* assortir.

Rappel, *sm.* action de

Rappeler, *v.* appeler de nouveau; faire revenir.

Rapport, *sm.* récit.

Rapporter, *v.* remettre au lieu.

Rapporteur, euse, *s.* qui fait des rapports. [nouveau.]

Rapprendre, *v.* apprendre de

Rapprochement, *sm.* act. de

Rapprocher, *v.* approcher.

Rapsode, *sm.* chantre.

Rapsoder, *v.* raccommoder mal.

Rapsodie, *sf.* ramas d'écrits.

Rapsodiste, *s.*

Rapt, *sm.* enlèvement.

Râpure, *sf.* ce qu'on râpe.

Raquette, *sf.* instr. pour jouer.

Rare, *a.* non commun.

Raréfier, *v.* dilater.

Rarement, *ad.* peu souvent.

Rareté, *sf.* ce qui est rare.

Rarissime, *a.* très-rare.

Ras, e, *a.* à poil court; plein

Rasade, *sf.* verre tout plein.

Raser, *v.* couper le poil.

Rasibus, *ad.* (uce) tout près.

Rasoir, *sm.* instr. pour raser.

Rassasiement, *sm.* satiété.

Rassasier, *v.* apaiser la faim.

Rassemblement, *sm.* act. de

Rassembler, *v.* réunir.

Rasseoir, *v.* asseoir de nouveau.

Rassis, e, *a.* posé.

Rassurer, *v.* affermir.

Rat, *sm.* petit quadrupède.

Ratafia, *sm.* liqueur.

Ratatiner (se), *v.* se resserrer.

Rate, *sf.* viscère. [nier.]

Râteau, *sm.* instr. de jardi-

Râtelée, *sf.* coup de râteau

Râteler, *v.* ôter avec le râteau.

Râteleur, euse, *s.* qui râtelle.

Râtelier, *sm.* grille de bois.

Rater, *v.* ne pas partir.

Ratier, ière, *s. a.* capricieux.

Ratification, *sf.* approbation.

Ratifier, *v.* confirmer.

Ration, *sf.* portion de vivres.

Rationnel, le, *a.* logique

Ratisser, *v.* gratter.

Ratissure, *sf.* ce qu'on ratisse.

Rattacher, *v.* attacher de nouv.

Rattraper, *v.* ressaisir.

Rature, *sf.* trait de plume.

Raturer, *v.* effacer.

Rauque, *a.* (son de voix) rude.

Ravage, *sm.* dégât.

Ravager, *v.* faire du ravage.

Ravalement, *sm.* crépi.

Ravaler, *v.* avaler; rabaisser.

Ravaudage, *sm.* action de

Ravauder, *v.* raccommoder.

Ravauderie, *sf.* niaiseries.

Ravaudeur, euse, *s.*

Rave, *sf.* plante potagère.

Ravigoter, *v.* remettre en force.

Ravin, *sm.* chemin creux.

Ravine, *sf.* torrent; ravin.

Ravir, *v.* enlever, charmer.

Raviser (se), *v.* changer d'avis.

Ravissement, *sm.* charme.

Ravisseur, euse, *s.* qui ravit.

Ravitaillement, *sm.* act. de

Ravitailler, *v.* remettre des munitions dans une place.

Raviver, *v.* rendre plus vif.

Ravoir, *v.* avoir de nouveau.

Rayer, *v.* faire des raies.

Rayon, *sm.* trait de lumière.

Rayonnement, *sm.* action de

Rayonner, *v.* jeter des rayons.

Rayure, *sf.* cannelure.

Ré, *sm.* note de musique.

Réactif, ive, *a.* qui réagit.

Réaction, *sf.* action de réagir.

Réagir, *v.* résister à l'action du corps frappant.

Réalisation, *sf.* action de

Réaliser, *v.* rendre réel.

Réalité, *sf.* existence réelle.

Rebâtir, *v.* bâtir de nouveau.

Rebattre, *v.* battre de nouveau.

Rebelle, *s. a.* qui se révolte.

Rebeller (se), *v.* se révolter.

Rébellion, *sf.* révolte.

Rebondir, *v.* faire un bond.

Rebord, *sm.* bord élevé.

Reborder, *v.* border de nouv.

Reboucher, *v.* boucher de nouv.

Rebouillir, *v.* bouillir de nouv.

Rebours, *sm.* contraire.

Reboutonner, *v.* boutonner.

Rebrasser, *v.* retrousser.

Rebrousser, *v.* retourner.

Rebuffade, *sf.* mauvais accueil.

Rebut, *sm.* action de

Rebuter, *v.* rejeter; refuser.

Récalcitrant, e, *a.* qui résiste.

Récapitulation, *sf.* résumé.

Récapituler, *v.* résumer.

Recel, *sm.* recellement.

Receler, *v.* cacher.

Receleur, euse, s.   [ler.
Recellement, sm. act. de rece-]
Récemment, ad. nouvellement.
Recensement, sm. dénombrem.
Recenser, v. dénombrer.
Récent, e, a. nouveau.
Recepisse, sm. (cé) reçu.
Réceptable, sm. lieu de rassem-
  blement.   [voir.]
Réception, sf. action de rece-]
Recette, sf. ce qui est reçu.
Recevable, a. admissible.
Receveur, euse, s. qui reçoit.
Recevoir, v. prendre; accueillir.
Rechange, sm. droit d'un nou-
  nouveau change.
Réchapper, v. être délivré.
Réchaud, sm. instr. pour
Réchauffer, v. chauffer.
Réchauffoir, sm. fourneau.
Recherche, sf. perquisition.
Rechercher, v. chercher de
  nouveau, avec soin.
Rechigner, v. gronder.
Rechute, sf. nouvelle chute.
Récidive, sf. rechute.
Récidiver, v. faire récidive.
Récipiendaire, s. candidat.
Récipient, sm. vase.
Réciprocité, sf. caractère
Réciproque, a. mutuel.
Réciproquement, ad.
Récit, sm. narration.
Récitateur, sm. qui récite.
Réciter, v. raconter.
Réclamation, sf. action de
Réclamer, v. implorer.
Reclus, e, a. s. renfermé.
Reclusion, sf. détention.
Recoin, sm. coin caché.
Récolte, sf. action de
Récolter, v. recueillir.
Recommandation, sf. action de
Recommander, v. exhorter.
Recommencer, v. commencer
  de nouveau.
Récompense, sf. prix; salaire.
Récompenser, v. donner une
  récompense.   [nouveau.]
Recomposer, v. composer de]
Réconciliateur, trice, s. a.
Réconciliation, sf. action de
Réconcilier, v. accorder.
Reconduire, v. accompagner.
Réconfort, sm. consolation.
Réconforter, v. fortifier.
Reconnaissance, sf. gratitude.
Reconnaître, v. se rappeler
  l'image.   [nouveau.]
Reconquérir, v. conquérir de]
Reconstitution, sf. substitution
Reconstruction, sf. action de
Reconstruire, v. rebâtir.
Recopier, v. copier de nouveau.

Recoquillement, sm. action de
Recoquiller, v. retrousser.
Recours, sm. aide d'huissier.
Recoudre, v. coudre de nouv.
Recourber, v. courber.
Recourir, v. avoir recours à.
Recours, sm. refuge; pourvoi.
Recouvrer, v. rentrer en pos-
  session; percevoir.
Recouvrir, v. couvrir de nouv.
Récréatif, ive, a. qui récrée.
Récréation, sf. plaisir.
Recréer, v. créer de nouveau.
Récréer, v. divertir, réjouir.
Recrépir, v. crépir de nouveau.
Récrier (se), v. faire un cri.
Récrimination, sf. action de
Récriminer, v. accuser. [plier.]
Recroqueviller (se), v. se re-]
Recru, e, a. las, harassé.
Recrue, sf. levée de soldats.
Recrutement, sm. action de
Recruter, v. faire des recrues.
Recruteur, euse, s. qui recrute.
Recta, ad. ponctuellement.
Rectangle, sm. a. à angle droit.
Rectangulaire, a. à angles
Recteur, sm. chef.   [droits.]
Rectifier, v. redresser.
Rectiligne, a. à lignes droites.
Rectitude, sf. droiture.
Recto, sm. première page
  d'un feuillet.
Reçu, sm. quittance.
Recueil, sm. amas.
Recueillement, sm. action de
Recueillir, v. rassembler.
Recuire, v. cuire de nouveau.
Recuite, sf. action de recuire.
Recul, sm. mouvem. en arrière.
Reculer, v. pousser ou tirer en
  arrière.
Reculons (à), ad. en arrière.
Récupérer, v. recouvrer.
Récuser, v. rejeter.
Rédacteur, trice, s. qui rédige.
Rédaction, sf. act. de rédiger.
Reddition, sf. act. de rendre.
Rédempteur, sm. qui rachette.
Rédemption, sf. rachat.
Redevance, sf. dette annuelle.
Redevenir, v. recommencer.
Redevoir, v. être en reste.
Rédiger, v. mettre par écrit.
Rédimer (se), v. se délivrer.
Redingote, sf. vêtement.
Redire, v. dire de nouveau.
Redite, sf. répétition.
Redondance, sf. superfluité.
Redonder, v. être superflu.
Redoubler, v. réitérer.
Redouter, v. craindre.
Redresser, v. rendre droit.
Réductif, ive, a. qui réduit.

Réduction, sf. act. de réduire.
Réduire, v. contraindre
Réel, elle, a. qui est en effet.
Réellement, ad. véritablement.
Refaire, v. faire encore.
Réfection, sf. repas; réparation.
Réfectoire, sm. salle à manger.
Refend, sm. action de fendre.
Refendre, v. fendre en long.
Référendaire, sm. rapporteur.
Référer, v. rapporter.
Refermer, v. fermer de nouv.
Refin, sm. laine très-fine.
Réfléchir, v. renvoyer; penser.
Reflet, sm. action de
Refléter, v. renvoyer la lumière.
Reflexion, sf. rejaillissement.
Refluer, v. retourner vers.
Reflux, sm. mouvement de la
  mer qui se retire.
Refondre, v. fondre de nouv.
Refonte, sf. act. de refondre.
Réforme, sf. rétablissement.
Reformer, v. corriger.
Refouler, v. fouler de nouveau.
Réfractaire, s. a. rebelle.
Refrain, sm. vers qu'on répète.
Refrogner (se) ou se Renfro-
  gner, v. rider le front.
Refroidir, v. rendre froid.
Refroidissement, sm. diminu-
  tion de chaleur.
Refuge, sm. asyle; excuse.
Réfugier (se), v. se retirer.
Refus, sm. action de refuser
Refuser, v. ne pas accorder.
Réfutation, sf. discours pour
Réfuter, v. combattre.
Regagner, v. gagner de nouv.
Régal, sm. festin, repas.
Régaler, v. donner un régal.
Regard, sm. action de regarder.
Regarder, v. jeter la vue sur...
Régence, sf. gouvernement
  pendant la minorité du roi.
Régénérer, v. faire renaitre.
Régent, e, s. qui régit.
Régenter, v. enseigner.
Régicide, s. a. qui tue un roi.
Régie, sf. administration.
Regimber, v. ruer; résister.
Régime, sm. règle.
Régiment, sm. troupe.
Région, sf. étendue; pays.
Régir, v. gouverner; gérer.
Registre, sm. livre.
Règle, sf. instrument.
Règlement, sm. statut.
Réglément, ad. avec règle.
Régler, v. fixer; décider.
Réglisse, sf. plante.
Régne, sm. gouvernement.
Régner, v. régir, gouverner.
Régnicole, s. a. indigène.

Regorger, v. déborder.
Regret, sm. repentir.
Regretter, v. avoir du regret.
Régulariser, v. rendre régulier.
Régularité, sf. état régulier.
Régulier, ière, a. conforme aux règles ; exact.
Réhabiliter, v. rétablir dans l'état dont on était déchu.
Rehausser, v. relever.
Réimprimer, v. imprimer de [nouv.]
Rein, sm. rognon.
Reine, sf. femme de roi.
Réinstaller, v. installer de nou-[veau.]
Réintégrer, v. remettre. [veau.]
Réitérer, v. faire de nouveau.
Rejaillir, v. jaillir. [rejaillir.]
Rejaillissement, sm. act. de
Rejet, sm. action de rejeter.
Rejeter, v. repousser.
Rejeton, sm. jet; descendant.
Rejoindre, v. réunir.
Réjouir, v. donner de la joie.
Réjouissance, sf. amusement.
Relâche, sf. interruption.
Relâcher, v. détendre; céder; s'arrêter : mar.
Relais, sm. station de poste.
Relaps, e, s. a. apostat.
Rélargir, v. élargir de nouveau.
Relater, v. raconter.
Relatif, ive, a. qui a rapport.
Relation, sf. rapport.
Relativement, ad. par rapport.
Relâcher, v. lâcher de nouveau.
Relaxation, sf. act. de relâcher.
Relaxer, v. remettre en liberté.
Relayer, v. changer de chev.
Reléguer, v. exiler.
Relever, v. lever de terre.
Relier, v. coudre et recouvrir un livre; cercler.
Relieur, euse, s. qui relie.
Religieusement, ad.
Religieux, se, a. de la
Religion, sf. culte; piété.
Reliquaire, sm. boite de reli-[ques.]
Reliquat, sm. reste. [ques.]
Relique, sf. ce qui reste.
Reluire, v. briller.
Remanier, v. manier de nouv.
Remarque, sf. observation.
Remarquer, v. observer.
Rembourrer, v. garn. de bourre.
Rembourser, v. rendre.
Rembrunir, v. rendre brun.
Remède, sm. ce qui guérit.
Remédier, v. apporter remède.
Remémoratif, ive, a. qui fait ressouvenir. [venir.]
Remémorer, v. faire ressou-[venir.]
Remerciement, sm. act. de
Remercier, v rendre grâce.
Remettre, v. rétablir.

Remise, sf. act. de remettre.
Rémission, sf. pardon.
Remmener, v. emmener.
Remonte, sf. chevaux.
Remonter, v. monter de nouv.
Remontrance, sf. avis.
Remontrer, v. représenter.
Remords, sm. repentir.
Rémouleur, sm. qui émoud
Rempailler, v. regarnir de paille. [paille.]
Rempailleur, euse, s. qui rem-[paille.]
Rempart, sm. levée de terre.
Remplacer, v. tenir lieu.
Remplir, v. rendre plein.
Remplissage, sm. act. de rem-[plir.]
Remporter, v. obtenir. [plir.]
Remuer, v. mouvoir.
Rémunérateur, trice, s. qui récompense.
Renaître, v. naître de nouveau.
Renard, sm. bête rusée.
Renchérir, v. rendre cher.
Rencontre, sf. jonction.
Rencontrer, v. trouver.
Rendez-vous, sm. entrevue.
Rendre, v. restituer.
Rêne, sf. courroie.
Renégat, e, s. apostat.
Renfermer, v. enfermer.
Renflement, sm. action de
Renfler, v. enfler; grossir.
Renfoncement, sm. cavité.
Renfoncer, v. repousser.
Renforcer, v. rendre plus fort.
Renfort, sm. secours.
Rengorger (se), v. faire l'important.
Renier, v. désavouer.
Renieur, euse, s. qui renie.
Renifler, v. retirer l'humeur des narines.
Renom, sm. réputation.
Renommée, sf. célébrité.
Renommer, v. nommer de nouveau; donner du renom.
Renoncer, v. renier.
Renonciation, sf. abandon.
Renoncule, sf. plante.
Renouer, v. renouveler.
Renouveler, v. faire de nouv.
Renouvellement, sm.
Rénovateur, trice, s. qui renouvelle.
Renseignement, sm. indice.
Rente, sf. revenu annuel.
Renter, v. assigner des rentes.
Rentier, ière, s. qui a des rentes.
Rentrée, sf. action de rentrer.
Rentrer, v. revenir.
Renverse (à la), ad. sur le dos.
Renversement, sm. action de
Renverser, v jeter par terre.
Renvoi, sm. act. de renvoyer.

Renvoyer, v. donner congé.
Réorganiser, v. rétablir.
Repaire, sm. retraite des bêtes féroces ou des brigands.
Repaître, v. manger.
Répandre, v. verser. [veau.]
Reparaître, v. paraître de nou-[veau.]
Réparateur, trice, s. a. qui répa-[re.]
Réparation, sf. act. de [re.]
Réparer, v. rétablir.
Repartie, sf. réplique; réponse.
Repartir, v. répliquer.
Répartir, v. partager.
Répartition, sf. partage.
Repas, sm. nourriture; festin.
Repassage, sm. action de
Repasser, v. aiguiser.
Repêcher, v. retirer de l'eau.
Repentance, sf. repentir.
Repentir, sm. regret.
Repentir (se), v. avoir regret.
Répercussion, sf. renvoi.
Répercuter, v. réfléchir.
Répertoire, sm. recueil; liste.
Répétailler, v. répéter trop.
Répéter, v. redire; réclamer.
Répétiteur, sm. qui fait répéter.
Répétition, sf. redite.
Repeupler, v. peupler de nouv.
Répit, sm. relâche, délai.
Replacer, v. remettre en place.
Replanter, v. planter de nouv.
Replet, ète, a. gros, gras.
Réplétion, sf. excès d'embon-[point.]
Repli, sm. pli doublé. [point.]
Replier, v. plier, courber.
Réplique, sf. réponse.
Répliquer, v. répondre.
Répondre, v. repartir.
Répons, sm. espèce d'antienne.
Réponse, sf. ce qu'on répond.
Report, sm. action de
Reporter, v. transporter.
Repos, sm. calme.
Reposer, v. cesser d'agir.
Reposoir, sm. autel.
Repousser, v. rejeter.
Repoussoir, sm. outil.
Répréhensible, a. qui mérite
Répréhension, sf. blâme.
Reprendre, v. réprimander.
Représaille, sf. vengeance.
Représentation, sf. action de
Représenter, v. présenter.
Répressif, ive, a. qui réprime.
Répression, sf. act. de réprimer.
Réprimande, sf. répréhension.
Réprimander, v. reprocher.
Réprimer, v. contenir.
Reprise, sf. continuation.
Réprobation, sf. blâme.
Reproche, sm. blâme. [ches.]
Reprocher, v. faire des repro-[ches.]
Reproduire, v. produire.

Réprouver, v. condamner.
Reptile, s. a. animal rampant.
Républicain, e, s. a. de la
République, sf. état où l'on
 n'est soumis qu'aux lois.
Répudier, v. divorcer.
Répugnance, sf. aversion.
Répugner, v. être opposé.
Répulsif, ive, a. qui repousse.
Répulsion, sf. act. de repousser.
Réputation, sf. renommée.
Réputer, v. regarder comme.
Requérir, v. prier; sommer.
Requête, sf. demande, prière.
Requiem, sm. (kui-ème) prière.
Requin, sm. poisson de mer.
Requinquer (se), v. se parer.
Requis, e, a. nécessaire.
Réquisition, sf. demande.
Rescif, sm. chaîne de rochers.
Rescription, sf. mandement.
Rescrit, sm. lettre.
Réseau, sm. petit rets.
Réserve, sf. description; ex-
 ception.
Réserver, v. retenir.
Réservoir, sm. bassin.
Résidence, sf. demeure.
Résider, v. faire sa demeure.
Résidu, sm. restant.
Résigner, v. se démettre.
Résiliation, sf. act. de
Résilier, v. annuler un acte.
Résine, sf. matière qui coule
 de certains arbres.
Resineux, se, a. de résine.
Résipiscence, sf. repentir.
Résistance, sf. action de
Résister, v. ne pas céder.
Résolu, e, a. s. décidé.
Résoluement, ad. avec [sein.]
Résolution, sf. décision; des-
Résolvant, e, a. qui résout.
Résonnement, sm. action de
Résonner, v. retentir.
Résoudre, v. décider; annuler.
Respect, sm. vénération.
Respectable, a. à respecter.
Respecter, v. honorer.
Respectif, ive, a. réciproque.
Respectueux, se, a. soumis.
Respiration, sf. action de
Respirer, v. attirer l'air; vivre.
Resplendir, v. briller.
Responsabilité, sf. garantie.
Responsable, a. qui est garant.
Ressasser, v. examiner.
Ressaut, sm. saillie de corniche.
Ressemblance, sf. conformité.
Ressembler, v. être semblable.
Ressentiment, sm. souvenir.
Ressentir, v. sentir vivement.
Resserrement, sm. action de
Resserrer, v. serrer davantage.
Ressort, sm. élasticité.

Ressortir, v. dépendre de...
Ressource, sf. expédient.
Ressouvenir, sm. mémoire.
Ressouvenir (se), v. se souven.
Ressuer, v. rendre l'humidité.
Ressusciter, v. faire revivre.
Restaurant, sm. ce qui restaure.
Restaurateur, trice, s. qui res-
 taure; traiteur.   [ment.]
Restauration, sf. rétablisse-
Restaurer, v. réparer.
Reste, sm. ce qui demeure.
Rester, v. être de reste.
Restituer, v. rendre; rétablir.
Restitution, sf. act. de restituer.
Restreindre, v. resserrer.
Restriction, sf. ce qui restreint.
Résultat, sm. ce qui résulte.
Résulter, v. s'ensuivre.
Résumer, v. réduire.   [vie.]
Résurrection, sf. retour à la
Rétablir, v. remettre en état.
Rétablissement, sm.
Retard, sm. délai.
Retardataire, s. a. en retard.
Retardement, sm. délai; remise.
Retarder, v. différer.
Retenir, v. arrêter.
Rétention, sf. réserve.
Retentir, v. rendre un son.
Retentissement, sm. son.
Retenue, sf. modération.
Réticence, sf. omission.
Rétif, ive, a. s. qui résiste.
Rétine, sf. membrane de l'œil.
Retiration, sf. t. d'impr.
Retirer, v. tirer de nouveau.
Retomber, v. tomber de nouv.
Rétorquer, v. tourner contre.
Retors, e, s. tordu; rusé.
Rétorsion, sf. act. de rétorquer.
Rtoucher, v. corriger.
Retour, sm. action de
Retourner, v. aller de nouveau.
Retracer, v. tracer de nouveau.
Rétractation, sf. action de se
Rétracter, v. se dédire.
Retrait, sm. action de retirer.
Retraite, sf. act. de se retirer.
Retrancher, v. supprimer.
Rétrécir, v. rendre étroit.
Rétrécissement, sm.
Rétribution, sf. salaire.
Rétroactif, ive, a. qui agit sur
 le passé.
Rétroaction, sf. effet rétroactif.
Rétrograde, a. qui va en arrière
Rétrograder, v. retourner.
Retrousser, v. trousser.
Retrouver, v. trouver de nouv.
Rets, sm. filet.
Réunion, sf. action de réunir.
Réunir, v. rassembler.
Réussir, v. avoir du succès.

Réussite, sf. bon succès.
Revanche, sf. action de se
Revancher, v. rendre la pa-
Rêvasser, v. rêver.   [reille.]
Rêve, sm. songe; chimère.
Revêche, a. âpre; rude.
Réveil, sm. cessation de somm.
Réveiller, v. tirer du sommeil.
Réveillon, sm. petit repas.
Révélation, sf. act. de révéler.
Révéler, v. faire savoir.
Revenant, sm. esprit.
Revendiquer, v. réclamer.
Revenir, v. venir de nouveau.
Revenu, sm. rente.
Rêver, v. faire quelque rêve.
Réverbération, sf. réflexion.
Réverbère, sm. lanterne
Réverbérer, v. réfléchir.
Reverdir, v. repeindre en vert
Révéremment, ad. avec
Révérence, sf. respect.
Révérer, v. honorer.
Rêverie, sf. pensée vague.
Revers, sm. coup; côté d'une
 médaille opposé à la tête.
Revêtement, sm. action de
Revêtir, v. habiller.
Rêveur, euse, a. s. qui rêve.
Réviser, v. examiner.
Révision, sf. nouvel examen.
Revivre, v. retourner à la vie.
Révocable, a. sujet à [quer.]
Révocation, sf. act. de révo-
Revoir, v. voir; corriger.
Révolte, sf. rébellion.
Révolter, v. porter à la révolte.
Révolu, e, a. achevé.
Révolution, sf. changement.
Révolutionnaire, a. s.
Révolutionner, v. troubler.
Révoquer, v. rappeler. [tion.]
Revue, sf. recherche; inspec-
Rez, prép. tout contre.
Rhéteur, sm. professeur.
Rhétoricien, sm. qui sait la
Rhétorique, sf. art de bien dire.
Rhubarbe, sf. plante.
Rhum, sm. (rome) liqueur.
Rhumatismal, e, a. du
Rhumatisme, sm. douleur
Rhume, sm. fluxion.
Rhythme, sm. cadence, mesure.
Riant, e, a. gai.
Ribambelle, sf. longue suite.
Ribotte, sf. action de boire.
Ricaner, v. rire à demi.
Ricaneur, euse, s. a. qui ricane
Ric-à-ric, ad. avec rigueur.
Richard, e, s. personne riche.
Riche, s. a. qui a du bien.
Richement, ad. avec richesse.
Richesse, sf. abondance; luxe.
Richissime, a. fort riche.

Ricochet, *sm.* bond.
Ride, *sf.* pli sur la peau, etc.
Rideau, *sm.* étoffe pour cacher.
Ridelle, *sf.* côté d'une charrette
Rider, *v.* faire des rides.
Ridicule, *a. s.* digne de risée.
Ridiculement, *ad.*
Ridiculiser, *v.* rendre ridicule.
Rien, *sm.* nulle chose.
Rieur, euse, *s. a.* qui rit.
Rigide, *a.* sévère ; exact.
Rigidement, *ad.* avec   [gide.]
Rigidité, *sf.* manière d'agir ri-]
Rigole, *sf.* petite tranchée.
Rigorisme, *sm.* sévérité.
Rigoriste, *s. a.* trop rigide.
Rigoureusement, *ad.*
Rigoureux, se, *a.* sévère.
Rigueur, *sf.* sévérité ; austérité.
Rime, *sf.* uniformité de son.
Rimer, *v.* se terminer par le
    même son.
Rincer, *v.* nettoyer en lavant.
Rincure, *sf.* lavure.
Rioter, *v.* rire à demi.
Ripaille, *sf.* grande chère.
Ripopée, *sf.* mélange.
Riposter, *v.* repartir vivement
Rire, *v.* se réjouir ; railler.
Rire ou Ris, *sm.* act. de rire.
Risée, *sf.* grand éclat de rire.
Risible, *a.* propre à faire rire.
Risquable, *a.* périlleux.
Risque, *sm.* péril, hasard.
Risquer, *v.* hasarder.
Rit ou Rite, *sm.* cérémonial.
Ritournelle, *sf.* répétition.
Rituel, *sm.* livre des rites.
Rivage, *sm.* bords de la mer.
Rival, e, *s. a.* concurrent.
Rivaliser, *v.* être le rival.
Rivalité, *sf.* concurrence.
Rive, *sf.* bord d'une rivière.
River, *v.* rabattre la pointe.
Riverain, *sm.* voisin.
Rivet, *sm.* clou rivé.
Rivière, *sf.* eaux courantes.
Rixe, *sf.* querelle ; débat.
Riz, *sm.* plante ; son fruit.
Robe, *sf.* vêtement long.
Robinet, *sm.* pièce d'un tuyau.
Robuste, *a.* vigoureux, fort.
Robustement, *ad.*
Roc, *sm.* masse de pierre dure.
Rocaille, *sf.* cailloux.
Rocailleux, se, *a.* raboteux.
Roche, *sf.* roc isolé.
Rochet, *sm.* surplis d'évêque
Rôder, *v.* courir, errer çà et là.
Rôdeur, euse, *s.* qui rôde.
Rodomont, *sm.* faux brave.
Rodomontade, *sf.* fanfaronnade
Rogations, *sf. pl.* prières.
Rogne, *sf.* gale invétérée.

Rogner, *v.* ôter ; retrancher.
Rogneux, se, *a.* qui a la rogne.
Rognure, *sf.* ce qu'on a rogné.
Rogue, *a.* fier, arrogant.
Roi, *sm.* prince souverain.
Roide, *a.* fort tendu.
Roideur, *sf.* qualité roide.
Roidir, *v.* rendre roide.
Roitelet, *sm.* oiseau très-petit.
Rôle, *sm.* feuillet écrit.
Roman, *sm.* récit d'aventures
Romance, *sf.* chanson.
Romancier, ière, *s.* auteur.
Romanesque, *sm. a.* du roman.
Romantique, *a.* de roman.
Rompre, *v.* briser.
Rond, e, *a.* circulaire ; franc.
Ronde, *sf.* visite militaire,
Rondelet, te, *a.* un peu gras.
Rondelle, *sf.* virole ; élseau.
Rondement, *ad.* sans façon.
Rondeur, *sf.* forme ronde.
Rondin, *sm.* bois rond ; bâton.
Ronfler, *v.* résonner.
Ronfleur, euse, *s.* qui ronfle.
Ronger, *v.* couper av. les dents.
Rongeur, euse, *a.* qui ronge.
Rosace, *sf.* ornement d'arch.
Rosaire, *sm.* chapelet.
Rose, *sf.* fleur odoriférante.
Rosé, e, *a.* de couleur rouge.
Roseau, *sm.* plante aquatique.
Rosée, *sf.* pluie fine.
Rosette, *sf.* ruban noué.
Rosier, *sm.* arbrisseau.
Rosse, *sf.* mauvais cheval.
Rosser, *v.* battre violemment.
Rossignol, *sm.* petit oiseau.
Rot, *sm.* vent de l'estomac.
Rôt, *sm.* viande rôtie.
Rotation, *sf.* mouvem. en rond.
Roter, *v.* faire des rots.
Rôtie, *sf.* pain grillé.
Rotin, *sm.* roseau des Indes.
Rôtir, *v.* faire cuire.
Rôtisseur, euse, *s.* qui rôtit.
Rotonde, *sf.* bâtiment rond.
Rotondité, *sf.* rondeur.
Rotule, *sf.* petit os du genou.
Roture, *sf.* état roturier.
Roturier, ière, *s. a.* non noble.
Rouage, *sm.* roues.
Roucoulement, *sm.* action de
Roucouler, *v.* se dit du pigeon.
Roue, *sf.* machine qui tourne.
Roué, e, *a. s.* débauché.
Rouelle, *sf.* tranche en rond.
Rouennerie, *sf.* étoffes.
Rouer, *v.* battre ; fatiguer.
Rouet, *sm.* machine pour filer.
Rouge, *a.* couleur du sang
Rougeâtre, *a.* presque rouge.
Rougeaud, e, *s. a.* qui a les
    joues rouges.

Rougeole, *sf.* maladie.
Rougeur, *sf.* couleur rouge.
Rougir, *v.* couleur rouge
Rouille, *sf.* oxyde, crasse.
Rouiller, *v.* couvrir de rouille.
Roulade, *sf.* action de rouler.
Roulage, *sm.* transport.
Rouleau, *sm.* paquet roulé.
Roulement, *sm.* roulade.
Rouler, *v.* faire avancer en
    tournant ; plier.
Roulette, *sf.* petite roue.
Roulier, *sm.* charretier.
Roulis, *sm.* agitation du navire.
Roupie, *sf.* goutte au nez.
Roupiller, *v.* sommeiller.
Roussâtre, *a.* presque roux.
Rousseur, *sf.* ce qui est roux.
Roussir, *v.* rendre roux.
Route, *sf.* chemin.   [menté.]
Routier, *sm.* homme expéri-]
Routine, *sf.* habitude.
Routiner, *v.* faire par routine.
Routinier, ière, *s.*   [veau.]
Rouvrir, *v.* ouvrir de nou-]
Roux, ousse, *a.* de couleur en-
    tre le jaune et le rouge.
Royal, e, *a.* de roi.
Royalement, *ad.* en roi.
Royalisme, *sm.* parti du roi.
Royaliste, *s. a.* partisan d'un roi
Royaume, *sm.* empire.
Royauté, *sf.* dignité d'un roi.
Ruade, *sf.* action de ruer.
Ruban, *sm.* tissu de soie.
Rubanerie, *sf.* commerce de
Rubanier, ière, *s.* md de rubans.
Rubis, *sm.* pierre précieuse.
Rubrique, *sf.* craie ; *fig.* ruse.
Ruche, *sf.* panier d'abeilles.
Rude, *a.* âpre ; difficile.
Rudement, *ad.* avec
Rudesse, *sf.* qualité rude.
Rudiment, *sm.* principes.
Rudoyer, *v.* traiter rudement.
Rue, *sf.* chemin, ville.
Ruelle, *sf.* petite rue. [rière.]
Ruer, *v.* jeter les pieds de der-]
Rugir, *v.* se dit du cri du lion.
Rugissement, *sm.* cri du lion.
Ruine, *sf.* destruction, débris.
Ruiner, *v.* détruire.
Ruineux, se, *a.* qui ruine.
Ruisseau, *sm.* courant d'eau.
Ruisseler, *v.* couler en ruisseau.
Rumeur, *sf.* bruit confus.
Ruminer, *v.* remâcher.
Rupture, *sf.* action de rompre.
Ruse, *sf.* artifice.
Rusé, e, *a. s.* fin, adroit.
Rusticité, *sf.* grossièreté.
Rustique, *a.* champêtre ; rude.
Rustre, *a. s.* très-grossier.
Rut, *sm.* amour.

S, *sm.* (ce) dix-neuvième lettre.
Sa, *a. poss. fém.*
Sabbat, *sm.* tumulte.
Sabine, *sf.* genévrier.
Sable, *sm.* terre légère; gravier.
Sabler, *v.* couvrir de sable.
Sableux, se, *a.* mêlé de sable.
Sablier, *sm.* horloge à sable.
Sablière, *sf.* charpente.
Sablon, *sm.* sable fin.
Sablonner, *v.* écurer avec du
Sablonneux, se, *a.* [sablon]
Sabord, *sm.* embrasure.
Sabot, *sm.* chaussure de bois.
Saboter, *v.* jouer au sabot.
Sabotier, *sm.* qui fait des sabots
Sabouler, *v.* houspiller.
Sabre, *sm.* arme tranchante.
Sabrer, *v.* frapper d'un sabre.
Sac, *sm.* sorte de poche.
Saccager, *sm.* bouleversement.
Saccagement, *sm.* pillage.
Saccager, *v.* piller.

Sacerdoce, *sm.* prêtrise.
Sacerdotal, e, *a.* du sacerdoce.
Sachée, *sf.* plein un sac.
Sachet, *sm.* petit sac.
Sacoche, *sf.* deux petits sacs.
Sacre, *sm.* action de sacrer.
Sacré, e, *a.* saint.
Sacrement, *sm.* signe d'une
   chose sacrée.
Sacrer, *v.* oindre.   [crifie.]
Sacrificateur, trice, *s.* qui sa-
Sacrifice, *sm.* offrande.
Sacrifier, *v.* offrir en sacrifice.
Sacrilège, *sm.* profanation.
Sacrilègement, *ad.* [cristie.]
Sacristain, *sm.* garde de sa-
Sacristie, *sf.* lieu pour les or-
   nements d'église.
Safran, *sm.* plante; couleur.
Safraner, *v.* jaunir.   prit.]
Sagacité, *sf.* pénétration d'es-
Sage, *a.* prudent; chaste.
Sage-femme, *sf.* qui accouche

Sagement, *ad.* avec sagesse.
Sagesse, *sf.* prudence.
Sagouin, *sm.* petit singe.
Saignée, *sf.* action de saigner.
Saignement, *sm.* perte de sang.
Saigner, *v.* tirer du sang.
Saigneur, *sm.* médecin qui or-
   donne souvent la saignée.
Saillie, *sf.* sortie; avance.
Saillir, *v.* sortir; s'avancer.
Sain, e, *a.* qui est en bon état.
Saindoux, *sm.* graisse de porc.
Sainement, *ad.*
Sainfoin, *sm.* plante.
Saint, e, *a. s.* consacré à Dieu.
Saintement, *ad.*
Sainteté, *sf.* qualité sainte.
Saisie, *sf.* arrêt sur les biens.
Saisir, *v.* prendre.   [sir.]
Saisissable, *a.* qu'on peut sai-
Saisissement, *sm.* impression.
Saison, *sf.* 4ᵉ partie de l'année.
Salade, *sf.* mélange d'herbes.

Saladier , *sm.* plat à salade.
Salaire, *sm.* paiement.
Salaison , *sf.* action de saler.
Salant, *a. m.* (marais) à sel.
Salarier, *v.* donner un salaire.
Sale, *a.* malpropre.
Salement, *ad.*
Saler, *v.* assaisonner de sel.
Saleté, *sf.* qualité sale.
Salière, *sf.* vase pour le sel.
Saligaud,e, *s. a.* personne sale.
Salin, e, *a.* qui contient du sel.
Saline, *sf.* salaison.
Salique, *a.* (loi) qui exclut les femmes du trône.
Salir, *v.* rendre sale.
Salive , *sf.* humeur qui coule dans la bouche.
Saliver, *v.* cracher.
Salle, *sf.* grand salon.
Saloir, *sm.* vase pour saler.
Salon, *sm.* salle ornée.
Salpêtre, *sm.* sel des vieux murs
Salpêtrier, *sm.* qui fait du sal- pêtre.   [fait le salpêtre.]
Salpêtrière , *sf.* lieu où l'on]
Salsifis, *sm.* plante.
Saltimbanque, *sm.* bateleur.
Saluade, *sf.* action de saluer
Salubre, *a.* bon pour la santé.
Salubrité, *sf.* qualité salubre
Saluer, *v.* marquer du respect.
Salure, *sf.* qualité salée.
Salut, *sm.* félicité; act. de sa-]
Salutaire, *a.* utile.   [luer.]
Salutairement , *ad.*
Salutation, *sf.* act. de saluer.
Salve, *sf.* décharge d'artillerie.
Salve, *sm.* (vé)prière à la Vierge
Samedi, *sm.* 7ᵉ jour de la sem.
Samscrit, e, *a. Voy.* Sanscrit
Sanctification, *sf.* action de
Sanctifier, *v.* rendre saint.
Sanction, *sf.* confirmation.
Sanctionner, *v.* confirmer.
Sanctuaire, *sm.* lieu saint.
Sandale, *sf.* chaussure.
Sandaraque, *sf.* résine.
Sang , *sm.* liqueur des veines.
Sang-froid , *sm.* calme.
Sanglant, e, *a.* ensanglanté.
Sangle, *sf.* bande plate et large.
Sangler, *v.* serrer; frapper.
Sanglier, *sm.* porc sauvage.
Sanglot, *sm.* soupir.
Sangloter, *v.* pleurer.
Sangsue, *sf.* animal aquatique.
Sanguin,e,*a.* abondant en sang.
Sanguinaire, *a.* cruel.
Sanguine, *sf.* mine de fer.
Sanhédrin, *sm.* tribunal juif.
Sanitaire, *a.* de la santé.
Sans, *prép.* manquant de.
Sans-cœur, *sm. et f.* lâche.

Sansonnet, *sm.* oiseau; poisson.
Sans-souci, *s.* insouciant.
Santé, *sf.* état sain ; toast.
Saoul. *Voy.* Soûl.
Sapajou, *sm.* petit singe.
Sape, *sf.* action de
Saper, *v.* détruire.
Sapeur, *sm.* soldat.
Saphir, *sm.* pierre précieuse.
Sapience, *sf.* sagesse.
Sapin , *sm.* arbre ; fiacre.
Sarbacane, *sf.* tube.
Sarcasme, *sm.* raillerie amère.
Sarcelle, *sf.* oiseau aquatique.
Sarcler, *v.* arracher l'herbe.
Sarcleur, euse, *s.* qui sarcle.
Sarcloir, *sm.* instr. pour sarcler.
Sarcocèle, *sm.* tumeur.
Sardine, *sf.* poisson de mer.
Sarment, *sm.* rameau de vigne.
Sarrasin , *a. sm.* blé noir.
Sarrau, *sm.* sorte de blouse.
Sas, *sm.* tissu de crin, etc.
Sasser, *v.* passer au sas.
Satan, *sm.* le démon.
Satanique, *a.* diabolique.
Satellite, *sm.* homme armé.
Satiété, *sf.* réplétion.
Satin, *sm.* étoffe de soie.
Satinage, *sm.* action de [tin.]
Satiner, *v.* donner l'éclat du sa-]
Satire, *sf.* critique.
Satirique , *a.* de la satire.
Satisfaction , *sf.* joie.
Satisfactoire, *a.* qui répare.
Satisfaire, *v.* contenter.
Satisfait, e, *a.* content.
Saturer, *v.* rassasier.
Sauce, *sf.* assaisonnement.
Saucer, *v.* tremp. dans la sauce.
Saucière, *sf.* vase à sauce.
Saucisse, *sf.* boyau rempli de viande hachée.
Saucisson, *sm.* grosse saucisse.
Sauf, auve, *a.* sain, hors de]
Sauf, *prép.* excepté.   [péril.]
Sauf-conduit, *sm.* passe-port.
Sauge, *sf.* plante.
Saugrenu, e, *a.* impertinent.
Saule, *sm.* arbre.
Saumon, *sm.* poisson.
Saumure, *sf.* liqueur salée.
Saunerie, *sf.* fabrique de sel.
Saunière, *sf.* coffre pour le sel.
Saupoudrer, *v.* poudrer de sel.
Saur, *a. m.* (hareng) fumé.
Saut, *sm.* action de sauter.
Sautelle, *sf.* sarment.
Sauter, *v.* franchir; s'élancer.
Sauterelle , *sf.* insecte.
Sauteur, euse, *s.* qui saute.
Sautillement, *sm.* action de
Sautiller, *v.* faire de petits sauts
Sauvage, *a.* farouche.

Sauvageon, *sm.* jeune arbre.
Sauvegarde, *sf.* protection.
Sauver, *v.* garantir, épargner
Sauveur, *a. sm.* qui sauve.
Savamment, *ad.*
Savant, e , *s. a.* instruit.
Savate, *sf.* vieux soulier usé.
Saveter, *v.* mal faire l'ouvrage.
Savetier, *sm.* ouvrier.
Saveur, *sf.* goût.   [dition.]
Savoir, *v.* connaître; *sm.* éru-]
Savon, *sm.* pâte pour le
Savonnage, *sm.* action de
Savonner, *v.* nettoyer.
Savonnerie, *sf.* fabr. de savon
Savonnette, *sf.* boule de savon.
Savonneux, se , *a.* de savon.
Savourer, *v.* goûter.   [saveur.]
Savoureux, se, *a.* qui a de la]
Scabreux, se, *a.* dangereux.
Scandale, *sm.* occasion de péché
Scandaleusement, *ad.*
Scandaleux, se, *a.*   [scandale.]
Scandaliser , *v.* donner du]
Scapulaire , *sm.* étoffe bénite.
Scarifier, *v.* faire des incisions.
Sceau ou Scel, *sm.* cachet.
Scélérat, e, *a. s.* pervers.
Scélératesse, *sf.* act. de scélérat.
Scellé, *sm.* sceau apposé.
Scellement, *sm.* action de
Sceller, *v.* appliquer le sceau.
Scène, *sf.* théâtre; querelle.
Sceptre , *sm.* marque de la royauté.   [litaire.]
Schako , *sm.* chapeau de mi-]
Schismatique, *a. s.* hérétique.
Schisme, *sm.* scission.
Scholaire, *a.* (ceko) d'école.
Scholastique, *a.* (ceko) d'école.
Scholie, *sf.* (ceko) note.
Sciage, *sm.* action de scier.
Sciatique, *sf.* maladie.
Scie, *sf.* lame de fer dentelé
Sciemment, *ad.* avec
Science, *sf.* connaissance.
Scientifique, *a.* des sciences.
Scientifiquement, *ad.*
Scier, *v.* couper avec une scie.
Scieur, euse, *s.* qui scie.
Scille ou Squille, *sf.* plante
Scintillation, *sf.* étincellement.
Scintiller, *v.* étinceler.
Scission, *sf.* division.
Scissionnaire, *s. a.*
Sciure, *sf.* ce qui tombe du bois quand on le scie.
Scombre, *sm.* poisson de mer.
Scorbut, *sm.* maladie.
Scorbutique , *s. a.*
Scorie, *sf.* ordure des métaux.
Scorification, *sf.* action de
Scorifier, *v.* réduire en scories.
Scribe, *sm.* docteur juif; copiste.

Seller, v. mettre la selle.
Sellier, sm. qui fait des selles.
Selon, prép. suivant.
Semaille, sf. grain ...
Semaine, sf. suite de sept jours.
Semainier, ière, s. de semaine.
Semblable, a. pareil.
Semblablement, ad.
Semblant, sm. apparence.
Sembler, v. paraître.
Semé, e, a. rempli, jonché.
Semelle, sf. dessous de soulier.
Semence, sf. ce que l'on sème.
Semer, v. répandre.
Semestre, sm. a. de six mois.
Semeur, euse, s. qui sème.
Sémillant, e, a. remuant.
Séminaire, sm. collège ecclé-
    siastique,   [minaire.]
Séminariste, sm. élève de sé-
Semis, sm. où l'on sème.
Semonce, sf. réprimande.
Semoncer, v. réprimander.
Semoule, sf. sorte de pâte.
Sénat, sm. assemblée; tribunal.
Sénateur, sm. memb. d'un sénat
Sénatorial, e, a. de sénateur.
Séné, sm. plante purgative.
Sénevé, sm. moutarde.
Sens, sm. faculté, opinion.
Sensation, sf. impression.
Sensé, e, a. judicieux.
Sensément, ad. sagement.
Sensibilité, sf. qualité par la-
    quelle on est sensible.
Sensible, a. tendre; bon.
Sensiblement, ad.
Sensitif, ive, a. qui peut sentir.
Sensualité, sf. plaisir des sens.
Sensuel, le, a. s. voluptueux.
Sensuellement, ad.
Sentence, sf. maxime; arrêt.
Sentencieusement, ad.
Sentencieux, se, a. s.
Senteur, sf. parfum.
Sentier, sm. chemin étroit.
Sentiment, sm. pensée.
Sentimental, e, a. de sentiment.
Sentine, sf. égout.
Sentinelle, sf. soldat.
Sentir, v. éprouver; flairer.
Séparable, a. qui peut être
    séparé.   [parer.]
Séparation, sf. action de sé-
Séparément, ad. à part.
Séparer, v. désunir.
Sept, a. num. 4 et 3.
Septante, a. num. 70.
Septembre, sm. 9e mois.
Septénaire, a. de sept ans.

Septennal, e, a. de sept ans.
Septentrion, sm. nord.
Septentrional, e, a. du nord.
Septième, a. s. de sept.
Septièmement, ad.
Septuagénaire, a. s. de 70 ans.
Septuple, sm. a. 7 fois autant.
Septupler, v. répéter sept fois.
Sépulcral, e, a. du sépulcre.
Sépulcre, sm. tombeau.
Sépulture, sf. où l'on enterre.
Séquelle, sf. parti: fam.
Séquestration, sf.
Séquestre, sm. saisie. [fir.]
Séquestrer, v. enfermer; sai-]
Sequin, sm. monnaie d'or.
Sérail, sm. palais turc; harem.
Séraphin, sm. esprit céleste.
Séraphique, a. des séraphins.
Serein, e, a. clair, calme.
Sérénade, sf. concert.
Sérénité, sf. état, serein.
Serf, erve, s. a. non libre.
Serge, sf. étoffe croisée.
Sergent, sm. sous-officier.
Sergenter, v. presser.
Série, sf. suite; division.
Sérieusement, ad.
Sérieux, se, a. non gai; grave.
Serin, e, s. petit oiseau.
Serinette, sf. très-petit orgue.
Seringue, sf. petite pompe.
Serment, sm. affirmation.
Sermon, sm. discours.
Sermonner, v. prêcher.
Sérosité, sf. portion aqueuse
    du sang et du lait.
Serpe, sf. outil pour couper.
Serpent, sm. reptile; instrum.
Serpenter, v. tournoyer.
Serpette, sf. petite serpe.
Serpolet, sm. petite plante.
Serre, sf. lieu couvert; pied
    des oiseaux.
Serrement, sm. act. de serrer.
Serrément, ad. d'une man.]
Serrer, v. étreindre. [serrée.]
Serre-tête, sm. coiffure de nuit.
Serrure, sf. machine à clef.
Serrurerie, sf. travail du
Serrurier, ière, s. qui fait des
    serrures.
Sertir, v. enchâsser.
Sertissure, sf. man. de sertir.
Servante, sf. domestique.
Serviable, a. officieux.
Service, sm. bon office.
Serviette, sf. linge de table.
Servile, a. d'esclave; bas.
Servilement, ad.   [tude.]
Servilité, sf. esprit de servi-]
Servir, v. être utile.
Serviteur, sm. domestique.
Servitude, sf. esclavage.

Session, *sf.* durée d'une as-
Setier, *sm.* mesure. [semblée.]
Séton, *sm.* cordon qu'on passe
  à travers les chairs.
Seuil, *sm.* bas d'une porte.
Seul, e, *a. s.* sans compagnie.
Seulement, *adv.* rien de plus.
Sève, *sf.* humeur des végétaux.
Sévère, *a.* rigide ; austère.
Sévèrement, *ad.* avec sévérité.
Sévérité, *sf.* rigidité.
Sévir, *v.* agir avec rigueur.
Sevrage, *sm.* action de sevrer.
Sevrer, *v.* ôter l'usage du lait.
Sexagénaire, *a.s.* qui a 60 ans.
Sexe, *sm.* différence du mâle
  et de la femelle.
Sextuple, *sm.a.* six fois autant.
Sextupler, *v.* répéter 6 fois.
Sexuel, le, *a.* du sexe.
Si, *conj. cond.* en cas que.
Si, *sm.* note de musique.
Siamoise, *sf.* étoffe de coton.
Sibylle, *sf.* prophétesse.
Sicaire, *sm.* assassin gagé.
Sidéral, e, *a.* des astres.
Siècle, *sm.* espace de cent ans.
Siège, *sm.* meuble pour s'as-
  seoir ; action d'assiéger.
Siéger, *v.* tenir quelque siège.
Sien, ienne, *a. poss.* et *relat.*
Sieur, *sm.* dimin. de Monsieur.
Sifflement, *sm.* bruit en sifflant.
Siffler, *v.* former un son aigu.
Sifflet, *sm.* instr. pour siffler.
Signal, *sm.* signe pour avertir.
Signalé, e, *a.* remarquable.
Signalement, *sm.* description.
Signaler, *v.* donner avis.
Signataire, *sm.* qui signe.
Signature, *sf.* seing et paraphe.
Signe, *sm.* indice ; marque.
Signer, *v.* mettre sa signature.
Signet, *sm.* petit ruban.
Signifiant, e, *a.* qui signifie.
Significatif, ive, *a.* [fication.]
Signification, *sf.* sens ; noti-
Signifier, *v.* être signe de.
Silence, *sm.* act. de se taire.
Silencieux, se, *a.* taciturne.
Silice, *sf.* terre à verre.
Sillage, *sm.* trace du vaisseau.
Sillon, *sm.* trace du soc de la
  charrue.
Sillonner, *v.* faire des sillons.
Silphe, phide, *s.* génie de l'air.
Simagrée, *sf.* faux semblant.
Simarre, *sf.* robe longue.
Similaire, *a.* homogène.
Similitude, *sf.* ressemblance.
Simonie, *sf.* trafic illicite des
  grâces de l'église.
Simple, *a.* non composé.
Simplement, *ad.* seulement.

Simplicité, *sf.* qualité sim-
  ple ; ingénuité.
Simplification, *sf.* action de
Simplifier, *v.* rendre simple.
Simulacre, *sm.* idole, spectre.
Simulation, *sf.* déguisement.
Simuler, *v.* feindre. [stant.]
Simultané, e, *a.* au même in-
Simultanéité, *sf.* [temps.]
Simultanément, *ad.* en même
Sincère, *a.* franc.
Sincèrement, *ad.* avec [deur.]
Sincérité, *sf.* franchise, can-
Singe, *sm.* animal.
Singer, *v.* contrefaire ; imiter.
Singerie, *sf.* tours de singe.
Singulariser, *v.* rendre singu-
  lier. [singulier.]
Singularité, *sf.* ce qui rend
Singulier, ière, *a.* unique, rare.
Singulièrement, *ad.*
Sinistre, *a.* pernicieux.
Sinistrement, *ad.*
Sinon, *conj.* autrement.
Siphon, *sm.* tuyau recourbé.
Sire, *sm.* seigneur.
Sirène, *sf.* monstre fabuleux.
Sirop, *sm.* liqueur sucrée.
Siroter, *v.* boire à petits coups.
Sirupeux, se, *a.* de la nature
Sis, e, *a.* situé. [du sirop.]
Site, *sm.* situation, aspect.
Sitôt que, *conj.* dès que.
Situation, *sf.* position ; état.
Situer, *va.* poser, placer.
Six, *a. num.* deux fois trois.
Sixième, *a. s.* (zième) de six.
Sixièmement, *ad.* en 6e lieu.
Sobre, *a.* modéré.
Sobrement, *ad.* avec sobriété.
Sobriété, *sf.* tempérance.
Sobriquet, *sm.* surnom burles-
Soc, *sm.* fer de charrue. [que.]
Sociabilité, *sf.* qualité
Sociable, *a.* de la société.
Sociablement, *ad.*
Société, *sf.* union ; réunion.
Socle, *sm.* base ; piédestal.
Socque, *sm.* chaussure.
Sodomie, *sf.* péché.
Sœur, *sf.* fille née de même
  père et de même mère.
Sofa ou Sopha, *sm.* lit de repos.
Soffite, *sf.* lambris.
Soi, *pr. sing.* de la 3e pers.
Soi-disant, *a.* se disant être.
Soie, *sf.* fil délié ; poil.
Soierie, *sf.* étoffe de soie.
Soif, *sf.* besoin de boire.
Soigner, *v.* avoir soin.
Soigneusement, *ad.* avec soin.
Soigneux, se, *a.* qui prend soin.
Soin, *sm.* attention.
Soir, *sm.* fin du jour.

Soirée, *sf.* durée du soir.
Soit, *ad.* je le veux bien.
Soixantaine, *sf.* environ.
Soixante, *a. num.* 6 fois dix.
Sol, *sm.* terrein ; note.
Solaire, *a.* du soleil.
Soldat, *sm.* militaire.
Soldatesque, *sf.* les soldats.
Solder, *v.* payer.
Solécisme, *sm.* faute de syntaxe.
Soleil, *sm.* astre du jour.
Solennel, elle, *a.* (la) pompeux.
Solennellement, *ad.* (la)
Solenniser, *v.* (la) célébrer.
Solennité, *sf.* (la) cérémonie.
Solfège, *sm.* recueil de leçons
  de musique vocale.
Solfier, *v.* chanter un air.
Solidaire, *a.* l'un pour l'autre.
Solidairement, *ad.* [lidaire.]
Solidarité, *sf.* ce qui rend so-
Solide, *a.* ferme.
Solidement, *ad.*
Solidifier, *v.* rendre solide.
Solidité, *sf.* qualité solide.
Solitaire, *a.* qui aime à être
Solitairement, *ad.* [seul.]
Solitude, *sf.* retraite ; désert.
Solive, *sf.* pièce de charpente.
Soliveau, *sm.* petite solive.
Sollicitation, *sf.* action de
Solliciter, *v.* inviter, exciter à.
Solliciteur, euse, *s.* qui sollicite.
Sollicitude, *sf.* soin.
Solo, *sm.* pièce de musique.
Solstice, *sm.* repos apparent
  du soleil.
Soluble, *a.* qui peut se résoudre.
Solution, *sf.* dénouement.
Solvabilité, *sf.* état solvable.
Solvable, *a.* qui peut payer.
Sombre, *a.* peu éclairé.
Sommaire, *sm. a.* abrégé.
Sommairement, *ad.*
Sommation, *sf.* act. de sommer.
Somme, *sf.* charge.
Sommeil, *sm.* repos.
Sommeiller, *v.* dormir.
Sommer, *v.* requérir de faire.
Sommet, *sm.* haut.
Sommier, *sm.* matelas de crin.
Sommité, *sf.* sommet.
Somnambule, *s. a.* qui marche
  en dormant.
Somno, *sm.* meuble de nuit.
Somptueusement, *ad.*
Somptueux, se, *a.* splendide.
Somptuosité, *sf.* faste.
Son, *sm.* bruit ; peau du blé.
Son, Sa, Ses, *a. poss.*
Sonde, *sf.* instrument pour
Sonder, *v.* chercher à connaître.
Songe, *sm.* rêve.
Songer, *v.* rêver ; penser.

Sommer, v. réduire.
Sommation, sf. différence.
Soumissionnaire, s.
Soumissionner, v. s'engager.
Soupape, sf. languette mobile
Soupçon, sm. doute.
Soupçonner, v. avoir un soup-
Soupçonneux, se, s. a. [çon.]
Soupe, sf. potage.
Souper, sm. repas du soir.
Soupente, sf. faux plancher.
Souper, v. manger.
Soupeser, v. soulever. [pr.]
Soupière, sf. vase pour la sou-
Soupir, sm. respiration.
Soupirail, sm. ouverture.
Soupirer, v. désirer.
Souple, a. flexible; docile.
Souplement, ad. avec
Souplesse, sf. flexibilité.
Source, sf. [ein] origine.
Sourcil, sm. poil. [cil.]
Sourciller, v. froncer le sour-
Sourd, e, a. qui n'entend pas.
Sourd, sm. salamandre.
Sourdaud, e, s. un peu sourd.
Sourdement, ad.
Sourdine, sf. ce qui affaiblit
  le son.—A la sourdine, ad.
  avec peu de bruit.
Souricière, sf. piège à souris.
Sourire, v. rire sans éclater.
Sourire, sm. act. de sourire.
Souris, sf. petit rat.
Sournois, e, s. a. caché.
Sous, prép.
Sous-bail, sm. cession.
Souscripteur, sm. qui souscrit.
Souscription, sf. act. de
Souscrire, v. approuver.
Sous-diaconat, sm. ordre sacré.
Sous-entendre, v. ne pas dire.
Sous-entente, sf.
Sous-multiple, a. sm. t. d'arith.
Sous-ordre, sm. sous les ordres
  d'un autre.
Soussigner, v. signer au bas.
Soustraction, sf. act. de
Soustraire, v. ôter. [que.]
Soutane, sf. habit ecclésiasti-
Soutanelle, sf. petite soutane.
Soutenable, a. qu'on soutient.
Soutenir, v. appuyer.
Soutenu, e, a. (style) élevé.

Souterrain, e, a. sous terre.
Soutien, sm. ce qui soutient.
Soutirage, sm. action de
Soutirer, v. transvaser.
Souvenir, sm. mémoire.
Souvenir (se), v. avoir mémoire.
Souvent, ad. plusieurs fois.
Souverain, e, s. a. suprême.
Souverainement, ad.
Souveraineté, sf. autorité.
Soyeux, se, a. fin comme la soie
Spacieusement, ad.
Spacieux, se, a. étendu.
Spadassin, sm. bretteur.
Spasme, sm. convulsion.
Spathule, sf. instrument.
Spathulé, e, a. en spathule.
Spécial, e, a. particulier.
Spécialement, ad.
Spécialité, sf. désignation.
Spécieusement, ad.
Spécieux, se, a. qui paraît vrai.
Spécifier, v. particulariser.
Spécifique, a. spécial.
Spectacle, sm. scène.
Spectateur, trice, s. témoin.
Spectre, sm. fantôme.
Spéculateur, trice, s. qui spé-
Spéculatif, ive, a. [cule.]
Spéculation, sf. action de
Spéculer, v. observer.
Sphénoïde, sm. os de la tête.
Sphère, sf. globe. [rique.]
Sphéricité, sf. qualité sphé-
Sphérique, a. en sphère.
Sphériquement, ad.
Spiral, e, a. roulé en spirale.
Spirale, sf. ligne courbe.
Spiritualiser, v. réd. en esprit.
Spiritualité, sf. mysticité.
Spirituel, le, a. incorporel;
  ingénieux.
Spirituellement, ad. [cohol.]
Spiritueux, se, a. s. de l'al-
Splendeur, sf. éclat; pompe.
Splendide, a. plein de splen-
Splendidement, ad. [deur.]
Spoliateur, trice, a. s. qui spo-
Spoliation, sf. act. de [lie.]
Spolier, v. déposséder.
Spongieux, se, a. de l'éponge.
Spontané, e, a. volontaire.
Spontanéité, sf.
Spontanément, ad. [charpé.]
Squelette, sm. cadavre dé-
Stabilité, sf. état stable.
Stable, a. ferme; durable.
Stade, sm. carrière; mesure.
Stage, sm. noviciat d'avocat.
Stagnant, e, a. (guenan) en
  repos. [stagnant.]
Stagnation, sf. (guenan) état
Stalle, sf. siège.
Stance, sf. strophe.

Station, *sf.* pause.
Stationnaire, *a.* fixe.
Stationnal, e, *a.* de station.
Stationner, *v.* s'arrêter à.
Statistique, *sf. a.* description.
Statuaire, *sm.* sculpteur.
Statue, *sf.* figure.
Statuer, *v.* ordonner, régler.
Stature, *sf.* taille.
Statut, *sm.* loi, règlement.
Sténographie, *sf.* art de
Sténographier, *v.* écrire vite.
Stère, *sm.* un mètre cube.
Stéréotypage, *sm.* action de
Stéréotyper, *v.* imprimer.
Stérile, *a.* qui ne produit rien.
Stérilité, *sf.* qualité stérile.
Stigmate, *sm.* cicatrice.
Stigmatisé, e, *a.* marqué.
Stigmatiser, *v.* marquer.
Stimuler, *v.* exciter.
Stipendier, *v.* soudoyer.
Stipulation, *sf.* condition.
Stipuler, *v.* spécifier.
Stoïcisme, *sm.* fermeté.
Stomacal, e, *a.* de l'estomac.
Strangulation, *sf.* étranglement
Surpasser, *v.* maltraiter.
Stratagème, *sm.* ruse.
Stratégie, *sf.* art de la guerre.
Stribord, *sm.* côté droit du nav.
Strict, e, *a.* étroit ; sévère.
Strictement, *ad.*
Strophe, *sf.* stance, ode, etc.
Structure, *sf.* construction.
Studieusement, *ad.* [tude.]
Studieux, se, *a.* qui aime l'é-]
Stupéfaction, *sf.* surprise.
Stupéfait, e, *a.* étonné.
Stupéfier, *v.* interdire.
Stupeur, *sf.* stupéfaction.
Stupide, *s. a.* hébété.
Stupidement, *ad.*
Stupidité, *sf.* bêtise.
Style, *sm.* poinçon ; manière]
Styler, *v.* former. [d'écrire.]
Stylet, *sm.* petit poignard.
Stylobate, *sm.* piédestal.
Su, *sm.* connaissance : *fam.*
Suaire, *sm.* linceul.
Suave, *a.* doux, agréable.
Suavité, *sf.* qualité suave.
Subalterne, *a. s.* subordonné
Subdéléguer, *v.* envoyer.
Subdiviser, *v.* diviser de nouv.
Subdivision, *sf.* division.
Subir, *v.* souffrir.
Subit, e, *a.* soudain.
Subitement, *ad.* soudainement.
Subjonctif, *sm.* mode du verbe.
Subjuguer, *v.* soumettre.
Sublime, *a.* élevé, grand.
Sublimé, *sm.* mercure.
Sublimement, *ad.*

Sublimer, *v.* volatiliser.
Sublimité, *sf.* élévation.
Submerger, *va.* couvrir d'eau.
Submersion, *sf.* inondation.
Subordination, *sf.* dépendan-]
Subordinément, *ad.* [ce.]
Subordonnément, *ad.*
Subordonner, *v.* soumettre.
Subornation, *sf.* séduction.
Suborner, *v.* séduire.
Suborneur, euse, *s.* qui suborne.
Subreptice, *a.* obtenu par sur-]
Subrepticement, *ad.* [prise.]
Subreption, *sf.* mensonge.
Subrogation, *sf.* act. de
Subroger, *v.* substituer.
Subséquemment, *ad.* ensuite.
Subséquent, e, *a.* qui vient]
Subside, *sm.* impôt. [après.]
Subsistance, *sf.* nourriture.
Subsister, *v.* continuer d'être.
Substance, *sf.* matière.
Substantiel, le, *a.* de substance.
Substantiellement, *ad.*
Substantif, *a. sm.* mot.
Substantivement, *ad.*
Substituer, *v.* mettre à la place.
Substitut, *sm.* suppléant.
Substitution, *sf.* remplacement.
Subterfuge, *sm.* échappatoire.
Subtil, e, *a.* fin, rusé.
Subtilement, *ad.* avec adresse.
Subtilisation, *sf.* action de
Subtiliser, *v.* rendre subtil.
Subtilité, *sf.* ruse.
Subvenir, *v.* secourir ; suffire.
Subvention, *sf.* secours d'arg.
Subversif, ive, *a.* qui renverse.
Subversion, *sf.* renversement.
Subvertir, *v.* renverser.
Suc, *sm.* liqueur.
Succéder, *v.* venir après.
Succès, *sm.* réussite.
Successeur, *sm.* qui succède.
Successif, ive, *a.* qui se succède
Succession, *sf.* héritage.
Successivement, *ad.* tour à tour
Succinct, e, *a.* court.
Succinctement, *ad.*
Succomber, *v.* être accablé.
Succulent, e, *a.* plein de suc.
Succursale, *a. sf.* aide.
Sucer, *v.* attirer avec les lèvres.
Suceur, *sm.* qui suce.
Sucre, *sm.* suc très-doux.
Sucrer, *v.* mettre du sucre.
Sucrerie, *sf.* raffinerie.
Sucrier, *sm.* vase pour le sucre.
Sud, *sm.* le midi.
Suée, *sf.* crainte subite : *pop.*
Suer, *v.* rendre de la sueur.
Sueur, *sf.* humeur ; peine.
Suffire, *v.* être assez.
Suffisamment, *ad.* assez.

Suffisance, *sf.* ce qui suffit.
Suffisant, e, *a. s.* qui suffit.
Suffocation, *sf.* étouffement.
Suffoquer, *v.* étouffer.
Suffragant, *a. sm.* évêque.
Suffrage, *sm.* voix, vote.
Suggérer, *v.* insinuer.
Suggestion, *sf.* instigation.
Suicide, *sm.* act. de celui qui]
Suicider (se), *v.* se tuer. [se tue]
Suie, *sf.* matière noire.
Suif, *sm.* graisse.
Suinter, *v.* couler peu à peu.
Suisse, *sm.* portier ; gardien.
Suite, *sf.* cortège ; résultat.
Suivant, *prép.* selon.
Suiver, *v.* enduire de suif.
Suivi, e, *a.* continu.
Suivre, *v.* aller après.
Sujet, *sm.* cause, motif.
Sujet, te, *a.* soumis à...
Sujétion, *sf.* dépendance.
Sulfate, *sm.* sel.
Sulfureux, se, *a.* de soufre.
Superbe, *a.* magnifique.
Superbement, *ad.*
Supercherie, *sf.* tromperie.
Superficie, *sf.* surface.
Superficiel, le, *a.* léger.
Superficiellement, *ad.*
Superfin, e, *a.* très-fin.
Superflu, e, *a.* inutile.
Superfluité, *sf.* inutilité.
Supérieur, e, *a. s.* au-dessus.
Supérieurement, *ad.* très-bien
Supériorité, *sf.* prééminence.
Superlatif, ive, *a. s.* qui exprime
le plus haut degré.
Superlativement, *ad.*
Superstitieusement, *ad.*
Superstitieux, se, *a.* plein de
Superstition, *sf.* fausse idée
de la religion ; vain présage.
Supplantation, *sf.* action de
Supplanter, *v.* prendre la place.
Suppléant, e, *s. a.* qui supplée.
Suppléer, *v.* remplacer.
Supplément, *sm.* ce qui supplée
Supplémentaire, *a.*
Supplication, *sf.* prière.
Supplice, *sm.* tourment.
Supplicier, *v.* tourmenter.
Supplier, *v.* prier.
Supplique, *sf.* requête.
Support, *sm.* ce qui soutient.
Supportable, *a.* qu'on peut
supporter.
Supportablement, *ad.*
Supporter, *v.* soutenir.
Supposer, *v.* alléguer.
Supposition, *sf.* chose supposée
Suppôt, *sm.* partisan.
Suppression, *sf.* action de
Supprimer, *v.* retrancher.

[illegible], ve, a.
[illegible], sf. loi de
[illegible] fixe du prix
[illegible]
[illegible]
[illegible]
[illegible]
[illegible]
[illegible]
[illegible]
[illegible], v. s'abaisse.
[illegible]ement, sm.
[illegible], sf. accroît.
Surcharger, v. charger trop.
[illegible]roît, sm. augmentation.
[illegible], v. augmenter trop
Surdité, sf. perte de l'ouïe.
[illegible]
[illegible] sûreté.
[illegible]tion, sf. excédant.
[illegible], a. un peu acide.
[illegible] qui est sur
[illegible]
[illegible], v. demander trop.
[illegible] agir de..
[illegible] donner plus haut.
[illegible], a. qui surpasse
les forces de l'homme.
Surintendance, sf. direction.
Surintendant, s. s. directeur.
Surjet, sm. espèce de couture.
[illegible]jeter, v. coudre en surjet.
Surlendemain, sm. jour qui
suit le lendemain.
[illegible]montable, a. qu'on peut
[illegible]monter, v. surpasser.
[illegible]nager, v. se soutenir sur
[illegible] [la matière.]
[illegible], le, a. au-dessus de

Surnaturellement, ad.
Surnom, sm. nom ajouté.
Surnommer, v. donner un sur-
nom. [du nombre.]
Surnuméraire, s. a. au-dessus
Surpasser, v. excéder
Surplis, sm. vêtement d'église.
Surplus, sm. ce qui reste.
Surprendre, v. tromper.
Surpris, e, a. étonné.
Surprise, sf. étonnement.
Sursaut, sm. surprise.
Surséance, sf. délai.
Surseoir, v. différer.
Sursis, sm. délai.
Surtaxer, v. taxer trop haut.
Surtout, ad. avant tout.
Surveillance, sf. inspection.
Surveillant, e, s. a. qui sur-
veille.
Surveille, sf. jour qui précède
la veille.
Surveiller, v. veiller sur...
Survenance, sf. arrivée imprév.
Survenant, e, s. a. qui survient.
Survendre, v. vendre trop cher.
Survenir, v. arriver.
Survente, sf. vente trop chère.
Survenu, e, a. venu.
Survivance, sf. succession.
Survivant, e, s. a. qui survit.
Survivre, v. vivre après.
Sus, interj. sert à exhorter.
Susceptibilité, sf.
Susceptible, a. sensible.
Suscitation, sf. suggestion.
Susciter, v. faire naître; exciter.
Suscription, sf. adresse.
Susdit, e, pr. s. déjà nommé.
Suspect, e, s. a. soupçonné.
Suspecter, v. soupçonner.
Suspendre, v. attacher en l'air.
Suspens, a. m. interdit.
Suspense, sf. censure.

Suspensif, ive, a. qui suspend.
Suspension, sf. surséance.
Suspensoir, sm. bandage.
Sustenter, v. soutenir la vie.
Svelte, a. délié, léger.
Sycomore, sm. arbre.
Sycophante, sm. fourbe.
Syllabaire, sm. abécédaire.
Syllabe, sf. émission de voix.
Syllabique, a. des syllabes.
Syllogisme, sm. argument.
Symbole, sm. image, signe.
Symbolique, a. du symbole.
Symboliser, v. avoir du rapport
Symétrie, sf. proportion.
Symétrique, a. en symétrie.
Symétriquement, ad.
Symétriser, v. faire symétrie.
Sympathie, sf. convenance.
Sympathique, a. de la sympa-
thie. [sympathie.]
Sympathiser, v. avoir de la]
Symphonie, sf. concert.
Symptôme, sm. signe.
Synagogue, sf. assemblée juive.
Synallagmatique, a. mutuel
Synchronisme, sm. simulta-
néité.
Syncope, sf. défaillance.
Syncoper, v. faire une syncope.
Syndic, sm. agent.
Synodal, e, a. du synode.
Synode, sm. assemblée ecclés.
Synonyme, sm. a. mot qui a
le même sens qu'un autre.
Synonymie, sf.
Synoptique, a. qui se voit d'un
seul coup-d'œil.
Syntaxe, sf. construction.
Systématique, a. de système.
Système, sm. opinion; dessein;
méthode.
Syzygie, sf. temps de la nou-
velle et de la pleine lune

TAC   **TAI**   **TAN**

T, *sm.* (*te*) vingtième lettre.
Ta, *a. poss. f. de la* 2ᵉ *pers.*
Tabac, *sm.* plante.
Tabagie, *sf.* lieu pour fumer.
Tabatière, *sf.* boite à tabac.
Tabernacle, *sm.* tente; coffret.
Tablature, *sf.* embarras.
Table, *sf.* meuble à pieds.
Tableau, *sm.* peinture.
Tabler, *v.* terme de jeu.
Tabletier, ière, *s.* qui fait des ouvrages d'ivoire, etc.
Tablette, *sf.* planche; agenda.
Tablier, *sm.* pièce d'étoffe.
Tabouret, *sm.* siège sans dos.
Tache, *sf.* souillure.
Tâche, *sf.* ouvrage à faire.
Tacher, *v.* souiller, salir.
Tâcher, *v.* s'efforcer de.
Tacheté, e, *a.* marqueté.
Tacheter, *v.* marquer de taches.
Tachygraphe, *sm.* qui sait la
Tachygraphie, *sf.* sténographie

Tacite, *a.* sous-entendu.
Tacitement, *ad.*
Taciturne, *a.* qui parle peu.
Taciturnité, *sf.* humeur taciturne.   [goût.]
Tact, *sm.* sens du toucher ;
Tactique, *sf.* art de la guerre.
Taffetas, *sm.* étoffe de soie.
Taie, *sf.* sac d'oreiller.
Taillade, *sf.* coupure.
Taillader, *v.* faire des taillades.
Taillanderie, *sf.* métier du
Taillandier, *sm.* ouvrier qui fait des outils.
Taillant, *sm.* tranchant.
Taille, *sf.* tranchant ; coupe; stature.
Taille-douce, *sf.* gravure.
Tailler, *v.* couper.
Tailleur, euse, *s.* qui taille.
Taillis, *sm.* bois en coupe.
Tailloir, *sm.* bois pour couper.
Taire, *v.* ne dire pas.

Talent, *sm.* habileté.
Talisman, *sm.* préservatif.
Talmud, *sm.* livre juif.
Taloche, *sf.* coup sur la tête.
Talon, *sm.* derrière du pied.
Talonner, *v.* suivre de près.
Talus, *sm.* pente ; biseau.
Tamarin, *sm.* fruit ; singe. -
Tambour, *sm.* caisse; cylindre.
Tambourin, *sm.* tambour.
Tambouriner, *v.* battre le tambour.
Tamis, *sm.* sas.   [bour.]
Tamiser, *v.* passer par le tamis.
Tampon, *sm.* bouchon.
Tamponner, *v.* boucher.
Tan, *sm.* écorce pour tanner.
Tanaisie, *sf.* plante.
Tancer, *v.* gronder. [douce.]
Tanche, *sf.* poisson d'eau]
Tandis que, *conj.* pendant que.
Tangage, *sm.* balancement.
Tangente, *sf.* ligne droite.
Tanière, *sf.* repaire de bêtes.

[illegible] balle dans la peau.
[illegible] préparer le cuir.
[illegible] sf. ... son temps.
[illegible]
[illegible]
[illegible]
[illegible]
[illegible] donne peu de [illegible]
[illegible] une mouche.
[illegible]
Tape, sf. coup de main ouverte.
Tapé, e, a. (pain) cuit au four.
Tapecul, sm. bascule.
Taper, v. frapper; friser.
Tapir (se), vp. se blottir.
Tapis, sm. pièce d'étoffe.
Tapisser, v. couvrir. [ture.]
Tapisserie, sf. étoffe pour ten-
Tapissier, ière, s. qui fait des tapis. [coups.]
Tapoter, v. donner de petits
Taquin, e, s. a. mutin.
Taquinement, ad.
Taquiner, v. contrarier.
Taquinerie, sf. act. de taquiner.
Tarand, sm. outil pour
Tarauder, v. percer en écrou.
Tard, ad. au-delà du temps.
Tarder, v. différer.
Tardif, ive, a. qui vient tard.
Tardivement, ad.
Tare, sf. déchet; défectuosité.
Taré, e, a. avarié; avili.
Tarer, v. causer de la tare.
Targette, sf. petit verrou plat.
Targuer (se), v. se prévaloir.
Tarière, sf. outil pour percer.
Tarif, sm. rôle des droits.
Tarifer, v. réduire à un tarif.
Tarir, v. mettre à sec.
Tarissable, a. qui peut se tarir.
Tarissement, sm. dessèchement
Tartare, sm. enfer.
Tarte, sf. pièce de pâtisserie.
Tartine, sf. tranche de pain beurré.
Tartre, sm. dépôt du vin.
Tartufe, sm. hypocrite.
Tas, sm. amas; monceau.
Tasse, sf. vase à boire.
Tasseau, sm. support.
Tasser, v. mettre en tas.
Tâter, v. manier; essayer.
Tâtillonner, v. entrer dans de petits détails. fam.
Tâtonnement, sm. action de
Tâtonner, v. tâter; hésiter.
Tâtons (à), ad. en tâtonnant.
Tatouer, v. barioler.
Taudis, sm. lieu malpropre.
Taupe, sf. petit animal.
Taupière, sf. piège à taupes.

Taupinée ou Taupinière, sf. trou de taupe.
Taureau, sm. mâle de la vache.
Tautologie, sf. répétit. inutile.
Taux, sm. prix établi.
Taveler, v. moucheter.
Taverne, sf. cabaret.
Taxateur, sm. qui taxe.
Taxation, sf. action de taxer.
Taxe, sf. règlement; impôt.
Taxer, v. régler le prix.
Te, pr. de la 2e pers. toi à toi.
Technique, a. propre à un art.
Te deum, sm. (ome) hymne
Teigne, sf. gale à la tête.
Teigneux, se, s. a. qui a la tei-
Teindre, v. colorer. [gne.]
Teint, sm. man. de teindre.
Teinte, sf. degré de couleur.
Teinture, sf. couleur.
Teinturerie, sf. atelier de
Teinturier, ère, s. qui teint.
Tel, telle, a. pareil.
Télégraphe, sm. machine pour correspondre par signaux
Télégraphique, a. du télégraph.
Télescope, sm. sorte de lunette.
Tellement, ad. de telle sorte.
Téméraire, s. a. hardi.
Témérairement, ad.
Témérité, sf. hardiesse.
Témoignage, sm. marque.
Témoigner, v. marquer.
Témoin, sm. qui a vu.
Tempe, sf. partie de la tête.
Tempérament, sm. complexion.
Tempérance, sf. sobriété.
Tempérant, e, a. sobre.
Température, sf. état de l'air.
Tempéré, e, a. modéré; sage;
Tempérer, v. modérer.
Tempête, sf. orage.
Tempêter, v. faire grand bruit.
Tempétueux, euse, a. sujet aux tempêtes.
Temple, sm. édifice, église.
Temporaire, a. de temps.
Temporairement, ad.
Temporel, le, a. qui passe avec le temps.
Temporellement, ad.
Temporisation, sf. act. de
Temporiser, v. gagner du temps.
Temporiseur, sm. qui attend.
Temps, sm. durée des choses.
Tenable, a. où l'on peut rester.
Tenace, a. adhérent; avare.
Ténacité, sf. qualité tenace.
Tenaille, sf. instr. pour saisir.
Tenailler, v. pincer.
Tendance, sf. propension.
Tendant, e, a. qui tend à

Tendon, sm. extrémité du
Tendre, a. sensible. [muscle.]
Tendre, v. présenter
Tendrement, ad.
Tendresse, sf. sensibilité.
Tendron, sm. bourgeon.
Tendu, e, a. bandé; raide.
Ténèbres, sf. pl. obscurité.
Ténébreux, se, a. obscur.
Teneur, sf. contenu.
Tenir, v. avoir à la main.
Tenon, sm. ce qui entre dans une mortaise.
Tension, sf. état tendu.
Tentant, e, a. qui tente.
Tentateur, trice, s. a. qui tente.
Tentation, sf. vif désir.
Tentative, sf. effort; essai.
Tente, sf. pavillon.
Tenter, v. essayer.
Tenture, sf. tapisserie.
Ténu, e, a. fort délié.
Tenue, sf. durée; costume.
Ténuité, sf. qualité ténue.
Térébenthine, sf. résine.
Térébinthe, sm. arbre.
Tergiversation, sf. action de
Tergiverser, v. hésiter.
Terme, sm. fin, borne, mot.
Terminaison, sf. désinence.
Terminal, e, a. qui termine.
Terminer, v. borner; finir.
Ternaire, a. du nombre trois.
Terne, a. qui a peu d'éclat.
Ternir, v. ôter l'éclat.
Terrain, mieux Terrein, sm. espace de terre.
Terrasse, sf. levée de terre.
Terrasser, v. jeter par terre.
Terrassier, ière, s. qui travaille à des terrasses.
Terre, sf. sol; globe terrestre.
Terreau, sf. fumier.
Terrein, sm. Voy. Terrain.
Terre-plein, sm. amas de terre.
Terrer, v. garnir de terre.
Terrestre, a. de la terre.
Terreur, sf. épouvante.
Terrible, a. effrayant.
Terriblement, ad.
Terrier, a. sm. registre contenant le dénombrement de terres.
Terrine, sf. vase de terre.
Terrinée, sf. plein une terrine.
Territoire, sm. espace de terre.
Terroir, sm. qualité de la terre.
Tes, pl. de l'adj. poss. Ton.
Testacé, e, a. couvert d'une coquille. [lontés.]
Testament, sm. dernières vo-
Testamentaire, a. de testament.
Testateur, trice, s. qui teste

Tester, *v.* faire son testament.
Testimonial, e, *a.* qui témoigne.
Têt, *sm.* tesson; coquille.
Tête, *sf.* partie du corps.
Tête-à-tête, *sm.* entretien.
Tétraèdre, *sm.* à 4 triangles.
Tette, *sf.* tétin des bêtes.
Têtu, e, *s. a.* obstiné.
Texte, *sm.* paroles d'un auteur.
Textile, *a.* qui peut être tissé.
Textuel, le, *a.* du texte.
Textuellement, *ad.* à la lettre.
Thaumaturge, *s. a.* qui fait des miracles.
Thé, *sm.* arbrisseau; son fruit.
Théâtral, e, *a.* du théâtre.
Théâtre, *sm.* lieu de spectacle.
Théière, *sf.* vase pour le thé.
Théisme, *sm.* doctrine du
Théiste, *sm.* qui croit en Dieu.
Thème, *sm.* sujet; traduction.
Théocratie, *sf.* (ci) gouv. divin.
Théocratique, *a.* de théocratie.
Théogonie, *sf.* religion.
Théologal, e, *a.* qui a Dieu pour objet. [logale.]
Théologie, *sf.* science théo-]
Théologien, *sm.* qui sait la]
Théologique, *a.* [théologie.]
Théologiquement, *ad.*
Théorème, *sm.* proposition.
Théoricien, ne, *s.* qui connait la
Théorie, *sf.* spéculation.
Théorique, *a.* de la théorie.
Théoriquement, *ad.*
Thériaque, *sf.* sorte d'opiat.
Thermal, e, *a.* (eau) chaude.
Thermomètre, *sm.* inst. pour mesurer la chaleur.
Thésauriser, *v.* s'enrichir.
Thésauriseur, euse, *s.* qui thésaurise.
Thèse, *sf.* proposition.
Thon, *sm.* poisson de mer.
Thuriféraire, *sm.* qui porte l'encensoir.
Thym, *sm.* plante.
Tiare, *sf.* couronne du pape.
Tibia, *sm.* os de la jambe.
Tic, *sm.* mouvement convulsif.
Tiède, *a.* ni chaud ni froid.
Tièdement, *ad.*
Tiédeur, *sf.* qualité tiède.
Tiédir, *v.* devenir tiède.
Tien, ne, *a. poss.* qui est à toi.
Tiercement, *sm.* enchère qui augmente.
Tiercer, *v.* hausser d'un tiers
Tiers, Tierce, *a.* troisième.
Tige, *sf.* queue du végétal.
Tigre, esse, *s.* bête féroce.
Tilbury, *sm.* cabriolet.
Tillac, *sm.* pont d'un vaisseau.

Tille, *sf.* écorce du chanvre.
Tiller, *v.* ôter l'écorce.
Tilleul, *sm.* arbre.
Timbale, *sf.* tambour; gobelet.
Timbre, *sm.* cloche; voix; marque.
Timbré, e, *a.* marqué; fou.
Timbrer, *v.* marquer.
Timide, *a.* craintif.
Timidement, *ad.* avec
Timidité, *sf.* qualité timide.
Timon, *sm.* gouvernail.
Timonier, *sm.* cheval; matelot.
Timoré, e, *a.* craintif.
Tinette, *sf.* petite tine.
Tintamarre, *sm.* bruit éclatant.
Tintamarrer, *v.* faire tapage.
Tintement, *sm.* act. de
Tinter, *v.* sonner lentement.
Tir, *sm.* action de tirer une arme à feu.
Tirade, *sf.* suite de phrases.
Tirage, *sm.* action de tirer.
Tiraillement, *sm.* action de
Tirailler, *v.* tirer souvent.
Tirailleur, *sm.* soldat.
Tirant, *sm.* cordon.
Tire-d'aile, *sm.* battem. d'aile.
Tire-larigot, *ad.* (boire à) excessivement.
Tire-lire, *sf.* tronc.
Tire-pied, *sm.* courroie.
Tirer, *v.* amener à soi.
Tiret, *sm.* lien; trait-d'union.
Tireur, euse, *s.* qui tire.
Tiroir, *sm.* caisse mobile.
Tisane, *sf.* boisson. [brûlée]
Tison, *sm.* bûche à demi]
Tisonné, e, *a.* tacheté de noir.
Tisonner, *v.* remuer les tisons.
Tisonneur, euse, *s.*
Tisser, *v.* faire un tissu.
Tisserand, *sm.* qui tisse.
Tisseranderie, *sf.* profession de tisserand.
Tissu, *sm.* tissure; suite.
Titiller, *v.* chatouiller.
Titre, *sm.* inscription.
Titrer, *v.* donner un titre.
Titulaire, *a. s.* en titre.
Toast, *sm.* (tôcete) proposition de boire à la santé.
Tocsin, *sm.* cloche d'alarme.
Toi, *pr. pers.* de la 2ᵉ pers.
Toile, *sf.* tissu de fil, etc.
Toilerie, *sf.* marchandise de toile.
Toilette, *sf.* parure; meuble.
Toise, *sf.* mesure de six pieds
Toiser, *v.* mesurer.
Toison, *sf.* laine du mouton
Toit, *sm.* couverture.
Tôle, *sf.* fer en feuilles.
Tolérable, *a.* supportable.

Tolérance, *sf.* indulgence.
Tolérant, e, *a.* qui tolère.
Tolérer, *v.* supporter.
Tomber, *sf.* sépulcre.
Tombeau, *sm.* sépulcre.
Tomber, *v.* être renversé.
Tombereau, *sm.* charrette.
Tome, *sm.* volume.
Ton, *sm.* inflexion de voix.
Ton, *a. poss. m.*
Tondaison, *sf.* action de tondre.
Tondre, *v.* couper la laine.
Tonique, *sm. a.* remède.
Tonne, *sf.* muid.
Tonneau, *sm.* petite tonne.
Tonnelier, *sm.* qui fait des tonneaux, etc.
Tonnelle, *sf.* treillage, filet.
Tonner, *v.* se dit du bruit du tonnerre.
Tonnerre, *sm.* foudre.
Tonsure, *sf.* cheveux rasés.
Tonte, *sf.* action de tondre.
Tonsurer, *v.* raser les cheveux.
Topaze, *sf.* pierre précieuse.
Toper, *v.* consentir.
Topinambour, *sm.* plante.
Topique, *s.* médicament.
Toque, *sf.* coiffure.
Toquer, *v.* frapper.
Torche, *sf.* flambeau.
Torcher, *v.* essuyer.
Torchis, *sm.* mortier.
Torchon, *sm.* serviette.
Tordre, *v.* tourner de biais.
Tore, *sm.* moulure.
Torrent, *sm.* courant d'eau.
Torride, *a.* brûlant.
Tors, e, *a.* tordu.
Tort, *sm.* dommage.
Torticolis, *sm.* mal de cou.
Tortillage, *sm.* embarras.
Tortillement, *sm.* action de
Tortiller, *v.* tordre.
Tortu, e, *a.* qui est de travers.
Tortue, *sf.* animal amphibie.
Tortuer, *v.* rendre tortu.
Tortueusement, *ad.*
Tortueux, euse, *a.* tortu.
Torture, *sf.* gêne, tourment.
Torturer, *v.* tourmenter.
Toscan, e, *a.* (ordre) d'archit.
Tôt, *ad.* vite, sans tarder.
Total, e, *a.* entier; *sm.* le tout
Totalement, *ad.* entièrement.
Totalité, *sf.* le total.
Touche, *sf.* pièce d'un clavier; épreuve de l'or.
Toucher, *v.* mettre la main, etc. sur...; *sm.* tact.
Touffe, *sf.* assemblage.
Touffu, e, *a.* épais, bien garni.
Toujours, *ad.* sans cesse.
Toupet, *sm.* petite touffe.

Traîner, v. tirer après soi.
[illegible]
[illegible]
[illegible]
véritable, v-doux, [illegible]
Taire, sf. loisir de [illegible]
Trait, [illegible] dissertation.
Traitement, sm. accueil.
Traiter, v. discuter; enseigner.
Traiteur, sm. restaurateur.
Traître, esse, a. s. qui trahit;
Trajet, sm. espace à traverser.
Trame, sf. fils ourdis.
Tramer, v. machiner.
Tranche, sf. morceau coupé.
Trancher, v. séparer; décider.
Tranchet, sm. outil.
Tranquille, a. paisible.
Tranquillement, ad. en repos.
Tranquilliser, v. calmer.
Tranquillité, sf. état calme.
Trans, prép. au-delà.
Transaction, sf. act. de transiger
Transcendance, sf. supériorité
Transcendant, e, a. élevé.
Transcrire, v. copier.
Transe, sf. appréhension.
Transfèrement, sm. act. de
Transférer, v. transporter.
Transfert, sm. transport.
Transfiguration, sf. action de
Transfigurer (se), v. changer.
Transformation, sf.   [ser.]
Transformer, v. métamorpho-]
Transfuge, sm. déserteur.
Transgresser, v. contrevenir.
Transgresseur, euse, s.
Transgression, sf. violation.
Transiger, v. passer un acte.
Transir, v. pénétrer de froid.
Transit, sm. (site) passavant.
Transition, sf. passage.
Transitoire, a. passager.
Translation, sf. transport.
Transmettre, sf. céder.
Transmigration, sf. métemp-
  sychose.   [transmettre.]
Transmission, sf. action de]
Transparence, sf. qualité
Transparent, e, a. au travers
  de quoi l'on voit les objets.
Transpercer, v. percer.
Transpiration, sf. sueur.
Transpirer, v. suer; s'exhaler.
Transplantation, sf. action de
Transplanter, v. planter ail-
  leurs.
Transport, sm. action de
Transporter, v. porter.
Transposer, v. chang. de place.
Transposition, sf. act. de trans-
  poser.   [gement.]
Transsubstantiation, sf. chan-]

Transvaser, v. verser ailleurs.
Transversal, e, a. en biais
Transversalement, ad.
Trapèze, sm. quadrilatère.
Trappe, sf. porte; piège.
Trapu, e, a. gros et court.
Traquer, v. battre un bois.
Travail, sm. labeur.
Travailler, v. faire un travail.
Travailleur, euse, s. ouvrier.
Travée, sf. entre deux poutres.
Travers, sm. largeur.
Traverse, sf. pièce en travers.
Traversée, sf. trajet par mer.
Traverser, v. passer au travers.
Traversin, sm. long oreiller.
Travestir, v. déguiser.   [ment.]
Travestissement, sm. déguise-]
Trébuchement, sm. action de
Trébucher, v. broncher.
Trébuchet, sm. balance; piège.
Trèfle, sm. plante.
Treillage, sm. treillis.   [lage.]
Treillager, v. garnir de treil-]
Treillageur, sm. qui fait des
  treillages.
Treille, sf. berceau; vigne.
Treillis, sm. barreaux croisés.
Treillisser, v. garnir de treillis.
Treize, a. num. dix et trois.
Treizième, a. s.
Treizièmement, ad.
Tréma, s. (voyelle) accentuée
  de deux points (ë, ï, ü).
Trembla, sm. peuplier.
Tremblement, sm. agitation.
Trembler, v. être agité.   [bler.]
Trembloter, v. dimin. de trem-]
Trémie, sf. auge du moulin.
Trémoussement, sm. act. de
Trémousser, v. s'agiter.
Trempe, sf. caractère.
Tremper, v. mouiller.
Trentaine, sf. nombre de 30.
Trente, a. num. trois fois dix.
Trentième, a. s.   [rurgicale.]
Trépan, sm. opération chi-]
Trépaner, v. faire le trépan.
Trépas, sm. mort, décès.
Trépassé, e, a. s. mort.
Trépassement, sm. trépas.
Trépasser, v. mourir.
Trépied, sm. instr. à 3 pieds.
Trépignement, sm. action de
Trépigner, v. frapper des pieds.
Trépointe, sf. bande de cuir.
Très, ad. marque le superlatif.
Trésor, sm. amas de richesses.
Trésorier, sm. garde du trésor.
Tressaillement, sm. act. de
Tressaillir, v. être ému.
Tresse, sf. tissu.
Tresser, v. cordonner.
Tresseur, euse, s. qui tresse.

Tréteau, *sm.* support.

Treuil, *sm.* machine.

Trêve, *sf.* suspension d'armes.

Triangle, *sm.* figure à 3 angles.

Triangulaire, *a.* à trois angles.

Triangulairement, *ad.*

Tribord, *sm.* côté droit du vaisseau.

Tribu, *sf.* peuplade.

Tribulation, *sf.* affliction.

Tribun, *sm.* magistrat.

Tribunal, *sm.* siège du juge.

Tribune, *sf.* lieu élevé.

Tribut, *sm.* imposition.

Tributaire, *s. a.* qui paie tribut.

Tricher, *v.* tromper au jeu.

Tricherie, *sf.* tromperie.

Tricheur, euse, *s.* qui triche.

Tricolore, *a.* de trois couleurs.

Tricot, *sm.* bâton; tissu.

Tricotage, *sm.* action de

Tricoter, *v.* faire du tricot.

Trictrac, *sm.* jeu.   [dents.

Trident, *sm.* fourche à trois

Triennal, e, *a.* de trois ans.

Triennalité, *sf.*   [ans.

Triennat, *sm.* espace de 3

Trier, *v.* choisir.

Trieur, euse, *s.* qui trie.

Trigauder, *v.* finasser.

Trigauderie, *sf.* mauv. finesse.

Triglyphe, *sm.* ornem. d'arch.

Trigonométrie, *sf.* art de calculer les triangles.

Trigonométrique, *a.*

Trigonométriquement, *ad.*

Trillon, *sm.* mille billions.

Triloculaire, *a.* à trois loges.

Trimer, *v.* courir: *pop.*

Trimestre, *sm.* espace de trois

Tringle, *sf.* verge.   [mois.

Trinité, *sf.* un seul Dieu en trois personnes

Trinome, *sm.* trois termes.

Trinquer, *v.* boire en choquant le verre.   [phe.

Triomphal, e, *a.* du triom-

Triomphalement, *ad.*

Triomphateur, trice, *s.* [cès.

Triomphe, *sm.* honneur, suc-

Triompher, *v.* vaincre. [mal.

Tripe, *sf.* boyaux d'un ani-

Triperie, *sf.* où l'on vend des tripes.   [fois.

Triple, *a.* qui contient trois

Triplement, *sm.* act. de

Tripler, *v.* rendre triple.

Triplicité, *sf.* nombre triple.

Tripoli, *sm.* terre pour polir.

Tripot, *sm.* maison de jeu.

Tripotage, *sm.* mélange.

Tripoter, *v.* faire du tripotage.

Trique, *sf.* gros bâton.

Trisaïeul, e, *s.* père ou mère du bisaïeul.

Triste, *a.* affligé.

Tristement, *ad.*

Tristesse, *sf.* affliction.

Triturer, *v.* broyer.

Triumvirat, *sm.* gouvernement de trois.

Trivial, e, *a.* commun, usé.

Trivialement, *ad.*

Trivialité, *sf.* chose triviale.

Troc, *sm.* échange.

Trogne, *sf.* visage plein et gai.

Trognon, *sm.* milieu d'un fruit.

Trois, *a. num.* deux et un.

Troisième, *a. s.* de trois.

Troisièmement, *ad.*

Trombe, *sf.* tourbillon d'eau.

Tromblon, *sm.* espingole.

Trombonne, *sm.* trompette.

Trompe, *sf.* instrum. de mus.

Tromper, *v.* décevoir.

Tromperie, *sf.* fraude, artifice.

Trompéter, *v.* publier. [mus.

Trompette, *sf.* instrum. de

Trompeur, euse, *s.* qui trompe.

Tronc, *sm.* tige d'un arbre.

Tronçon, *sm.* morceau.

Tronçonner, *v.* couper.

Trône, *sm.* siège royal.

Trôner, *v.* être sur le trône.

Tronquer, *v.* retrancher.

Trop, *ad.* plus qu'il ne faut.

Trophée, *sm.* dépouille.

Tropique, *sm.* cercle.

Troquer, *v.* échanger.

Troqueur, euse, *s.* qui troque.

Trot, *sm.* allure du cheval.

Trotte, *sf.* espace de chemin.

Trotter, *v.* aller le trot; courir.

Trotteur, *sm.* cheval qui trotte.

Trottin, *sm.* petit laquais.

Trottoir, *sm.* chemin élevé.

Trou, *sm.* creux; ouverture.

Troubadour, *sm.* ancien poète.

Trouble, *sm.* désordre.

Trouble, *a.* qui n'est pas clair.

Trouble-fête, *sm.* importun.

Troubler, *v.* rendre trouble; inquiéter; intimider.

Trouée, *sf.* ouverture.

Trouer, *v.* percer

Troupe, *sf.* société. [maux.

Troupeau, *sm.* troupe d'ani-

Trousseau, *sm.* hardes, linge.

Trousser, *v.* replier.

Troussis, *sm.* pli.

Trouvaille, *sf.* chose trouvée.

Trouver, *v.* rencontrer.

Truchement, *sm.* interprète.

Trucher, *v.* mendier.

Truelle, *sf.* outil de maçon.

Truellée, *sf.* plein une truelle.

Truffe, *sf.* végétal.

Truffer, *v.* farcir de truffes.

Truie, *sf.* femelle du porc.

Truite, *sf.* poisson de rivière.

Trumeau, *sm.* espace, glace entre deux fenêtres.

Tu, Toi, Te, *pr. de la 2ᵉ pers.*

Tuable, *a.* qu'on peut tuer.

Tuant, e, *a.* fatigant.

Tu-autem, *sm.* point essentiel.

Tube, *sm.* tuyau creux.

Tubercule, *sm.* excroissance.

Tuberculeux, se, *a.*

Tuer, *v.* ôter la vie.

Tuerie, *sf.* carnage; abattoir.

Tue-tête (à), *ad.* de toute sa

Tuf, *sm.* pierre tendre [force.

Tuile, *sf.* terre cuite.

Tuileau, *sm.* morceau de tuile.

Tuilerie, *sf.* fabr. de tuile.

Tuilier, *sm.* march. de tuiles.

Tulipe, *sf.* plante; sa fleur.

Tumeur, *sf.* enflure.

Tumulte, *sm.* désordre.

Tumultuaire, *a.* avec tumulte.

Tumultueusement, *ad.*

Tumultueux, se, *a.* avec tu-

Tunique, *sf.* vêtement. [multe.

Turban, *sm.* coiffure turque.

Turbe, *sf.* foule.

Turbot, *sm.* poisson de mer.

Turbulence, *sf.* caractère

Turbulent, e, *a.* impétueux.

Turc, Turque, *s. a.* de Tur-

Turelure, *sf.* refrain. [quie.

Turlupin, *sm.* mauvais plai-

Turlupiner, *v.* railler. [sant.

Turpitude, *sf.* ignominie.

Tutélaire, *a.* qui protège.

Tutelle, *sf.* autorité.

Tuteur, trice, *s.* qui a la tutelle.

Tutoiement, *sm.* action de

Tutoyer, *v.* dire tu, toi.

Tuyan, *sm.* tube, canal.

Tympan, *sm.* partie de l'oreille.

Tympaniser, *v.* décrier.

Tympanon, *sm.* instrument.

Type, *sm.* modèle, symbole.

Typhon, *sm.* vent impétueux.

Typhus, *sm.* fièvre contagieuse.

Typographe, *sm.* imprimeur.

Typographie, *sf.* imprimerie.

Typographique, *a.*

Tyran, *sm.* usurpateur.

Tyrannie, *sf.* oppression.

Tyrannique, *a.* de tyran.

Tyranniquement, *ad.*

Tyranniser, *v.* tourmenter.

U, [illegible] lettre.
Ulcération, sf. formation d'un [ulcère.]
[illegible] plaie.
[illegible] a. qui a un ulcère.
[illegible] v. causer un ulcère.
[illegible] e, a. qui vient après.
[illegible] a. premier nombre.
[illegible] a. d'un commun [accord.]
[illegible] ment, ad.]
[illegible] sf. accord
[illegible] al. sans façon.
[illegible] de un.
[illegible] a. conforme.
[illegible] ment, ad. avec
[illegible] é, sf. conformité.
[illegible] complément.
[illegible] action accord.
[illegible]
[illegible] ement.
[illegible] rendre égal.

Unisson, sm. accord.
Unité, sf. principe du nombre.
Univers, sm. le monde.
Universalité, sf. généralité.
Universel, le, a. général.
Universellement, ad. [gnant.]
Université, sf. corps ensei-]
Urbanité, sf. politesse.
Urgence, sf. nécessité.
Urgent, e, a. pressant.
Urinal, sm. vase pour uriner.
Urine, sf. excrément.
Uriner, v. évacuer l'urine.
Urne, sf. vase antique.
Usage, sm. coutume.
Usance, sf. usage reçu.
User, v. faire usage.
Usine, sf. forge, moulin, etc.
Usité, e, a. qui est en usage.
Ustensile, sm. petit meuble.

Usuel, le, a. dont on se sert.
Usuellement, ad.
Usufruit, sm. revenu.
Usufruitier, ière, -s. qui jouit.
Usuraire, a. où il y a de l'usure.
Usurairement, ad.
Usure, sf. intérêt illégal.
Usurier, ière, s. qui prête à
  usure.
Usurpateur, trice, s. qui usurpe.
Usurpation, sf. action d'
Usurper, v. s'emparer.
Ut, sm. note de la gamme.
Utérin, e, s. a. né d'une même]
Utile, a. profitable. [mère.]
Utilement, ad.
Utiliser, a. rendre utile.
Utilité, sf. profit, avantage
Utopie, sf. plan d'un gouver-
  nement imaginaire.

V, *sm.* (*ve*) 22ᵉ lettre.	Vaillamment, *ad.* avec	Valise, *sf.* long sac de cuir.
Va, *ad.* soit, j'y consens.	Vaillance, *sf.* valeur; courage.	Vallée, *sf.* espace entre deux
Vacance, *sf.* suspension.	Vaillant, e, *a.* courageux.	montagnes.
Vacant, e, *a.* non occupé.	Vaillantise, *sf.* valeur : *vx.*	Vallon, *sm.* petite vallée.
Vacarme, *sm.* grand bruit.	Vain, e, *a.* inutile; orgueilleux.	Valoir, *v.* avoir un prix.
Vacation, *sf.* profession.	—En vain, *ad.* inutilement.	Valse ou Walse, *sf.* danse.
Vaccin, *sm.* virus des vaches.	Vaincre, *v.* subjuguer.	Valser ou Walser, *v.* danser.
Vaccinateur, *sm.* qui vaccine.	Vainement, *ad.* en vain.	Valseur, euse, *a.* qui valse.
Vaccination, *sf.* act.de vacci-]	Vainqueur,*a. sm.* qui a vaincu.	Valve, *sf.* coquille; écaille.
Vaccine, *sf.* inoculation.[ner.]	Vaisseau, *sm.* vase; navire.	Valvule, *sf.* membrane.
Vacciner, *v.* inoculer le vaccin.	Vaisselle, *sf.* plats.	Vampire, *sm.* revenant.
Vache, *sf.* femelle du taureau.	Val, *sm.* vallée.	Van, *sm.* panier pour vanner
Vacillation, *sf.* action de	Valable, *a.* recevable.	Vandalisme, *sm.* système des-
Vaciller, *v.* chanceler.	Valablement, *ad.*	tructif des sciences.
Vade, *sf.* mise au jeu.	Valet, *sm.* serviteur.	Vanille, *sf.* fruit du vanillier.
Vade-mecum, *sm.* chose qu'on	Valétudinaire, *s. a.* maladif.	Vanillier, *sm.* plante.
porte avec soi.	Valeur, *sf.* ce que vaut une]	Vanité, *sf.* inutilité.[vanité.]
Vagabond, e, *a.* qui erre.	Valeureusement, *ad.* [chose.]	Vaniteux, se, *a. s.* plein de]
Vagabondage, *sm.* action de	Valeureux, se, *a.* vaillant.	Vanne, *sf.* porte d'écluse, etc.
Vagabonder, *v.* errer.	Valide, *a.* valable; sain.	Vanneau, *sm.* oiseau.
Vague, *sf.* flot; *a.* indécis.	Validement, *ad.* valablement.	Vanner, *v.* nettoyer le grain.
Vaguement, *ad.*	Valider, *v.* rendre valide.	Vannerie, *sf* métier du vannier
Vaguer, *v.* errer çà et là.	Validité, *sf.* valeur.	Vanneur, euse, *s.* qui vanne.

Vannier, *sm.* ouvrier en osier.
Vantail, *sm.* battant; volet.
Vantard, e, *a.* qui se vante.
Vanter, *v.* louer beaucoup.
Vanterie, *sf.* act. de se vanter.
Vapeur, *sf.* exhalaison.
Vaporeux, se, *a.* sujet aux va-peurs. [peurs.]
Vaporiser, *v.* réduire en va-
Vaquer, *v.* être vacant.
Variabilité, *sf.*
Variable, *a.* sujet à varier.
Variation, *sf.* changement.
Varice, *sf.* veine très-dilatée.
Varier, *v.* diversifier.
Variété, *sf.* diversité.
Variole, *sf.* petite vérole.
Variolique, *a.* de la petite vé-[role.]
Varlope, *sf.* rabot.
Vase, *sm.* vaisseau.
Vase, *sf.* bourbe.
Vaseux, se, *a.* plein de vase.
Vasistas, *sm.* ouverture mobile.
Vassal, e, *s.* dépendant.
Vaste, *a.* étendu.
Vatican, *sm.* palais du pape.
Vaudeville, *sm.* chanson; pe-tite comédie.
Vaurien, *sm.* fainéant.
Vautour, *sm.* oiseau de proie.
Vautrer (se), *v.* se rouler.
Veau, *sm.* petit de la vache.
Vedette, *sf.* sentinelle à cheval.
Végétable, *a.* qui peut végéter.
Végétal, e, *a.* des végétaux; *sm.* plante. [géter.]
Végétatif, ive, *a.* qui fait vé-
Végétation, *sf.* action de
Végéter, *v.* croître; languir.
Véhémence, *sf.* impétuosité.
Véhément, e, *a.* ardent.
Véhicule, *sm.* ce qui conduit.
Veille, *sf.* jour précédent.
Veillée, *sf.* action de veiller.
Veiller, *v.* ne pas dormir; sur-veiller.
Veilleur, *sm.* qui veille.
Veilleuse, *sf.* petite lampe.
Veine, *sf.* canal du sang; raie.
Veiné, e, *a.* qui a des veines.
Veineux, euse, *a.* plein de veines
Vêler, *v.* mettre bas un veau.
Vélin, *sm.* peau préparée.
Velléité, *sf.* volonté faible.
Véloce, *a.* très-rapide.
Vélocifère, *sm.* voiture légère.
Vélocité, *sf.* vitesse, rapidité.
Velours, *sm.* étoffe de soie.
Velouté, e, *a.* qui imite le ve-[lours.]
Velte, *sf.* mesure.
Velter, *v.* mesurer.
Velu, e, *a.* couvert de poil.
Venaison, *sf.* chair des bêtes sauvages.

Vénal, e, *a.* qui se vend.
Vénalement, *ad.*
Vénalité, *sf.* ce qui est vénal.
Vendable, *a.* qui peut se vendre.
Vendange, *sf.* récolte de raisin.
Vendanger, *v.* faire vendange.
Vendangeur, euse, *s.* qui ven-dange.
Vendeur, euse, *s.* marchand.
Vendre, *v.* céder; trahir.
Vendredi, *sm.* 6e jour.
Venelle, *sf.* petite rue; ruelle.
Vénérable, *a.* respectable.
Vénération, *sf.* respect.
Vénérer, *v.* respecter.
Vénerie, *sf.* art de chasser.
Vengeance, *sf.* action de se
Venger, *v.* tirer raison.
Vengeur, eresse, *s. a.* qui venge.
Véniel, le, *a.* qui peut se par-donner.
Véniellement, *ad.* légèrement.
Venimeux, euse, *a.* qui a du venin.
Venin, *sm.* poison; virus.
Venir, *v.* arriver; échoir.
Vent, *sm.* air agité.
Vente, *sf.* action de vendre.
Venter, *v.* faire du vent.
Venteux, se, *a.* sujet aux vents.
Ventilateur, *sm.* machine qui sert à renouveler l'air.
Ventilation, *sf.* action de
Ventiler, *v.* renouveler l'air.
Ventouse, *sf.* ouverture.
Ventre, *sm.* capacité du corps.
Ventricule, *sm.* cavité; estomac.
Ventrière, *sf.* longe; sangle.
Ventriloque, *s. a.* qui semble parler du ventre.
Ventru, e, *s. a.* qui a un gros [ventre.]
Venue, *sf.* arrivée.
Vêpres, *sf. pl.* office du soir.
Ver, *sm.* insecte.
Véracité, *sf.* vérité. [vive voix.]
Verbal, e, *a.* qui est de
Verbalement, *ad.* de vive voix.
Verbaliser, *v.* faire un procès.
Verbe, *sm.* partie d'oraison.
Verbération, *sf.* choc de l'air.
Verbiage, *sm.* paroles inutiles.
Verbiager, *v.* parler trop.
Verbiageur, se, *a.* qui verbiage.
Verdâtre, *a.* qui tire sur le vert.
Verdelet, te, *a.* un peu vert.
Verdeur, *sf.* sève; acidité.
Verdict, *sm.* déclaration du juri
Verdir, *v.* peindre en vert.
Verdoyant, e, *a.* qui verdoie.
Verdoyer, *v.* devenir vert.
Verdure, *sf.* herbes.
Véreux, se, *a.* défectueux.
Verge, *sf.* baguette.
Verger, *sm.* plant d'arbres.

Vergeter, *v.* nettoyer.
Vergette, *sf.* brosse.
Vergeure, *sf.* raies au papier.
Verglas, *sm.* pluie congelée.
Vergogne, *sf.* honte.
Véridicité, *sf.* caractère
Véridique, *a.* vrai.
Vérificateur, trice, *s.*
Vérification, *sf.* action de
Vérifier, *v.* s'assurer.
Véritable, *a.* vrai.
Véritablement, *ad.*
Vérité, *sf.* conformité.
Verjus, *sm.* raisin âpre.
Vermeil, le, *a.* rouge foncé.
Vermicelle, *sm.* pâte à potage.
Vermiculé, e, *a.* à traces de vers
Vermifuge, *sm. a.* remède qui fait mourir les vers.
Vermiller, *v.* remuer la terre.
Vermillon, *sm.* rouge.
Vermillonner, *v.* peindre en vermillon.
Vermine, *sf.* insectes sales.
Vermisseau, *sm.* petit ver.
Vermouler (se), *v.* être piqué des vers. [vers.]
Vermoulu, e, *a.* piqué des
Vermoulure, *sf.* piqûre des vers.
Vernir, *v.* enduire de vernis.
Vernis, *sm.* lustre.
Vernisser, *v.* vernir.
Vernisseur, *sm.* qui vernit.
Vernissure, *sf.* application de vernis. [vérole, maladie.]
Vérole, *sf.* maladie. —Petite
Véronique, *sf.* plante.
Verrat, *sm.* porc.
Verre, *sm.* corps transparent.
Verrerie, *sf.* art de faire le verre; marchandise de verre.
Verrotterie, *sf.* menue mar-
Verrou, *sm.* fermeture de porte. [rou.]
Verrouiller, *v.* fermer au ver-
Verrue, *sf.* durillon.
Vers, *prép.* du côté; environ.
Vers, *sm.* mots cadencés.
Versant, e, *a.* sujet à verser.
Versatile, *a.* variable. [ger.]
Versatilité, *sf.* facilité à chan-
Verseau, *sm.* signe du zodiaque
Verser, *v.* répandre; tomber.
Verset, *sm.* passage.
Versification, *sf.* art de
Versifier, *v.* faire des vers.
Version, *sf.* traduction.
Verso, *sm.* seconde page.
Vert, e, *a.* de la couleur des herbes; non mûr.
Vert-de-gris, *sm.* rouille.
Vertèbre, *sf.* os de l'épine.
Vertement, *ad.* avec vigueur.

Vertical, e, a, perpendiculaire.
Verticalement, ad.
Vertige, sm. étourdissement.
Vertigo, sm. caprice.
Vertu, sf. tendance vers le bien ; propriété.
Vertueusement, ad. [vertu.]
Vertueux, se, a. qui a de la
Verve, sf. chaleur d'imagina-
Vesce, sf. plante. [tion.]
Vésicatoire, sm. a. topique.
Vésiculaire, a. eu vésicule.
Vésicule, sf. petite vessie.
Vesse, sf. ventosité.
Vessie, sf. sac des urines.
Veste, sf. sorte de vêtement.
Vestiaire, sm. garde-robe.
Vestibule, sm. entrée.
Vestige, sm. empreinte; reste.
Vêtement, sm. habit.
Vétéran, sm. ancien militaire.
Vétérance, sf. qualité de vété-
Vétille, sf. bagatelle. [ran]
Vétiller, v. niaiser ; chicaner.
Vétillerie, sf. chicanerie.
Vétilleux, se, a. difficile.
Vêtir, v. mettre un vêtement.
Veto, sm. opposition.
Vétusté, sf. ancienneté.
Veuf, euve, s. a. qui n'a plus de femme, plus de mari.
Veuvage, sm. état de veuf.
Vexation, sf. act. de vexer.
Vexatoire, a. qui vexe.
Vexer, v. persécuter.
Viable, a. qui peut vivre.
Viager, ère, a. qui est à vie.
Viande, sf. chair.
Viatique, sm. provisions.
Vibrant, e, a. qui vibre.
Vibration, sf. mouvement.
Vibrer, v. faire des vibrations.
Vicaire, sm. suppléant. [caire.]
Vicariat, sm. fonction de vi-
Vice, sm. défaut; corruption.
Vice-versa, ad. (vice) récipro-
Vicié, e, a. gâté. [quement.]
Vicier, v. altérer, gâter.
Vicieusement, ad.
Vicieux, se, a. qui a des vices.
Vicissitude, sf. instabilité.
Victime, sf. animal qu'on immolait ; dupe.
Victimer, v. rendre victime.
Victoire, sf. avantage.
Victorieusement, ad.
Victorieux, se, a. qui remporte la victoire.
Vidange, sf. action de vider.
Vidangeur, sm. qui vide.
Vide, a. non plein.
Vider, a. rendre vide
Viduité, sf. veuvage.
Vie, sf. état des êtres animés.

Vieil ou Vieux, Vieille, a. s. fort avancé en âge.
Vieillard, sm. homme âgé.
Vieillerie, sf. choses vieilles.
Vieillesse, sf. dernier âge.
Vieillir, v. devenir vieux.
Vielle, sf. instr. de musique.
Vieillot, te, s. qui a l'air vieux.
Vierge, sf. fille ; pur.
Vieux, a. s. Voy. Vieil
Vif, Vive, a. qui est en vie.
if-argent, sm. mercure.
Vigilamment, ad. avec
Vigilance, sf. attention.
Vigilant, e, a. attentif.
Vigile, sf. veille de fête.
Vigne, sf. plante à raisin.
Vigneron, ne, s. qui cultive la vigne.
Vignette, sf. petite estampe.
Vignoble, a. sm. plan de vi-
Vigoureusement, ad. [gne.]
Vigoureux, se, s. fort.
Vigueur, sf. force ; ardeur.
Vil, e, a. méprisable.
Vilain, e, a. s. qui n'est pas beau ; désagréable.
Vilainement, ad.
Vilebrequin, sm. outil. [vile-]
Vilement, ad. d'une manière
Vilenie, sf. ordure, saleté.
Vilipender, v. honnir.
Village, sm. hameau.
Villageois, e, s. a. de village.
Ville, sf. cité.
Vin, sm. jus de raisin.
Vinaigre, sm. vin rendu aigre.
Vinaigrer, v. assaisonner de vinaigre.
Vinaigrier, sm. qui fait du vinaigre; vase à vinaigre
Vindicatif, ive, a. qui se venge.
Vineux, se, a. qui sent le vin.
Vingt, a. num. deux fois dix.
Vingtaine, sf. nombre de vingt.
Vingtième, a. s. de vingt.
Viol, sm. violence.
Violateur, trice, s. qui viole.
Violation, sf. act. de violer.
Violement, sm. infraction ;
Violemment, ad. avec [viol.]
Violence, sf. force injuste.
Violent, e, a. furieux.
Violenter, v. contraindre.
Violer, v. enfreindre.
Violet, te, a. de la couleur de la violette.
Violette, sf. plante ; sa fleur.
Violir, v. rendre violet.
Violon, sm. instr. de musiq.
Violoncelle, sm. instrument.
Vipère, sf. serpent venimeux.
Virer, v. tourner.
Virginal, e, de vierge.

Virginité, sf. état de vierge.
Virgule, sf. signe de ponctua-
Viril, e, a. d'homme. [tion (,).]
Virilement, ad.
Virilité, sf. âge viril ; force.
Virole, sf. petit cercle.
Virtuel, le, a. qui a la puissance d'agir.
Virtuellement, ad.
Virtuose, s. artiste.
Virulence, sf. violence.
Virulent, e, a. violent.
Virus, sm. (uce) venin.
Vis, sm. pièce ronde cannelée en ligne spirale.
Visa, sm. approbation.
Visage, sm. face de l'homme.
Vis-à-vis, prép. et ad. en face.
Viscéral, e, a, des viscères.
Viscère, sm. organe.
Visée, sf. direction de la vue.
Viser, v. mirer.
Visibilité, sf. qualité visible.
Visible, a. qui peut se voir.
Visiblement, ad.
Visière, sf. point de mire ; rebord ; la vue. [parition.]
Vision, sf. action de voir; ap-
Visionnaire, a. qui a des visions. [grand-seigneur.]
Visir, sm. ministre d'état du
Visitation, sf. fête chrétienne.
Visite, sf. action d'aller visiter.
Visiter, v. aller voir.
Visiteur, sm. qui visite.
Visqueux, se, a. gluant.
Visser, v. attacher avec des vis.
Visuel, le, a. de la vue.
Vital, e, a. de la vie.
Vitalité, sf. mouvement vital.
Vite, ad rapidement.
Vitement, ad. vite.
Vitesse, sf. célérité
Vitrage, sm. les vitres.
Vitraux, sm. pl. vitres.
Vitre, sf. carreau de verre.
Vitré, e, a. garni de vitres.
Vitrer, v. garnir de vitres.
Vitrerie, sf. art du vitrier.
Vitreux, se, a. de verre.
Vitrier, ière, s. ouvrier en vitres.
Vitrification, sf. act. de
Vitrifier, v. convertir en verre.
Vitriol, sm. sel. [triol.]
Vitriolé, e, a. fait avec du vi-
Vitupérer, v. blâmer.
Vivace, a. qui a les principes d'une longue vie.
Vivacité, sf. activité ; ardeur.
Vivandier, ière, s. qui vend des vivres.
Vivant, e, s. a qui est en vie.
Vivat, sm. (vate) cri d'applaudissement.

Vivement, ad. avec ardeur.
Vivier, sm. lieu où l'on nourrit de poisson.
Vivification, sf. action de
Vivifier, v. donner la vie.
Vivifique, a. qui vivifie.
Vivipare, sm. a. qui fait ses petits tout vivants.
Vivoter, v. vivre pauvrement.
Vivre, v. être en vie; durer.
Vocabulaire, sm. dictionnaire
Vocabuliste, sm. auteur d'un vocabulaire.
Vocal, e, a. de la voix.
Vocatif, sm. 5e cas des noms.
Vocation, sf. inclination.
Vociférations, sf. pl. clameurs.
Vociférer, v. crier.
Vœu, sm. promesse; offrande.
Vogue, sf. mouvement; mode.
Voguer, v. naviguer; ramer.
Vogueur, sm. rameur.
Voici, prep.
Voie, sf. chemin, route.
Voilà, prép.
Voile, sm. pièce d'étoffe; prétexte; sf. toile pour recevoir le vent; mar.
Voilé, ée, a. caché.
Voiler, v. couvrir d'un voile.
Voilerie, sf. lieu où l'on fait les voiles. [voiles.]
Voilier, sm. qui travaille aux [voiles.]
Voilure, sf. toutes les voiles.
Voir, v. examiner; observer.
Voirie, sf grand chemin.
Voisin, e, a. s. qui est proche.
Voisinage, sm. proximité.
Voisiner, v. fréquenter ses voisins.
Voiture, sf. machine roulante.
Voiturer, v. transporter.

Voiturier, sm. roulier.
Voiturin, sm. roulier. [trage.]
Voix, sf. son de la bouche; suf-
Vol, sm. action de dérober.
Volage, a. s. léger. [trour.]
Volaille, sf. oiseaux de basse-cour.
Volatil, e, a. qui se vaporise.
Volatile, sm. a. qui vole.
Volatilisation, sf. action de
Volatiliser, v. rendre volatil.
Volatilité, sf. qualité de ce qui est volatil; mobilité.
Volcan, sm. montagne qui vomit du feu.
Volée, sf. vol d'un oiseau.
Voler, v. dérober; se mouvoir [en l'air.]
Volerie, sf. larcin.
Volet, sm. contrevent.
Voleur, euse, s. a. qui vole.
Volière, sf. cage. [lonté.]
Volontaire, a. s. de pure vo-
Volontairement, a.
Volonté, sf. faculté par laquelle on veut.
Volontiers, ad. de bon cœur.
Volte, sf. mouvement circulaire.
Voltiger, v. voler çà et là.
Voltigeur, sm. qui voltige.
Volubilité, sf. habitude de parler trop et trop vite.
Volume, sm. grosseur; livre.
Volumineux, se, a. fort étendu.
Volupté, sf. plaisir.
Voluptueusement, ad.
Voluptueux, se, a. s. qui aime, qui cause la volupté.
Volute, sf. ligne spirale.
Vomir, v. rejeter; jeter.
Vomissement, sm act. de vomir
Vomitif, ive, a. qui fait vomir.
Vorace, a. carnassier.

Voracité, sf avidité à manger.
Votant, e, s. a. qui vote.
Votation, sf. action de voter.
Vote, sm. opinion émise; vœu.
Voter, v. donner son suffrage.
Votif, ive, a. d'un vœu.
Votre, a. et pr. poss.
Vôtre, a. poss. et sm.
Vouer, v. promettre par vœu.
Vouloir, v. désirer.
Vouloir, sm. intention.
Vous, pr. pers. pl.
Voussure, sf. courbure.
Voûte, sf. ouvrage en arc.
Voûter, v. faire une voûte.
Voyage, sm. chemin, trajet.
Voyageur, euse, s. qui voyage.
Voyager, v. faire voyage.
Voyant, e, a. qui voit.
Voyelle, sf. lettre qui a un son.
Voyer, sm. officier préposé aux chemins.
Vrai, e, a. conforme à la vérité.
Vraiment, ad. véritablement.
Vraisemblable, a. probable.
Vraisemblablement, ad.
Vraisemblance, sf. apparence de vérité.
Vrille, sf. outil pour percer.
Vrillette, sf. petite vrille.
Vu, sm. visa.
Vue, sf. faculté de voir.
Vulgaire, a. commun; trivial.
Vulgairement, ad.
Vulgate, sf. traduction latine de l'Écriture sainte.
Vulnérable, a. qui peut être blessé.
Vulnéraire, sm. a. propre pour la guérison des plaies.
Vulve, sf. orifice extérieur du vagin.

XER

XYL

XYS

X, *sm.* (*kce ou gueze*) vingt-troisième lettre.

Xénélasie, *sf.* interdiction du séjour d'une ville.

Xérophage, *s.* qui vit de fruits secs.

Xérophagie, *sf.* usage des fruits secs.

Xylographe, *sm.* sculpteur sur bois.

Xylographie, *sf.* art de graver sur bois.

Xylophage, *sm.* insecte.

Xyste, *sm.* lieu consacré chez les anciens à divers exercices.

Xystique, *sm. a.* athlète.

Y, *sm.* (*i*) vingt-quatrième lettre.   [encore, à cela.]

Y, *ad.* dans cet endroit là ;

Yacht, *sm.* (*iake*) petit navire.

Yatagan, *sm.* poignard turc.

Yeuse, *sf.* espèce de chêne.

Yeux, *sm. pl.* pl. du mot œil.

Yole, *sf.* petit canot fort léger.

Ypréau, *sm.* espèce d'orme.

ZEP   **ZIZ**   **ZYM**

Z, *sm.* (*ze*) 25ᵉ lettre.

Zagaie, *sf.* javelot des Indiens.

Zèbre, *sm.* quadrupède.

Zélateur, trice, *s.* qui agit avec zèle.

Zèle, *sm.* affection ardente.

Zélé, e, *s.* qui a du zèle.

Zénith, *sm.* point du ciel élevé sur chaque point du globe terrestre.

Zéphir, *sm.* vent doux.

Zéphyre, *sm.* vent d'occident.

Zéro, *sm.* caractère d'arithmétique qui ne marque rien; *fig.* rien.

Zest, *interj.* pour se moquer.

Zeste, *sm.* ce qui sépare la noix en quatre; peau de l'orange, du citron.

Zigzag, *sm.* lignes formant des angles très-aigus.

Zinc, *sm.* métal blanc.

Zizanie, *sf.* ivraie; discorde.

Zodiacal, e. *a.* du zodiaque.

Zodiaque, *sm.* grand cercle de la sphère divisé en douze signes.

Zoïle, *sm.* mauvais critique.

Zône, *sf.* bandes, couches.

Zoologie, *sf.* science qui traite des animaux.

Zoologique, *a.* de la zoologie.

Zootomie, *sf.* anatomie des animaux.

Zymologie, *sf.* traité de la fermentation.

WAL   WIS   WIS

W, *sm. double ve.*
Walse, Walser, Walseur.

Voy. Valse, Valser, Valseur.
Wiski, *sm.* (*oui*) voiture très-

légère.   [de-vie.]
Wisky, *sm.* (*oui*) espèce d'eau-

BIBLIOTHÈQUE D'INSTRUCTION ET D'ÉDUCATION

MORALE — HISTOIRE — VOYAGES — HISTOIRE NATURELLE
LITTÉRATURE.

COLLECTION DE BONS LIVRES POUR L'INSTRUCTION ET
L'AMUSEMENT DE L'ENFANCE ET DE LA JEUNESSE.

Publiée sous les auspices de M Guizot, ministre de l'instruction publique.

**Par mesd. Guizot, A. Tastu, Ulliac-Trémadeure, Delafaye-
Bréhier, Deleyre, Laure Bernard, Elise Voïart, Campan,
Edgeworth, etc. — Depping, de Marlès, Wys,
Berquin, Schmith, Foë, etc.**

*Cette Collection, imprimée sur papier fin satiné, est ornée de très
vignettes sur acier et de Couvertures avec ornements gravés sur*

Les volumes suivants sont en vente ou sous presse.

Mme Guizot.

L'ÉCOLIER, ou RAOUL ET VICTOR, ouvrage couronné par l'Académie, 5e édit.; 2 forts vol. in-12, ornés de 8 grav.

UNE FAMILLE, ouvrage continué par mad. TASTU, 4e édit.; 2 vol. in-12, 8 grav.

LES ENFANTS, contes à l'usage de la jeunesse, 6e édit.; 2 vol. in-12, 8 grav.

RÉCRÉATIONS MORALES (les), contes à l'usage de la jeunesse 5e édit.; 1 vol. in-12, 4 grav.

NOUVEAUX CONTES, 5e édit., 2 forts vol. in-12, 8 grav.

LETTRES DE FAMILLE SUR L'ÉDUCATION, ouvr. couronné par l'Acad., 3e édit.; 2 vol. in-12, fig.

Mmes Tastu et Voïart.

LES ENFANTS DE LA VALLÉE D'ANDLAU, ou Notions familières sur la religion, la morale et les merveilles de la nature, par mesd. E. VOÏART et TASTU, 2e édit.; 2 vol. in-12, 8 grav.

ROBINSON CRUSOÉ, de D. DE FOË, traduit par mad. A. TASTU; 2 vol. in-12, ornés de 20 grav.

ROBINSON SUISSE, traduit de l'allemand de WYSS, par mad. E VOÏART; 2 forts vol. in-12, 8 grav. et une carte.

Le même, édit. compacte; 1 gros vol. in-12, grav.

Mme J. Delafaye-Bréhier.

LES PETITS-BÉARNAIS, 6e édit.; 2 vol. in-12, 8 grav.

LE COLLÈGE INCENDIÉ, ou les Écoliers en voyage, 4e édit. 1 vol. in-12, 4 grav.

LES ENFANTS DE LA PROVIDENCE, 4e édit.; 2 vol. in-12, 8 grav.

LE ROBINSON FRANÇAIS, ou le Jeune naufragé, 3e édit.; 1 vol. in-12, 4 grav.

Mlle Deleyre.

CONTES DANS UN NOUVEAU GENRE, pour les enfants bien sages, 3e édit.; 2 vol. in-12, 8 grav.

Mlle Ulliac-Trémadeure.

LES JEUNES NATURALISTES, ou Entretiens sur l'Histoire Naturelle; 2 forts vol. in-12, 32 vign.

LES JEUNES SAVANTS, ou Entretiens familiers sur l'Astronomie, la Physique et la Chimie; 1 fort vol. in-12, orné de fig.

ÉMILIE, ou la Jeune Fille auteur, ouvrage dédié aux jeunes personnes, 2e édit. 1 vol. in-12, 4 grav.

CONTES AUX JEUNES NATURALISTES. Les animaux domestiques, 4e édit.; 1 vol. in-12, 4 grav.

CONTES AUX JEUNES ARTISTES, 4e édit.; 1 vol. in-12, 4 grav.

CONTES AUX JEUNES AGRONOMES, 6e édit.; 1 vol. in-12, 3 grav.

Mme Laure Bernard.

LES MYTHOLOGIES RACONTÉES À LA JEUNESSE; 1 vol. in-12; avec 60 vig.

THÉÂTRE DE MARIONNETTES; 1 vol. in-12, 4 grav.

M. Depping.

MERVEILLES DE LA NATURE EN FRANCE; 9e édit.; 2 vol. in-12, 16 grav.

LES JEUNES VOYAGEURS EN FRANCE, 4e édit. 4 vol. in-12, 100 grav. et cartes.

Berquin.

L'AMI DES ENFANTS, nouv. édit. conforme à l'édit. originale; 2 gros vol. in-12, 16 fig.

M. de Marlès.

ALFRED, ou le Jeune Voyageur en France, 3e édit.; 1 vol. in-12, jolies grav.

OSCAR, ou le Jeune Voyageur en Angleterre, en Ecosse et en Irlande, 2e édit.; 1 vol. in-12, 4 jolies vues.

Littérature.

BEAUTÉS DE LA LITTÉRATURE FRANÇAISE, ou Leçons de Littérature et de Morale en prose et en vers, 2e édit.; 2 forts vol. in-12, avec portraits.